信托探究

孙书元　著

北京

图书在版编目（CIP）数据

信托探究/孙书元著.

北京：中国经济出版社，2012.10

ISBN 978-7-5136-1718-5

Ⅰ.①信… Ⅱ.①孙… Ⅲ.①信托—研究 Ⅳ.①F830.8

中国版本图书馆 CIP 数据核字（2012）第 162509 号

责任编辑 杨邵川 严 莉

责任审读 霍宏涛

责任印制 马小宾

封面设计 任燕飞设计工作室

出版发行 中国经济出版社

印 刷 者 北京艾普海德印刷有限公司

经 销 者 各地新华书店

开 本 710mm×1000mm 1/16

印 张 22.25

字 数 351 千字

版 次 2012 年 10 月第 1 版

印 次 2016 年 1 月第 5 次

书 号 ISBN 978-7-5136-1718-5/F·9398

定 价 48.00 元

中国经济出版社 **网址** www.economyph.com **社址** 北京市西城区百万庄北街 3 号 **邮编** 100037

本版图书如存在印装质量问题，请与本社发行中心联系调换（联系电话：010-68319116）

序 言

笔者从 1986 年起长期在信托公司从事规划编制、经营计划制定和目标管理;市场调研、项目筛选、评估、可行性研究与法律文本审查;课题研究及产品开发等工作。1994 年参加了由全国人大财经委员会组织的"信托法"起草小组的工作。

在"信托法"起草和易稿工作中,经历了斟字酌句的审慎求是的过程。在此期间与王连洲、何宝玉、周小明、崔岚、蔡概还诸同志密切配合,在信托理论与我国实情的结合方面深得启示。

在"一法两规"(书中有明释)颁(发)布实施的前后组织或参加了信托专业国际、国内的研讨会、论坛、培训班等活动。笔者曾先后赴美、英、德、法等国学习访问,多次组织并参加与日本日中经济学院、安田信托银行合作的信托与租赁理论与实务研修班及交流互访活动。

自 1992 年起陆续在《工商时报》《金融时报》《经济导刊》《中国租赁》《北京金融》《金融评论》等报纸期刊与论坛上发表信托与租赁方面的专业论著文章数十篇。其中,"信托投资公司的经营风险与概析"曾获全国信托专业优秀论文奖;"规范与发展信托与租赁业"获北京市经济类课题研究成果一等奖。1997 年以后受聘为"华夏国际金融顾问公司副总裁",期间还对"金融工程"进行过研究,发表过有关在我国设立金融工程系统工程和金融工程师的论述。2001 年以后应聘进入中国人民大学信托与基金研究所的常设理事会并任研究员,参与了《中国信托业发展报告》与《中国信托公司经营蓝皮书》的创办工作,并任高级顾问。

自 2006 年以后动意将本人所学所践积累之心得写成一本书。经归纳整理成两大部分:一为"信托史实研究——信托的起源与发展";另一为"信托理论与实施的研究",书名定为"信托探究"。该书的主要内容及其特点有:

一、将信托的起源和发展历程与世界历史的嬗变紧密地结合起来,提出了信托的萌芽期、信托的初始期、近代信托期和现代信托期的划分方法。分析了各个时期的社会历史、法制背景的特点和对信托制度发生与发展的影响。

二、对信托制度在旧中国的社会制度背景下的产生与演变的历史，对新中国成立后由计划经济到市场经济的不同历史时期以及建立具有社会主义特色的信托制度的发展历程都作出了清晰和力求准确的概括和评析。

三、在信托理论与实施的研究中着重以比较法剖析英美法系和大陆法系国家、地区信托立法的异同之处。正确认识我国“信托法”的立法基础和实施特点并对实施中可能出现的问题提出解决办法，还对现行“信托法”的部分条款提出相应的修改建议。

四、对信托的定义、信托的特性、信托与相似制度的区分、信托的基本功能等基础理论概念进行了阐述，解析透彻，融会贯通。

五、对信托的设立形式、信托成立的条件、信托的公示制度、信托的生效、信托的撤销、信托的变更与终止等结合国际上信托发达国家和地区的立法情况，分析了我国“信托法”中的具体条款之内涵，并提出自己的观点和部分修改意见，力求构建出一个理论与实践紧密统一的思维体系。

六、就信托财产的定义、形成条件、范围和种类进行了概念性和规范性的研讨，其见解有独到之处；对信托财产的特性作出了综合性分析，对信托财产的管理方法及其变更结合“信托法”中的条款进行了切合实际的解析。

七、关于信托关系人和信托当事人的界定，在书中作了引人思考的研讨；对委托人、受托人、受益人三者的关系和基本概念、资格、条件、权利与义务及有关权力的控制与制约等方面的内容进行了深层次的分解；关于信托监察人的设置，在我国“信托法”中对公益信托的监察人作出了必须设置的明确规定，没有随意性。但在私益信托中是否有必要设置信托监察人的问题，结合日、韩和我国台湾地区的立法情况，就其制度确立的各个层面作出了分析，对完善和发展我国的信托制度引发思考。

八、关于信托的分类，特别是营业信托的分类，目前国际上尚无统一的规范化的标准分类方法。笔者较全面地分析信托制度发达国家和地区的现实情况，归纳整理出表列式分类方法。结合国情，以“一法两规”为依据，突出了营业信托是三大信托（民事、营业、公益）活动中的主流，考虑到现行法规和信托市场的现状并留有足够的发展空间，从而提升出一个比较系统和完整的营业信托分类表。对于信托市场的形成、细分、创新、立法建规、分类监管,促进财富管理供求关系的沟通等方面均具有积极意义。

综上所述,本书力求从各主要层面追溯和剖析信托的起源和演绎,将信托理论有机地与信托立法及实施紧密结合,有比较、有分析、有研讨,提出了有个性的理解。因此,本书对信托理论研究、法律运用、大学专业教学、信托公司经营管理等方面的人员来说,都不失为一本好书。

目　录
CONTENTS

第一篇

信托史实研究——信托的起源与发展

研究信托制度的起源、建立和发展是诸多经济、金融界的朋友们关注的问题。作者结合各国信托制度的发展情况，对世界信托发展史刍议分为四个历史发展时期去探讨，即信托萌芽期、信托初始期、近代信托期和现代信托期。提出这一看法首先是基于信托制度的产生与发展是与整个人类社会的发展历史，政治、经济、文化发展背景和水平紧密相关的。既要注意全球经济、金融发展趋势的共同性，又要注意各国地域发展的特异性；其次，信托制度的产生与发展是与各国社会法制建设的发展历史、法律体系的建立及健全互相联系的；最后，信托制度的产生与发展受各国金融体制变革的直接影响。以下将针对四个时期信托的产生、发展情况作一概括介绍和特点分析。

第一章

信托的萌芽、初始和近代信托的形成

第一节 信托的萌芽期

寻绎信托的萌芽,恐怕要溯源到公元前4000年至公元5世纪的古代期。这一时期产生了人类社会发展史中的奴隶制社会和第一个剥削阶级类型的奴隶制法,并形成古代东方法[①]和古代西方法[②]之分。在古代东方法中的埃及法,最初表现为简单的习惯法,后又产生了象形文字书写的成文法。公元前8世纪的八部成文法已涉及到土地法、债权法、契约法等内容。有文记载,早在公元前2548年就有一个埃及人为将其财产传遗给其妻,并为其子指定监护人而立下“遗嘱书”。通过这种方法,使财产所有者生前的私有财产在其死后得以传继,长期为其家族保存和占有。“遗嘱书”中指定的监护人为死者生前可信赖的亲友,能忠诚守信地执行死者生前给予的委托,恪守“遗嘱书”中的嘱托。接受嘱托的人已带有受托人的含义了。

公元前6世纪,古罗马第六代罗马王废除了原来以血缘关系为基础的三个氏族部落,建立起四个区域、五个市民等级的王政时代,确立了财产权的概念,产生了罗马法[③]并日趋完善,对当时社会上发生的买卖、借贷、租赁、寄托、委任、雇佣等方面的债权、债务关系都可依法调节。当时的财产主(被继承人)对其财产的传遗亦是采取继承的方式,被继承人通过遗嘱安排继承和

---

① 古代东方法:是指公元前4000年至公元5世纪之间处于奴隶制时期的古代亚洲地区国家法律的统称。代表性的法律有:埃及法、楔形文字法、印度法、希伯来法。

② 古代西方法:泛指古代欧洲地中海区域奴隶制国家的法律。最具代表性的有古希腊法和古罗马法。

③ 罗马法:指公元6世纪起罗马国的法律。是由罗马国扩张为横跨欧亚非地区的奴隶制帝国而逐渐形成的古代法中最完备的法律制度。对日后形成大陆法系有着极大的影响。

遗赠。但当事人都必须是“罗马法”规定范围内的人,即罗马市民才能享有罗马市民权,取得被继承人和继承人,被遗赠人和遗赠人的资格。外籍人、流动人员、战争俘虏和异教徒则无此资格。最初的古罗马法将财产继承与遗赠的当事人局限在氏族范围之内,后来有人为绕开这些限制,创设了间接继承的方法。其目的是为没有资格取得遗产的人而获得遗产。其方法是先继承后遗赠,即财产主作为被继承人在生前以立遗嘱的方式,在其死后将其财产嘱托给生前指定的继承人,该继承人则为罗马法中享有市民权的人,由该继承人接受立据的遗产,然后再由继承人将遗产转移,交付给财产主最终所欲赠予的人。就是说被继承人以嘱托立据的方式要求继承人将其生前的财产转移给特定的第三人。这种做法称之为“嘱托遗赠”(fidei commisses),这是建立在信任基础之上的一种财产转移制度。有些人将其译为“信托遗赠”,作者认为这种译称是不够恰当的,容易令人误认为“信托遗赠”就是信托制度的起源。信托的起源、建立与发展不能隔断、历史孤立地看待某一时段、某一事件,应看到事务发生、发展的内在联系。在信托制度起源这个问题上,虽然各国学者大都认为信托制度起源于英国的“Use”制,但不可忽略古代期出现的有代表性的“嘱托遗赠”,视其为信托制度的萌芽恐不为不妥。

信托萌芽期的历史特点:

信托的萌芽发生在人类从氏族社会到奴隶制社会的历史时期。

古代亚洲地区早在公元前4000年就已经是世界文明的发源地,开始有了奴隶制的国家和相应的法律;欧洲地区的奴隶制国家产生的时间要迟于亚洲,地中海区域的国家在公元前25世纪至公元前20世纪开始才有奴隶制国家和奴隶制法律。奴隶制社会走过漫长的历史之路,直至公元5世纪西罗马帝国灭亡,奴隶制社会才宣告结束。这前后4500年之久的历史是人类社会发展史中最长久的年代。

在奴隶制社会久远的历史史册和法制篇章中,有记载的“嘱托书”和“嘱托遗赠”所占篇幅虽甚少,但已让我们找到了信托的萌芽。这一时期的历史特点有:

1. 萌芽期所处的时代是人类社会从原始社会进入阶级社会的初期;是由氏族演变到国家的时期;从奴隶主开始拥有奴隶到拥有土地形成私有制、剥削阶级和被剥削阶级的时期。奴隶主为维护私有制既得的利益,巩固强化自己的统治地位,建立了奴隶制阶级社会的法制。

2. 信托萌芽期处于人类社会开始有阶级的历史时期,是植根于私有制土壤之上的法制。由于各国的历史状态、民族、阶层比例、文字、习俗、信仰等各方面存在的差异,法制发展的速度、水平、制定方式等就有各自的特点。总体上看,法制的建立均经历了从简单到复杂,由分立到系统的发展过程。在此期间形成了古代东方法和古代西方法两种法制模式。法制建设处于构筑阶级社会法制体系的初级阶段。已有了信用关系和信托意识的社会基础,信托制度开始萌芽。

3. 信托萌芽期所处的奴隶制社会,其法制的产生和发展大都要受君主的控制,同时宗教对立法的影响力甚大。古代东方国家的法制受"神权"的支配,帝王则是神的化身,长期实行君主专制,保留着比例颇大的原始公有土地,土地几乎都被统治者掌握,法制的专制性、独裁性极强;而古代西方国家的私有制土地则相对分散,工商业兴起的时间亦较早,工商阶层形成并得到发展,多为民主共和国的国家体制,其法制多以"公平"、"正义"为基础。两种不同的历史背景、国家体制和立法思想对以后信托制度的确立和发展,都产生不同的影响。古代西方国家较古代东方国家的体制与立法思想都具有进步性,故得以推动社会政治、经济、文化的发展。信托制度形成的起因是以适应财产管理之需求而设立的。由此可见,在古代西方国家,"信托"的萌芽和以后信托制度的生成与发育都有着较为适宜的土壤。

4. 信托制度的萌芽产生在人们对奴隶社会法制管制的解脱行为之中;产生在解决财产权的归属、转移与处置等法律求助之中。"嘱托书"、"嘱托遗赠"都是建立在当事人信用关系的基础之上的,已带有"受人之托"、"托而代之"、"托而管之"的信托色彩了。"嘱托遗赠"是人们用以规避当时法律对直接继承的资格限制而出现的一种解决财产权转移的新模式,是信托制度萌芽的象征。

第二节 信托的初始期

信托的初始期发生在公元5世纪末至公元17世纪中叶之间,即从西罗马帝国灭亡直至英国资产阶级革命前的封建社会的中世纪。

中世纪时期罗马帝国的衰败和日尔曼民族的扩张侵略对欧洲政治、经济、文化的发展影响深远。早在公元前1世纪罗马帝国就征服了不列颠岛上的凯尔特人，实行军事占领4个世纪之久。公元450年日尔曼族自北欧侵入不列颠建立了十多个独立王国，公元476年日尔曼族又征服了西罗马帝国。处于不列颠岛上的十几个独立王国于公元7世纪初合并为七国，此七国于公元9世纪为反抗丹麦人的侵略联合成英吉利王国，和其他日尔曼族在西欧大陆建立的诸国同属早期封建制度的国家。大多数西欧大陆国家因受日尔曼族的统治，日尔曼法一度取代罗马法，但随着社会经济的发展，日尔曼法已渐渐不附复杂的政治经济关系变化之需，经过几个世纪的演变形成了以日尔曼法①、罗马法、教会法②相互融合的法律体系。唯有英国与众不同，在法制建设上独树一帜，成为英美法系的发源地。

公元1017年丹麦人征服英格兰，但在丹麦王死后，公元1066年诺曼人在日尔曼贵族的支持下统治了英国，从此改变了英国的命运和法制发展的道路。自英国威廉一世（公元1066—1087年）起建立起欧洲唯一的一个中央集权制的国家，公元12世纪英王亨利二世（公元1154—1189年）进行了具有重大历史意义的司法改革，构建了英国判例法的基本模式。虽然在公元13世纪，西欧大陆诸国正处于接受罗马法改造或取代本国习惯法的时期，但这对英国来说毕竟来的太晚了，英国已逐渐建立起以普通法③、衡平法④、制定法⑤为基本形式的法制体系。中世纪是英国法制建设最具创造力的时代。

公元13世纪英国人以“嘱托遗赠”为鉴，创立了“尤斯制”。当时处于封

① 日尔曼法，是指日尔曼人中世纪的法律制度。公元5世纪日尔曼人侵入西罗马直至公元10世纪，在西欧日尔曼法都占有重要地位。日尔曼法是继罗马法之后在欧洲形成的以判例法为主体，以团体本位，属人主义为特征的一个法律体系。

② 教会法，是指中世纪在欧洲对各类教会所立法规的统称。在各教会法规中以罗马天主教会的法律为中心。教会法在中世纪成为欧洲封建制法律体系中的一个重要组成部分。神职人员通过教会法掌握国家的司法权。教会法调整的范围极其广泛，教会法庭甚至凌驾于国家法庭之上。

③ 普通法，泛指英国中世纪普通法院创制的通用于全国的法律。是英国法律体系中的主干法律，是以遵循先例为审判原则、以程序优先于权利为受理条件的法律制度。英国法在发展为世界法系重要法系之一时，“普通法法系”不仅有普通法，还包括衡平法、制定法，为三者的总称。

④ 衡平法，是公元14世纪英国大法官以“公平”、“正义”的原则对普通法不支持的案件予以救助，通过经验积累而创建出的英国特有的判例形式的法律制度。它不是对普通法的否定，而是对普通法的补充、纠偏。

⑤ 制定法，是指中世纪起由国家立法机构确立成文的法律。制定法对判例法起指导、补充的作用。法官对制定法的实施多采取按制定法条款规定进行审判案件，然后制成判例。判例法依就是英国法律体系的主干。

建制度国家的英国臣民，普遍信仰宗教，教徒们以“生前行善、死后升天”的信念、自愿把土地在死后捐赠给教会。恰好当时的政府对宗教团体拥有的土地实行免征徭役和赋税的优惠政策，本来在封建势力统治下，君王可以无偿地得到臣民故去后所贡献的土地，随着宗教势力的不断扩大，宗教越发盛行，教徒人数与日俱增，捐献给教会的土地越来越多，而教会作为一个组织，并非像人一样有死亡期，长此下去君王及各诸侯占有的土地日趋减少，这就严重影响了统治者的利益、削弱了他们的权力。于是英王亨利三世（公元1216—1272年）为保护封建王朝的利益，不顾教会的反对颁布了《没收条例》（statutes of mortmain）。明文禁止臣民擅自向教会捐赠土地，捐赠者必须事先向政府申请得到许可，否则一律罚没。而实际上按规定申报时亦有诸多阻碍导致难以获准，这势必引起教会和教徒的强烈不满，故此便有熟知法规的人士，包括法官在内的教徒，设计出了针对《没收条例》束缚的对策。其办法是：土地所有者在生前就立下遗嘱，先将土地赠予第三者，然后再由第三者将土地上的收益捐赠给教会。这一方面使教徒占有的土地因故去而不直接捐献给教会，教会没有土地的所有权；另一方面第三者只是土地的名义所有权人，教会才是土地收益的实际受益人。这就使教会得到的收益与直接承赠土地的受益效果相同，又避开了《没收条例》的控制，保证了教会对该土地的“用益权”。这就是著名的“尤斯制”（Use），亦称“用益权制”。

“尤斯制”的出现和实行起初是为了解脱《没收条例》的制约，后来又扩大到逃避官府对土地的没收和征用，继而又用于财产所有人摆脱长子继承制的约束方面，财产范围亦由土地扩大到其他不动产和动产。

“尤斯制”的推行虽满足了广大教徒和民众的心愿，保障了宗教团体的利益，但这一制度并没有得到普通法院的支持。这是由于13世纪以后，随着英国新兴商业和手工业的迅速发展，使普通法院难于依普通法范围处置复杂化了的财产关系中所发生的案件所致，如土地的受让人背信弃义，不执行让与人的意愿将土地所有权及土地上的收益独自占有时，让与人和受益人得不到普通法院的救助。14世纪英国大法官针对普通法不予承认的案件，本着“公平”、“正义”的精神给予审理，逐渐积累经验形成了一套法律规则，后形成了衡平法。除普通法院,还设立了衡平法院[1]。衡平法确认某乙按契约规定享有某甲转让的财产所有权,并且允许甲指定的某丙享有该财产之收益的合法性。将乙称之为受托管理人,将丙称之为受益人。这是首创的具有信托含义的制度,各方必须严守信义。因衡平法院对普通法院不予支持的案件给予了救助,使二者的矛盾突起,开始尚属缓和,后关系日趋紧张,加上在"尤斯制"保护下的土地已聚集了英国30%以上的土地,这就严重侵害了国王和封建贵族的利益。为防止上述事态的恶化,亨利八世于1535年未经国会讨论通过,以防止逃税为由强行颁布了《用益权条例》(statute of uses),企图废除在英国实施了200余年的"尤斯制"。实施"用益权条例"的目的在于剥夺土地的受让人为受益人的利益而占有土地的权利,宣告土地的受益人同时亦是法定的土地所有人,这样官府就可以对其课税,甚至没收其土地。对《用益权条例》的内容,普通法院有严格的文释,依此在契约中明文规定的原土地所有者的土地保有权或土地租借权不受其限,这样就只有民间的自由地(Free Hold Estate)所有权的转移受限;对土地以外的财产,主要是动产的用益权亦未涉及;对土地的受托管理人采取出租或其他管理处分土地的积极信托亦没有禁止的效力。由于民间自由地的所有权转让受到严格的管限,同时又增加土地受让人的赋税负担,因而遭民怨。为了规避官府的《用益权条例》人们又创造设计了一种新的财产转移方式,称之为"双重用益权制"(Use Upon Use)或"双重尤斯制"(Doule Use)。这一制度的特点是在设定第一次用益权以后又设立第二次用益权,第二次用益权的使用不受《用益权条例》的规限。就是说使用设立两次用益权的办法来规避《用益权条例》的管制。

《用益权条例》主要针对宗教团体。设立"双重用益权"即可保证教徒为宗教团体捐赠收益的目的。其做法是:持有土地的教徒先把自己的土地转让给儿女,并明示教会为土地之受益人。这是第一次用益权,此时教徒之儿女为受托人,按《用益权条例》的规定土地的受益人应是土地的所有人,那么教会则被视为土地的所有人,官府就以违反《用益权条例》而没收该土地,然

[1] 衡平法院,指中世纪在英国使用衡平法的特定法院。公元14世纪英国大法官创建衡平法以后,大法官官署受理普通法院不予受理的案件,开始仍以国王的名义受理申诉,后来出现了大法官以自己的名义接受案件的审理。至公元16世纪衡平法院建立,取代了法官官署,成为独立的常设法律机构。

而使用了"双重用益权",建立了第二次用益权,教徒的儿女将土地再转让给自己信赖的亲友(第三者),这第三者则成为新的受托人,转让的目的是为了教徒之儿女自己的利益,教徒的儿女为受益人,官府则视其为土地的所有人,无法用《用益权条例》追究处罚,从而变相地保证了教会的收益。"双重用益权"的使用逐渐成为规避《用益权条例》的通用手段,普通法院在审理案件中曾一度否认"双重用益权",认为其在普通法上无效,但衡平法院一直以"公平"、"正义"的原则,理解当事人的本意而承认双重用益权的合法性,遂使双重用益权制得以存续。随着衡平法的规范化和条理化,双重用益权制度渐被称之为信托。1634 年衡平法院在判案中正式使用信托(Trust)一词。故双重受益权制实为迈向和建立现代信托制度的起始。

信托初始期的历史特点:

信托起始于前资本主义时期的中世纪,这一时期是信托发展史中的重要历史阶段。

1. 中世纪在西欧由奴隶制度演变为封建制度的过程,其政治、经济、文化的发展都紧紧围绕着土地所有权这个中心问题。各阶层的权利、义务都与土地关系密不可分,因此土地制度在法制中占有重要地位。开始实行的封建等级制度,规定土地占有者对土地无处置权,只享有占有权、使用权和收益权。到中世纪后期,由于商品经济的不断发展,封建土地所有制逐渐衰落,土地关系也随之发生变化。土地制度已允许土地的自由买卖和转让,这一变化引起了诸多的新的经济关系的发生和复杂化,因而与土地买卖、转让相关的债权、债务、代理等方面的关系纠纷就需要相应的法律予以调节。这对土地占有关系的转移,相关当事人的权利义务的确立、信托事务的产生与发展有着直接影响。

2. 中世纪后期的西欧诸国开始了资本的原始积累阶段,表现为封建制度的衰落、资本主义生产关系的兴起。城市扩大使相当数量的农民脱离赖以生存的土地,走向城市成为被雇佣的无产者。这一时期有关城市管理的法规——工商业管理法、市场管理法、税收法、海关法——等的制定和实施都对当时城市经济的发展起了重要的推动作用。新的生产关系发生的变化,财产主所持财产种类的增多,财产主对自有财产的权利的扩大,债权债务关系的日益多样化,人们之间对信用关系的看重,都对信托的生存和发展提供了条件和社会基础。

3. 中世纪的法制环境所发生的重大变化，对信托的依法存在起决定性作用。从法制建设的演变情况来看，西欧主要国家经历了从罗马法、日尔曼法到形成大陆法系和英国法系的发展过程。两大法系的构建是国际法制发展史中的里程碑，英国法制建设的变革对信托的延续和发展影响尤为突出。以判例法为主体的英国法系，在财产关系复杂化，商品经济日益发展的条件下，显示出其普通法在诉讼形式上的保守性，适用范围上的狭隘性，救助方面的有限性，此时衡平法院的出现，衡平法的普遍使用解决了这些问题。衡平法不要求令状，不实行陪审，法官以“公平”、“正义”的原则审理案件，不是对普通法的否定，而是对普通法的补充、纠偏。衡平法的创立和实施是英国财产权法中的特色创造，是英国对信托概念的形成、信托关系的建立、信托的存续和发展所做出的世界性、历史性的贡献。

第三节　近代信托期

近代信托的形成和发展是在 17 世纪中叶至 20 世纪初期(1640 年至 1918 年第一次世界大战结束)。近代信托源于英国在封建制度下存续的“双重尤斯制“，而又以在英国实现资本主义制度的条件下得以确立和发展起来的。

英国的新兴资产阶级强烈反对英王查理一世的封建专权，趁苏格兰起义军的进攻之机迫使停开 11 年之久的国会于 1640 年 11 月得以召开，并由此引发了英国的资产阶级革命。以削弱和限制国王的权利为目的，从 1679 年起颁布的“人身保护法”到 1689 年的“权利法案”和 1701 年的“王位继承法”等均体现了英国资产阶级在限制王权，扩大国会的权利，以君主立宪代替君主专制，全面实行资产阶级法制方面所取得的胜利。

在英国发生资产阶级革命以后，美国和欧洲其他国家相继在 17 ~ 18 世纪也爆发了资产阶级革命，而逐一实现资本主义的社会制度，成为资本主义国家。

随着社会制度的变化，法制建设则维系着资产阶级的利益而变革。这一时期用以维持封建制度，主要是土地私有制方面的法制开始衰退，而适应资本主义制度需要的法制体系开始建立并日趋完善。原来适用于土地遗赠方面的“双重尤斯制”之信托初始制度已不符时需，信托财产的种类、信托目的、信托财产的处置方式等均发生了变化。在拓展公益事业方面，英政府于1853年公布了"公益信托法"，同年成立了英国济贫委员会，负责公益事业的注册管理；咨询服务和对受托人提供帮助；审查公益用地的出售、抵押等公益信托的交易行为；处理有关投诉；实施对公益事业的日常监督、管理和年审等，由此而推进了有悠久历史的慈善事业。从扶救老弱病残扩展到铺路架桥、兴办文化教育等公益信托事业。在拓宽个人理财领域方面，于19世纪60年代英国首创了投资信托制度，开辟了对信托财产运作的新模式；1873年英政府颁发了"司法条例"，对于衡平法判例，逐次以成文的单行法典所取代；1893年英政府又颁布了"受托人法"（Trustee Act）；1896年还颁布了"官选受托人法"（Judical Trustee Act），这些有代表性的法令对英国信托制度的确立，对信托的存续和发展起到了十分重要的作用。

"受托人法"明确了信托当事人中委托人、受托人、受益人各方的权利和义务；对委托人之信托财产的种类、信托目的，受托人处置信托财产的方式，对受益人信托收益的分配都制定了法律约束的标准。但此法尚未涉及法人信托，只限于个人信托，受托人多为委托人自己指定的可信赖的亲朋好友，受托人处理信托事务也只是无偿的义务行为。在实施"受托人法"的过程中，个人信托中的受托人所接受的信托事务，不单是信托遗赠方面的内容，已逐渐发展到委托人之多种个人理财方式的需求。受托人对信托财产的管理、处置、运用方法趋于复杂化，因此承当受托人要受到资格的限制，再加上受托人只是无偿服务，不愿承担法律责任，致使委托人难于自己私下找到合适的受托人。于是在英国产生了由官方为委托人选任受托人的"官选受托人法"，该法规定受托人仍为个人，但委托人应给予受托人适当的报酬。法院作为官方代表，选任的受托人多为法官，这一方面是由于法官对法律的熟悉便于合法处理信托事务；另一方面，法院也便于操作和实施监督。此时在社会上出现部分经济人包括律师在内的有条件担任受托人的人士，在经过官方审查合格后，亦可作为官选受托人。

英国的信托制度由私选受托人到官选受托人，由受托人提供无偿服务到有偿服务的个人信托，是其在信托法制发展史中的一项重要改革。但这种以个人作为受托人的信托制度在实施过程中，如发生受托人外迁、重病、身故、犯罪等情况，变更受托人的手续亦较繁多，而且受信托期限的限制，使信托关系的存续受到影响，因此在英国又产生了法人信托。最早出现的法人信托机构是在1886年于苏格兰爱丁堡市成立的“公共信托公司”，次年“信托保管公司”在伦敦挂牌，随后在1888年又有“保证信托公司”成立，1903年“皇家保险公司”组建了信托部，继之英国各地的保险公司纷纷设立信托部门，这些都属于民办法人信托机构。法人信托机构的出现为“官选受托人法”的实施提供了方便条件：其一，对委托人来说，在委任受托人时有了较大范围的自由选择度，同时因受托人稳定，不受信托期限的限制；其二，对受托人来说，作为一个机构而开拓了一个新的行业和市场；其三，对个人受托人来说，则作为一种富有专业技能的人加入到法人机构中工作，成为一个职业，或为管理人才，或为实务工作者。1907年英政府又颁布了“官营受托法”，规定政府可以出资开办信托机构，接受信托事务。开始是出于为英国军人在战时管理财产或办理遗嘱信托，后来则发展到可以接受个人及法人的委托承办多种信托事务。同年“官立信托局条例”及配套的收费办法出台，并于1908年在伦敦正式成立了英国官立信托局，随之在各大城市相继建立起分局。官立信托局在第一次世界大战期间（1914—1918年），除为参战的英国军人提供信托服务外，还可接受敌国公民的委托，为其在英国的储蓄和持有的财产实行管理或处置；同时从事政府机关委托办理的信托事务；管理罚没财产；管理1000英镑以下的小额信托财产；办理遗嘱和契约方面相关的信托事务；办理有价证券及相关文件的信托事务，等。

由英国兴起的信托制度传入美国后，得到长足的发展。美国原是英属殖民地，在17世纪初至18世纪中叶，英国殖民主义者在北美建立起的13个殖民地，于1775年由华盛顿领导，爆发了独立战争，1776年大陆会议通过独立宣言，1781年独立战争宣告胜利。美国独立后，资本主义经济得到快速发展，信托制度遂得以推行。开始亦只是引入英国的个人信托模式，但随着社会经济结构的变化，社会财富的聚集加快，财产种类趋于多样化，特别是东北地区的经济发展明显加快，股份制企业增多。与此相适应，金融市场活跃，金融产品数量增加，局限于个人信托之英国模式的信托业务已不能满足社会公众的需求。因此，以盈利为目的以法人为受托人的商事信托便应运而生。

美国的经营性信托业务比起英国要早60~80年。早在1822年，在纽约就有“农业火险放款公司”开业。这家公司开始经营的业务是为房屋火险承保和不动产抵押贷款。后获纽约州特准，开办了遗嘱信托，代理买卖公司债券,代办转换股票等多项业务。后改名“农民放款信托公司”,这是美国独立战争以后,由州政府批准成立的第一家信托公司,是世界上由美国首创的经营性信托法人企业。由此引发在美国许多州相继出现兼营信托业务的保险公司,其中规模相对较大而且经营业绩较好的有1830年成立的“纽约人寿保险信托公司”,1836年在宾西法尼亚州成立的“州立人寿保险信托公司”和“基拉人寿保险信托公司”等。这些公司都以保险业务为主业,兼营信托业务。在提供形式多样的保险业务的同时灵活地开办信托业务,两项业务有机结合相互促进,这也是美国信托业发展史中的一个特点。由于经营信托业务有较好的收益,同时社会公众认可,于是便产生了专门从事信托业务的法人信托机构。1853年纽约成立了美国第一家专业信托公司——“纽约合众国信托公司”,这是美国的信托业务向专业化经营发展的象征。

如果说美国的独立战争是该国摆脱殖民主义统治,开始独立发展资本主义的起点,那么美国的国内战争即南北战争(1860—1864年)则是解决其国内雇佣劳动制与黑人奴隶制两种社会制度矛盾,废除奴隶制实现南北统一,使资本主义得以迅速发展的历史转折点。由于历史原因,美国的东北部与西南部在经济发达程度上存在着较大的差距。南北统一后,经济建设事业全面开展,兴建铁路、公路、各种基础设施、能源、房地产开发等各项建设掀起热潮。为适应经济的发展,各类企业纷纷成立,国家资本与民间资本开始熔融。企业投入项目工程建设,加大了对资金的需求,大部分通过发行股票和企业债券来筹措,由此而引发了大量的有价证券的发行和管理业务。美国政府适时调整了信托公司的经营范围,允许信托公司吸收存款和兼营其他银行业务。对新建信托公司的审批条件也有所放宽。各州相继立法,如1887年纽约州首先发布“信托公司管理条例”,该条例对信托公司的设立、经营范围、组织机构等均做出规定。信托公司纷纷成立,经营性信托业务兴盛,在美国的东北部尤为突出。一些有产者开设的一般性企业不愿自己经营,而是采用信托的方式交由信托公司经营,信托经营活动十分活跃。有资料表明,信托公司的数量由独立战争前的十来家到1910年增长了百倍之多,达到1000余家。在这期间,1896年美国政府颁布了“公司法”和“有限公司法”,进一步规范包括信托公司在内的各类公司。随着公司的规范化和金融市场的扩容,1913年美国政府又颁布了“联邦储备银行法”,开始允许银行业兼营信托业务。从此美国建立起信托业务在商业银行兼营的模式,并不断得到发展。

除经营性信托外,公益信托在此期间亦得到长足的发展。独立战争后,美国一开始是采用英国的公益信托方式,到19世纪中叶各州法院都先后重新修订了“公益信托条例”,公益信托的方向从扶贫就业发展到建造图书馆、医院、体育场、音乐堂等公益事业。公益信托在社会经济的发展中发挥了重要作用,社会意义深远。

信托制度在英国奠基后,首先在美国得到广泛的应用。经营性信托制度的确立和发展首开世界信托之先河。在此影响下,美欧许多国家在19世纪相继兴起经营性信托业务。如北美洲的加拿大,欧洲的德、法、荷等国。

加拿大政府在1835年就制定并经国会批准了“人寿保险与信托公司法案”,而经营性信托业务真正起步于1882年,由1868年成立的第一家信托公司——“多伦多通用信托公司”正式开办,到1895年加拿大正式颁布了“信托公司法”。当时的信托市场并不发达,仅有十余家,其中最大的要算1898年开业的多伦多国际信托公司。加拿大的信托业务有其自身的特点,它不是保险公司兼营信托业务的模式,也不是银行兼营信托业务的模式,信托业务必须是专门的信托公司经营,信托公司既有受托管理财产和信托投资的功能,又有吸收存款、发放贷款的功能。在一定程度上拥有银行的部分业务,对商业银行构成一定的冲击。

信托制度在德国虽早已确立,但仅限于遗产的处理,经营性信托业务起步较晚。19世纪末至第一次世界大战结束前(1918年)才开始引入美国的信托业务,有了专业信托公司。根据当时德国的社会背景和有产者的需求,德国的信托公司所从事的信托业务有两大特点:一是受托进行海外投资以获取比国内投资更大的回报;二是接受银行的委托对企事业单位进行信用调查和财务检查。

在亚洲首先建立信托制度的国家是日本,其信托制度是由美国引入的。1887年至1894年7年间日本的纺织业较为发达,一度促进了社会经济的发展,但自甲午战争(1894年)之后,日本政府意识到发展重工业的重要性,于是原来从事重工业的企业开始活跃,新型重工业企业增多,大量重工业工程项目的开发与建设需要巨额的资金。为拓宽融资渠道,集中社会民间资本和闲散游离资金,日本经济界的权威知名人士极力主张引进美国的信托制度,开办经营性信托业务。此项主张很快得到日本政府的首肯,所以日本的信托制度很快确立,信托业务一开始便进入经营性信托。日本兴业银行于1902年(日明治35年)首例开办信托业务,当时的首任行长添田寿一是在日本建立信托制度的积极倡导者。他对信托颇有研究,熟知英美信托制度,结合当时日本发展重工业对资金需求的实际情况,首先推出一种信托模式:一方面银行为某重工业企业发行企业债券进行融资,该重工业企业以部分或全部设备资产做抵押;另一方面,债券持有人将债券作为信托财产委托给银行,银行作为受托人对该重工业企业实施监督,到期为投资人结付收益。这种方法在为铁路公司筹资的过程中取得了很好的效果,得到了公众的认可。由此而推动了各项重工业行业的发展和信托制度的广泛推行。随后安田银行、第一劝业银行、三井银行等几家主要商业银行都陆续开办了经营性信托业务。

日本的信托业务首先从商业银行开办以后,银行业兼营信托业务的模式得以确立。在经营中逐渐显示出信托的灵活性,品种的多样性,收益一般高于银行储蓄,所以被企业和广大民众所欢迎。随后在日本就产生了专业信托公司,1904年在东京成立了东京信托公司,这是日本成立的第一家专门从事私人财产之管理、处置和运用的专营信托业务的公司。1906年这家公司按“日本公司法”通过民间集股改组为民办股份制企业,主要经营私人不动产、有价证券等财产的管理运用及不动产抵押贷款,以贷款利息和信托管理费为经营收入。这是日本民营信托公司之始,对日本信托市场的形成与发展起到了推进作用。同年(1906年)又陆续有横滨信托公司、福岛信托公司等专业信托公司开业,1907年有神户信托公司挂牌,到1911年日本已有信托公司134家之多。第一次世界大战爆发(1914年)之后,日本的战时工业迅速发展,信托业务有增无减,运用信托制度管理财产的需求增多,信托业务得以拓展,至1916年,注册的信托公司达328家,到第一次世界大战结束的1918年,在日本境内的信托公司已超过400家。但这些公司的规模都不大,一般注册资本仅有几十万日元。

在非洲,位于非洲最南端的南非,是非洲经济发展水平最高的国家,也是信托制度确立较早的国家之一。受罗马—荷兰法和英格兰法的双重影响,在19世纪初期,信托观念就已被南非所接受,并逐渐使信托发展成为一种符合国情的混合型的独特的法律制度。

近代信托期的特点：

近代信托期由1640年至1918年第一次世界大战结束，是信托制度近代化的重要历史时期，它有以下几个特点：

1. 近代信托期是处于西方封建制国家经资产阶级革命取得成功，转变为资本主义制度国家，实行自由资本主义法制的时期。唯有美国是没有经过封建制度直接进入资本主义制度的国家(1776年)。英国是世界上第一个完成资产阶级革命，最早确立资本主义制度的国家(1640年)；法国在1784年取得对封建势力斗争的彻底胜利；德国的资本主义兴起比起英、美、法要晚得多，是在1871年通过各封建专制邦国的武力兼并战争而实现国家统一的；日本则是亚洲第一个兴起的经1868年国内自上而下的明治维新运动取得成功而进入资本主义的国家；欧洲的意大利、西班牙、荷兰等国也在这一时期陆续完成资产阶级革命，实现了资本主义制度的转变。由此在世界范围内便形成了人类社会进步变革中资本主义制度的建立、自由资本主义法制发展的时期。这便是近代信托制度得以确立、存续和发展的社会制度背景。

2. 近代法制的形成是近代信托制度确立和发展的法制基础，世界近代法制从这个时期开始，形成了两大法系即英美法系和大陆法系。这两大法系的分立、传播和发展，对世界各国的法制建设产生着深远的影响。这两大法系中对调整财产关系之法律体系的形成，推进了信托制度现代化的进程。大陆法系中的“民法”即“私法”是以法典化的形式统一规范而成文的，如“法国民法典”，“德国民法典”都是典型的资本主义国家的民法典。其中包括了对财产与所有权的限制及取得财产的各种方法。信托的概念、信托财产以及信托财产之管理等法律条款均含于民法典之中；而英美法系中有关民事法律的规范包含在普通法、衡平法和制定法之中，衡平法包括信托法、公司法及破产法等。这一时期由于两大法系的确立和规范，使信托制度趋于成熟，各具特色。

3. 这一时期是近代信托制度确立、存续和发展的关键时期，是世界信托发展史中信托制度得以广泛应用，信托业、信托市场开始兴起和走向规范发展的重要时期；是各国积极探讨和确立信托业务经营管理模式的初级阶段。这一时期的信托呈现了以下几个特点：

第一，信托财产的种类发生了多样化的变化。由于社会制度的演变，资本主义商品经济的形成,社会财富聚集的分化,掌握在不同阶层不同人群手中的财产、财产权都发生了深刻的变化。财产形态由封建制关系中的以土地为主向多种形态转变,各类不动产、动产、各种有价证券都可以构成信托财产,委托给受托人管理和运用。

第二,经办信托事务的受托人所进行的信托服务,由无偿向有偿转变。受托人在接受委托人的信托事宜前,要签订信托契约,其中需约定收取佣金的标准。

第三,发生了民事信托到商事信托的变化。从而形成了以盈利为目的的经营性信托业务,即商事信托。构建了一个新的信托市场。

第四,受托人对信托财产的管理方式发生了深刻的变化。原来受托人管理信托财产的方式多限于遗嘱信托或代理监护人,这一时期发展到不仅是管理,而且要对信托财产按照委托人的意愿加以处置和运用,可以使信托财产保值和增值。

第五,信托当事人中的受托人,从事信托事务已逐渐形成一个行业,从事信托业的信托机构出现多种模式。如前所述,信托制度在英国奠基后,美国是首先开办经营性信托业务的国家,而且以保险公司为起点。而后兴起的日本信托业,则首先是从商业银行开始的。经过一段时间的运营和信托市场的扩充,在一个较长的阶段又出现了一定数量的专营信托业务的信托公司。以后商业银行兼营信托业务的模式被较多的国家所采用。信托业务的灵活性和效益性,使信托业在资本主义经济发展过程中,得以被社会所确认而得到发展,成为一个独具特色的金融行业,由此造就出一批专业人才。

第六,公益信托得到发展。这一时期,在信托制度中,公益信托已得到确立。公益信托的内容随着经济发展的步伐而改变,由原来的扶残济贫发展到铺路建桥,以至建造医院、学院校、俱乐部、图书馆等公益事业上。信托业在推进社会公益事业的发展中发挥了积极的作用。

第二章
现代信托期——现代信托的形成与发展

公元1918年第一次世界大战结束后，随着资本主义国家由自由资本主义法制向垄断资本主义法制的转变，现代信托体系开始形成。随着全球经济金融的变革，信托制度被世界许多国家接受和运用，从而使信托制度向国际化扩展并日趋完善。

我们通过不同历史时期，不同国家，不同的政治、经济、文化背景，观察和分析现代信托制度的形成和发展，不难看出信托的魅力和无限的创造力。

第一节 现代信托期中各历史阶段的信托发展状况

一、第一次世界大战结束至第二次世界大战爆发期间(1918—1939年)

这一时期因各国在战时充当的角色和结局不同，对战后国内经济状况发生不同的影响和变化。在此期间世界资本主义国家普遍发生了严重的经济危机。为此，各有关国家的政府都积极调整对内、对外政治、经济政策，力遏经济危机进一步恶化。各国的财产持有者对私有财产的管理方式也随之产生了新的多样的需求。

(一)英国

在第一次世界大战以后，英国的殖民体系走向瓦解，加拿大、澳大利亚、新西兰、南非等自治领的内政、外交、立法自主权的独立地位得以确立。国内的立法权限也发生了变化。1939年以前，政府各部门的领导权几乎都被内阁大臣所占有，内阁可以通过议会委托立法的方式获取立法权，所以在一定意义上提高了一些专业性较强的法规制定的效率，1920—1937年委托立法的项目明显增多，这对社会经济的发展起到了助推的作用。

1920 年 10 月英政府批准“凡尔赛条约”生效，依据英国与德国混合仲裁裁判所法庭的裁定，法人与个人都可以管理信托财产，从而使机构作为受托人接受境内外委托人之委托，来管理信托财产的方式得到了法律的许可。1921 年颁布“苏格兰信托法”，1925 年 4 月 25 日英政府颁布了“受托人法”（Trustee Act），该法规定了受托人的自由裁量权，扩大了投资权限和不适当投资造成损失的责任；受托人的一般权力；受托人的指定和解除；法院的权力等。同年还颁布了有关联的“财产法”、“授予地产法”、“遗产管理法”等。这些法令的实施促进了英国信托业的规范发展。

第一次世界大战结束后的十年间，英国的信托业得到了很大的发展，商业化程度迅速提高，专业信托机构增多，仅伦敦一地就有 80 余家，许多商业银行、保险公司纷纷设立专营信托业务的子公司或信托营业部。在开办的信托业务中“投资信托”为英国之首创，1932 年成立了“投资信托公司联合会”，并公布了该联合会的章程，这对契约型投资信托制度的广泛应用和规范管理起到了十分重要的作用，当时该联合会在全英已有 200 多个会员单位。

（二）美国

1926—1936 年的十年间，美国处于经济衰退期。1929 年 10 月华尔街股市发生大崩盘，民众恐慌，银行挤兑。20 世纪 30 年代的大萧条，有约 11000 家占全美银行总数三分之一的银行倒闭，信用体系遭遇毁灭性的破坏。在此期间信托业并没有衰落，反而在学术研究、立法建规、业务扩展等方面都有了长足的进展。

美国在 1918—1939 年期间出台的有关信托方面的立法有 1922 年修订的“统一受托人法”（Uniform Trustees Act），1932 年的“合同法重述”，1933 年著名的“格拉斯—斯蒂格尔法案”（简称 GS 法案），1935 年美国律师业协会的“美国信托法重述”，1937 年的“统一信托法”（Uniform Trusts Act），1938 年的“统一共同基金法”（Uniform Common Trust Fund Act），1939 年的“信托合约法”（Trust Indenture Act）等都是这一时期的重要实践经验总结和学术研究成果在立法成就上的集中体现。这一时期的法规制定采取单独成文立法的形式，这是对发展和完善以判例法为主体的英美法系的一个重要贡献。

美国在经济衰退期，虽然出现了经济不振，工商业萧条的局面，而信托业发展的步伐却没有放慢。到1930年信托公司已发展到1500多家,资产已过175亿美元。据1932年的一份统计资料显示,当时的信托公司家数只占全美商业银行总家数的6%,而信托财产总额却占全美商业银行总资产的20%以上。说明当时信托业务的比重和规模相对是较大的;从国民银行信托部1936年的统计数据看,其信托业务的增长情况,当年年末其受托管理的个人信托财产余额比1926年增长了约10倍,受托发行的公司债券总额比1926年增长4倍,毛利润增长了近3倍。

美国的信托业之所以在这一时期没有因经济衰退而萎缩,反而兴盛的原因,首先是投资者对当时社会经济的不稳定性,持币贬值的可能性,自我管理财产资金运作的风险性,在认识上均有加重的趋势。在"GS法案"中的Q条款,明确规定实行定期存款利率上限的限制,并将该条款扩大到所有金融机构的情况下,公众在寻求保值增值渠道的过程中,对已经取得业绩的信托业营销的收益稳定,收益率较高的信托品种正恰逢其时。第二,政府适时制定了实施有关信托业的法规,为信托机构的经营有章可循,为处理信托事务的灵活性和信托市场的扩容提供了条件。第三,"GS法案"明确了商业银行与投资银行的分业原则,实行银行业与证券业分家,切断了银行资金流入股市的通道。证券业与信托业相比,信托业处于优势地位,政策允许商业银行可兼营信托业务,亦允许信托公司兼营商业银行的部分业务。由此而促进和刺激了信托业的竞争与发展。

(三)日本

在第一次世界大战期间,信托业随战时经济之需得到发展。战后日本政府看到信托业为恢复战后经济所发挥的积极作用,实施了对新开设信托公司的鼓励政策,设置了较低的准入门槛,注册资本低限仅为25万日元,于是便有相当数量之合资合伙的信托公司纷纷成立。至1921年全日本已有遍布东京、大阪等地的信托公司520余家,但经过一年的实践发现有一定数量的专业信托公司注册资本金并不真实,有些公司经营管理混乱,入不敷出,甚至债台高筑濒临破产,严重危及投资人的利益。为此,日本政府于1922年制定并颁布了"信托法"和"信托业法"。日本为民法典国家,虽受英美法的影响,但并不照搬而是实行积极的本土化立法。"两法"明确了信托业务必须由专业信托公司办理,信托公司亦不得兼营商业银行的业务,并于1923年开始实施"两法"。1922—1923年期间对信托公司进行了严格的清理整顿。

所有信托公司都要进行重新登记注册。注册资本金低限升至100万日元,不足者一律限期补足。凡资本金不到位或经审查,经营不善者均取消其重新注册资格。至1925年底经过清理整顿的专业信托公司为27家,到1935年陆续增至32家。信托业由此步入了规范化发展之路。经过清理整顿后的信托公司大都有大财阀做其后盾,资本实力雄厚。依"两法"开办信托业务,创立了具有自己国家特色的信托产品——金钱信托和贷款信托。在信托资金的运用方面有70%贷放给信誉高、效益好的企业,30%用以购买公司债券。由于运作得力,使广大民众投资者获益匪浅,于是信托业声誉大振,自1925年起的后6年间信托公司经营的信托资金增长了近3倍。

与日本同属民法典、位于欧洲中部的列支敦士登,面积只有160平方公里,人口仅32000多人,为世界上最富有的国家之一,其信托制度的建立亦较早。该国1926年为适应经济发展的需要制定了"信托法",它不同于英国的信托法,但该法的起草是经过英美律师认准的,是符合本土特点的信托普通法。法院持有解释权,信托业务由专业信托公司经办。列支敦士登属中立国家,与瑞士关系密切,外交归由瑞士管辖。

瑞士的地理位置优越,地处西欧中心地带,而且历史形成了永久中立国地位,在战争期间成了国外富人的财产避难所。瑞士的私人银行规模小、数量多,以家庭或财产管理公司居多,亦有家族式的持股公司,因经营守信,在国际上享有良好的声誉。为适应财产管理的需求,1930年由6家有名气的商业银行联合出资组建了一家"国际投资公司",注册资本125万瑞士法朗。1938年又组建了由商业银行控股的"AG投资信托公司",以信托投资的方式,为委托人管理运用信托财产,使之保值增值。

从上述情况可以看出以英、美、日为主的经济发达国家在第一次世界大战结束至第二次世界大战爆发前的这个时期,其信托的发展呈现了以下几个特点:

第一,信托业为适应战后经济恢复的需要,表现出它优越的融资功能和理财功能,而适时地得以生存和发展。

第二,在立法建制方面是现代信托制度的奠基阶段,重要的信托立法都在这一时期完成。英国的"受托人法",美国的"统一受托人法"、"信托法重述"、"信托合约法",日本的"信托法"、"信托业法"等,尤其是美国在信托立法上的成就更加突出。这一时期信托及其关联法规的建立,奠定了整个世界现代信托制度的基础。

第三,在信托业的经营管理模式上,经历了有益的探索。先后出现了专营信托公司与商业银行分业经营的模式;商业银行兼营信托业务,信托公司兼营部分商业银行业务的模式;专业信托公司专营信托业务、商业银行、保险公司兼营信托业务的模式。

第四,信托品种的创新发展,表现为投资信托的理论与实务趋于成熟;以日本金钱信托和贷款信托为代表的适应国情的特色信托品种得到很好的发展。

二、第二次世界大战爆发至第二次世界大战结束期间(1939—1945年)

在6年的“二战”期间,美、英、法作为盟约国为了各自的利益,需要建立更紧密的联盟,特别是美国当时已显示出其强大的经济军事实力。英国亦为保住自己的既得利益和巩固自己在资本主义国家中的领先地位,在“二战”后期英美两国就着手进行战后经济恢复与发展的策划,重点谋划了国际经济合作计划。美国当时实力雄厚,已占有世界黄金总量的五分之四,企图通过多边经济合作确立美元在国际货币体系中的统治地位;英国虽然经济实力不如美国,但国际贸易额却占据了世界贸易总额的三分之一。因此,英国积极推行多边国际贸易合作,以便继续维护它在国际贸易中的地位,并以此筹措大量资金,为复兴战后经济做准备。所以在1943年4月美英两国就分别在华盛顿和伦敦正式发表“战后稳定国际货币计划”。由于英国的经济、军事实力不如美国,因此英美两国经过较长时间的争论和讨价还价,终以主张有限度地利用黄金、侧重国际贸易额为标准的凯恩斯计划,向美国以强调黄金地位和作用,以黄金、外汇储备、国民收入和国际收支差额变动大小为标准的“怀特计划”作了妥协(怀特:当时美国政府中财政部负责国际金融事务的官员,国际金融专家)。1944年英美双方发布了“专家关于建立国际货币基金的联合声明”,在此基础上同年7月份在美国的罕布什尔州的布雷顿森林召开了联合国货币金融会议,通过了“布雷顿森林协定”,确立了布雷顿森林货币体系。这是在“二战”期间发生的对全球经济金融的发展有着深远影响的大事。布雷顿森林制度的运行以国际货币基金组织为前提,当时的基金总额为88亿美元,美国占有31%的份额,居首位,其次是英国,显示出美国在国际货币基金组织中的主导地位。布雷顿森林制度的建立,对各参与国的国际间贸易往来、货币和资金流动金融市场的发展都起着拉动作用。因战时各参战国的经济结构产生了剧烈变化,直接影响了金融市场的发展。美国政府为使信托在战时发挥作用,积极推进商业信托,以满足公众投资心理的需求,同时考虑到各州有关信托方面的立法现状,于1940年颁布实施了"投资公司法"、"投资顾问法",允许投资公司可将股东的资金和单个投资人购买本公司债券的资金集中起来运用,共同投资于购买其他效益优良的公司债券而使投资人获益。事实上,在1940年以前美国的投资信托规则中,受托人的投资权限受到相当严格的制约,投资范围是按表列形式予以规范的,旨在最大限度地减少投资人的投资风险。1940年以后美国的许多州通过州立法,逐渐扩大了受托人更多的可选择的投资类型,但表列式的投资规则一直在延续使用。相当多的专家、学者在研究信托新概念,特别是创新受托人的职能、权利和义务时,对受托人管理运用信托财产的本质和能动性方面提出了"谨慎投资人"规则的必要性,在许多州的信托立法中开始逐渐淡出表列式而趋于"谨慎投资人"的成文法规则。

在"二战"期间,日本由于侵略军的军费超支骤增,资金短缺,政府把筹资负担压在银行业和信托业的身上。当时的信托业处在一个极困难的低潮阶段,信托业的主力军安田信托株式会社、住友信托、三菱信托等财阀系统的信托公司都已陷入经营困境。日本政府为激活信托业,更重要的是为拓宽融资渠道,于1943年颁布实施了"普通商业银行兼营信托业务的管理规定"。这样做一方面使商业银行可以采取更加灵活的融资方式筹集资金,政府利用银行业网点多的优势达到广聚钱财的目的;另一方面,在一定程度上刺激了信托业的发展。政府对信托公司亦给予政策上的支持,允许信托公司开办投资信托业务,信托公司吸收的资金可投资于有价证券上。政府利用信托制度作为支持战争的一种手段,使信托业在战争的非常时期能得以生存和发展。

从上述"二战"期间信托的发展情况看,有两个特点:

其一,"谨慎投资人"规则,是对受托人行为准则的控制标准。世界各国,不管是何种法系背景的国家,均会在其建立现代信托制度的理论和实践中受到重要的影响。

其二,信托制度不论是在平时还是在战时,都以其特有的灵活性,发挥多样化功能，得到了市场的认可，显示其制度优势和富有生命力。

三、第二次世界大战以后的现代信托

“二战”以后世界经济格局发生了重大的变化，各国的经济发展进入了一个崭新的历史时期。金融已处于经济发展的核心地位，金融改革牵动着整个经济的发展，现代信托得到更加广泛和充分的发展。

（一）“二战”结束至20世纪60年代的信托

“二战”结束以后，特别是进入20世纪50年代以后，西方各国进入了经济的恢复与发展的重要阶段。“二战”结束至20世纪70年代以前，西方各国受战争和凯恩斯主义[①]的影响，实施放活货币供应量、赤字财政、保持低利率刺激投资的政策，导致了严重的通货膨胀。西方国家为稳定物价，抑制通货膨胀，促进国际贸易的发展和整体经济实力地位的提升，各国中央银行在制定货币政策时都以稳定币值，充分就业，平衡国际收支，促进经济增长为目标。在不同时期各国根据自身不同的经济状况，调整货币政策目标的取向重点。

英国受战争和凯恩斯主义的影响更为直接，作为英美法盟约国之一，虽为战胜国，但其因战争的直接经济损失也已超过30亿英镑，且“二战”后又有一批英属殖民地相继作为英联邦的成员国而独立。这就迫使英政府不得不在政治、经济、文化等各个领域采取相应的措施，以保持自己在资本主义国家中的领衔地位和竞争力。在实施诸多的恢复与发展经济的措施中，重点对金融系统进行了调整。为强化中央银行的宏观调控职能，保持金融稳定，减缓通货膨胀和失业造成的压力，英政府于1946年2月将“二战”期间归财政部管辖的原为私有股份制的英格兰银行正式由财政部收购其股权，转制为国家的中央银行。在这一时期，实施了严格控制利率中介目标的政策。利率水平处于低位，促使投资需求增长。与此同时为了发挥众多分散的小型家庭式“商人银行”的作用，对其进行了整合，改制为股份制储蓄银行（亦称信托储蓄银行）。

---

① 凯恩斯主义：凯恩斯（1883—1946年）现代英国庸俗经济学家，创立了代表垄断资产阶级利益的理论。认为产生资本主义经济危机和失业的原因是有效需求不足，是由人们主观心理因素造成对消费和投资的不足引起的，主张只有实行赤字财政、增发纸币、冻结工资、保持低利率、刺激投资、扩大商品和资本输出，才能促进经济的发展。

因当时实行的廉价货币政策,使公众对偏低的储蓄利率使货币贬值的顾虑加重,因此财产保值增值的需求增大,信托业务借此又得以发展。经过改制后的信托储蓄银行经办的吸收居民小额储蓄存款业务,将集中起来的零散资金用于购买收益较高且稳定的有价证券,特别是政府公债上,既满足了众多民众的投资理财需求又活跃了金融市场,更直接地支持了政府战后经济的恢复与发展。信托业在此期间还适时地开设了许多发行公司,主要业务是承销各种债券,包括推销国外和殖民地的国家债券、铁路股票、工业债券等。信托业务的拓展还表现在以单位信托和投资信托为代表的信托品种已受到市场的青睐。投资信托为封闭式,单位信托为开放式,二者的债权债务性质相同,资金运用对象也同为各类有价证券,这两种信托业务在市场上均有上好的表现。1959 年还成立了“单位信托管理人协会”统一制定了规范化的业务操作细则,协会会员共同遵守之,维权于投资人。单位信托随之有了发展,在 60 年代初期,规模并不算大,总资产未超过 2 亿英镑,而投资信托不是真正法律概念上的信托,它是公募股份的有限公司,股份额不变,股权可在买卖双方间转移,投资者为公司的股东而获取股息。投资信托在 60 年代初,其规模已超过了单位信托,总资产已逾 20 亿英镑。

“二战”后英国的信托仍保持其历史的传统,个人信托仍占很大比重,但法人信托已得到不小的拓展(个人信托仍占 80%),并已逐渐集中到几家大的商业银行所设立的信托部或信托公司上。这几家大的商业银行中,国民威斯敏士特银行、巴克莱银行、密斯兰银行、劳埃德银行四家的信托资产已占全英国银行信托资产的 90% 以上。

在这一时期,为适应经济发展的需要,英国颁布实施了几项有关信托的制定法,较为重要的是 1958 年 7 月 23 日发布的“英国信托变化法”和 1961 年 8 月 3 日起实施的“受托人投资法”。“信托变化法”(不适用于苏格兰)明确了法院对各种信托的司法管辖权,涉及 1920 年的“爱尔兰政府法”及 1925 年的“受托人法”,“授予地产法”,“财产法”等的相关条款。该法授予法院在一定范围内的自由裁量权,法院可代表四类受益人批准信托的变化。“受托人投资法”适用于所有的信托和遗嘱,它的制定是为了规范受托人的投资行为和适当扩大受托人的投资权限,允许受托人将信托基金投于比较广泛的投资项目上,以表列形式规定投资项目或对象,分为较窄范围的投资和较宽范围的投资,同时规定了特殊范围的投资。其中较窄范围的投资通常是安全性很高的项目,大都是投资于有限定的收益稳定的债券上。该法与1925年的“受托人法”在投资范围方面的规定相比,既有扩大又有限制,源于最大限度地减少投资人的投资风险,保护投资人的利益。普通法系确认对受益人的信托收益是要由受托人给予保障的,受托人的责任是委托人所不能削减的,受益人取得信托收益的方式很大程度上取决于委托人的意愿。因此,限定受托人的随意性,采取既扩大又限制投资范围的办法,有利于风险的控制,但有碍于受托人积极理财潜力的发挥。在较长一段时期,这种办法还是适应当时经济发展形势的。但随着社会经济的发展变化,长期存在的通货膨胀现象,投资工具的不断创新以及投资条件的改变,该法存在的问题逐渐突出。尽管该法存在一定的缺陷,但20世纪60年代的信托制度由成文法加以确立,加上衡平法相关规则和法院的法令、判例,构成了普通法的较为完整的体系。

20世纪60年代布雷顿森林货币体系,以国际货币基金组织为基础,对促进国际贸易合作和解决发展中国家国际收支的困难,起到了积极作用。美国在国际经济金融体系中已跃居霸主地位。“二战”后特别是在整个60年代,美国受凯恩斯主义的影响并不亚于英国,政府采取了温和的通货膨胀政策,实施国家的干预和调节,以刺激经济的发展。货币当局在提高短期利率,阻止资本外流的同时,将长期利率维持在一个较低的水平上。这种经济环境和货币市场状况,加上“二战”期间积蓄下来的消费需求,放大了非金融机构发展的有利空间,活跃了资本市场。美国的信托业在此期间也得到了一定的发展。

从管理层面上看,对银行经营信托业务的审批和监管权,通过1962年7月的立法,由联邦储备委员会移交给货币监理局。1963年4月货币监理局颁发了“银行开办信托业务和设立投资基金管理条例”,明确了商业银行获取经营信托业务的申报、准入条件、审批程序,规定了银行业务与信托业务实行分别管理及接受联邦立法和州立法的双重监管原则;从经营层面上看,信托品种的开发、信托业务的拓展为金融市场增添了活力。房地产投资信托就是在“二战”后的1960年源于美国的一个新的信托品种,是通过美国国会立法而确立的一个新的投资工具(国会批准成立房地产投资信托公司)。这为中小投资者开辟了向大规模的收益型的商业房地产项目投资的渠道,这项信托业务成为美国投资理财业务的主流投资工具。有关房地产信托的定义、业务内容等均由美国房地产投资信托协会予以具体化。这项创新对美国乃至世界各国信托业的发展，提高信托业对经济发展的贡献率产生巨大影响。另外，旨在促进各类骨干企业的发展和与职工切身利益紧密相关的信托业务方面，开发了接受实体经济法人的委托发行公司债，办理动产设备信托，代办各类有价证券；面对职工退休养老问题，开设年金信托，对高盈利企业取得的超额利润按比例计提后，委托给信托机构管理，职工作为受益人定期（多为退休时）领取，即所得利润分配型信托。这些信托品种的开发又为商业信托向更广阔的领域发展推进了一步。

日本在“二战”后，身为战败国，国内通货膨胀，经济紊乱，日政府因此采取了换发新钞、冻结存款等紧急措施。此时的长期融资业务陷入困境，信托业处于低潮，仅战后1945—1946年的一年间，日本的金钱信托总额下落幅度就达56%，由59亿日元降至26亿日元。当时的信托业不振，除受整体经济形势的影响外，还受金融政策的制约。一是信托公司不可兼营银行业务，二是受“证券交易法”所限，不能承购证券认购业务，使信托公司步履艰难。为帮助信托公司渡过难关，日本政府出台了多项政策和措施，使信托业得以发展。1947年采取绕过“信托业法”不允许信托公司兼营银行业务的规定，先让信托公司转变为银行，再依照“银行业兼营法”经营信托业务，拓宽了信托业的生存空间；1951年6月颁布实施“证券投资信托法”，1952年6月实施“贷款信托法”，1953年大藏省正式推出银行业务与信托业务分离的方针，1954年始至1957年兼营信托业务的商业银行陆续停办了信托业务，信托业务统归信托银行经营。由此信托银行开办的信托业务日渐增多，1956年11月信托银行开办了动产设备信托业务，1958年开办了证券代理业务，1962年4月开始经办适格退休养老金信托业务，1966年10月开办了福利养老金信托业务等。

日本自“二战”后实施长期金融与短期金融相分离的方针，随着信托公司向信托银行的转变，信托公司的称谓已不复存在，逐渐被主营信托业务兼营银行业务的信托银行所取代。信托业务已主要集中在三菱、住友、三井、安田、东洋、中央、日本7家大的信托银行。这不仅是名义上的变化，更重要的是体现了日本政府对长短期金融体制加以整顿的指导思想，由此而推进了日本现代信托业的规范与发展。

这一时期，现代信托在世界范围内的不少国家和地区均得到不同程度的发展。如德国为“二战”的战败国,战后苏、美、英、法根据“波茨坦协议”分区占领德国,1949 年 5 月 23 日美、英、法占领区公布了“基本法”,建立起德意志联邦共和国,同年 10 月 7 日原苏联占领区成立了德意志民主共和国。德联邦在战后的经济恢复过程中,面对战争带来的严重的经济损失和大量的基础设施重建工作,资金匮乏。为了调动民间游资,尽快稳定金融秩序、恢复资本市场,德联邦借助于美元贷款,直接扶植基础设施、能源、原材料、住宅等建设项目,同时建立复兴信贷银行(1948 年),为企业恢复生产和出口提供长期贷款和担保,由此拉动了民间游离资金的聚集。复兴信贷银行对集聚的资金进行集中的运用和管理。金融信托受此影响在 1949 年组建了“有价证券投资信托公司”,该公司由 18 家金融机构联合出资组成,1950 年开业,对吸纳民间资本投资于政府债、企业债等有价证券上,直接支持了战后恢复性的经济建设工作。1957 年在联邦德国的 10 个州级中央银行和柏林中央银行的基础上组建起国家资本的德意志联邦银行,为中央银行。同年颁布了“投资公司法”,推进了德国证券信托投资基金业务的拓展。到 1961 年建立欧洲共同市场时,基金数增加了一倍半,发行的证券份数和资产总额均增加了近 30 倍。

1961 年 7 月 10 日颁布了新的“德意志联邦银行法”,统一了金融监管标准。1962 年 1 月 1 日成立了德国联邦金融业监督的主要机构——联邦金融监管局(BAK),它独立于联邦银行,直接对财政部负责。此后,信托投资基金的发展一直比较平稳,到 60 年代末,联邦德国的 13 家信托投资公司设立了契约型开放式信托投资基金 40 余支。其中股票信托投资基金约占 75%,债券信托投资基金约占 25%;按投资基金投资于境内外的比例来比较,大部分投资于境外,占比高达 85% 左右。

另如法国,“二战”时为英、美、法盟约国之一,其金融信托业主要是采取银行兼营的方式。在欧洲,法国的商业银行以国有化占主导地位为其特色。1952 年为“二战”后第一次对国有银行进行改造的第一年,建成五大集团式股份制商业银行。同年还组建了法国国际信托投资公司,主营投资信托业务。银行和非银行金融机构的差别主要是非银行金融机构的自有资金不得用于银行业务中的票据贴现。金融信托业务主要集中于信托投资基金上,多为开放式,也是投资者向海外投资的重要手段。

又如瑞士,在“二战”后金融信托也有所发展,其信托品种重点是证券投资信托和不动产投资信托。对信托资金的运用，在境内多用于不动产投资，在境外则多为股票投资。60 年代末，瑞士两大著名的信托机构——“国际投资公司”和“AG 投资信托公司”的投资信托业务量已占到全瑞士投资信托业务量的 50% 以上。

再如荷兰，在“二战”后重点发展了投资信托业务，投资信托公司依照政府颁布的“证券投资信托公司法”而设立。勒倍克（Robeco）集团是荷兰最大的信托投资机构，60 年代末该集团已拥有约 8.23 亿美元的信托资产。

以上列举了欧洲几个信托基础比较好的国家，在“二战”以后至 60 年代信托业的发展状况。这一时期，投资信托的运用比较普遍，有关法规也比较健全。

在美洲的加拿大，信托业发展的一直都很平稳，已成为金融业的支柱之一。“二战”以后，信托机构略有增多，由几十家增至百余家，接受托管的资产 1952 年账面价值为 39 亿加元，到 60 年代末增至 74 亿加元。加拿大的信托业在“二战”后发展得比较规范和平稳，表现在几个方面：其一，信托公司可以依“信托公司法”和各省地方法规设立。只有依法设立的信托公司才能经营信托业务，对注册资本的要求低于商业银行。其二，经营范围较广，除作为受托人接受委托人的委托，监护和管理信托财产外，还可经办投资业务和吸收存款、发放贷款，在资金融通上，政策也比较宽松，除吸收存款外，还可以向银行拆借，并可以发行公司本票。其三，存款保险公司为信托公司吸收存款提供担保，存款期限多为中长期，也允许一年期限以下的短期存款，但不超过存款总额的 15%。其四，对信托公司实行资产负债管理，对现金准备金率不设最低标准，只要有保持本公司维持运营的最低现金量即可，这样便降低了运营成本。其五，突出信托公司的资产管理功能，信托财产多样化，包括各类动产、不动产、退休金、企业的偿债基金、各类股票债券等。信托业有着较为广阔的发展空间。

在亚洲，除日本外，在“二战”以后受英美法系的影响，印度也是建立信托制度较早的国家之一，但主要是个人信托；韩国受英美法系和日本信托制度的影响，商事信托比较发达，韩国政府根据本国经济发展的需要，于 1961 年 12 月颁布并实施了“信托法”。

“二战”结束至 20 世纪 60 年代现代信托发展的特点：

1. 这一时期是“二战”时各参战国战后恢复性建设的重要阶段，金融信托对战后经济的恢复与发展，资本市场的活跃起到了重要的积极的作用。

2. 现代信托在经济发展中不断进行调整定位，现代信托制度的确立和进步，适应于整体经济金融的稳定和前进的步伐。英国的“信托变化法”、“受托人投资法”，日本的“证券投资信托法”等都是这一时期产生的信托立法。

3. 金融业的分业与混业经营的模式，在经济发达国家逐渐明朗化，美国的各金融机构，在这一时期的专业化经营比较成功，金融业处于较为平静祥和的发展之中；日本信托体制的变革，以长短期金融分离政策为准，建立起来的主营信托业务，兼营银行业务的信托银行取代了专业信托公司；英国的法人信托业务集中在几家大的商业银行。

4. 信托市场活跃，信托品种创新，投资信托得到更为广泛的运用，职工福利养老型信托的开发等，呈现了信托的无限创造力。

（二）20 世纪 70 年代以后的信托

20 世纪 70 年代以来，国际金融体系发生了剧烈的极其深刻的变化，主要表现在：

第一，布雷顿森林制度解体，美元与黄金挂钩，其他货币与美元挂钩的固定汇率体制宣告瓦解。随之，浮动汇率体制逐渐生成并演变为国际货币体系的核心。

第二，全球经济一体化、区域化日趋明显，各国间的经济相互协作和依赖程度与日升级，各类型的国际经济、金融组织在国际金融舞台上日趋活跃。

第三，各经济发达国家的金融管制有放松的趋态，国际间的资本流动与产品物资流动相分离，改变着国际经济的结构，直接影响着经济的发展。各国的金融体制根据本国经受金融风险的经验教训，加快了改革的步伐。

第四，金融体系的稳定性问题日益突出。金融机构的规模化、规范化经营尤显重要。各国金融机构的合并，以致跨国的联合形成一大潮流。金融业的资产实力得到增强，服务范围不断扩大，金融在经济发展中的地位不断提升。

第五，IT 行业迅速发展，在金融业得到广泛应用，金融服务方式更加多样化，触角伸向各个地域角落。各种金融衍生产品不断推出，人们的投资理财需求日益强烈。

第六,证券市场、外汇市场起伏动荡,不同程度的金融危机时有爆发。各种潜在性的金融风险在许多国家还很严重,危机四伏。

美国在20世纪70年代以后,经济速度减缓,国际贸易逆差加大,财政赤字增加,失业率上升,通货膨胀加快。1971年底美元贬值7.8%,1973年又贬值10%,危及到其世界经济的霸主地位。在国际上开始逐渐形成了美国、欧共体、日本三强鼎立的格局。

美国政府为了解决经济发展减慢的问题,积极培育新的经济增长点,IT行业得到了迅速而广泛的发展。由此推动了整个金融业经营方式的转变和服务领域的拓宽,牵动了全国范围新一轮的技术革命和金融创新。在此影响下,信托业也得到了新的发展。美国的商事信托已成为金融业的一个重要组成部分,信托财产的形态也发生了很大的变化,多数为有价证券。信托业持有的财产形态多数为股票(普通股和优先股)约占资产总额的54.5%,其他如短期债券占比为13.5%,其他票据和债券占比为8.7%,美国政府和机构债券占比8.5%,州县和市政债券占比为4.6%。商业银行为避开政策的限制,利用分立信托部的办法来经营有价证券的发行、管理和买卖业务,既为证券发行人服务,又为证券之购买人、持有人服务,受托代表股东执行董事职能,参与控股管理等。信托机构在IT行业的带动下还纷纷成立经济情报部门,受托为客户提供海内外金融市场行情和各种理财信息以及咨询服务。

以证券投资信托为主的商事信托规模逐年扩大。到1980年商业银行中的信托财产已达到5700多亿美元,为1970年的2倍。信托财产占商业银行总资产的份额已超过40%。而在信托财产的运用中有价证券信托的占比高达80%以上,其中普通股票约占48%,企业债券约占21%,国债和地方政府债券约占18%,其他信托财产约占13%。

美国对信托制度的运用范围十分广泛,进入20世纪70年代以后,除原有的信托业务外,在信托机构经营的业务中,共同基金(集合信托基金)和公司信托业务规模较大,有资料显示截止到2000年年底已拥有2969只65万个账户的共同基金,资产规模达1.8亿美元,比1993年时的1.2万亿美元增长了50%。据统计,1993年1.2万亿美元的共同基金中,个人信托资产已达6967亿美元,比1989年的4541亿美元增加2426亿美元,增幅达53.4%,个人信托资产额在共同基金总额中的占比由37.8%上升到58.05%。而可处分资产则由3955亿美元增至5561亿美元，增幅为40.6%。共同基金与房地产投资信托已成为美国信托业新的经济增长点，房地产投资信托在20世纪80年代美国的税制改革后获得优惠政策。同时在合股方面不受限制，公司股本与债券的比率不受限制，房地产投资信托公司还可拥有非美国所有权的房地产。1993年养恤金的投资范围被允许扩大到房地产投资信托，房地产投资信托公司在一年间，其市场资本总额由150亿美元快速增至320亿美元。据统计，1972—2002年房地产投资信托的年综合收益率高达12.35%，高于标准普尔500指数，NASDAQ综合指数、道琼斯平均工业指数的同期投资回报。艾伯森协会的分析表明，在投资组合中分配10%的资金投资于房地产投资信托，年平均收益率将提高0.2%，组合的风险度则同时下降0.4%。

美国的信托业发展到现在，已形成信托财产高度集中的局面，信托财产多聚集到资金实力雄厚、信誉良好、综合服务水平高的大银行中，位居前100名的大银行管理着全美80%左右的信托财产。

在金融创新上，不能不提及产生于20世纪60年代末的"资产证券化"，这是美国人的创造。政府的支持、法律法规的保证、先进系统的金融工程技术，构筑了资产证券化的诞生和应用条件。作为资产证券化创始国的美国，运用资产证券化，解决了放款机构主要是商业银行的流动性问题。

英国在20世纪70年代以后，商事信托亦逐步盛行，成为投资者追求资产保值、增值的重要渠道，养老金信托、投资信托、单位信托尤为耀眼。

养老金信托已成为英国建立和管理养老金计划的基本形式，是证券市场的主要投资者。1993年养老金资产已达到4600亿英镑，1994年有1300万户参加职业养老金计划，有500万户英政府政策允许由职工养老金中分离出去的个人养老金计划交由信托投资公司提供投资服务。

投资信托业务发展很快，到1989年投资信托总资产已由1963年的不足30亿英镑增长到175.64英镑，增加4倍多，其中国内投资89.98亿英镑占比51.2%，海外投资85.69亿英镑占比48.8%，重点投资于公司证券。投资信托的自律组织是"投资信托联合会"，至1994年已有成员292个，管理着380亿英镑的资产。

单位信托业务的发展一直呈上升趋势。1959年时仅有单位信托50个，总资产1.2亿英镑，至1982年发展到400个，总资产40亿英镑，到1994年已发展到1500多个，总资产已达1000亿英镑。投资运作的重点为公司债券，在国内的投资比例较大，达70%以上，其他为海外投资。单位信托的自律组织为“单位信托和投资基金联合会”。

德国1990年10月3日实现了联邦德国与民主德国的统一。金融信托业运用了联邦德国的制度，并随着金融改革的整体步伐而发展，逐渐归入全能银行的体制之中，进入混业经营的阶段。银行实行一体化服务，对客户进行综合理财服务，涉及信托业务分派、分账到信托业务专营部门管理。由于银行为金融信托业构建了一个新的金融服务平台，使信托业更加活跃。同时信托业的灵活性经营也促进了银行业的扩容，使银行业的资产持续增长，至1995年，已由1986年的3.9亿兆马克增加到7.5亿兆马克，年平均增长率达13.2%。德意志银行经营的信托业务已构成一定的规模效益。从信托业务的佣金和收费收益看，2000年至2002年3年，分别为390.8亿欧元、353.7亿欧元、392.6亿欧元；从证券业务的收益（证券发行佣金、经纪收费、证券涨价等）看，2000年至2002年3年，分别为517亿欧元、455.7亿欧元、431.9亿欧元；从保险业务的净收入看，2000年至2002年3年，分别为283.7亿欧元、271.7亿欧元、74.4亿欧元。三种业务相比，信托业务的收益高于保险业务，低于证券业务。但信托业务比较平稳，且2002年与2000年相比呈上升趋势，保险业务和证券业务的收益都呈逐年下降之势态，尤其保险业务的收入滑落幅度明显。在一定程度上反应出信托业务具有一个比较稳定的市场。

20世纪70年代，日本的信托业务随着国民经济的逐渐恢复和步入福利社会的形势需求，继已经开发的证券投资信托和贷款信托业务以后，又逐年推出许多新的信托品种，同时对信托业务的管理也有新的举措。1971年开办了财产形成信托，1975年开办了特定赠予信托，1977年开办了公益信托，1978年开办了财产形成基金信托，1981年开办了综合信托账户，1982年开办了财产形成养老金信托。1983年日本政府允许境外信托机构进入日本，美国的摩根担保信托公司是第一家进驻日本的信托机构，随后又有5家美国公司，两家瑞士公司，一家英国公司前后共9家信托机构入驻东京，设置分支机构，获准经营信托业务。1984年日本政府批准信托银行可以开办土地信托业务，1985年开办了新型金钱信托业务，1988年开办了财产形成住宅信托，1991年开办了国民养老金基金信托。在20世纪80年代至90年代还推出了以中期国债基金为代表的短期投资信托和住宅贷款债权信托。信托品种的多样化,体现了信托制度在日本运用的灵活性,显示出信托业在财产管理、投资理财、金融服务和融资方面所占有的优势。随着信托产品的不断创新和成熟,信托市场得到了稳定向上的发展,信托业为当时日本经济的高速发展作出了积极的贡献。但自1985年7月以后,日本受其证券市场自由化和国际化的影响,房地产市场和股票市场出现了过热现象,而且不断升温,导致了泡沫经济的产生,股价指数不到两年就上扬了98%。为此,日本政府自1989年起连续五次提高利率,从1990年开始,股票市场上的价格逐渐走低,至1992年8月东京日经指数最高点与1989年底相比下跌幅度达64%。到1995年东京股市成交量已由1989年的世界第一下降到只有纽约股市的30%。1996年亚洲金融危机之后,泡沫经济破灭,金融市场更加动荡,股市、汇市一直低迷不振。因股市暴跌和房地产价格下跌而酿成的经济损失高达6万亿美元,形成了"二战"以后日本经济出现的最长的萧条期,所有金融机构均陷入困境,信托机构也因卷入股票市场和房地产市场,信托资产也遭缩水。在此期间不少外国银行和证券公司开始撤离日本,而日本设在境外的金融机构,包括银行、信托、租赁等机构都存在有一定数量的坏账,为遏制风险的蔓延和加重,减少经营成本,包括信托机构在内的不少金融机构,从境外撤回日本本土。在国内受欧美国家金融混业经营和美国废除GS法案的影响,日本政府调整了金融管制政策:取消了商业银行、信托银行及证券公司的分支机构经营业务的限制,允许银行的证券公司承销公司债券,证券公司的信托银行的下属子公司经营部分信托业务,并可吸收客户资金投资于有价证券;1999年开放了一般银行和证券公司的信托银行的下属子公司可以经营所有的信托业务;放宽了证券交易管制中对投资信托基金投资于衍生金融市场的资金比例,退休基金投资于股票市场的资金比例,均放宽到50%。随着国际金融改革步伐加快所带来的日本金融业在国际金融市场上竞争力的下降和经济衰退所造成的国内经济难以摆脱的困境,日本的信托机构与其他金融机构一样采取了合并重组壮大规模的策略,2000年4月三井信托银行与中央信托银行合并为中央三井信托银行,2001年6月中央三井信托银行接受樱花银行的全部股票,改称三井资产信托银行,2001年4月三合银行、东海银行和东洋信托银行合并,成立了日本联合金融控股集团,2001年10月日本信托银行与东京信托银行并入三菱信托银行,2002年2月组建了三井信托控股公司,三井信托银行和三井资产信托银行成为该控股公司的子公司①。这种合并重组活动一直没有停止,至 2003 年日本银行已形成瑞穗、三井住友、联合金融和东京三菱四大银行集团。

上述情况表明 20 世纪 90 年代一直到 21 世纪的今天,日本的金融业都处在一个调整重组的时期。据日本信托业协会的统计资料显示,截至到 2003 年 11 月底,日本共有 47 家金融机构经营信托业务,其中包括 26 家信托银行,20 家地方银行和 1 家城市银行。截至 2003 年 9 月末日本的信托资产总额高达 455.2 兆日元,比 2002 年同期增加 39.9 兆日元,增幅为 96%②。信托资产在 1990 年至 2002 年的 12 年间发生了哪些变化?我们从以下几个方面加以对比:

第一,日本的信托机构受托的信托资产总额(以下简称总额),从 1990 年起除 1991 年和 1995 年比上一年度略有下降外,至 1999 年的 9 年间呈现出平稳增长的总势态,1999 年起至 2002 年发生了急剧的增长:1990 年时约为 192 兆日元,1991 年为 188 兆日元,1992 年为 200 兆日元,1993 年为 209 兆日元,1994 年为 215 兆日元,1995 年约为 205 兆日元,1996 年约为 226 兆日元,1997 年为 231 兆日元,1998 年约为 241 兆日元,1999 年约为 265 兆日元,2000 年就上增到约 342 兆日元,2001 年又增至约 395 兆日元,2002 年高达 430 兆日元③,为 1990 年的 2.24 倍,12 年间的年均增长率为 10.3%,而 1999 年至 2002 年三年就急增了 62.3%,年均增长率高达 20.75%。

第二,不同的信托产品类型的受托资产在总额中所占比重(占比)的变化情况:下落变化最大的是贷款信托的受托资产在总额中的占比,仅 1991 年比 1990 年增长外(1990 年为 25.39%,1991 年约为 28%),以后逐年下落,至 2002 年已滑落至 1.74%,较 1990 年下滑幅度达 93.15%。期间 1992 年约为 27%、1993 年约为 26%、1994 年约为 25%,此后下落速度加快,1997 年时已下落到 16%左右,到 1999 年已不足 8%。

下落变化仅次于贷款信托的是投资信托在总额中的占比,1990 年为 25.67%(略高于贷款信托的占比),1991 年即降至 22%左右,一直到 1996 年

---

① 参见中国人民大学信托与基金研究所编著的《中国信托业发展报告(1979—2003)》P167。

② 同①P168。

③ 1991 年、1992 年、1993 年、1994 年、1997 年数据由日本安田信托银行提供。其他同①P171,据图附 2-2 由作者估值。

基本保持在20%左右,1997年、1998年已降至17%左右,1999年又升至21%左右,然后出现快速下落,到2002年只有10.99%,相比1990年下落幅度为57%。期间虽有升有降,但总势态是下滑的。

金钱信托受托资产在总额中的占比,其变化情况是在1999年以前呈明显的上升事态,1990年时为18.33%,到1999年达到37%左右,上行幅度达101%。而1999年以后虽开始下落,但均高于1990年的水平,2002年时为24.60%,占比仍较大。

发展相对平稳的是年金信托受托资产在总额中的占比,1990年时为11.43%,直至1999年期间均在13%左右徘徊。此后才出现缓慢下降,至2002年时为8.65%,较1990年下落2.78个百分点。

上升趋势变化比较明显的是有价证券信托受托资产在总额中的占比,1990年时为3.32%,1991年至1995年基本保持在2.5%左右,1996年升到3.5%左右,1997年达7.5%左右,1998年至2002年一直保持在8.5%左右(2002年为8.49%),较1990年之占比增加1.56倍①。2002年以后日本居民对有价证券信托出现了新的需求,即委托信托银行购入以欧元计价的债券日趋增多,2003年上半年购进欧元区国债的有价证券信托金额同比增长了35%②。

上升趋势最突出的是"信托综合账户"受托资产在总额中的占比,在1990年至1999年期间都相当小,仅在0.4%至1.5%之间,随后开始迅速增长,2000年就已过20%,2001年已逾30%,2002年达35%以上③。这种"信托综合账户"具有较好的流动性,属于一种储蓄型的信托产品,信托机构根据信托资金的余额、期限向客户分配收益(一般高于银行存款利息),深受客户欢迎。这是该信托产品受托资产占比速度上升的主要原因。

第三,受托资产在实际运用中产生的变化。

由于受托的资产中有相当一部分属于非特定信托,即委托人没有特意指定信托资金的用途,而是在信托合同中约定一个运用的范围或几个范围的投资比例,还有些则交于信托机构载量运作。"综合信托账户"的受托资金因具有流动性,信托机构在运作时更要考虑运作资金的比例和期限。因

① 参见《中国信托业发展报告(1979-2003)》P172图附2-5,数字为作者估值。

② 引自金融时报2004年8月23日一则报道"日本居民大量增持欧元资产"。

③ 参考日本安田信托银行有关资料和①图附2-5,作者估值。

此,受托资产实际运用的领域在总额中的占比与不同类型的信托产品受托资产在总额中的占比不是一个概念,是两个层面上的含义。但这两个层面所反应出的变化是与信托市场的总体变化趋势相一致的。

受托资产不同运用领域在总额中的占比,发生变化最大的当属贷款领域,由1990年的18%到2002年已降至只有2%;其次是银行同业存放款和短期拆借,2002年比1990年分别下降了7%和5%;变化不大基本保持平稳的是有价证券,1990年至2002年处于上升趋势,1990年为31%,2002年时为38%①。

以上通过对1990—2002年日本信托机构受托的信托资产实际状况的综述和数据对比,一方面,我们可以看出日本的信托制度有着相当厚实的社会基础,长期以来为公众和机构所熟悉,特别是通过较长期的磨合,对信托机构运用信托资产所创造的收益和存在的风险有一定的认知度;另一方面,虽然经济不景气,但人们手中的钱并没有减少,寻求保值、增值的投资者相反增多,这样选择信托方式的理财者,便可取得高于银行储蓄存款同期利息收入的收益,免于投资于低迷股市而蒙受损失的可能;再一方面,通常主要靠存贷业务的银行,受整体经济的影响信贷风险加剧,贷款业务萎缩,机构在银行的存款也发生转移,信托品种的多样化,为机构投资者提供了更为灵活方便的投融资服务,这也促使信托资产的增多;特别是1999年以后日本政府调整金融政策,有利于信托业的发展,加上从事信托业务的机构增多,使信托资产迅速增加;对实体企业来说,在商业银行坏账不减和股市不振的情况下,既难以以间接融资方式向银行贷款又难以以直接融资方式从股市融资,而借助信托市场进行融资就成为一个很好的选择。上述各方面的情况,反映在信托机构受托资产总额的增加和不同类型的信托产品受托资产在总额中的占比以及信托机构对信托资产运用的不同领域在总额中的占比所发生的变化。从这些变化当中不难看出信托品种的创新对信托市场的直接影响,信托市场的变化反映出它对资源配置的积极作用,同时也证明日本市场经济的成熟是在不断发挥各个子市场体系的市场自我调节作用下形成的。

韩国的信托业真正发展起来还是在20世纪70年代以后。1972年起开始进行商业银行私有化过程,到80年代韩国的国有商业银行基本都实行了

① 参见《中国信托业发展报告(1979~2003)》,P173。

私有化,到90年代大部分的专业银行也实现了私有化。在这中间,韩政府还放宽了一系列金融政策:1981年起放宽了外资银行的准入条件;1982年允许所有金融机构使用新的金融工具,其中包括信托账户;1985年起准许外资银行经营信托业务;1988年发布利率自由化措施,放宽了贷款利率,其中包括信托账户利率。信托业务随后得到迅速扩张,信托业务量占账户业务总量的比重大幅增加,由1992年占比17.9%至1995年上升到34.5%。

20世纪70年代以后信托的发展更趋全球化,信托业务的创新推动着各国经济、金融的发展。美国创设的房地产投资信托,对许多国家或地区的信托业产生重要影响,澳大利亚、荷兰、比利时、日本、新加坡等国已经在市场上运作。英国2003年3月建立了与房地产投资信托公司相类似的"房地产投资基金",英国财政大臣戈登·布朗企望建立房地产投资基金,以商用房地产为目标,同时在住宅房地产市场投资,通过建立起来的房地产投资信托公司有效管理和资本结构固定的高销售,一旦上市会成为在市场表现上好的公司,这对于消除住房市场的泡沫很有帮助。法国也在2003年设立起房地产投资信托公司,部分专业房地产公司也开始向房地产投资信托公司转型,以吸引更有实力的股东参股和更多的投资者。政府为支持转型运作,还从税收政策上给予优待,转型公司只要支付相当于其4年资本收益税额50%的税款后,就可以免除以后的纳税义务。在澳大利亚、日本、新加坡房地产投资信托公司与房地产公司在市场上共存。我国的香港特别行政区2003年房地产投资信托公司也开始进入市场运作,资金管理采取外部管理方式,虽没有免除纳税义务,但获准免交地产税。

第二节 现代信托制度发展的特征

现代信托经历了第一次世界大战后的战后恢复建设期,又经第二次世界大战的战争洗礼,在"二战"后特别是20世纪70年代以后,得到了新的发展。

一、信托制度是一个生命力极强的制度。从信托制度的生存环境看,不论是在平时还是在战时,不论是在经济发展时期,还是在经济低迷衰退期间,信托制度都能以其独特的制度设计而生存并得到广泛的应用,实现了民事信托向商事信托跨越式的发展。逢迎社会之所需、灵活经营规避监管,不仅使信托业自身得到生存和发展，而且通过不断增强社会财富的聚集和分配的实力，推动社会经济的发展，使国家和民众受益。实践证明信托制度是一个生命力极强的法律制度，它为财产的持有提供了一个特殊的持有方式。公众通过信托管道实现财富的有效聚集和分配。因此，现代信托制度是实现更有效地管理财富，促进社会发展的一种法律保证制度，商事信托的规模化发展是其明显标志。

二、建立现代信托制度的法律基础区别于其他制度。信托基本法是建立在衡平法支撑的基础之上的。普通法系判例法在衡平法支持下，经过长时期的磨炼发展，理论与实践的互融，构成现代信托制度基本法的核心规则。“三个确定性”即信托目的的确定性、信托财产的确定性和信托受益人的确定性一直指领着设立信托的规则，控制着非法信托和无效信托的成立。应该说现代信托制度是在衡平法与现代高度技术性规则的互动中得以发展的。例如：明示信托和默示信托的案例，以“三个确定性”原则和衡平法的支持，探讨和规立这两种不同的信托的设立规则和条件，其中默示信托中的归复信托和推定信托是在一定条件下由法院施加的信托。当然这种施加是合理的、公正的、符合“三个确定性”原则的。施加后，由“默示”而转化为“明示”（是法院施加的命令）。然而在对默示信托的理解方面，存在着差异，如对归复信托的认识，受民法典的制约，将其视为特殊情况下信托无效和终止时的救济手段，而普通法系则将归复信托确立为一种独立的信托类型。日本、韩国以及我国的台湾地区之信托法，采取了含糊其词的处理方法，在司法实践中已遇到难解之检。而在推定信托的认识上，美国法和英国法亦存有差异，美国法则作为特殊情况下信托无效和终止时的救济手段，英国法则将推定信托定位于一种独立形态的信托类型。尽管如此，默示信托通过对其规则的设计和判例的支持，使其在民事信托领域的运用（虽然是法院的施加）推移至商事信托领域中的应用成为可能。

三、现代信托制度是一个完整的信托法律体系。现在信托制度在全世界许多国家和地区都已经建立并得到广泛的运用。但从现实应用与今后发展的角度来看，在完整性上还存在缺憾。首先，就英美法系和大陆法系国家在信托制度的应用范畴方面相比较，英国的民事信托历史悠久，相当发达。美国则是将信托制度引入商业领域的先驱。英、美两国，尤其是美国商事信托进入的领域十分广阔，可以说民事信托，商事信托的运用在法律保证上其体系相对完善，执行比较通畅。对于大陆法系的国家而言，信托制度是由英美引进的。现代民法体系中也有过在功能、结构上与信托类似的制度，但都难以达到英美法系对财富传承与管理最富用途，最为有效的作用。这也许就是诸多大陆法系国家和地区的信托制度的建立和运用受到局限的原因。就日本而言，引进英美信托制度，颁布实施"信托法"、"信托业法"虽已很久，但主要还是集中于商事信托领域，且对多样的商业交易行为引入信托，尚缺乏具体个案，因此，针对不同类型的商事信托还制定了专门法予以规范。韩国和我国的台湾地区借鉴日本的信托法，也较早地颁布实施了信托法，其在现实生活中的运用也多集中于商业领域。即使在商事领域范围内也存有相关法律冲突或法规不配套的情况，诸如土地等不动产的管理制度，动产管理制度，知识产权管理制度，信托财产转移、登记、公示制度，信息披露制度，税收制度等都是在制定实施专门法规时注重解决与其他法规的冲突问题，而使关联法规逐步完善。其次，从改革和发展的角度看，英美信托制度有其相对完整的体系，但也不可断言，现时就已经十分完善。就英国而言，虽是信托的起源地，但某些方面还呈现出固守传统的制度模式，缺少变革精神。英美法系的信托制度发展到20世纪后期，产生了更为现代的信托理论，它对传统的衡平法规则提出了重大的挑战。美国的信托法专家对信托合同性质的深入研究，英国上议院对有关信托案件判例在信托性质上的反思，以及英美法系在成文法方面的成果突破，都引起了世界上诸多信托专家、法律专家的极大关注。如英国的信托法专家著名的 David Hayton 教授就认为英国的信托法系，须适应社会的变革而进行必要的改革，以使其更加完整、先进。他提出将信托法体系的改革分为三类加以规立，即信托的基本法(general law)，信托的强制法(mandatory law)和信托的任意法(default law)。意在明晰信托法条款确立的基础和效力，以期实现信托法体系的完整性和有效性的进步。

四、现代信托制度赋予受托人的权力和义务是受托人有效管理信托财产的保证。

现代信托制度将受托人管理信托财产的态度，方法和效果构成一个辩证的统一体。既要谨慎、又要灵活还要有效，就是说受托人要持谨慎从事的原则，要有灵活多样的方法和技能，要取得信托财产的保值和增值的效果。谨慎、技能和效果还包含着控制、防范风险的能力。现代信托制度的建立和改革的趋势很重要的一点就是明确受托人对信托财产实施有效管理所拥有的全部权力,而最主要的权力是投资权和委托权。就是自主确定投资的组合方式、投资的领域、具体项目等,也可以委托投资组合专家、经纪人代为投资,而不需要通过咨询、评估的办法再由自己作出决定。采取何种方式,取决于对投资收益大小和经营成本高低的判定。受托人只有恪守尽职勤勉的义务,才能充分运用好自己的权利,取得利会委托人、受益人满意的效果,这即是权利与义务的统一。这一点,在美国 1959 年的《信托法重述(2)》中就有了“受托人负有义务运用合理的谨慎和技能使信托财产增值”的规定,其含义非常深刻。早在 1940 年美国的大部分州都取消了表列式的投资范围的限制而倾向于谨慎投资人的规则,经过半个世纪之久,最终在美国 1992 年的《信托法重述(3)》中得以确立,并于 1995 年 2 月美国律师协会批准了《统一谨慎投资人法》(由统一州法委员会 1991 年起草,1994 年起草完成)。这是 20 世纪以来现代信托制度的理论和司法实践在成文法方面取得的令世人瞩目的成果。谨慎投资的规则,强化了受托人的义务,使受托人的职能发生了深刻的变化,提高了新的投资组合理论的研究和对风险预测、计量、分散的实际操作水平。优化投资组合、平衡投资风险、增创投资收益成为投资功能转化、受托人权力义务积极化的行为标准和纲领。

英国对受托人权利和义务的法律主张,实际上在 1961 年颁布实施的“受托人法”和“受托人投资法“中得到了一定程度的扩张及强化,在谨慎的原则下,在判定和控制风险的基础上享有较为灵活的投资权限。在随后的若干年间组合投资的理论和实际操作水平均不断提高,投资信托得到了更快更好的发展,在受托理财的方式上更加灵活多样。这比较突出地反映在养老金信托上,1995 年颁布生效的“养老金法”中对养老金信托的受托人赋予了更多的投资权,投资范围比私人信托广泛得多,甚至可以投资于艺术品、外国货币的期权合同以及期货合同等,但这并不意味着投资的盲目性,而是基于对受托人谨慎和技能的信任。受托人在严格控制投资比例和风险权重的条件下,最大限度地追求受益人利益的最大化。“养老金法”的规则中还明确授权给受托人可以委托基金管理人管理基金投资事务。基金管理人必须是根据 1986 年“金融服务法”中规定的具备投资业务资格的机构。养老金信托带有一定的特殊性,对受托人的资格和构成有严格明确的规定。对受托人权利和义务的扩张和强化,推进了信托制度在更广泛的领域中的应用,使现代信托法体系朝着更加现代化的方向发展,这较充分地体现在以后的几个主要的信托成文法上。1999 年颁布实施的《受托人委任法》与《合同(第三人权利)法》及 2000 年颁布、2001 年 2 月生效的修订后的《受托人法》中对信托的认识和司法解释是对衡平法规则的重大突破,是英国"信托法委员会"、"法律委员会"长期致力于信托制度改革的成就。在对受托人义务的确定方面,将传统的"谨慎生意人"的义务定位标准修改为"法定的注意义务",作为受托人行为的判定标准。受托人对其受托的事务允许采取委托的方式,依据《受托人委任法》签署委任书,委托他人处理信托事务。同时,《受托人法》对受托人处理信托事务的灵活性给予了肯定,取消了表列式的投资范围的限制。受托人以组合投资理论平衡风险为基础,充分放大了信托投资领域,但在产生法定信托的情形下,对财产的持有方式和受托人的义务需要作出强制性的规定。如英国 1986 年颁布实施的《破产法》中就规定破产人的财产将自动地转归破产受托人所有,由破产受托人为破产的债权人的利益管理和变现破产财产,尽最大的可能满足债权人的索偿要求;1996 年颁布实施的《土地信托与受托人指定法》及其他有关制定法,就规定了土地的持有方式必须要以信托方式持有的几种情形(主要的几种法定信托),在该法的规定范围内,受托人的义务是不可削减的,而是被强化的,受托人的义务是不可随意被淡化的。对受益人的权利有衡平法提供保护,譬如当土地持有人将土地的法定所有权转让给一个未成年人时,土地的法定所有权就被纳入一项法定信托,则该未成年人为信托受益人。基于对受益人权利的有效保护,明确规定受益人到成年人时,绝对地享有信托利益,强制性地约束原受托人指定新的受托人后而退出。

五、现代信托制度发展中的本土化和多元化。严格地说信托制度的起源地——英国,其信托制度也是由本土化发展起来的。但它的影响面颇大,这与英国的历史背景,经济发达状况直接相关,世界多数国家的信托制度都受英国的影响。美国引进英国的信托制度,结合自己的国情,首先在国内创始了商事信托。由于英美法系源远流长,形成了英美法系的信托制度体系。此后,世界上的许多国家,按其不同的法系背景,结合自己国家和地区的政治、经济、文化制度建设的需要,或早或迟地发展起本土化的信托制度,出现了多元化的格局。

在现代信托制度的发展过程中本土化和多元化格局的形成,从另一个侧面反应出在对信托本质的认识方面还存有争议的客观现实。如是不是只有衡平法支撑下的信托法系才是真正的信托？一些类似于信托功能的法律设计能不能切入信托法系？本土化和多元化能不能统一在一个发展方向上？等等,确实是现代信托制度发展中值得研究的问题。随着英美信托法系的不断完善,在世界上还陆续出现过一下几种类型的信托制度：

1. 离岸信托：是 20 世纪 80 年代在一些远离大陆的岛国发展起来的信托。设立信托的目的一是为获得优惠的税收待遇,二是为吸引岛外资金的流入。在其信托关系中为保证受托人有效地履行职责,设立了一个保护人制度,由保护人代表委托人监督受托人。保护人有权检查信托管理情况；对信托账目可指定审计师审计；监督和同意受托人收取的费用；在一定条件下可提出把信托转移至他处；建议或否决受托人自由载量地向受益人支付收益,或出售特定股份或出售其他信托财产；撤换受托人等。这种信托多见于私人信托,但对权力过于集中的保护人,如何实施监管？是这一制度存在的弊病。设立离岸信托的另一个目的很直接,就是为国际投资者提供服务,为离岸地本土的经济发展吸引外部资金流入。例如欧洲的岛国马尔他,1988 年的“离岸信托法”,其立法目的十分明确,是为推进本土的国际化,面向非马尔他居民而制定的。该法规定非马尔他居民不可在该国拥有不动产,设立信托必须在该国的国际业务管理局登记,受托人限定由该国可以从事信托业务的持牌公司担任。这项“离岸信托法”在以后虽经过修改,但本质上并没有什么变化,仍然是为非本土居民的资金流入提供服务,只是清楚地表达了设立信托是为非马耳他籍的投资者提供一种集合投资工具。马尔他的信托不承认目的信托和不支持财产保护信托。另如地处非洲的塞舌尔,其离岸信托法的制定,兼容了传统的英国规则和其他离岸地法律,允许法院通过判例法发展自己的衡平法规则。非常有针对性地把握信托在本土的用途。该国的“离岸信托法”最直接的用途就是吸引国际投资者的资金,发展本土经济。

2. 大陆法系的国家或地区引入或借鉴英美信托法系建立自己本土化的信托制度,现时存在着以下几种情形(或者几种信托类型)：①日本的信托业在世界上比较发达,较早地从英美引入了信托制度。韩国和我国台湾地区也先后借鉴日本信托法制定实施了自己的信托法,但由于社会历史和现代经济社会发展的基础和条件不同等原因,它们的信托制度应用领域多集中在商事信托上,私人信托则极少见到。②美国的露易斯安那州属大陆法系,但其受英美信托制度的影响最直接,早就承认和存在私人信托。其信托立法比较接近于英美的信托法,该州 1964 年通过的"信托法"积极地采取了美国法律协会颁发的《信托法重述》中的程式和术语。加拿大的魁北克是一个历史悠久的城市,其信托立法与美国的露易斯安那州类似,于 1992 年制定了自己的信托法,保留了自己的特点,同时靠近英美信托法。列支敦士登根据自己本土经济发展的需要所制定的信托法虽不同于英美的信托,但是信托法的起草是经过英美律师认可的,法院拥有对信托法的解释权。信托事务由政府批准设立的信托公司管理。③法国作为典型的大陆法系传统的民法典国家,其对信托的认定,视受托人的职能为具有委托关系中的受托人(或者代理人)与保管人的双重职能。法国议会于 1992 年审议的"信托法草案",将信托归类入第三人受益合同,准备纳入法国法典中。

3. 苏格兰型的信托制度:苏格兰位于英格兰北部,原为苏格兰王国,于 1707 年并入英国的版图。其法律体系似乎应受英格兰的影响很深,但由于历史背景不同,原苏格兰王国的法律体系并没有发展衡平法体系,以致并入英国后在立法规则上就必然有不尽相融合之处,所以在英国的信托立法中,如 1925 年的"受托人法"明确其适用范围为英格兰和威尔士,1958 年的"信托变化法"则规定不适用于苏格兰等,这说明苏格兰的信托立法保留了自己的特点。苏格兰之所以没有发展英国的衡平法体系,在很大程度上是由于罗马法和教会法对苏格兰的影响深远,以及早期苏格兰的法学家、法官的哲学背景等原因所形成的。但罗马法与教会法的规则与衡平法规则确有相通之处,加上长期以来苏格兰所实施的适应性和灵活性较强的法律诉讼形式符合衡平法体系的要求,因此,在苏格兰的普通法中不难找到相对应的衡平法规则,尤其是体现在信托立法中运用了罗马法体系中的公平与合理的原则。与英国的信托制度相比,在信托事务的管理及受托人的权利与义务方面有着类似的规则,但苏格兰法不承认口头信托和秘密信托,法院也只有在受信任人的身份符合受益条件和受托人经办业务应获利的情况下才承认推定信托。苏格兰未采用"视己做,为应做"衡平法中的规则,保持了自己的信托制度之本土化,坚持物权与债权之行为的严格区分。将受益人的权利视为债权,信托的成立必须构成信托财产所有权由委托人向受托人的转让条件,即财产要明晰;信托财产与委托人未信托的财产相分离且信托目的明确;有清楚合法的受益人;有合规的信托协议;实施信托财产向受托人的转让及授权。

4. 南非型的信托制度:南非的信托制度与英格兰的信托制度有相近之处,均渊源于英格兰法,又是在罗马法体系中融入很强的本土化规则,都将信托视为第三人受益合同。南非受英格兰的影响,重视判例法的效力,同时受罗马法的影响,在处理信托关系时,将受托人的身份视为一种职位,类似于罗马法中的监护人和保佐人。在1988年南非颁布实施的《信托财产控制法》中出于增强对信托财产控制的目的,将受托人与罗马法中的监护人和保佐人的义务标准做了等同的解释,受托人因失于谨慎、勤勉和技能标准而使信托财产蒙受损失时,不可免除其应承担的责任。信托在南非是一种独特的法律制度,对信托的性质尚无准确的结论,但在很多事务中法律承认信托,比如投资不动产可以用信托的名义进行登记;信托可以基于遗嘱而取得利益;信托的债权人必须向受托人之职位主张权利;可用信托的名义对信托财产进行扣押和诉讼等。南非的信托显现了极强的本土化特征,不论是南非的议会,还是法院、律师都认为在南非的信托应能随社会的需要而变化,主张渐进式地发展信托,而不追及法典化。

六、现代信托制度国际化和更加现代化的发展格局。信托以其独特的法律设计,在不同的历史时期,不同的国家和地区得到生存和发展,以其超凡的灵活性使信托功能被不断放大而进入社会经济的各个领域。信托发展到今天,人们对信托的认识还没有一个非常全面、准确、权威和结论性的定义,对此,还存有许多争议。尽管英国是信托的起源地,经历了几个世纪的发展史,但因其以判例法为基础,法院侧重于案情和判决先例,信托的定义在法律上并不显得十分重要。另外,信托的概念是不断发展的,由民事信托发展到现今相当普遍运用的商事信托,而且信托的概念很难全面涵盖许多不同类型的信托。这些情况并不说明信托的概念就是相当模糊的,应该说每一种类型的信托都有着它不同的个性,同时都具备信托的共性特征。著名的英国法学家梅兰特说过:“如果有人要问,英国人在法学领域取得的最伟大、最独特的成就是什么?那就是历经数百年发展起来的信托理念,我相信再没有比这更好的答案了。这并不是因为信托体现了基本的道德原则,而是因为它的灵活性,它是一种具有极大弹性和普遍性的制度”。这段话对信托制度生存发展的意义和它的广阔前景作出了生动的描述,在当今世界经济的发展中已经得到了验证。英国创造了信托，美国引入英国的信托又推进了现代信托，开创了商事信托的新领域。英美法系的国家较早地普遍地引进了信托制度。在随后的发展中逐渐建立起规范信托和受托人行为的制定法，虽在具体立法时存有差异，但总体上都源于英国的信托制度，形成了一定规模的英美信托法系。

大陆法系的国家或地区也先后引进了英美的信托制度，但比较普遍的是在商事领域中的应用。大陆法系的国家对信托的认识和对现代信托制度的实用性扩张，可以说在一定程度上正向英美信托制度靠近，同时呈现了本土化和多元化的特点。随着全球经济一体化发展进程的加快，使现代信托制度的国际化成为可能。其一，经济发达国家，如英、美、日的信托发展规模和成就对不同法系背景的国家引入信托制度产生积极的影响，现今的国际间商业往来日益广泛和频繁是信托制度渗入的催化剂，推进信托在商业交易中的运用，建立商事信托领域共同遵守的国际规则就有了必要性。其二，金融业务的国际化，各国间金融市场对外国金融机构和投资者准入条件的放宽，混业经营条件下主流金融业务的切入，为信托在不同法系国家的繁衍创造了条件，也需要建立国际间共同遵守的信托规则。其三，不同法系背景的国家，其公众对财产的持有方式发生很大变化。通过信托对社会财富实施新的聚集和分配正在被许多国家所承认和运用，建立一个国际通用的信托规则是很有必要的。

事实上，世界上并不是所有的国家都承认信托，即使在已经建立信托制度的国家，由于法系背景的不同，也会产生有关信托的法律冲突问题。比如英美法系国家的当事人拟将在大陆法系国家中拥有的财产设立信托，就会陷入困境；大陆法系国家的当事人在英美法系国家所设立的信托，又有可能不被本国承认；英美法系国家的当事人在本国设立的有效信托中涉及大陆法系国家里的财产时，就有可能被大陆法系国家宣布信托无效，这就使在设定信托实行委托人将财产向受托人转移时，因信托被宣布无效，转移也就无效；有些大陆法系国家要求当事人必须按照第三人利益合同设立信托，实施本国的信托规则。

以上情况，给信托制度在全球的推广和应用带来了阻力，一些大陆法系国家或司法管辖区不同程度地引入了英美信托制度，通过专门的信托立法管理信托事务，但通常难以与现行的成文法并容，往往需要有相应的配套规则予以调整。为了在已经建立信托制度的国家之间确立一个共同遵守的信托规则,帮助尚不熟悉信托概念的国家和地区承认和运用信托,国际司法界在历经多年的努力后于1985年在荷兰召开的第25届私法大会上通过了《关于信托的承认及其法律适用的公约》(简称"国际信托公约")至1991年底英国、美国、加拿大、澳大利亚、荷兰、法国、意大利、比利时、卢森堡等国家批准了该公约。制定该公约的目的是规范英美信托法,给大陆法系的国家和地区提供承认和运用信托的共同规则。尽管该公约未能彻底解决大陆法系国家全面承认信托的问题(重点是财产所有权与衡平法所有权的区分),但对信托概念作出了无关法系背景的解释,给出了定义信托的几个条件:即信托财产构成一个独立的基金,它不属于受托人自有财产的一部分;信托财产的所有权置于受托人或者代表受托人的其他人的名下;受托人拥有法律赋予的管理运用或处分信托财产的权力,职责和特殊义务并对此负有说明的义务。凡构成这几个条件的将被承认为信托。同时该公约还明确规定仅适用于自愿且有书面凭证依法设立的信托,即明示信托,不包括英美信托法中的归复信托和推定信托,而对法定信托的承认问题,则可由成员国自定。该公约同时规定信托受委托人选择的法律所管辖。如没有选择信托适用的法律,可以委托人指定的信托管理地,或信托财产所在地,或受托人的居住地或营业地,或信托的目的及其实现地等为依据,服从与其关系最密切的法律所管辖。

《国际信托公约》的制定和推行对于不同法系背景的国家和地区发展信托,建立国际化的现代信托制度具有重大意义。

进入20世纪90年代以后,信托制度的发展处在国际金融业大变革和金融风险倍增的环境中。以美、英、日等经济发达国家为代表的金融变革,集中在放松监管,实行混业经营,达到金融自由化的目标上。大致经历了利率改制、汇率改制、金融市场改制、经营与监管模式的改制等过程。实现了利率自由化,资本流动自由化和金融市场自由化,取消了金融机构间业务领域的严格限制。

金融变革将混业经营推入到全球经济一体化的体系之中,而现代信托则成为混业经营中银行等业争夺的一个发展平台。现代科学技术,特别是信息技术的飞跃发展驱动着金融服务领域的变革。促进经营性信托经营与管理模式的转变,扩大信托制度对国际社会的影响力。

在金融变革中，金融各业谋求创新发展的动力加大，各类金融新品、金融衍生产品应运而生。现代信托制度在财产管理之核心功能的发挥上，作用日益明显。

由此，现代信托制度进入一个更具国际化和更加现代化的金融运行机制中。

金融变革虽然在一定程度上促进了经济的发展，但由于放松监管等制度性缺陷和多种潜在风险的史料不及和失于控制，进入21世纪后经济发达国家的金融危机乃至经济危机的爆发和在全球的蔓延趋势短期内难于克服。但这并不意味着信托制度丧失了生存和发展的基础，信托业务可能会受到负面影响，但信托制度不可能被边缘化。现代信托只有在构筑起一个以化解、控制和防范风险为核心的、谋求受益人利益最大化的制度体系下，才能真正形成一个更具国际化和更加现代化的格局。

第三章

中国信托的起源与发展历程

中国的信托是舶来品，在中华人民共和国成立以前的各个历史时期有没有出现过本土化的信托制度，至今尚未发现有考证的资料。相比世界经济发达国家，我国长期处于落后的封建经济和半封建半殖民地的经济社会，信托制度受社会经济基础的制约，建立和应用的比较晚，且范围狭窄。信托业的兴起和发展长期得不到良好的发展环境，特别是国民党统治时期的信托业受帝国主义与买办阶级相勾结、军阀混战、政局动荡不安、民族工业不振的影响，基础不稳、起步不正、倍受压抑、畸形发展，甚至成为特权阶级和投机者追逐暴利和掠夺财富的工具。

新中国成立以后，随着经济的恢复与社会主义改造的进行，中国的金融业才开始得到健康的发展。但信托业在计划经济的条件下，其本业并没有真正地进入市场。十一届三中全会以后，随着改革开放的不断深入，信托业有所发展，但也是在定位不明、法制不健全的情况下摸索着前进的，其发展历程充满着坎坷与艰难。直至20世纪90年代，在整个金融体制的改革中才加速了对信托的立法建制，将信托业引入健康发展的正轨。

信托在经济发达国家中作为一个独特的法律制度，越来越深刻地影响着中国。在积极构筑市场经济的条件下，现代信托制度必将发挥出其特殊的功能。信托业为国民经济的发展必将显示出其他金融行业不可比拟的作用。

在发展中国现代信托的进程中，研究、回顾、评价中国信托的起源和其发展历程，对于建立一门完整的信托专业的理论体系和法制体系，吸取历史的经验教训，发展适合中国特色社会主义经济发展规律的信托制度和信托业，培育和造就优秀的专业人才，创新和规范信托产品及信托市场，控制和防范信托风险，指导对信托业的监管工作都具有十分重要的意义。

第一节　中华人民共和国成立前的中国信托

研究中华人民共和国成立以前的信托发展史从追溯信托行为的萌发开始至信托制度的出现和信托业的兴起与沉沦，期间历史年代的跨度相当大。为忌笔黑之冗长，求表述之清晰，我们将直接切入相关历史时期且有连续性地就信托发生、发展的环境和要况做一介绍和要点剖析。

一、中国信用机构的诞生和信托的萌芽

据记载中国的信用机构最早建于南北朝时代（公元 420—589 年）的典当业。依其规模大小、当期长短和利息高低的不同，有典铺、当铺、质铺及押店之分，押店最小。典当行业当时在民间十分活跃，已广为人知，而人们对信托却一无所知，但类似于信托的行为已有萌发，如当时的官宦富商为避开战乱的风险，将自己的钱财委托给寺庙里的僧尼代为保管，有的还通过僧尼发放高利贷，也有些开明的乐善好施者通过僧尼做些慈善事业。至唐朝时期（公元 618—907 年）出现了一类名曰“僦柜”的经营钱财保管业务的行业，设有各种箱柜，以供租赁之用。僦柜的店主接受钱财持有人的委托、立据保管，根据保管钱财额的多少和贵重物品的价值高低以及保管期限的长短收取保管费用或租赁费用。这种代保管业，因当时封建王朝的重农轻商和封建经济尚未形成商品经济的客观现实，至北宋时就逐渐衰落了。

上述南北朝时代的“寺庙”，唐朝时代的“僦柜店”都取自于自身的信用，可视其为一个信用组织（可视为受托人的身份），接受钱财持有人（可视为委托人身份）的委托对财产进行保管（立有清单存据）以及按委托人指定的用途（如放贷、施善）来管理财产。这些做法可以认为是中国古代史中信托行为的萌发。

二、明清时代的经济转型和金融业的发展为中国信托业的兴起奠定了社会经济基础

中国的社会经济在明清时代发生了重大的转型，其重要因素是商邦在中国的形成。素称“十大商邦”的商事和对外贸易活动覆盖了全国各个商贸区域。由此而推进了中国封建制度下的商品经济和商业资本的形成，为中

国金融业的兴起和信托业的诞生奠定了社会经济基础。首先问世的金融机构是以银钱兑换为主业的钱庄，据记载从康熙（公元 1662—1722 年）至道光十年（公元 1830 年）前，先后在北京开设有 389 家钱庄之多。乾隆（公元 1736—1796 年）以后，钱庄的主要业务逐渐由银钱兑换转为信贷，同时民办钱庄签发的银票也在一些地区流通使用。从乾隆五十一年（公元 1787 年）至嘉庆二年（公元 1797 年）就开设钱庄 124 家。到了 19 世纪 20 年代出现了银行业的前身——票号业。令人瞩目的以经营汇兑和存放款业务为主业的山西票号业的兴起使中国的金融业开始步入一个新的历史阶段。票号业经历了一段相当辉煌的历史，特别是山西票号业不仅在国内形成气候，而且在国外如日本的东京、大阪、横滨、神户，韩国的仁川，朝鲜的新义州等地也都开办了分号。直到公元 1840 年鸦片战争之后，帝国主义的入侵，打开了中国的门户，外国银行纷纷入华，公元 1845—1848 年英国丽都银行分别在广州、上海开设了银行。到清末，在华设立的外国银行已超过 25 家，在此影响下，清政府于光绪二十三年（公元 1897 年）成立了中国第一家官办银行——中国通商银行。到 1911 年（宣统三年）共开办了志诚、信茂、大清等 19 家官办银行。至此，票号业倍受压抑，业务逐渐萎缩，改组为银行的呼声日盛。外国银行的入驻逐将其多样的包括信托业务在内的金融业务推入中国市场。

三、信托制度及信托业的入华

清末民国初，大约为公元 1909—1915 年期间，信托制度及信托业开始进入中国。

信托制度的传入首先发生在旧中国的上海租界地内。租借地内的土地是以不平等条约永久性地租给外国人的，由当时的上海道开据永租契，称之为“道契”。而租界地内的中国人持有的房地产证明还是原来旧有的方单或田单。因道契详载了土地坐落的地点、位置和面积，非常准确。中国的房地产主欲得此据而求之无门，此时便出现了名曰“挂号商”的洋人，乘机利用了信托制度中的土地信托，可接受委托办理此事，而从中谋利不少。想求办“道契”之人即为委托人，将田单或方单委托给挂号商，挂号商则作为受托人，以自己的名义申领而获得道契，随同载明该地产实为华人所有的委托凭证（称为“权柄单”）。一并交予委托人持有。如以后委托人欲出售自己的产业时，就以权柄单为凭，再通过挂号商（受托人）办理过户手续。这种做法从当事人之间的法律关系看,已经构成委托人为实质性的财产持有人,挂号商作为受托人只是财产的名义上的持有者,是一种信托关系。这种制度安排虽然发生在特定的历史时期、特定的地区、特定的条件下,但毕竟是信托制度在中国应用的起始。

这一时期以英国为首的外国人,不仅将信托制度开始在中国上海的租界地内推行,而且信托业也开始登陆中国。1913 年日本人在大连首先开办了大连信托株式会社,1914 年美国人通过美国驻华使馆在上海注册登记成立了普益信托公司。此后几年,先后在华共设立 20 多家信托公司(多为外资投资经营)。这一时期,中国还没有自己的信托业。

四、中国信托业的兴起(1916—1921 年)

继外国的商业银行和信托公司入华以后,中国的金融业也处于变革之中,历经沧桑的中国票号业实在耐不住衰退不前的痛楚,于 1916 年,山西蔚丰票号改组为蔚丰商业银行,总部设在北京,原在山西平遥的总号及天津、上海、西安、重庆、成都、长沙、汉口等全国各地的 10 多个分号均改为分行。1916 年 12 月 13 日在北京召开了股东大会,到会股东 323 人,大会通过了银行章程。该章程明确规定蔚丰商业银行为股份有限公司,资本总额 300 万元,在财政部核准备案。该章程明确规定了该行的业务范围为:①经理各种定期存款、活期存款;②经理各种定期放款、活期放款;③汇总及押款;④各种期票及贴现;⑤买卖生金银;⑥信托业务;⑦代收款项。由此可见这是当时的票号业首家改为可以经营信托业务的股份制商业银行。至 1917 年,民族资本的上海商业储蓄银行在上海的总行开设了保管部,设置木质保险箱 40 余个,后又增至钢制保险箱 200 余个出租给客户保管贵重物品。1918 年浙江兴业银行也开办了保险箱业务。1919 年 2 月聚兴诚银行上海分行率先成立了信托部,经办报关、仓储、运输和代客买卖证券等业务。1921 年上海商业储蓄银行的保管部正式更名为信托部。尽管这几家银行经营的信托业务品种稀少,业务量也不大,但毕竟是中国信托业的一个起步。

五、"信交风潮"和信托业的低谷(1921—1928 年)

旧中国的信托业一起步就缺少对信托本业的正确认识,带有相当大的盲目性和投机性,虽然发展的步伐不算慢,但很快就卷入了"信交风潮",也称“民十风潮”(发生在民国十年)。产生“信交风潮”的背景是第一次世界大战结束以后帝国主义对中国的经济侵略卷土重来,国内战乱不止。1920年下半年起工商业停滞不振,国外商品难以进入内地,出口物资也急剧下降,导致社会游资苦无出路,急待寻求生财获利的机会,而当时成立于1920年7月的上海证券物品交易所盈利丰厚,仅半年时间就盈利150余万元,刚刚起步的信托公司便以此为机,与交易所联手进行投机性经营,一时间全国交易所竞相开设,不到一年时间以各类物品(棉花、蚕丝、面粉、杂粮、煤油、烟酒等)为交易的各行业的交易所,甚至还有夜市交易所、星期天交易所等纷纷设立,五花八门,无所不有,仅上海一地就多达136家;此时信托公司也纷纷设立,1921年8月21日在上海成立了中国通商信托公司,随后,至1921年9月底,仅仅一个多月的时间里就又有11家信托公司在上海相继宣告成立,计有:中易、中国、商业、通易、大中华、中央、中外、神州、上海、华盛、运驶。这12家信托公司的资本总额为8100万元,已超过同期全国私营银行的资本总额。信托公司与交易所的蜂拥而上形成了信交之狂热,后由上海波及到北京、武汉等地。除少数信托公司兼营商业银行的存款、放款等项业务外,多数信托公司都把精力放在交易所股票质押的证券投机上,信(托)交(易所)互相利用,业务交叉,信托公司以发行的股票作交易对象,交易所又以自己发行的股票向信托公司抵押取得贷款,信交联手投机牟利,此情引起银根转紧、股市暴跌。银行开始收缩资金、停止放贷,这种釜底抽薪之势加上信托公司本身资金实力薄弱、无力挽回残局,形成信托公司与交易所两败俱伤,接连大批倒闭的风潮。危机过后,原来开设的信托公司就只剩下中央、通易和通商3家,以代理和代保管业务维持生存,直到1928年信托业均处于低谷时期。

六、信托业的复苏与官办信托机构的建立(1928—1937年)

“信交风潮”的发生使刚刚兴起的信托业因起步不正而跌入低谷。虽然信托业处于低潮,但缘于战后经济复兴和发展民族工业的需要以及国民党政府连续发债的现实,使信托业又出现了生机。从1928年起私营信托公司开始复苏,并得到较大的发展,到1937年在上海的原有的中央(后更名为中一)、通易、通商3家信托公司加上新成立的上海、中国、东南、通汇、生大、国安、中级、同康、东风、华侨、久安(天津在上海设立)11家信托公司,共有14

家,其中有些信托公司还在北京、汉口、南京等地设立分支机构。1931 年官僚资本控制的中国银行和交通银行都分别设立了信托部。中国银行信托部的主要业务为信托存款,发行投资信托券,房地产的买卖、经租和登记,收存法院判交的房租等,买卖证券,代客保证,保管业务等。交通银行信托部在抗日战争期间承办后方工业原材料的购买与产成品运销代理业务、信托存款、投资信托、公司债信托、各种代理业务和保证业务等。除官办银行信托部外,还有国民党政府省市地方银行开设的信托部,这些信托部所经办的业务与私营信托公司的业务基本相同。另外还有一部分私营银行信托部和官商合办的银行之信托部。此期间设立信托部的银行有:中国实业银行、国华银行、上海商业储蓄银行、大陆银行、四明银行、中南银行、聚兴城银行、浙江实业银行、浙江兴业银行、广东省银行、中国通商银行、江苏银行、四川美丰银行、四川储蓄会等。1931 年全国银行兼营信托业务的有 40 余家。同时还有一批具有信托性质的地产公司,仅上海一地就有 45 家之多。

上述私营信托公司和银行所设立的主要经营私营信托公司业务的信托部,都因受到政策的限制,许多信托业务都不能开办。缘此,国民党上海政府为开拓本地的市政建设于 1933 年 10 月成立了上海市兴业信托社,与当地银行联合兴办码头、航线、自来水厂、水上饭店、海滨浴场等,该社于 1937 年日本侵沪后停业;从全国性的信托机构看,国民党政府为了壮大官僚资本和控制信托业务中的特权,于 1935 年 10 月在上海成立了官僚资本控制的中央信托局。这是由国民党政府操纵的最大的官办信托机构,它直属中央银行管理,实收资本金 1000 万元(国民党法币),相当于当时全部民营信托公司实收资本的 1.5 倍。其规模庞大,在全国各大中城市设有分局 30 余处,其业务延伸到全国 20 多个工商业发达的城市。信托业务主要有:属国民党政府管辖的国营及公用事业单位或在政府注册的股份制公司之公司债券、股票的募集、发行、登记、保证以及本息代付,信托存款与特种储蓄存款,放款业务,基金信托,投资信托,证券买卖特约信托,办理国民党政府指定的信托事宜,如委托设计、清算、检查、核定、重整"公有"财产等,法院指定许可的信托业务,还可经办承兑业务、保险业务和保管业务等。享有民营信托公司所不可比拟的特许经营权,充分显示出其为官僚资产阶级服务与民营信托业争夺市场和牟利的性质。

七、抗日战争期间(1937—1945 年)及战后至中华人民共和国成立前(1946—1949 年)信托业的发展状况

在战争的特殊环境下,1941 年 7 月在上海开办了官僚资本控制的中国农民银行信托处(后更名为信托部),在南京、汉口、杭州、广州、福州、重庆、汕头、蚌埠、西安、南昌等地均设有分部。其主要业务有:接受国民党政府粮食部紧急购储会的委托独家收购军粮,接受中央银行的委托收购棉花和杂粮;代理农业部和美援运用委员会办理化肥换谷;代理粮食部收购豆饼等;农产品仓储业务;办理有关农业企业之投资事宜;代客买卖各种有价证券;存放款业务等,这是国民党政府给予该信托部的特权。

在抗日战争期间,国民党统治区内的金融机构在分布上发生了变化。战前多集中于上海、浙江与南京、北平、天津、广州、汉口一带的银行业,因战时沿江海地区的不安全状态而逐渐向内地迁移。信托机构的设置分布也随之发生了变化,战前没有过信托业的西南、西北地区,在抗战期间得到了迅速的发展。日本侵略军占领上海以后,上海成为沦陷区,区内经济发生很大变化,东南沿海一带的商人在租界地内开始活跃,新开设的工厂和与内地的贸易不断增加,人口和资金也相对集中于此。于是私营信托公司随之得到发展,新增信托公司 30 余家和银行开设的信托部约 10 家,久安、中一两家信托公司更名为银行。1941 年太平洋战争爆发以后,伪政府之财政和中央储备银行进入了上海租界管理金融业,为资产阶级大开方便之门,投机商人乘机竞相设立金融机构,信托公司数量迅速增加,当年上海市兴业信托社复业,但因资本金少而停办了投资业务,仅经营一般性信托业务。至 1945 年 8 月日本投降、抗日战争结束前,信托公司的数量达到战前的二倍以上,战前没有过信托业的川、云、贵、桂(广西省旧称)、康(旧西康省)、陕、甘、宁、青 9 省的新建信托公司已超过 60 家(包括总部和沿海地区信托公司的分支机构),信托业处于无序的发展之中。

抗日战争胜利后,国民党政府开始对上海的金融机构进行整顿,对沦陷期开设的信托公司予以停业清理,关闭了一定数量的信托公司,至 1946 年底加入上海当地信托商业同业公会的会员中私营信托公司有 12 家。1947 年 2 月国民党政府又在上海组建了中央合作金库信托部,专门承接各级合作社,合作社团及合作业务机关委托办理的信托业务、仓储、运销和代理保险等业

务。而官办的中央信托局则从中央银行分离出来，成为独立的金融机构，注册资本也由原来的1000万元（国民党法币）增至5000万元，业务范围更加扩大，增加了房地产业务：经办接管抗战胜利后的房地产代保管、修建、估价等项业务。至1947年10月旧中国的信托公司经国民党政府的清理后只剩下15家，资本总额为91500万元，其中上海一地的信托公司之资本额占比高达94.5%，这一数字基本保持到新中国成立的前夕。

八、对中华人民共和国成立前中国信托发展情况的评析

（一）中国信托制度的引入和信托业的兴起在本节虽已追溯到南北朝和唐朝两个历史时期，似乎产生过类似于信托的行为，也可以看做是中国古代史中信托的萌芽，它虽是一种建立在信任基础之上的委托他人代为管理财产的行为，但将其看成是中国信托的起源，却是不妥。一则是当时的社会经济基础尚不具备产生或引入真正的信托制度的条件；二则是这种萌芽的雏形因社会经济环境所限并没有得以培育延续下来。直至明清时代、中国历史上封建私有制度下的商品经济、商业资本开始形成，对外通商得到发展，才为中国金融业的诞生创造了条件，由此而孕育出中国可以接受国外舶来的信托制度和信托业得以兴起的土壤。

（二）中国的信托制度是从西方带进来的舶来品，帝国主义的侵略和掠夺，使中国沦为半封建半殖民地的国家，西方资本主义国家的经济、金融制度不断地向中国各个地区和领域渗透。金融业的入华都是以外商用混业经营的模式来取得最大范围的经营权而获利，信托则成为金融外商牟利的一种最灵活的金融工具和逃避监管与税收的手段。一方面，由西方带进来的先进的信托制度在一定程度上会刺激金融市场和经济的发展；另一方面也会由于旧中国经济基础的不适应性而难于生成中国本土化的信托制度。因此，旧中国的信托业从一开始就进入了一个无法规可依的、在外国金融机构干扰之下的环境之中，长期处于无序的竞争和畸形的发展状态。

（三）信托机构高度集中于上海，虽在抗日战争期间有所转移，但因商品经济的不发达，而使其成活率极低。当然在当时不仅是信托机构高度集中于上海，各类金融机构和经济组织也都如此，这种情况刺激了旧中国商品经济和金融业的发展，使上海成为帝国主义列强争夺、瓜分财富和国民党政府聚资敛财的基地；同时也逐渐使上海成为旧中国的经济、金融之重要中心城

市;在活跃金融市场的同时,更助推了金融业的激烈竞争,也使上海成为产生和暴发金融风险的核心地区。

(四)信托业在旧中国发展的落后和极不稳定,是由半封建半殖民地的经济落后、小商品经济的不发达和社会政局的不稳定所致。

旧中国的信托业即使是官办信托机构也无法与入华的外国金融机构相比,不论是资金实力、人才优势还是经营范围、金融品种等都与之相距甚远;而私营信托业又与官办信托业不可比拟,更显地位低下。官僚资本的金融体系(二局四行一库,即中央信托局、邮政储金汇业局;中央银行、中国银行、中国农民银行、交通银行;中央合作金库)所兴办的信托机构资本金充足,分支机构遍布,经营范围融金融信托、贸易信托、保险于一体,成为综合性的金融机构和经济实体,享有国民党政府赋予的特权。而私营信托机构不仅没有自己明显的行业特色,而且在官办信托机构的挤压和排斥下更加偏离信托本业,多集中在带有投机性质的房地产经营和有价证券买卖代理业务上。因此,私营信托业产生经营性风险的机率颇大,而承受风险的能力又很差,表现出其生存和发展的不稳定性与脆弱性。

对旧中国信托业的沉沦和其前景的看法,在解放初期金城银行北平分行的营业主任俞夙岐先生有过一段简短的谈话,他认为:"信托业对吸收市面游资投入生产事业上,有很大作用,但经过去十多年的长期通货膨胀,社会经济已失常规,人民储蓄心理逐渐丧失,信托业已失去其发展的基础,而日趋消沉。将来在物价逐步稳定及人民政府鼓励储蓄的情况下,金融业务逐渐步入正轨,一般人们有了运用支票的习惯时,则信托业务必将会逐渐发展。",这在当时的经济环境下,应该说是一个非常概括的、有见地的说法。

第二节　中华人民共和国成立初期和恢复发展时期的信托业

自中华人民共和国成立至今,中国信托业的发展历程大致可分为三个阶段。第一个阶段是对旧中国原有的信托机构实施接管和社会主义改造及停办的阶段;第二个阶段是恢复信托业以后,在计划经济体制下的发展阶段;第三个阶段是在国家向市场经济转型过程中以"一法两规"的确立为标志的信托业回归本业的发展阶段。

一、新中国成立初期的中国信托业(1949—1955 年)

中华人民共和国的成立结束了帝国主义、封建主义、官僚资本主义长期统治中国的历史,彻底摧垮了它们赖以生存的政治、经济基础。面对百废待举、百业待兴困境的新中国,跨入了一个社会主义改造和社会主义建设的崭新历史时期,中国的信托业开始踏上了漫长曲折的发展之路。

(一)对旧中国的信托业实施接管与改造

中华人民共和国成立初期、中央人民政府对旧中国的信托机构根据其性质的不同,采取不同的政策。对国民党官僚资本控制的信托机构实行接管、没收和改组的方针;对私营信托机构则实行限制、利用、改造的方针。如对中央信托局、中国农民银行、中央合作金库的信托部和各地的分支机构以及国民党各省市地方政府、地方银行附设的信托机构坚决予以没收,由人民政府接管并予以清理、停办;对附设于旧中国银行、旧交通银行的信托部进行了改组和改造。并允许其继续办理一些代理业务,代保管业务、仓储业务和运输业务以及某些房地产业务;对民族资产阶级经营的信托机构采取赎买政策,通过国家资本主义形式对其进行社会主义改造。

首先,依据人民政府解放初期颁布的"银钱业管理办法"严格限制信托机构的经营范围,坚决打击投机活动。在中国人民银行的领导下,疏导信托业的资金,使其运用于国民经济的恢复与发展之上。随后即组织联合经营与公私合营,1949 年底全国银行、钱庄、信托机构总数已由 1033 家减少到 833 家。至 1950 年 3 月全国物价呈现稳定局面,市场上的虚假繁荣已消失,靠通货膨胀和商业投机的经济组织丧失了生存的条件。在几个月的时间里,银行、钱庄、信托机构就有 402 家宣告倒闭,只剩下 431 家,从业人员由 3 万人减少到 2 万人左右,信托机构中资金不足,缺乏正常经营基础者被淘汰出局。之后,实行了全金融业的公私合营,至 1952 年年底通过国家资本主义形式完成了全金融行业的社会主义改造工作,信托机构与银行、钱庄一并组成统一的公私合营银行。

(二)社会主义信托业的试办

在整顿和改造私营信托业的同时,社会主义信托业也在部分城市试办。主要有两种信托机构,一是银行开办的信托部;二是信托投资公司。

最先试办的信托机构是1949年11月设立在上海的中国人民银行上海分行信托部，该部是在旧中国银行信托部与旧交通银行信托部的基础上组建而成的。主要经营一些特色房地产业务、仓储业务、运输业务、保管箱业务和代理业务等。其房地产业务是对金融系统接管的公共房屋办理买卖、租赁，并对职工宿舍进行调配和管理；仓储业务是对接管的银行仓库进行整合、管理，并办理有关物资的仓储；运输业务是为配合人民银行国内的押汇业务和中国银行的对外业务办理有关国内和出口的保管、联运、转运等项业务；保管箱业务是利用接管过来的保管箱（约17000多个）主要为公营单位保管单证和贵重物品；代理业务则是利用银行对企业的存、贷、汇业务开办同城和异地的代理运输及保险业务。试办不足两年，至1951年9月先是停办了运输业务，后是其他业务陆续移交或停办。

除在上海市以外，在天津、北京、广州也试办了信托机构。就天津而言，虽然解放前算金融业比较发达的大城市，但信托机构数量很少，除官办中央信托局天津分局外，仅有久安信托和四行信托部2家，解放后均对其进行了接管和清理。至1951年6月试办了公私合营的天津市投资公司，由人民银行天津市分行领导（1953年改由天津市财委领导）。主要业务是发行投资信托证券，曾于1951和1952年发行过两期无记名式信托证券，发行后可在证券市场上市交易；另外是为引导私营商业资本向工业转移，由投资公司接受私营商业的资金投资于新的工业生产领域或将资金及人员全部转移至公司投资的工厂中；其他则是仓储业务以及代理证券买卖和中长期贷款业务。该公司于1954年停办。

旧中国的北京市信托业一直缺乏独立性，没有多大发展，信托机构有中央信托局北平分局和新华银行信托部（1931年成立），国华银行北平信托部、上海通易信托公司北平分公司（1937年成立），金城银行北平分行信托部（1948年成立），这些信托机构在解放前夕业务基本处于停顿状态。解放后只有金城银行一家之信托部在人民政府接管后继续营业，该部自天津恢复证券交易以后，就以办理代客买卖有价证券业务为主；北京市还在1950年组建了北京兴业信托投资股份有限公司，办理信托投资业务，重点是工业生产投资，这两家信托机构至1953年随全国经济形势的变化而停办，中国开始推进计划经济体制，仿效前苏联模式优先发展重工业，对金融实行单一体制，信托机构基本被取消，信托业消失沉没。唯有广州市在1955年3月成立了广东省华侨投资公司,是在强化侨务工作、鼓励华侨投资祖国经济建设事业,吸收华侨资本的形势下成立的。该公司在全国各地开设了近30个分支机构,主要业务是办理信托投资,重点投资于工业建设项目,曾先后投资兴办了广州糖厂、麻袋厂、华侨大厦等80余个项目。该公司于1968年停业,由中国银行广州市分行接管了其资产。

从中华人民共和国刚刚成立实行对旧中国信托机构的接管与改造和随后逐步进行的社会主义信托业的试办,几年的时间,至1955年信托机构被停办,信托业消沉,确实是中国实施计划经济、信托业失去客观经济的生存条件的必然结果。

二、中国信托业的恢复、整顿与发展(1979—1998年)

具有划时代意义的1979年开始了中国向社会主义市场经济转型的征程,中国信托业由此走上新时期的恢复与发展之路。从这一年开始至1998年,经历了积极探索发展和不断清理整顿两个阶段。

(一)1979—1982年信托业的恢复与发展

1955—1979年中国的信托业在高度集中的计划经济管理体制下没有发展的条件,处于停顿状态。至中国共产党十一届三中全会以后,随着国民经济的调整和经济体制的改革,中国出现了多种经济并存、多层次的经济结构和多种流通渠道。财政分离和企业扩权使地方政府、企业主管部门、企业可自主支配的资金增加、资金管理需求增大,同时,国民收入的分配比例也发生了变化。这些都对资金的运作方式和供求关系产生了重大的影响,以计划经济为依托的单一银行信贷方式已不能满足资金需求多样化的需要。因此,信用方式向多种形式转化,金融信托作为一种重要的信用形式就有了生存发展的环境,中国的信托业开始进入恢复与发展的新的历史时期。1979年10月5日经国务院批准成立了信托业恢复后的第一家信托投资公司——中国国际信托投资公司。同年同月中国银行成立了信托投资咨询部。1980年的第172号文件《国务院关于推动经济联合的暂行规定》中提出“银行要试办各种信托业务”,同年9月9日中国人民银行下达了《关于积极开办信托业务的通知》,随后,全国各省、市、各银行在全国经济发达的城市都陆续试办了信托业务,组建起附属于银行、部委和地方政府的信托机构。至1982年全国各地恢复或新建信托机构已达600余家,其中绝大多数是由银行兴办的。信托机构在短期内迅速膨胀，由于业务定位不明，又无法规可依，发生了与银行业争资金、抢地盘等问题，产生了资金分散，基本建设战线拉长，地方政府控制地方信托业等一系列经济改革中的扭曲现象。从1982年起就开始进入1979年恢复发展信托业以后的行业清理整顿工作。

(二)1982—1998年信托业在清理整顿中发展

中国的信托业自改革开放以来得到了长足的发展，随着经济体制的改革和经营机制的转变，特别是社会主义市场经济体系的逐步建立，在各个不同的历史时期国家实行了宏观经济的调整。中国的信托业恢复以后，自1982—1998年经历了四次清理整顿：1982年开始的第一次整顿，重点是行业清理，清理非银行金融信托机构；1985年开始的第二次整顿，重点是业务清理，清理整顿金融信托，停止新的信托贷款与信托投资；；1988年开始的第三次清理整顿，重点是业务清理和行业整顿，一方面对信贷规模、固定资产比例、存贷款利率、业务操作等进行整顿，另一方面撤并一批公司；1993年开始的第四次整顿，重点解决银行业与信托业的分业经营问题。下面分别加以概述：

根据1982年4月10日国务院发出的《关于整顿国内信托投资业务和加强更新改造资金管理的通知》，中国的信托业进入恢复以后的第一次整顿，这次整顿的重点是行业清理，机构整顿。1983年1月中国人民银行全国工作会议明确界定了信托业务的范围，主要是经办“委托、代理、租赁、咨询”业务，固定资产贷款今后一律由银行信贷部门统一办理。此后，各信托机构依此精神积极发挥各自的优势、努力开拓新业务。中国人民银行根据1983年9月17日国务院关于“人民银行专门行使中央银行职能的决定”和六届人大二次会议关于继续搞活经济工作的通知，于1984年6、7月间连续召开了“全国支持技术改造信贷信托会议”和“全国银行改革座谈会”，会议指出“信托业务是金融的轻骑兵，也是金融百货公司，更侧重于金融的市场调节，对加强沿海和内地的经济联系起了很突出的作用”。而且还明确提出“凡是有利于引进外资，引进先进技术，有利于发展生产，搞活经济的各种信托业务都可以办理。”。这些政策对信托业是一个极大的鼓舞，是自恢复以来经第一次整顿后的又一次发展机遇和高潮。信托业随之快速升温，但好景不长，随之而来的是1984年中国经济过热环境的形成。1984年底出现了货币投放与信贷规模双失控，因而，1985年中国人民银行又提出对信托业的第二次清理整顿。重点是业务清理,清理整顿金融信托、停止新增信托贷款和信托投资,同时解决银行与信托的分管问题,国务院要求银行停止办理信托贷款和其他信托业务。1986 年国务院颁发了《中华人民共和国银行管理暂行条例》,其中对金融信托机构的设立和业务范围作出规定,同年 4 月中国人民银行颁布了《金融信托投资机构管理暂行规定》。至此,中国的信托机构的业务开展开始有规可循,这对当时信托业的规范与发展起了很重要的作用。1988 年 4 月经财政部和中国人民银行批准,成立了中国农业开发信托投资公司(后更名为中国经济开发信托投资公司),信托业由此又获得了新的发展机遇。至 1988 年 9 月全国信托机构已达 740 余家,资产总额超过 650 亿元人民币,比上一年度分别增加 200 余家和 240 多亿元,信托业又一次出现了新的发展高潮。

总体来讲,中国经济的发展并不平稳,过热现象在未得到有效遏制的情况下,出现了明显的通货膨胀。1988 年 10 月中央决定采取治理整顿的方针,清理整顿各类公司,信托投资公司面临着第三次清理整顿,这次整顿的重点是业务清理和行业整顿。依据国务院关于清理整顿公司的 8 号文件治理经济环境、整顿经济秩序的精神,一方面对信托投资公司的信贷规模、固定资产比例、存贷款利率、资金来源与运用,特别是针对信贷规模失控,利用拆借资金炒房地产、股票、绕规模发放贷款等问题进行整顿;另一方面,对信托机构发展过快过热、政企不分、管理混乱等问题进行清理整顿,撤并了一批公司。在清理、整顿、撤并信托投资公司的过程中,为了发挥和鼓励信托投资公司的对外融资功能,国务院还于 1989 年以 6 号文件确立了 3 家银行和 7 家信托投资公司为可在国外发债的十大“窗口”,即:中国银行、中国投资银行、交通银行、中国国际信托投资公司、天津国际信托投资公司、上海国际信托投资公司、大连国际信托投资公司、广东国际信托投资公司、福建国际信托投资公司和海南国际信托投资公司。这无疑是对当时信托业发展的一个有力的推进,但通过这次清理整顿还是撤并了为数不少的信托机构,至 1992 年全国信托机构的数量已减少到 390 家左右,总资产约为 2116 亿元人民币,从业人员约 4. 5 万人。

为了使经过清理整顿撤并后的信托投资公司不再违规操作,短期资金不再长期占用,1993 年中国人民银行决定停止所有银行向各类非银行金融机构的资金拆借,并且不得向银行所属各种经济实体注入信贷资金。这些规定从资金源头上限制了信托投资公司扩大贷款和投资规模的随意性,这便是始自1993年的对信托投资公司的第四次清理整顿的起点。此次清理整顿的目的主要是解决信托业与银行业的分业经营问题和信托投资公司设立的资格问题。一方面切断银行资金向信托投资公司流入的渠道,清理拆借资金;另一方面严格限制信托投资公司的设立。1993年7月9日中国人民银行发出通知,明确所有金融机构的设立均需由人民银行批准,并核发"经营金融业务许可证",对全国的信托投资机构的设立资格进行了全面的清理整顿。1994年又撤并了一批越权批设的信托投资公司分支机构;1995年5月25日国务院批准《中国人民银行关于中国工商银行等4家银行与所属信托投资公司脱钩的意见》;1995年10月中国人民银行对违规经营、资不抵债的中银信托投资公司宣布接管(后由广东发展银行收购)。尽管如此,由于信托业在此前因违规经营所形成的资产规模急剧加大,短期内难以压缩,到1995年底信托机构的数量并没有明显的减少,而资产规模却成倍增大。当时全国具有法人资格的信托投资机构为392家,总资产已扩张到约6000亿元人民币,约占当时全国全部金融资产的10%。随后,在继续清理整顿的过程中,于1996年10月中国人民银行决定将中国光大信托投资公司到期不能支付的债务50亿元人民币转为债权人之股权,化解了该公司即将倒闭的风险;1997年11月中国农村发展信托投资公司因严重违规经营、资不抵债被关闭。至1997年6月全国信托投资公司已减少至204家,从业人员约3万人,账面资产总额约4332亿元人民币,占同期全部金融机构账面总资产的4.2%。从数字上看虽然信托投资公司的数量和资产规模均有大幅度的减少,但不少信托投资公司在报表以外潜伏的风险危机却相当严重。1998年6月22日中国第一家创业性质的信托投资机构——中国新技术创业信托投资公司,因房地产和证券炒作严重违规,资不抵债而被中国人民银行宣布关闭,同年10月6日属同类性质问题的广东省国际信托投资公司被关闭。至1998年年底,全国具有法人资格的信托投资公司为239家,其中全国性的公司21家,地方性的公司218家。

由以上所述可以看出,中国信托业的发展一直没有步入正轨,对信托业的清理整顿也几乎没有停止过。到底信托业该何去何从?如何规范与发展?是国家主管部门、业内人士、专家学者十分关注的问题,也是一个难解之题。

（三）对1979—1998年中国信托业发展情况的评析

中国的信托业自1979年恢复以来，是在不断的清理整顿的环境下，是在高度集中的计划经济向社会主义市场经济转轨的过程中，探索着定位，谋求着发展的。如何认识这一时期信托业的业绩和存在的问题，涉及社会各个方面，各界人士的看法，包括主办部门、监管部门、银行、相关企业、业内人士、专家、学者、法律工作者等，看法不一，但大多数人都比较公正地评价信托业的功绩，归纳起来大致有如下几个方面：

1. 中国信托业的恢复与发展，是我国金融体制改革的需要，是由计划经济向社会主义市场经济转变过程中的必然结果。信托业为弥补银行信用的不足，突破银行固有的单一的信贷模式，创新了多种信用形式，为金融创新做了前所未有的大胆的探索，特别是在证券市场的开拓与发展中做出了特殊的贡献。

2. 信托业为支持国家和地方的经济建设、经济结构的调整，实现政府的规划，在利用多种信用形式筹集长期资金中起到了重要的、积极的作用，发挥了其融资与理财的功能。

3. 信托业利用国外商业贷款，吸收境外存款、境外发债、对境外担保、国际融资性租赁、三来一补等多种方式吸引外资，引进国外经济发达国家的先进技术、先进设备和先进的科学管理手段。在加强国际间的经济合作，资金的融通和推动进出口业务发展以及提高企业的竞争力等方面做出了有益的贡献。

4. 信托业为金融业的发展培养出一支素质较高的业务骨干，同时在内部管理、制度建设、运行与约束机制、人事制度改革等方面也创造了不少值得借鉴的经验。

综上所述，中国的信托业自改革开放以来，得到了很大的发展，已经在金融业中有了一定的重要地位。事实证明，信托业在弥补银行信用不足、动员社会闲置资金、拓宽融投资渠道、创新金融服务、完善金融市场体系、促进市场经济的发展中发挥了积极的作用。但同时也存在着一些比较突出的问题，主要表现在长期没有实行资产负债比例管理、资产结构不合理、资产质量不高、资本金充足率偏低、资金的运用与来源失衡，短期资金被长期占用；内部机制不健全，抗风险能力差，有些信托投资公司的决策层素质欠佳，主观片面、业务不通，个人说了算，更有甚者违规犯法，给公司造成严重的经济损失，给金融界在社会上造成恶劣的影响，干扰和冲击了正常的金融秩序。究其原因，有信托机构内部，即自身素质的问题，也有外部监管不力和监管滞后的问题，但更为公认的原因则是信托立法滞后，信托经营机构的定位和发展方向长期不明确，信托业的经营与监管长期处于无法可依的困境之中，失去了规范发展的必要基础。虽然1986年人民银行发布并实施了《金融信托投资机构管理暂行办法》，但随着社会主义市场经济体系的逐步建立和金融体制改革的深入，特别是分业经营、分业管理原则确立后，该“办法”已不适应形势发展的需要，更不能与已颁布的金融法规相匹配，因此就立法的迫切性在社会的很大范围内已达成共识。

信托立法已被八届全国人大常委会列入了立法规划，并于1993年由全国人大财经委、中国人民银行和中国政法大学、中国社会科学院以及部分信托投资公司等方面的有关负责人、专家、学者组成了信托法起草组。起草组通过广泛的市场调研，深入了解信托投资公司的经营状况，充分听取了他们对信托业定位、经营范围、发展方向、风险约束等方面的意见。搜集、考察、研究国际上信托制度发达国家的信托立法情况，吸取精髓。在制定、修改过程中多次组织召开了国际、国内研讨会。到1996年12月24日提交八届全国人大常委会第二十三次会议第一次审议的信托法草案已八易其稿。由此可见中国的信托业自1979年恢复以来，一直是在清理整顿中度过的，是在摸索中前进的，但终归是要统一到国家的立法之路，列入到人大的立法日程上，使中国的信托业得以看到生存和发展的曙光。

第三节　中国信托业的本业回归与规范发展

中国的信托业自恢复以来，是在不断的清理整顿中成长的。而真正得到回归本业的规范发展是以立法建规为基础，通过第五次清理整顿后而确立的。

中国的信托立法工作，在第四次对信托业的清理整顿过程中就已经开始了。信托的立法建规适时地为信托业的第五次清理整顿工作提供了法规依据。

一、对信托业的第五次清理整顿与信托的立法建规

1999年2月国务院办公厅下发了国发办[1999]12号文件《国务院办公厅转发中国人民银行整顿信托投资公司方案的通知》,开始了对信托业的第五次清理整顿工作。这次整顿旨在给信托业以明确的定位,使信托业回归本业;实施信托业与银行业、证券业的严格分业经营与分业管理;保留少量规模大、效益好、管理严格、认真从事受托理财业务的信托投资公司。

(一)第五次清理整顿工作的主要特点

第五次清理整顿工作是深化中国金融体制改革的一项重要举措。对于整顿金融秩序,控制和防范金融风险,促进信托业的健康发展具有十分重要的意义。这次整顿与前四次的整顿相比有很大的不同,主要有:

1. 整顿的基础条件不同

(1)社会主义市场经济朝着完善和成熟的方向发展。我国已经开始形成一个巨大的财产管理市场,越来越多的富有机构和大众投资者在寻找外部财产管理和有效的财产保值和增值的渠道。

(2)我国当时正处在面对加入WTO前的各项准备工作之中,金融业正面临着前所未有的机遇与挑战(2001年11月10日通过审议“入世”,同年12月11日成为正式成员)。

(3)经过前四次对信托投资公司的清理整顿,特别是在信托法列入人大立法规划后,自1993年开始的“信托法”起草工作以来,信托业的健康发展问题更进一步引起了社会各界的共同关注。通过起草组对国际信托制度和信托业的调研,组织广泛的交流、研讨、培训以及宣传普及,在信托业界对信托本质和信托业前景的认识,较之过去在深度和广度上都是前所未有的。

(4)信托投资公司历经磨练、深刻地反省自己,吸取以往的经验教训,一批信托投资公司在摆脱“旧观念、老把式”,着力创新开拓本业的渴望程度上比以往任何时候都强烈。

2. 这次整顿与以往的整顿最根本的区别在于对信托行业的准确定位。过去并不是没有进行过定位,而是缘于对信托本质的认识问题和客观经济环境所限,形成定位偏离本业。而通过此次整顿则确立了“信托本业”之概念,使信托业得以回归本位,进入正轨,界定了信托投资公司的经营范围,从而有效实施信托业与银行业,证券业的分业经营与分业管理。

3. 结构优化是此次整顿信托业的重心，它包含两层含义：一是规模的结构优化，即对信托投资公司的总体数量、地域分布、业务扩张或收缩的规模（资产负债规模）进行优化性整顿；二是改善信托产品的供给结构，优化信托市场，满足投资者之需求。这表现在以后的规范发展之中，而本次整顿侧重于规模的结构优化上。重点体现在三个方面：

（1）重点采取分类处置的方法，对我国原有239家信托投资公司通过撤销、转制、破产处置，约有150家退出信托市场，其中破产者为极个别的公司，少数转制改组为证券公司，财务公司，多数为撤销。为促进地域经济的发展，注意了地域分布的合理性，基本保证了在各大、中城市均至少保留一家信托投资公司。其余80余家公司合并保留后约为60家。

（2）通过整顿优化信托投资公司的资产负债总量，至2001年3月底已初见成效，信托投资公司的总资产已由1999年末的6400多亿元人民币下降到5219亿元，下降幅度为18.45%；总负债由5302亿元人民币下降到4208亿元，下降幅度达20.63%。

（3）通过整顿落实了分业经营，突出了信托本业的结构优化。本着尊重历史，区别对待、市场调节、化解风险的原则，对全国239家信托投资公司原有的960家证券营业部经整顿后保留的信托投资公司之证券营业部进行评估后，以转让、折价入股其他证券公司或者联合组建证券公司的方式与原母公司脱钩。多数退出信托市场的信托投资公司的证券营业部均在退出前完成了转让工作。

（二）清理整顿与立法建规

对于这次清理整顿工作，国务院各部门、中国人民银行、各地方人民政府均十分重视，均成立了清理整顿工作领导小组。通过召开全国性的整顿工作会议和中国人民银行与地方政府领导间的磋商（多达120余次）推进了整顿工作的顺利进行。为实现整顿方案，解决好对信托投资公司的分类处置，化解金融风险，依法解决各项债务，做好重新登记工作，中国人民银行与财政部于1999年4月联合发布了《关于印发“信托投资公司清产核资、资产评估和损失冲销的规定”的通知》（财债字[1999]86号）和1999年11月财债字[1999]241号文《财政部、中国人民银行关于信托投资公司清产核资、资产评估和损失冲销有关问题的补充通知》。在此基础上为加快整顿工作的步伐，中国人民银行报经国务院同意，于2000年12月下发了《关于进一步做好信托投资公司整顿工作有关问题的通知》(银发[2000]389号)。在清理整顿过程中,中国人民银行根据国务院整顿信托投资公司的有关要求,抓紧了重新登记后信托投资公司稳健运行的监管制度建设,于2001年1月10日发布了《信托投资公司管理办法》,重新界定了信托的定义;对信托的设立、变更、终止、清算;信托当事人的权利和义务;信托财产的独立性;信托监督等作出一系列具体规定。至此,历经15年的中国人民银行1986年颁布的《金融信托投资机构管理暂行规定》才被废止。这个管理办法的出台,对于信托业的规范发展具有十分重要的意义,为强化清理整顿工作和加快信托投资公司自身的内部建设提供了必要的依据。2001年5月18日中国人民银行下发了《中国人民银行关于信托投资公司重新登记工作有关问题的通知》(银发[2001]148号),并相应制定了《信托投资公司重新登记操作规程》,在整顿工作中还注意了协调和解决好整顿过程中的各种矛盾,并特别注意了严肃查处违法违纪人员,严厉打击金融犯罪分子;要求重新登记的信托投资公司做到没有到期不能支付的债务和新发生的境外债务以及任何形式的个人债务;对境内法人机构债务到期不能支付的信托投资公司原则上不予保留;重新登记的信托投资公司的注册资本金不得少于3亿元人民币。原注册资本金货币资金不足3亿元或经资产评估冲销损失后资本金不足3亿元的必须做到新募集的资本金中有足额的货币资本的投入;保留下来的信托投资公司反其分支机构在重新登记后已全部撤销;在整顿过程中对合并保留的信托投资公司均在报纸上公示;各重新登记后的信托投资公司对原有业务都进行了积极的清理,要求自重新登记之日起的三年内清理完毕。2001年9月30日中煤信托有限责任公司成为信托业整顿中第一家完成重新登记的信托投资公司。

基于各方面对及早建立信托制度的必要性的共识,赞同对信托基本关系先行立法,信托经营机构的组织和管理由国务院作具体规定,2000年7月3日经过重大修改的《中华人民共和国信托法(草案)》提交全国人大常委会再次审议,后根据审议提出的意见又经修改补充于2001年4月进行第三次审议,4月28日九届全国人大常委会第二十一次会议表决通过并颁布了《中华人民共和国信托法》,2001年10月1日实施(以下简称“信托法”)。这是金融立法工作中的一件大事,它标志着我国有了第一部规范信托关系的基本性法律。它是一种民事特别法,属于信托体系的基本法。“信托法”的出台绝不是单纯为了规范我国的信托投资公司，而是要规范我国的社会主义市场经济发展中不断涌现出来的各种信托活动。为发展证券基金、养老基金、社会保障基金等提供法律基础。

“信托法”属于民法范畴，旨在建立一种调节民事信托关系的法律制度，填补了我国信托立法的空白。“信托法”对信托的定义，信托的设立，信托财产及信托当事人各方权利、义务，信托的变更与终止，公益信托等都给予了规范，属一般性规定，适用于我国所有的信托活动。从而可以为制定我国的“信托业法”及有关的单行法律法规创造条件，提供基础性大法的支持。

“信托法”颁布后，为进一步推进信托活动的规范化，国务院办公厅于2001年12月29日发出“关于《中华人民共和国信托法》公布执行后有关问题的通知”，重申了有关信托市场准入及退出等方面的原则。2002年1月24日中国人民银行发布2002年第1号公告，因光大信托投资公司严重资不抵债，不能支付到期债务，决定予以撤销；2002年6月5日中国人民银行颁布实施了修订补充后的《信托投资公司管理办法》（以下简称“管理办法”，2001年1月10日颁布的“信托投资公司管理办法”同时废止）；2002年6月7日中国人民银行宣布中国经济开发信托投资公司因严重违规经营被撤销。

“管理办法”是一部规范信托投资公司经营行为，强化监管、促进信托业健康发展的重要部门规章。对信托投资公司的机构设立、变更与终止、经营范围、经营规则、监督管理和自律以及处罚等方面均做出了明确的规定。其中对信托投资公司经营范围的界定相当广泛，包括受托经营资金信托，动产、不动产以及知识产权等财产、财产权信托，受托经营法律、行政法规允许从事的投资基金业务，经营企业资产的重组、购并及项目融资、公司理财、财务顾问等中介业务，受托经营国务院有关部门批准的国债、政策性银行债券、企业债券等债券的承销业务，代理财产的管理、运用和处分，代保管业务，信用见证、资信调查及经济咨询业务，以固有财产为他人提供担保业务，中国人民银行批准的其他业务。信托投资公司可以依照“信托法”的有关规定接受为公益目的而设立的公益信托。

经过修订补充颁布实施的“管理办法”对于经过整顿重新登记后的信托投资公司来说，是一部极其重要的行政法规。信托投资公司以“信托法”，“管理办法”为依据开办信托业务，从此结束了长期无法可依的历史。但在开办的诸多信托业务中，信托投资公司首先开办的是资金信托业务。这是基于我国当前的信托财产形态主要是资金的缘故,而且机构及个人的投资行为多为资金的保值与增值之需求。因此,规范资金信托业务是继“信托法”、“管理办法”颁布实施后的当务之急。鉴于此,中国人民银行于2002年6月26日颁布(2002年7月18日起实施)了《信托投资公司资金信托管理暂行办法》(以下简称“暂行办法”),该办法的颁布与实施旨在规范信托投资公司资金信托业务的经营行为,保障资金信托业务各方当事人的合法权益。“暂行办法”对资金信托的定义和特点,资金信托业务的定位与类型,资金信托的设立,信托资金的管理、运用和处分以及风险的申明与管理,信息披露,禁止行为,终止与结算,监管与处罚等均做出明确的规定。是继“管理办法”之后颁布实施的一项具体规范信托业务的行政性法规。

“信托法”、“管理办法”、“暂行办法”(以下简称“一法两规”)的颁布实施,确立了我国境内从事信托活动的基本法律法规的框架体系。我国的信托业由此结束了长期徘徊错位的历史,开始走上回归本业、规范发展之路。

二、回归信托本业的起步阶段

伴随着“一法两规”的实施和第五次清理整顿工作的全面推进,全国的信托投资公司绝大多数在2001年、2002年间完成了重新登记工作,与此同时也努力做好回归信托本业的业务准备工作。业界人士普遍认为2002年至2003年是我国信托业回归信托本业的起步之年。

(一)快速起步的基础和环境

“信托法”的颁布实施为建立我国现代信托制度体系奠定了法律基础,在我国信托及基金业的发展史中具有划时代的意义。“两规”为信托投资公司的回归本业的起步提供了具体的制度保证。

“一法两规”的确立和“公司法”,“证券法”,“担保法”,“证券投资基金法”等法律及相关法规的基本齐备为信托业回归本业的起步、发展建立了可靠的法律制度环境。

经过第五次清理整顿的信托投资公司,其“坏孩子”的疾症得到有针对性和有效的治疗,达到了结构性优化的效果。在数量、质量、规模上实现了合理的匹配,为股权结构、资本结构、公司治理结构、人员结构、产品结构等各方面的优化创造了良好的起步基础。

社会主义市场经济体系的逐步健全,国民经济的持续稳定发展,“入世”

对外承诺的兑现,金融业改革开放的有力推进等,为信托业回归本业的有效起步营造了良好的外部经济、政策宏观环境。

社会财富的不断增长,产权制度的多元化发展,货币市场与资本市场对接的需要,机构、公众的投资理财需求为信托业搭建了一个通向广阔发展空间的平台。

境外金融机构的进入,国内金融业综合金融服务理念的建立和业务变革及信托业务的同质性竞争,给信托投资公司的起步与发展提出了严峻的挑战。

监管体制的改革,在市场化理念确立的监管原则下,监管内容从机构审批和机构监管转向业务监管和制度创新,监管核心由合规性监管转向风险监管。信托投资公司面临着严格监管的环境和优胜劣汰的生存条件。

(二)起步阶段信托投资公司的发展状况

经过第五次清理整顿的信托投资公司,依照“一法两规”和国家的总体部署以及政府主管部门的具体安排,快速进入回归信托本业的起步阶段。

1. 起步阶段信托投资公司的总体情况

从2001年5月18日《中国人民银行关于信托投资公司重新登记工作有关问题的通知》发布起,至2003年12月31日全国共有59家信托投资公司获得重新登记的审核批准,领取了新的执业牌照。重新登记的信托投资公司必须具备的几个主要标准是:符合“公司法”有关机构组织形式的要求,为有限责任公司或股份有限公司;有完整合格的按“公司法”和人民银行规定的公司章程;股东资格须具备人民银行规定的条件;注册资本金不得低于人民币3亿元,经营外汇的,其注册资本中不得少于等值1500万美元的外汇;高管人员任职资格和信托从业人员条件必须达到人民银行的要求;公司须具有健全的组织机构、信托业务操作规则和风险控制制度;有符合规定的营业场所、安全防范措施等。

获得重新登记的59家信托投资公司中有46家因资产质量较好或实行了增资扩股,资产负债结构得到优化,获得了单独保留的资格,根据公司组织形式的变动,有些公司变更了名称。其余13家则是采取合并重组的方式而成,主要存在两种方式:一种是吸收合并的方式,即由一家质量较好,规模较大的公司为主体,吸收一些资产质量不高或规模较小的公司合并而成;另一种是新设合并,即由当地几家规模较小的信托公司一起重组、合并成一家规模较大的公司。

经批准保留和合并重组后的信托投资公司在“一法两规”的引导下，按照监管部门的要求和期限安排，在积极清理原有资产、负债业务的同时，努力做好回归信托本业的各项起步工作，稳步推进，创新拓展。截至2003年12月31日全国已经完成重新登记的59家信托投资公司中有57家的报表汇总显示：总资产为人民币944亿元，总负债为463亿元，所有者权益481亿元，注册资本443亿元；管理的信托资产为1635亿元，其中资金信托1366亿元，财产信托227亿元，其他42亿元；在资金信托中集合资金信托为343亿元、单独资金信托为1023亿元；实现利润15.5亿元，共有5家公司亏损。

2. 信托投资公司的起步亮相与困境应对

信托投资公司的本业回归多以资金信托为起步业务，这主要是由于：我国现阶段社会财富的积累多为资金形态；信托投资公司的资产管理经验的积累也侧重于资金管理；社会民众对信托缺乏基本的认识，多以货币保值、增值的理财需求而进入信托市场等。基于此，监管部门首先从规范资金信托业务入手，“暂行办法”为信托投资公司的业务起步提供了法规依据和规范化的操作规则。

2002年7月18日正值“暂行办法”正式实施的当天，上海爱建信托投资有限公司就领先亮相，推出“外环隧道项目资金信托计划”，是个人与企事业单位都可以参与投资的重要工程项目。该计划募集资金总额5.5亿元人民币、合同总数200份、最低限额5万元，不设上限，信托期限3年，预期年平均收益率5%，上海市政府每年按投资总额的9.8%给爱建信托以财政补贴，这是一个建设方、委托方、受托方及政府多方受益的项目，中诚信对此项目的评级为AAA级。此计划一面世，一周之间就被抢购一空。这个项目在很大程度上是借政府之桥，开信托市场之路，这一开局迅速受到社会各方的关注。

2002年9月8日上海国际信托投资公司推出了“上海磁悬浮交通项目股权信托受益权投资计划”，这是国内首个财产权信托产品，也是第一个股权受益权投资产品。

2002年9月9日北京国际信托投资公司推出了“北京商务中心区(CBD)土地开发项目资金信托计划”，募集资金15亿元人民币，为国内规模最大的集合资金信托计划。所募资金以贷款信托方式贷给项目建设公司，用于商务中心区基础设施建设，信托期限5年，预期年均收益率4.8%，由北京市朝阳区财政提供担保。

2002年9月12日新华信托投资股份有限公司在深圳推出了国内首个信托与银行合作的“新华信托住房按揭贷款资金信托计划”。

信托投资公司在“暂行办法”实施后的两个月时间里，就有约15家相继亮相，推出约20个资金信托计划。这些计划适应当时经济发展热点的需求，多为发展地域经济服务，以地域资源为依托，不少是列入政府规划的项目，有政府支持的背景。至2002年底不足半年的时间，全国信托投资公司约推出资金信托计划50个，融资额45.21亿元。

进入2003年以后，经过整顿获重新登记的信托投资公司都纷纷亮相，推出自己的信托产品。上半年全国信托投资公司共发行信托计划约115个，融资额约114.09亿元，与2002年下半年相比计划数增长2.8倍，融资额增长1.52倍。至2003年年底，当年全年共发行信托计划约237个，融资额约235亿元。发行数量和融资额下半年分别为122个和120.91亿元，与上半年相比均有明显上升。

在起步阶段，正当信托投资公司纷纷亮相进入业务拓展热潮之际，一个突如其来的“非典”（SARS，非典型肺炎）的特殊灾难，袭击了整个社会，人们的生活与工作处于非正常的隔戒氛围之中。在这种困境中，信托投资公司能取得上述成绩，主要是采取了正确的应对措施。其中，在业务开拓的产品销售环节，多采用电话预约订购，分时段办理，分散客户到就近银行网点购买的方法，积极推进银信合作和信息技术的应用，最大限度地克服了“非典”时期的负面影响。

在起步阶段，资金信托以“一法两规”为依据而面世，信托投资公司以资金信托为导向，以资金信托特别是集合资金信托计划为信托业务规范、创新及业务定位走向的载体而亮相于社会。信托业务不同于银行、证券、保险等行业的业务，尚缺乏在公众中的知识普及和实践基础。监管层、信托投资公司、社会公众对集合资金信托业务的理解还存在着不小的差异。因此，集合资金信托产品的推出就不可避免地会遇到各式各样的问题和困难。

对集合资金信托计划的理解，存在的主要问题是对它的功能定位。许多人将它定位于“私募”性质的投资工具，作为一种利用集合资金方式进行理财的手段，这就很容易进入忽略信托关系的操作误区。

在操作上,过多地强调集合资金信托计划不应面向公众的私募特征,在很大程度上混淆于其他投资理财工具之中,而淡化甚至抹去信托的属性。就极有可能导致委托人(投资者)对高投资收益的追逐而缺乏承担风险损失的心理准备和受托人(信托投资公司)对高回报项目的寻求、收益率的攀比,而放松审慎度量、防范风险的要求。

从"暂行办法"中的有关规定看,将信托投资公司接受委托人的资金信托合同数和每份合同的金额,分别界定在"不得超过200份"和"不得低于人民币5万元",可以理解为对集合资金信托计划规模和投资人资格的限制。这样的限制,将信托投资公司开办的集合资金信托计划置于理财市场的劣势地位。信托投资公司面对制度性缺陷所带来的经营环境中的困难,是如何应对的?归纳一下,主要有以下几种:

第一种,根据项目资金需求,设计安排集合资金计划的规模和投资人购买信托计划的最低限额。在不超过200份合同数的原则下,多数信托投资公司都普遍采用这种方法。如2003年5月6日上海国投为洋山深水港配套建设而发行的"海港新城资金信托计划",规模为1.5亿元人民币,最低认购额就规定个人为50万元,机构为500万元;也有些信托计划,只面对机构投资者进行私募,如新华信托2002年11月推出的"管理层收购(MBO)资金信托计划"就没有安排社会公众参与。

第二种,将达不到最低限额的数名投资人变换身份作为受益人,集中其一定数额的资金,由一名委托人(机构或个人)与信托投资公司签订一份信托合同,指定受托人于信托终结时将指定的信托资金额及信托利益分配给指定的受益人,该委托人与分散的受益人另行签订委托合同。如有些单位根据职工的投资理财需求而资金少的情况,由工会出面组织这部分职工的资金,以这些职工为受益人,委托人为工会,与信托投资公司签订一份信托合同。由此解决合同数不准超过200份和单一投资人的资金达不到最低投资限额的问题。

第三种,分期(相对独立)实施总体目标,即将一个大的项目设定为总工程,分期规划、每期工程相对独立,所需资金额明确。信托投资公司参与总体规划,与发展方签订总体合作协议,分期签订具体的融资合同(如贷款、租赁、投资),每一期构成一个独立的集合资金信托计划,由此而控制合同数不超过200份的限制。例如北京国际信托的CBD项目集合资金信托计划,就是分期实施融资规模 15 亿元人民币的；又如中国对外经济贸易信托为 CE（中国）医疗系统集团设计安排的融资租赁集合资金信托计划，共分 4 期，每期信托合同不超过 200 份，融资规模仅几千万元人民币，所募资金用于购买 CE 的医疗设备，再以融资租赁方式租赁给经过严格筛选的二级以上的医院。

第四种，类似于伞形基金结构形式的伞形信托，在母集合资金计划项下，设置若干项子计划，每个子计划项下的合同数控制在 200 份以下。例如，北方国投 2003 年 4 月 7 日推出的"高校公寓优先受益权资金信托计划"总规模为 5000 万元人民币，按金额 902 万元、1370 万元、1216 万元、1157 万元；期限为半年、1.5 年、2.5 年、3.5 年；预期年收益率为 2.7%、3.8%、4.3%、4.8% 相对应组成 4 个子计划。投资者可根据自己的偏好自由选择。每个子计划的合同数均不突破 200 份。这种结构型式并不是真正意义上的伞形信托，只是在一个共同融资项目下的期限、利率水平不一的子计划的物理组合，投资者不能实施在子计划间的转换。

3. 起步阶段信托市场和信托产品的主要特点

这一阶段的信托市场属于金融市场中一个不成熟的、初级的、特定的子市场。

首先，信托制度体系刚建立，离健全完善的水平还有不小的差距，部分制度短缺，相关制度也不配套。

另外，市场的主要参与者不成熟。作为信托市场参与者主体的信托投资公司是信托的服务者，其市场定位、组织结构、运行机制、风险控制机制、人才开发与储备机制等都未成型。企业发展战略规划、发展模式与股权结构、主导业务与核心竞争力的构成等均在探索之初；信托服务的需求者，作为信托关系中的委托人，不论是机构还是个人都对信托的概念、信托制度的特征、信托当事人之间的法律关系等知之不多。绝大多数委托人出于对持币保值增值的需求，将信托业务和信托市场单纯以投资工具和理财市场加以对待，风险意识淡薄，承受能力差。信托市场参与者中的监管主体是国家实施对信托投资公司有效监督管理的政府主管部门，既是"信托法"等国家立法的参与者与执行者，又是对经营性信托的专业金融机构进行监管的行政性法规的制定者和具体实施的指导者，同时还是进入信托市场中的广大投资者的权益保护者。监管者对信托投资公司的市场定位、功能定位、经营范围等尚在探索之中，监管理念、监管机制、监管内容与方法等正在由机构审批、合规性监管向业务监管、风险监管和制度创新的转变之中。

由于推动与制约信托市场发展的制度体系层面的不完整性和市场参与主体层面的不成熟性，而形成在起步阶段两个层面的交织与综合作用下的信托市场规模相对偏小的特征，如在该阶段的融资规模仅为证券市场的17%。其主要原因是资金信托计划的发行规模小，就单一信托产品的发行规模而言，1000万元至1亿元的为多数，占比约为62.7%；1至2亿元的占比约为20.1%；2至5亿元的约为17.2%；而5至10亿元的仅为1.8%左右。发行规模小是由于信托产品的推出受多种因素的影响所致，最主要的：一是，多数信托产品带有试办开路的性质；二是，受制度规定不超过200份合同总数的限制，监管部门对规模的控制，警示对风险防范的侧重；三是，社会对信托的认知度不够。因而，信托市场的扩张与成熟尚待时日。

过去因缺少生成的制度基础和经济环境，信托业长期栖身于其他市场，起步阶段所生成的新生的、初级的信托市场还需要一个较长的规范发展过程。

在起步阶段的信托产品所表现出的特点，主要有：

第一，类型比例特点

对有代表性的2002年至2003年全国发行的信托计划之不完全的统计资料进行分析，首先按行业类型划分：房地产类信托产品数量占比为45%，融资额占比为38%；基础设施类信托产品的占比分别为17%和32%；电力项目类信托产品的占比分别为8%和7%。但单个信托计划的平均融资额，基础设施类处于优势地位为2亿元左右，而房地产类平均约为0.9亿元。其次，按信托计划的投资性质分：属实业投资类的信托产品占比高达81%；属证券投资类的信托产品占比为19%。

实质经济的增长是经济增长的柱石，信托制度在实质经济发展中的灵活运用是信托的一大贡献。实业投资类信托产品是金融投资工具的创新，在这类产品中债权性投资类信托产品所占比重远高于股权性投资类信托产品。前者占比约为73%，这反映出我国企业的融资方式仍以间接融资为主。债权性投资类信托产品实质属于贷款信托的范畴，仍是向企业提供的间接融资渠道，不过它与银行贷款相比，不属于信托投资公司的资产与负债业务；而股权性投资类信托产品虽然目前占比较低，但属于向企业提供的一种新的直接融资手段。是对银行信贷为主的间接融资和债市、股市直接融资方式的补充，对间接融资向直接融资、单一银行体系向多元化市场体系的过渡起到积极的作用。

第二，期限与收益率特点

在起步阶段已推出的信托产品，归纳其期限情况，以1至3年短期限者为多。其中，1～1.5年者约占36%；1.5年以上至3年者约占54%；而3年以上至10年者占比不足10%。形成这种期限结构的原因可从两个层面去分析：一是市场的需求层面，它包含公众和机构。就公众投资者而言，以追逐即期利益者为多数，选择短期限和较高收益的信托产品做理财性投资，可及早验证信托投资公司的信誉，减少长期投资可能发生变故的心理压力；就机构投资者而言，较公众掌握较多的信息，虽有中长期投资的愿望，但除保险公司，社保基金等进入信托市场尚存政策上的障碍外，其他机构投资者多对刚刚起步的信托市场缺乏了解和信心，投资需求尚待整理。有些机构因信托融资规模小、难以满足批量运作的需求，故以少量资金投入短期限的信托产品，以试待定。二是供给层面，在产品供给上，信托投资公司是以需求确定供给。同时，选择期限较短的项目，便于尽早考证资金使用方的信誉度，也有利于信托产品的连续和有效启动。除此，信托产品与股票、基金相比，其流动性处于劣势。期限越长，其流动性越差，而且投资者对收益率的期望越高。这些，则是这一阶段以债权类信托占主导地位的信托产品难以解决的问题。

就信托收益率而言，与其他定息收益率类产品比较，相对较高。从起步阶段对全国信托投资公司推出的信托产品（不完全统计）之年均收益率来看：1年期信托产品的收益率较同期限银行存款利率约高出2个百分点；2年期的，约高出2.27个百分点；5年期的信托产品与同期限国债相比，约高出2个百分点。

信托产品收益率之所以普遍高于同期银行存款、国债的收益率，主要是为对投资者于信托产品之流动性损失和风险性上的一种补偿。

第三，产品可靠性设计的特点

起步阶段的信托产品，为增强其内在的抗风险能力，提高信用等级而做出特证性设计安排。主要有3种：

一种是，引入政府信用安全链接的设计安排。信托资金用于政府规划中的公用基础设施、开发区、商务区等建设项目上，由政府财政部门的财政资金担保(由项目经营开发公司承接)或给予财政补贴。资金的内在链接安全可靠。

另一种是,回购式设计安排。主要是引入银行信用的信贷资产回购式设计。商业银行为使自己的信贷资产增加流动性,委托信托投资公司以集合资金信托方式购买其部分单元信贷资产(按期限、利率等结构组成),信托期满银行以本金加回报的方式回购原资产。信托资金之本金和信托利益以及受托人佣金全部由银行回购资金予以保障,极大地淡化了受益人和受托人的风险。

再一种是,优先受益权设计安排。是投资者优先获取信托收益的受益权保证性设计。其中一类是超值可变现的优质资产作为受益权的保证;还有一类是股权性投资安排,投资者通过信托投资公司购买资金使用方(股份制企业)之股份收益权,公众投资人持有的是优先受益权,同时可转让此权,信托期内企业以回购受益权的方式作为保证。

起步阶段的信托产品的特点,除作上述三点分析外,由于受政策环境的影响和信托投资公司自身的条件所限,集中反应在集合资金信托产品普遍存在流动性差、同质性和可复制性强的问题上。尤其是对集合资金的运作多采用贷款业务方式进行,与商业银行相比具有高度的同质性,而在信誉、管理、风险控制等各方面均远不及商业银行。另因产品的技术含量低,附加值低而易复制,使信托产品的特征优势褪色。

在讨论起步阶段信托市场与信托产品的特点时,还应该注意到信托投资公司为信托市场的扩容所采取的产品营销策略,其重点是搭建银信合作的互动平台。

由于信托产品的社会营销宣传和异地销售均受到监管当局的限制,且自己的销售网点又极其有限。因此,借助银行信誉、网点和客户群,建立起信托投资公司拓展信托市场,创新信托产品的一个战略平台;而商业银行则以此扩大中间业务的空间和新的利润增长点,通过金融互动来实现双赢。

银信合作不仅是体现在信托产品的营销上,更重要的是多方位的战略合作。例如,中国农业银行与中信信托在 2003 年 3 月就签署了“资金融通,资金管理和金融产品开发合作协议”,随后又与国联信托投资公司进行战略合作,向国联信托提供 50 亿元人民币的综合授信额度;同年 3 月 27 日杭州工商信托与民生银行签订了包括民生银行向杭州工商信托提供授信、贷款、同业拆借等资金配套为内容的合作协议;同年6月3日北京国际信托投资有限公司与北京市商业银行签署了全面合作协议,组成紧密型战略联盟式合作伙伴关系。在产品创新、资金业务,银团贷款等方面进行合作,并优先开展有利于加快首都经济发展、推动首都城市建设、推进建设新北京、举办新奥运的各项工作。积极实现资源共享、优势互补、共同发展的战略目标。

银信合作平台的建立和发展得到监管当局的支持,中国银监会于2003年5月29日发布的《关于调整银行市场准入管理方式和程序的决定》中,在调整新业务审批方式涉及到信托业务的方面,取消了对商业银行信托资产托管业务的审批和信托产品资金收付业务的备案。在此决定的推进下,百瑞信托投资有限责任公司率先于2003年7月2日与建设银行河南省分行签订了"信托资产托管协议",百瑞信托成为全国第一家将信托财产交付商业银行接受托管并接受全面监督的信托机构。建设银行作为信托财产的托管人,按照国家有关法规和托管协议的规定保管信托财产、监督信托投资公司对信托财产的运作,办理信托财产的会计核算、资产估值、资金结算等,使信托投资公司的运作更加规范和透明化,更有利于保护投资者的权益。

银信合作还促进了双方在开拓新业务上的探索,例如在信用卡的开发方面,北方国际信托投资公司在2003年6月份与招商银行天津市分行签订了合作协议,推出了具有信托产品理财功能的个人理财银行卡——北信理财一卡通,成为国内第一个由信托投资公司与银行合作发行的联名卡。旨在为优良的企业客户和中、高端个人客户提供更多的理财服务,它将信托投资公司的理财优势同银行的网点及服务优势结合起来。该卡在全国招商银行系统均可作银行卡使用,又可用于信托产品的购买和转让,并可办理质押贷款,对提高信托产品的流动性和拓宽银行信用卡业务范围而言都是一个创新之举。

三、信托业的持续发展与有效监管

我国的信托公司在回归本业的起步阶段以"一法两规"为依托,认真规范,积极探索、创新发展信托业务。主管部门坚持改革、循序引导、有效监管。这些,为信托业的可持续发展奠定了基础。

(一)信托公司的经营业绩持续向好

根据中国银监会的规定自2005年起分批实施信托公司的信息披露工

作,由此2004年第一批信息披露的信托公司的年报便公诸于世。

在研究信托公司经营状况的变化时,有几点情况须加以注意:一是,2002年、2003年缺乏公开的系统的信息统计资料,对比基数不易确定;二是,2004年以后逐年的信息披露资料,信托公司的家数是个变数,且披露的内容也有所变化;三是,当年的年报会涉及到与上一年度的比较,而年报的内容参差不齐,统计数字也出现与上一年度报告的衔接不吻合的问题。

由于上述情况,在进行综合分析时,一是采取计算平均值的办法进行对比;二是以最近一个年度的年报为准,参照以往年度的年报资料进行必要的数据计算,以求综合对比数据,以尽量能吻合衔接。

2004年以后,信托公司在回归本业的快速起步的基础上,逐步驶入可持续发展的轨道,经营业绩向好,表现在:

1. 资产负债结构逐年向好

现归纳整理出2003年至2006年全国信托公司资产总额与所有者权益两组对比数据,列表于后(见表1-3-1)

表1-3-1　信托公司资产总额与所有者权益年度比较表

年度	资产总额（万元）	报表家数	平均资产额（万元）	增幅（%）	所有者权益（万元）	平均值（万元）	增幅（%）
2003	5539449	35	158269	/	2867562	81930	/
2004	6685362	46	145334	-8.17	3895469	84684	3.36
2005	5679235	46	123462	-15	4240337	92181	8
2006	6521212	46	141765	14.82	4883356	106160	15.16

说明:

①2003年度数据是参照中国人民大学信托与基金研究所编著的"2004年中国信托公司经营蓝皮书"第37页"信托公司主要经营财务指标汇总表"中2004年与2003年的比较数据推算而来;

②2004、2005、2006年度的数据,是依据2006年同名蓝皮书第19页表列相关数据并与已披露的各公司年报核对后而列示。

表1-3-1所列资产总额和所有者权益,引入平均值的比较概念,对2004、2005、2006年并无影响,增幅计算更贴切,可以清楚地表明资产总额在2004年和2005年比上一年度有所减少,尤其2005年较2004年减幅更大。这主要是由于监管部门对信托公司原有负债业务的清理工作有严格的规

定,要求2005年年底前确保清理完毕。因此,通过清理存款性负债业务使负债减少,资产额也随之减少。

根据各家信托公司的年报资料,只有个别的信托公司无历史性负债,绝大多数的公司都有程度不同的清理任务,而至2005年底基本完成了原负债业务的清理工作。其主要方法是增资扩股,股东增大股本投入,增加同业拆入等短期负债等。2006年资产总额的较大幅度的增长,反映出信托公司自有资本的增加和自营业务的扩大。

虽然资产总额在表1-3-1所列年度间有升有降,但所有者权益均呈逐年上升态势,这显示出资产负债结构的优化性调整和营运水平的提升。由于信托公司的实收资本、资本盈余和资本公积的增加而强身健体,抵御风险和市场竞争的能力都得到增强。

2. 盈利水平不断提高

信托公司在起步阶段以后,自营业务盈利水平逐年稳步增长。从中国人民大学信托与基金研究所2007年编著的“2006年中国信托公司经营蓝皮书”第30页提供的利润总额统计表看,2004年全国进行年报披露的46家信托公司,共实现利润总额为147272万元人民币,平均利润总额为3201.56万元;2005年利润总额增至194058万元,平均利润总额为4219万元,增幅达31.78%;到2006年上述数字分别增加到500874万元和10889万元,增幅高达158.1%。

按照2004年蓝皮书第41页“信托公司净利润序列表”提供的2004年全国35家信托公司的净利润合计为82192万元,平均净利润为2348万元。各信托公司年报披露的与2003年相比之增幅,有4家未披露,依增幅分别计算后,31家信托公司共实现净利润68504万元,平均净利润为2209万元,以平均净利润进行比较,增幅为6.8%。以2006年蓝皮书第33页提供的“净利润序列表”为据并进行计算,全国有年报的46家信托公司2005年净利润为137260万元,平均净利润为2984万元,与2004年35家信托公司的平均净利润2348万元相比,增幅达27.1%;而到2006年净利润和平均净利润分别升至385801万元和8387万元,增幅高达181%。

以上数字充分显示出信托公司的经营水平和创收能力持续提升(详见归纳整理的表1-3-2)

表1-3-2 信托公司利润总额及净利润年度比较表

年度	利润总额（万元）	家数	平均利润总额（万元）	增幅（%）	净利润（万元）	家数	平均净利润（万元）	增幅（%）
2003	/	/	/	/	68504	31	2209	/
2004	147272	46	3201.56	/	82192	35	2348	6.8
2005	194058	46	4219	31.78	137260	46	2984	27.1
2006	500874	46	10889	158.1	385801	46	8387	181

3. 信托业务营运水平与效果持续提升

从以下几个方面加以说明：

(1)信托资产规模持续扩大

信托公司自2004年起公开披露年报信息以来，由于逐年参与披露的家数不同，年度间的信托资产规模数值和平均数虽可能有所变动，但由表1-3-3所列数据可以明显地看出，信托公司所管理的信托资产规模呈逐年扩大趋势。

表1-3-3 信托资产规模年度比较表

<table>
<tr><th>年度</th><th>家数</th><th>信托资产规模（万元）</th><th>平均（万元/家）</th><th>增幅（%）</th><th>备注</th></tr>
<tr><td>2003</td><td>33</td><td>7660813</td><td>232145.84</td><td>/</td><td rowspan="2">据2004年蓝皮书第32页表</td></tr>
<tr><td rowspan="2">2004</td><td>33</td><td>12967211</td><td>392945.8</td><td>69.27</td></tr>
<tr><td>48</td><td>15138421</td><td>315383.8</td><td>/</td><td rowspan="2">据2005年蓝皮书第75页表</td></tr>
<tr><td rowspan="2">2005</td><td>48</td><td>19569952</td><td>407707.3</td><td>29.3</td></tr>
<tr><td>44</td><td>19397433</td><td>440851</td><td>/</td><td rowspan="2">据2006年蓝皮书第7页表</td></tr>
<tr><td>2006</td><td>44</td><td>34275256</td><td>778983</td><td>76.7</td></tr>
</table>

2003年33家信托公司共管理信托资产766.08亿元，这33家信托公司在2004年信托资产规模就增至1296.72亿元，平均每家信托公司管理的信托资产就由23.21亿元增至39.29亿元，增幅达69.27%；按照2005年48家信托公司披露的年报统计，这48家信托公司在2004年共管理信托资产1513.84亿元，平均每家信托公司管理信托资产31.54亿元，与2003年33家信托公司每家管理信托资产23.21亿元相比较增幅也达35.9%；依2005年蓝皮书第75页48家信托公司的统一计算口径，2005年信托资产规模较2004年增长29.3%；如按2006年年报披露的44家信托公司2005年平均每

家所管理的信托资产规模与2005年披露的48家信托公司的平均信托资产规模相比,增幅则达39.8%;至2006年年底44家信托公司的信托资产规模较2005年之增幅就高达76.7%。

综上所述,信托公司在回归本业的起步阶段以来,信托资产规模逐年快速扩大,这有力地说明信托公司对信托资产管理运作的能力不断增强,并得到社会公众和各界的认可。

(2)信托业务已成信托公司的主导业务

信托公司回归本业后积极开拓信托本源业务,与自营业务相比逐渐成主导业务。

由表1-3-4所列各项数字可以清楚地表明信托业务的高速度发展,2004年有信息披露的35家信托公司共实现信托收入42.36亿元,平均每家为1.21亿元;至2005年年底44家信托公司共实现信托收入81.51亿元,平均每家为1.85亿元,增幅高达53.1%;而至2006年这一增幅更高达171.7%,信托收入221.45亿元,平均每家信托公司的信托收入为5.03亿元,是2004年这一收入额的4.16倍。

表1-3-4所列数据同时表明,信托收入在信托业务与自营业务的合计收入中所占比重逐年上升。2004年信托收入就已超过自营收入,占合计收入的64%;到2005年年底这一占比升至70.38%;至2006年年底,经过全国信托公司的共同努力,又将这一占比推上7.82个百分点,达到78.2%。

(3)信托收益稳步增长

信托公司经营信托业务所取得的信托利润,主要用于分配给受益人,信托公司作为受托人只收取手续费。体现了受托人为受益人利益最大化的信托本质。

在起步阶段以后,已分配的信托利润逐年增加。2004年已分配信托利润为43亿元,到2005年这一数字就达到109亿元,增幅达到了153%;在此基础上至2006年又增长了21.1%,当年实现信托利润194.5亿元,已分配信托利润为132亿元,占比达67.87%.

表1-3-4　信托公司信托业务收入与自营业务收入年度比较表

	信托业务				自营业务				收入合计（万元）	自营业务收入占比（%）	信托业务收入占比（%）	备注
	家数	收入（万元）	平均收入（万元）	增幅（%）	家数	收入（万元）	平均收入（万元）	增幅（%）				
2003	/	/	/	/	35	102949	2941.4	/	/	/	/	依2004年蓝皮书第37页表有关数据,并进行计算
2004	35	423553	12101.5	/	35	237337	6782	130.57	660930	36	64	
2005	44	815148	18526	53.1	46	343110	7459	9.98	1158258	29.62	70.38	依2006年蓝皮书第10页和第27页表计算而来
2006	44	2214505	50330	171.7	46	617829	13431	80.06	2832334	21.8	78.2	

注:1. 2003年度因缺少信托业务收入的信息披露材料而无数据。

2.“增幅”一项之数据,在信托公司家数不同的情况下以平均收入相比计算得出。

从近两年全国48家信托公司经营信托业务实际实现的平均信托收益率来看,2006年几种类型的信托业务普遍高于2005年。除财产管理类下落0.29个百分点外,单一类上升0.32个百分点,集合类上升0.86个百分点,综合加权后的年收益率上升0.42个百分点。(见表1-3-5)

表1-3-5　信托收益率(年均)

类型/年度	集合类(%)	单一类(%)	财产管理类(%)	综合加权(%)	备注
2005	5.27	4.66	3.41	4.84	
2006	6.13	4.98	3.12	5.26	

由表1-3-5可以看出集合类资金信托的平均年收益率高于其他类型,且增长幅度也高。这一方面是经济环境、货币市场与资本市场水平综合作用的反映,另一方面也是理财市场竞争环境下信托功能的有效反映。

(4)主要财务指标走高

以上表1-3-1至表1-3-5各表所列数据,较充分的显示信托公司在起步阶段后的逐年发展中,不论是自营业务还是信托业务均取得令人瞩目的业绩。这些业绩也自然会综合地反映在几项主要财务指标上。

由于信托业尚未明确建立起一个权威性的财务指标考核体系,目前只能依据监管部门对信托公司信息披露的要求和各信托公司披露的年报内容,并参考其他金融机构的主要财务指标结合信托公司的业务特点,暂以表1-3-6所列主要财务指标作些分析。

表1-3-6　信托公司年度主要财务指标对比表

指标名称 / 年度	资本利润率(%)	增幅(%)	信托报酬率(%)	增幅(%)	人均利润(万元)	增幅(%)	备注
2004	2.23	/	0.98	/	41.62	/	依蓝皮书2004第37页2006第47页所列数据计算
2005	3.38	51.6	1.05	7.14	48.29	16.02	依2006蓝皮书第47页数据
2006	7.17	112.1	1.11	5.71	119.32	147.1	依2006蓝皮书第47页数据

从资本利润率、信托报酬率、人均利润三项财务指标近3年的完成情况来看,都呈上升势态。

就资本利润率而言,其年增长幅度相当醒目,2005年较2004年增长51.6%,2006年较2005年之增幅达112.1%,较2004年增长了2.22倍。虽然这样的增长速度不可谓不快,但从资金占用的成本核算去分析,作为股东长期投资的股本金收益率尚达不到银行中长期,甚至短期贷款利率的水平。当然2006年全国46家公开披露信息的信托公司,平均资本利润率不可否认有很大的提高,如果保持40%以上的增速,就很快实现2位数的水平,将有资格与商业银行一比。在46家信托公司中,资本利润率达到10%以上的有15家(最高的达27.2%)占比为32.6%;5%以上10%以下的有14家占比为30.4%。其余多数在2%~3%之间,个别尚为负值。

信托报酬率低,而信托业务与自营业务相比占比居重,这反映出信托公司为受益人的利益最大化而不谋取私利的受托人品质。从2006年各信托公司披露的年报看,有37家披露了人员岗位分布情况,自营业务人员共有630人占比为19.86%;而信托业务人员数量是自营业务人员的近两倍,达到1216人。这说明信托公司对信托业务投入的力量不小,而所取得的收益不大。信托报酬率低,构不成核心利润,难以支撑信托公司的可持续发展;信托报酬率低,就要扩大信托资产管理规模,追逐增大收入,所承担的风险随之加大。因此,信托公司一方面着力增大资本金扩大自营业务量,获得核心利润的增长;另一方面努力创新产品,改变产品科技含量、附加值低的状况。

人均利润是衡量各类企业经营成果的一项最重要的财务指标。表

1－3－6所列数据，反映出信托公司为此做出的努力所取得的成果，在不断扩大。在2004年实现人均净利润41.62万元的基础上，2005年实现了16.02%的增幅，达到48.29万元，2006年实现了人均净利润超百万的佳绩，达到119.32万元，增幅高达147.1%，实现了历史性的跨越。根据2006年46家信托投资公司披露的年报，实现人均净利润200万元以上的有7家（占比15.2%），最多的一家为866万元；200万元以下100万元以上的有9家（占比19.6%）；100万元以下50万元以上的有11家（占比24%）。这些成果的取得，证明信托公司在人员结构总体上处于精干的佳境。

自2006年以后，我国信托公司管理的信托资产规模继续快速攀升，2007年达到0.95万亿元，至2008年已过万亿元大关，达1.2231万亿元，增长率为29.4%，2009年又以64%的增速达到了2.016万亿元，至此，已达到公募基金2万亿元的总资产规模，到2010年信托资产规模又刷新到3.04万亿元，比上年度又增长了51.2%，至2011年第三季度末创出了4.8114万亿元的历史新高，增长率达58.25%，是2007年资产规模的5.06倍。如果按年增速30%计算，信托资产规模即将赶超保险行业6万亿元的总资产规模，并有望在不久的将来跃升为仅次于商业银行业的第二大资产规模的金融行业。

从信托公司的经营业绩方面来看，2006年以后仍然继续看好，主要财务指标平稳增长。首先，资本利润率在2007年年末高达24.3%，2008年为14.73%，2009年为13.51%，2010年为14.61%，远远超出2004年至2006年2%至7%的水平，实现了2位数的突破。另外，信托公司的平均人均净利润自2006年突破百万元大关以后，2007年更以230.86%的高增长率增长到403.39万元，2008年回落到250.22万元，此后增速平稳，2009年和2010年分别为225.38万元和278.68万元，增长率分别为2.06%和8.36%。其次，信托公司的信托报酬率一直处在一个较低的水平。2007年也只不过是1.29%，此后，逐年递减，每年都有约2%的下降幅度，到2010年年末信托公司的信托报酬率仅为0.56%。受托人取得信托报酬低虽属常态，但这也是信托公司作大信托资产规模的重要原因，改变这一现状就必须加速信托业务的转型工作。[以上有关数据来源于中国人民大学信托与基金研究所编著的“中国信托业发展报告(2012)”]。

（二）以风险控制为中心的监管、自律与制度创新

中国银行业监督管理委员会（简称中国银监会），自2004年4月28日起

开始履行原中国人民银行履行的监管职责以来，积极有效地对银行、金融资产管理公司、信托公司以及其他存款类金融机构实施监管，推动制度创新，维护和促进银行业的合法稳健运行与可持续发展。

为了总结清理整顿后全国信托投资公司的业务开展情况，以“防范风险为中心，完善公司治理，加强内部控制，实现健康发展”为议题，中国银监会于2004年4月上旬召开了全国信托投资公司工作会议，这是银监会成立以来第一次召开的重新登记后的信托投资公司主要负责人参加的重要会议。会议指出了信托投资公司是改革开放的产物，在国民经济建设中发挥过应有的作用，但由于缺乏经验，过去走了很多弯路，教训是深刻的。现在存在的主要问题是信托投资公司虽然是现代法人，但有些公司治理结构不完善，高管和从业人员素质参差不齐，有的高管人员的专业水准和道德操守尚待提高。信托投资公司的经营机制虽比商业银行更加灵活，但内在的扩张冲动使得一些信托投资公司违规经营，产生了风险；会议强调了当前要特别注意严防公募、保底、挪用、关联交易等违规风险。信托业务在中国的未来有着广阔的发展空间，而发展的前提是抗风险能力的提高；会议明确了2004年信托业发展和监管的重点是完善法人治理和内控建设，加强对高级管理人员的监管，加强信息披露，提高透明度，造就千百个编外监管者，研究实施对信托投资公司的分类管理，努力完善相关立法工作，加强对信托投资公司的现场检查和非现场检查，进一步推进行业的自律建设，加快处置历史遗留问题。

此次会议后，监管部门更进一步强化了风险监管，推进了自律建设和制度创新。主要体现在以下几个方面：

1. 抓紧信托公司清理历史负债工作

监管部门针对信托公司清理历史性负债业务工作，明确目标、制定达标标准，结合各家信托公司的不同具体情况进行个别指导，每家信托公司均制定了清理历史负债业务的工作计划、责任制和时间表。分期分段进行督促检查，信托公司付出了艰辛的努力，在有关各方特别是当地政府的支持下，至2005年年底，全国信托公司的历史负债清理工作告捷。这使得信托业在回归本业的正轨上能以轻载运行，增强了自身的抵御风险的能力。

2. 强化对违规经营的监管工作

违规是引发风险的要因，风险常从违规肇始和蔓延。银行、证券、保险等市场与监管机制比起信托都要成熟得多，但闯红灯者并不少见。对信托业而言,其风险特征更具隐蔽性和突发性。违规者可以巧妙地利用信托的灵活性规避现行制度的约束,因此对违规风险的监管是一个永不懈怠的话题。2004年、2005年可以说是信托回归本业后监管力度最大的两年。虽然监管部门下发通知并重点监督越界经营以多变的形式实际突破200份信托计划合同数、变相承诺保底或最低收益、私下挪用信托资金、不规范的关联交易等行为,但仍有些信托公司逆规而上,加之高管的道德操守问题将潜在风险无度放大,以致2004年发生了如庆泰信托、金新信托、伊斯兰信托巨大经营风险先后被停业整顿的事件。银监会发出禁令,停止销售异地信托产品,并于2004年6月启动各地银监会开展对全国信托公司的交叉大检查,6月24日银监会发布了《中国银行业监督管理委员会关于进一步加强信托公司监管的通知》(银监发[2004]46号),提出十一项严格审慎的监管原则和措施。其中较突出地强调了对信托业务的合规性进行审慎持续性的监管,加强对信托公司风险提示和预警,跟踪信托合同的执行和履行情况等。经过数月的努力,信托市场已出现比较稳定的合规运行局面。为进一步强化对信托公司违规风险的监管,银监会又于2004年11月底发出了《严禁信托投资公司信托业务承诺保底的通知》,突出地重申了信托财产分账管理和必须用管理信托财产所产生的实际收益进行信托收益分配的规定。要求信托公司在其营业场所的明显位置公示不承诺保底和最低收益,并在签订信托合同时以书面形式予以申明。2004年12月银监会又下发了《关于进一步规范集合资金信托业务有关问题的通知》,明确了集合资金信托计划发行前后的报告制度和异地发行的资格确认制度,做出了信托资金托管机制的制度安排,对商业银行的代收付业务的方式以及与关联方的交易做出了限制性规定;还对集合资金信托业务监管的权责划分和监管配合、违规处罚等做出了相应的规定。在2004年12月份银监会还连续下发了《关于加强信托投资公司风险监管防范交易对手风险的通知》和《关于进一步加强信托投资公司内部控制管理有关问题的通知》。之所以在年底前发出这些文件,是银监会出于对信托投资公司已暴露出的问题提出有针对性的违规风险监管措施,以防止年终违规冲刺并正确引导来年的守规经营。在加强信托投资公司内部控制管理方面,强调信托投资公司必须增强自身的自我约束力,才能做到守规经营。而增强自我约束力的内容重点:一是强调信托投资公司的自营业务与信托业务必须严格分离;二是分别建立信托业务与自营业务的授权体系，分别建立业务流程，操作规程和风险控制制度；三是按照职责分离的原则设立相应的工作岗位，保证公司能够对风险进行事前防范，事中控制、事后监督和纠正；四是公司应设置独立的稽核部门，健全稽核工作制度；五是建立业务的风险责任制和尽职问责制。在防范交易对手风险方面，明确交易对手包括自营和信托业务、贷款、投资和拆借的交易对方，对外担保业务的被担保人，提供代理证券买卖服务的证券经纪机构，代其处理部分信托事务的投资咨询、投资管理等各类机构；明确规定信托投资公司不得以任何形式将信托财产转委托给证券公司或其他机构进行证券投资，不得利用信托方式为证券公司或其他机构进行证券投资类的融资；将资金用于房地产、能源、基础设施等领域时，应重点防止交易对手将资金挪作他用；以信托资金从事贷款业务应亲自履行风险审查、贷后跟踪管理等。

由于各地监管部门对信托投资公司的监管力度不断加大和信托投资公司自身内控管理的增强，进入 2005 年以后出现了信托项目运行和到期归还工作总体较为平稳的态势。但少数信托项目，主要是证券和房地产类业务仍存在一些问题，个别地方甚至出现利用信托财产受益权转让，变相违规筹集资金的现象。部分信托项目到期未能按时清算，有些信托投资公司用展期、固有资金垫付、关联交易购买、发新计划置换等方式将风险后置。为此，2005 年 5 月银监会又进一步组织了以关联交易和挪用信托资金等违规经营为重点的第二次交叉大检查。通过检查，监管部门对每家信托投资公司均逐一提出检查意见和整改要求。各信托投资公司据此制定了有时间表的具体整改计划，监管部门对其整改进展情况和效果实施指导和监督。同年 8 月份银监会为进一步强化对信托投资公司违规经营风险的监管，发出了《关于加强信托投资公司部分业务风险提示的通知》，重点要求信托投资公司进一步规范证券投资和房地产业务；要求各地银监会做好窗口指导和风险预警工作，密切关注存量资金的风险，防止交易对手风险向信托投资公司转移；强调新开房地产项目必须进行严格的尽职调查，对“四证”不全和资质不达标的房地产开发企业不得发放贷款；进一步提高对证券和房地产业务风险的识别、计量、监测和控制的能力，建立风险责任认定与追究的制度；要高度关注到期信托计划的清算交付情况，防止违规操作将风险后置；审慎监管财产权信托业务，以财产受益权转让等方式进行资金募集的业务；进一步完善非现场监管报告，以风险监管为核心，用科学的风险监管理念和方法改进非现场监管工作,明晰信用风险、市场风险、流动性风险、操作风险、道德风险和声誉风险。

3. 规范信托公司的信息披露工作

建立健全信托投资公司的信息披露制度,是维护委托人、受益人知情权等合法权益,实施受托人严格自律、规范其经营行为,强化政府专业监管与公众监督,促进信托业健康发展的必要安排。

2004 年岁末,银监会在广泛听取意见的基础上制定并颁布了《信托投资公司信息披露管理暂行办法》,由于信托投资公司清理整顿工作尚未最终结束,该办法规定信息披露工作从 2005 年 1 月 1 日至 2008 年 1 月 1 日 3 年内分阶段进行。首批 30 家被要求信息披露的公司须于 2005 年 4 月底以前披露 2004 年度信息,其他已获重新登记的信托投资公司可自愿选择是否披露,但最迟应于 2008 年 4 月底以前披露其 2007 年度的信息。

该“办法”制定的主要依据是《中华人民共和国银行业监督管理法》、《中华人民共和国信托法》、《企业财务会计报告条例》。其中《中华人民共和国银行业监督管理法》第 36 条“银行业监督管理机构应当责令银行业金融机构按照规定如实向社会公众披露财务会计报告,风险管理状况、董事和高级管理人员变更以及其他重大事项等信息”的规定是该办法制定的直接依据。

该“办法”对信托投资公司信息披露的原则、内容、方式等作出了规范。其必须遵守的三项基本原则:一项是真实、准确、完整和可比性的原则;一项是规范强制性披露与自愿性披露相结合的原则;另一项是侧重披露总量指标的原则。信息披露的主要内容:一是年度报告,包括自营资产财务会计报告,信托资产管理会计报告、公司治理、年度重大事项、重大关联交易等信息;二是临时公告、即对发生可能影响本公司财务状况,经营成果及客户和相关利益人的重大事件时,信托投资公司应发布临时公告;同时在附录部分还规定了年度报告和年度报告摘要的详细内容和标准格式。信息披露的方式:一是在银监会制定的全国性报纸上刊登年度报告摘要和临时公告;二是在本公司的网站上全文登载年度报告;三是在本公司的主要营业场所备置年度报告(全文),供客户及相关利益人查阅。

该“办法”的颁布实施从法律层面上对信托投资公司的信息披露行为给予了规范,是强化对信托投资公司市场约束效能的重大举措。这一举措对于加快信托业市场化的进程，推动信托投资公司的内控建设，完善其法人治理结构，构筑权责对称的约束机制，提高其抵御和控制风险的能力是非常有利的，同时也有利于保护客户和相关利益人的合法权益以及公众风险意识的树立。

为了更加有效地维护信托当事人的合法权益，解决信托当事人和信托项目适用的会计规范问题，实施会计核算与“一法两规”和《信托投资公司信息披露管理暂行办法》等的有机协调，财政部历经一年多的时间，在充分调研的基础上于2005年1月5日颁布了《信托业务会计核算办法》。该办法针对现行实务中各信托投资公司在会计核算原则理解上的分歧和会计核算实务不统一、信托业务会计信息披露不统一、会计信息可比度不强等问题，统一了信托当事人和信托项目的会计标准。分别对信托项目、委托人、受托人、受益人的会计确认与计量原则、信托项目的会计科目设置与使用说明、财务报告格式与编制方法等作出统一系统的规定。从而满足了监管部门实施有效监管，防范和化解金融风险的需要，特别是对信托项目财务报告的编制做出的统一具体的要求（包括信托项目资产负债表、信托项目利润及利润分配表等）可以使信托项目的财务状况和经营成果得到及时的反映，提高了信托项目的信息透明度，有助于强化对信托当事人及信托项目的外部监督与管理。

由2005年开始，每年的6月份由中国人民大学信托与基金研究所根据全国各信托公司公开披露的上一年度的信息资料，比较客观、真实、系统地进行归纳提炼和分析编著，由经济出版社出版“中国信托公司经营蓝皮书”。编著水平逐年提高，给社会各界和公众全面了解信托公司，参与信托市场，给各类金融、咨询等机构、大专院校和专家、学者研究信托提供了比较完整的信息资料；给监管部门对信托公司进一步实施有效监管起到积极的辅助作用。

4. 推动分类监管扶优限劣工作

银监会根据信托业回归本业后信托市场的发展状况，各信托公司的不同表现和业绩以及相关政策、法律环境，为引导信托公司适应“入世”后公平竞争中生存与发展的需要，不断地充实对信托公司素质型监管的内容。积极地推进分类监管、扶优限劣的工作，以求信托业得以健康、可持续发展。

分类监管、扶优限劣工作，首先依据公司法人治理结构、资产规模、资产质量、盈利能力、服务水平、创新能力、信息披露体系、风险防范体系等重点内容设定一个完整的分类监管评级体系。再制定出以公司治理和管理能力,信托业务开展能力,信托业务合规性,固有业务质量等四大类,并细分后的50项主要考核指标,以及独立董事制度、重大违规行为等4项附加指标,从而构成一个指标考核体系。通过指标和权重对信托公司的综合素质进行量化考评,将信托公司划分为优秀、良好、一般、关注和差五个等级。

扶优限劣主要体现在对表现优良的公司给予政策上的扶持和倾斜,使这些公司得到更大更快的发展,在市场竞争中处于优势地位;对于表现一般的公司,给予帮助指导,促其向优良转变;对表现差的公司,实行政策上的限制,业务开展要受到严格的审批;对问题严重的公司,进行整顿,以致进入破产、退市程序。

分类监管,扶优限劣政策的推进,使信托公司的重新洗牌在继。2007年1月23日新的"信托公司管理办法"出台,取消了原"信托投资公司管理办法"的"投资"二字,内容上也有了明显的改变。信托公司要根据新的管理办法确立自己的功能定位和业务发展方向。所有的信托公司都要办理申领新的金融牌照,这对于信托公司来说又是一次革命性的洗礼。2007年3月7日银监会下发了《信托公司治理指引》,更有力地推进了信托公司向优质化发展,一批优秀的信托公司将在股权结构、内部治理结构、人才结构,特别是风险管理和信息披露体系方面提升到一个新的高度,从而得到更多的政策支持,开拓更广阔的生存空间,更好、更快地发展。

5. 开展行业自律建设工作

建立一个信托业的行业自律组织,是历史上有信托公司以来,长期悬而未决的问题。经过第五次清理整顿重新登记的信托公司对于建立信托业协会的呼声加大,时机也近成熟。在政府主管部门的大力支持下和发起单位的积极努力下,于2004年6月8日经国务院批准,民政部下发文件正式批准中国信托业协会筹备建立。2005年5月14日中国信托业协会成立大会暨"全国信托业首届峰会论坛"在京举行。

几年来信托业协会在开展同业自律管理,建立行业执业标准,促进行业诚信体系建设、宣传信托和信托市场,协调行业内外部关系的平衡,在推动行业内外的交流与合作等方面发挥了积极的作用。信托业协会以"信托业协会章程"为准开展工作,以"经营性信托业行业公约"推进行业自律建设,先后组织了信托业质量万里行,政策法规专业培训,制度与产品创新研讨会等活动,还为推进分类监管,扶优限劣工作的进行联合专业机构、专家学者共同研究以47家信托公司2006年公开披露的年报为基础,作出了较为客观的分析与评分,于2007年7月16日公布了2006年信托公司排名榜。这只是非正规试行的一次探讨性尝试,仅对专家学者研究信托和监管部门的监管提供参考。信托业协会在发挥惩戒、激励自我、优化自律、创新发展方面越来越突出地显示出它不可替代的在营业性信托机构与主管机关与公众之间的桥梁纽带作用。

6. 推进制度创新工作

制度创新是人类社会文明史中一个永恒的议题,没有制度创新社会就难以进步,经济发展就难得推进。

制度的创新设计是一项系统工程,它富有多重性质的内涵。一般来说,创新的制度应具有审慎性、适时性;同时还必须兼顾必要的前瞻性和配套性;通过立法程序制定的基本法和特别法更具有一个较长时期的稳定性。行政法规可在基本法、特别法的指导下针对经济、市场、法律等环境和行业发展状况进行制度安排,在不同时期可以作出必要的调整,否则不当的制度安排就会成为市场与产品创新的障碍。

对我国的信托业来讲,经过艰苦的发展历程,赖以生存的"信托法"这一基础法律的确立,为经营性信托生存与发展提供了法律保证。但这并不意味着信托业在我国特定历史条件下的功能定位问题就得到了解决。信托制度在经营领域中密切结合国情的运用和创新发展将是一个长期而复杂的任务。

现阶段,我国的信托业正处在一个外部环境和内在条件均适宜于创新发展的有利时期。首先,"入世"的开放政策的实施改变了分业经营的格局,混业经营已渐近渐成。2007年外资银行全面进入国内市场,其混业经营的综合优势已形成对国内金融服务业的全面挑战。许多国外银行、基金等金融机构看准信托的灵活性,入股信托公司已成其实施混业经营,全方位进入金融服务领域的上策选择;其次,我国经济的快速发展,社会财富的积累发生重大变化,理财市场需求旺盛,有待搭建货币市场、资本市场、产业市场连接的平台;最后,信托业于广义环境下的竞争加剧,促使监管层制度创新视野的放宽。按照信托原理从事经营活动的各类金融机构争夺信托平台的驱力增大，银信、证信等的合作模式向深层次演变；信托公司内在机制、人员结构发生战略性转变，在优胜劣汰政策的推动下求生存谋发展的内在动力增强，产品与市场的创新空间在争夺中扩展。

对监管层来讲，制度创新蕴含着丰富的科学发展观，规范引导信托市场、信托产品的创新发展，将创新型监管与创新型信托业融为一体。做到此也并非易事，相对于对银行业的监管理论与实践来比较，就显稚嫩了，同样存在既懂信托又懂监管的专业人才匮乏的问题。

时至今日，狭义意义上的信托业（专门经营信托业务的信托公司所构成的行业系统），其功能定位尚无定论，仍在探讨中。监管层在制度设计中所表露的观点是支持信托公司向投行业务发展。对未来信托业在中国特色社会主义市场经济下的准确定位，还有待研究。在学术界和业界的诸多评论中，归纳其精髓，似将未来信托业定位于“以信托原理为基础，以信托制度为依托，以信托法律关系为核心，以信托产品为载体的资产管理金融机构所组成的行业”较为恰当。但这仅是一种近似形定位的描述，确立信托业符合国情和经济、金融发展需要的功能定位，当然包含着一个艰苦的制度创新过程。现今的监管层在对待信托业功能定位的问题中，力求做到在客观、科学地评价其发展历程和现状的基础上，严格把握“信托法”原理，密切关注国际信托业发展趋势，结合信托市场，信托公司的素质特征积极稳妥地推进制度创新工作。

监管层在进行制度创新的过程中，能与信托市场的参与者保持着良好的互动关系。在制度设计过程中均经过较为充分的调查研究和广泛地听取意见，然后以讨论稿、征求意见稿、草案等形式再度多方吸取有益建议，修订后经审议批准等程序颁布实施。还要根据制度实施的长期性或阶段性和业务的复杂性以及监管制度层次、程度等特点，确定制度实施的类型：如对于适用于比较长期的、成熟的、较原则的规范性制度，常以“管理办法”发布；而适用较短时期，或不太成熟，或需试行、试点的制度，则以“暂行”、“试行”、“试点”等办法予以发布；对于进一步强化、细化规章的制度安排常以“规则”、“细则”、“规程”、“流程”等下发。

在探索中创新，在创新中探索。监管层在信托制度的创新中，从信托业恢复本源业务的探索起，就力图给信托业打开更多的业务通道。比较瞩目的创新制度，如2005年4月由央行、银监会共同颁布的“信贷资产证券化试点管理办法”和2005年12月的“信贷资产证券化试点会计处理规定”等。此前还有“企业年金试行办法”等配套制度，由此与信贷资产证券化构成了两大创新制度系列，监管层同时选择资质好的信托公司进行了试点。

在规范中创新，在创新中规范。监管层通过创新制度的试行与试点，着力使其规范化，并在规范中吸取试点、试行及运行过程中的创新元素，丰富和提升创新水平。被誉为“新政”的新“两规”，就是在2002年6月5日颁布的“信托投资公司管理办法”和“信托投资公司资金信托管理暂行办法”实施近五年的基础上，对信托理论的应用研究和对信托业监管实践的积累性的创新制度。

新“两规”即：2007年1月23日颁布，2007年3月1日起施行的“信托公司管理办法”和“信托公司集合资金信托计划管理办法”。

“信托公司管理办法”是新“两规”中的主规，与原“信托投资公司管理办法”相比，集中反应了监管层对信托公司在功能定位，业务拓展、规范管理等方面的新思路、新突破、新水平。

在对信托公司的功能定位上，突出了以经营性信托业务为中心的“信托”功能，约束、限制“投资”功能。原“信托投资公司管理办法”的“投资”二字被删除，原信托投资公司按新规重新登记注册，更换为“信托公司”的金融许可证。约束信托公司固有业务项下的投资业务，仅限定为金融类公司股权投资，金融产品投资和自用固定资产投资；限制信托公司以固有财产进行实业投资。（见“信托公司管理办法”第二条，第七条、第二十条）。

在对信托公司的业务拓展上，首先，科学规范信托公司的经营范围：“信托公司可以申请经营下列部分或者全部本外币业务：（一）资金信托；（二）动产信托；（三）不动产信托；（四）有价证券信托；（五）其他财产或财产权信托；（六）作为投资基金或者基金管理公司的发起人从事投资基金业务；（七）经营企业资产的重组、并购及项目融资、公司理财、财务顾问等业务；（八）受托经营国务院有关部门批准的证券承销业务；（九）办理居间、咨询、资信调查等业务；（十）代保管及保管箱业务；（十一）法律法规规定或中国银行业监督管理委员会批准的其他业务。”（见“信托公司管理办法”第十六条）。比较清晰地划分了信托业务的五个类型，即第（一）至（五）项之分类，简练、概括、科学，更便于分类制定管理办法。其中突出了有价证券信托（单列入第（四）项），符合于我国证券市场发展的实情，有利于信托公司的业务拓展。原"办法"第二十条第(二),将动产、不动产及其他财产的信托业务笼统于一项,相比之下就显模糊了,新"办法"第(五)项"其他财产或财产权信托"则将(一)至(四)项所列信托业务之其他形态的信托财产尽含其中,这对于产品创新、制度创新留有充足的空间。对信托业务以外的其他六项业务中明确增加了"居间"业务和"保管箱业务"。另外,信托公司按新"办法"第十条的规定,可以申请经营企业年金基金、证券承销、资产证券化等业务。尤其是企业年金基金和资产证券化两项业务将是信托公司可持续发展的业务选择;再有,信托公司在管理运用或处分信托财产的方式上,新"办法"明确或增加了"存放同业"、"买入返售"、"租赁",并明令限制以卖出回购方式管理信托财产。(见"信托公司管理办法"第十九条)。这一规定,无疑对信托公司的业务开拓和规范发展起到积极的推进作用。

在对信托公司的规范管理上,贯穿于"信托公司管理办法"的逐项条款中,但最关键的有几点:第一,在注册资本管理上,有三种情况作出三条规定。一是,第十条第一款规定"信托公司注册资本最低限额为3亿元人民币或等值的可自由兑换货币,注册资本为实缴货币资本"。与原"办法"第十四条比较,注册资本的最低限额未变,但删除了"经营外汇业务的信托投资公司,其注册资本中应包括不少于1500万美元的外汇",扩大为"可自由兑换货币"强调了"实缴货币资本"。符合我国外汇储备充足的实情和"入世"对外开放金融服务的需求,并夯实注册资本,增强抗风险能力;二是,第十条第二款规定"申请经营企业年金基金、证券承销、资产证券化等业务,应当符合相关法律法规规定的最低注册资本要求。",这其中所涉及的创新业务和注册资本的相应规定,均为原"办法"未有的;三是,第六十四条规定"信托公司处理信托事务不履行亲自管理职责,即不承担投资管理人职责的,其注册资本不得低于1亿元人民币或等值的可自由兑换货币。",这类公司的存在,是原"办法"中未有规定的。对该类公司的监督管理,在本条中只作出"参照本办法执行"的规定。应进一步规范细则,不然会造成管理上的松动与空白以及信托经营行为与监管行为的不对称和混乱。第二,在净资本管理上,新"办法"突出强调"中国银行业监督管理委员会对信托公司实行净资本管理。具体办法由中国银行业监督管理委员会另行制定。",这说明净资本管理在对信托公司的整个监管制度中的重要位置。实施对信托公司的净资本管理是监管改革里程碑式的重要一步。第三,在净资产管理上,新"办法"在同业拆入余额和对外担保余额方面,一改原“办法”(见“信托投资公司管理办法”第四十八条)按不得超过注册资本为按净资产的比例控制。即新“办法”第二十一条规定的“同业拆入余额不得超过其净资产的20%”。和第二十二条规定的“对外担保余额不得超过其净资产的50%”。第四,强化内控管理和对受益人合法权益的保护。新“办法”在第四十三条强调了“信托公司应当建立以股东(大)会、董事会、高级管理层等为主体的组织架构,明确各自的职责划分,保证相互之间独立运行、有效制衡,形成科学高效的决策,激励与约束机制”;第四十四条强调“信托公司应当按照职责分离的原则设立相应的工作岗位,保证公司对风险能够进行事前防范、事中控制、事后监督和纠正,形成健全的内部约束机制和监督机制。”这两条关于以风险管理为中心的内控规定是原“办法”所没有明确提出的。另外,新“办法”突出地体现了保护受益人的合法权益的原则。原“办法”第七条中的“他人的合法权益”修改为“受益人的合法权益”,即新“办法”第四条明文规定“信托公司从事信托活动,应当遵守法律法规的规定和信托文件的约定,不得损害国家利益、社会公共利益和受益人的合法权益。”,同时,在新“办法”第五十四条、五十五条中明确规定了在发生损害和严重影响受益人合法权益的情况下,可采取的监管措施和实行接管或者督促机构重组。

新“两规”颁布实施后,信托公司在监管制度创新的推动下赢得了一个加速发展的阶段。

面对国际金融危机,在国际经济复杂多变的环境下,国际信托业尚能保持在一个相对稳定的状态中。据波士顿咨询集团公布的年度报告,2009 年全球信托管理的资产较上年增长 12%,达 52. 6 万亿美元,其中北美地区增长 11%,亚洲地区增长 25%;另据国际信托投资协会的统计资料显示出的信托投资运作方面的数字看,截至 2010 年 3 月底世界 43 个国家的信托投资总额为 24 万 8100 亿美元,与上年年底相比减少 5. 1%,缩水 1 万 3400 亿美元,这是自 2006 年 3 月底以来国际信托投资总额首次出现季度性减少,三年来首次出现负增长。国际信托投资在次级房贷问题导致全球股价下跌所引发的连锁反应的负面影响下,其余额总的下降幅度为 14. 8%;而我国的信托业在国家一系列宏观调控政策拉动内需的大环境中,抓住机遇、短兵相接、应对挑战,在奥体经济、世博经济、低炭经济等的助推下,在金融改革步伐加快的征程中,获取了三年的加速发展。

据监管部门公布的数字，信托公司至2010年上半年已增至60家，从业人员6158人。自2007年新“两规”颁布以来，信托公司经营的信托资产年均增幅达50%以上，2009年年底其规模首次超过2万亿元，在2008年1万2284亿元的基础上增长幅度超过60%，形成资产规模的扩张期。

在这一扩张期内，信托公司的信托业务收入不断上升，利润水平逐年增长，2009年据有信息披露材料的53家信托公司的年报显示，实现利润共122亿元，比上一年度增长20%，平均利润2.3亿元/家，较2006年平均年利润1.09亿元/家增长幅度达111%。

在金融危机冲击下，我国的信托业之所以有一个连续的加速发展，有几个主要原因：一是，我国经济可持续发展战略的实施，将市场经济推向一个新的阶段，社会财富的积累与富裕阶层的不断增多，使社会对财富的管理、传承等方面的需求日益旺盛；二是，我国法规体系不断完善，信托制度和相关配套制度逐步建立，使信托功能逐步发挥。新“两规”正是为信托公司的经营性信托业务的开拓作出的制度性安排，信托平台为各方势力所争抢；三是，信托公司自身的建设逐年深化，控制、防范风险的机能不断强化，信托专业队伍逐步形成，创新能力不断加强，行业总体水平和在金融市场中的地位不断提升。

在加速发展的三年中，房地产类业务、证券类业务，信政合作、银信合作持续旺盛，这是客观现实，是市场经济调节作用下信托在金融领域中的必然表现。而扩张期的说法则反应了监管层对信托资产扩张背后之风险的担忧。信托公司钟情于房地产和证券两个易获利市场，经营集中度过高，系统性风险加大；以商业银行为主导的银信理财合作业务，会导致商业银行资产表外化潜在风险的发生和蔓延。

从目前情况和发展趋态看，上述风险应该是在可控、可防的范围之中。监管层有针对性地在不同时期采取的政策收紧，甚至叫停部分信托业务的限制性措施，乃正常监管之所为，信托业并不会又被挨整，而是进入一个良性的、内涵丰沛的、深层次的、有序的业务调整期。

信托公司被看成“坏孩子”和监管者间的“鼠猫关系”的时代早已过去。信托公司在“一法两规”的指引下，已步入良性轨道；监管者与被监管者走入了一个良性互动的新阶段；信托与银行、证券等业的合作形成良性的优势互补的过程；信托业逐渐成为活跃经济和金融市场的有生力量；良性循环的推动将使信托成为金融市场中有别于银行、证券、保险的第四个支柱行业。

信托公司在政府主管部门的引领下,其经营理念和方式正在发生深刻的变化,继续向本源业务转变和拓展。走创新内涵丰沛的信托业务发展之路,摆脱那些技术含量低、复制性强的信托业务。银信理财合作业务在2010年7月份以后受到约束也正是缘于此因。

银信理财合作业务,对信托公司来说,由于商业银行是业务的主导方,高净资产客户群和资金募集来自银行,成为单一资金信托委托人,信托计划则不受委托人数量与限额的限制,且计划项目的前期尽职调查和后期的贷款管理全是银行的事,到期本息的归还也由银行保证。信托公司的业务操作简单易行,风险又低,这对信托公司初期的发展,具有规模效应,虽业务收入相对较少,但不失为一种有把握的"看家饭"。但这种业务是粗放式的,信托公司仅提供的是信托平台,是通道式业务,不是信托本源业务,不符信托长远发展的战略要求;对商业银行来说,这种业务大大增加了其私人银行的中间业务收入,同时用让渡部分收益为条件,利用信托手段达到调整报表规模限制和信贷结构的目的。商业银行承担着集中度很高的资产表外化潜在风险。

对银信理财合作业务,采取全面否定的态度是错误的,不可一刀切,甚至一刀毙命,需要的是调整、规范和引导。同时,还要解决一些深层次的问题,将来会面对着一个广义含义上的信托业的认识问题,信托手段不再为信托公司所专有。实际上,在经济发达国家的商业银行以财富管理为核心的私人银行业务体系中,向高净资产客户提供全方位的金融服务,在满足其财富安全、传承、增值的需求上采用信托手段已颇为广泛。发达国家的金融创新和多样化金融产品的开发都离不开信托制度的助力。商业银行兼营信托业务和信托银行的经营模式已很成熟。在我国,金融体制改革的步伐随着市场经济发展持续国际化的进程而加快,商业银行和信托公司的变革也在所难免。

现阶段,我国实施的分业经营、分业监管的原则,短期内尚难改变。在此格局下,商业银行、证券、保险都是标准的传统金融产品的提供者,而信托则以其制度的特性和运作的灵活性成为金融创新的前哨。但从发展眼光看信托公司的现状,质量参差不齐,相当一部分公司存在着重短期利益的追逐,轻长期战略的安排,公司治理、内控机制还显薄弱,经营行为还不够规范,人才力量与创新需求尚需加强。监管层所采取的一系列监管措施旨在强化信托公司的质量管理。对银信理财合作业务中存在的问题突出了银行与信托的角色定位,纠正信托公司对银行依赖度过高的倾向,引导信托公司向信托本源业务拓展。为此,制定出一系列的规则,强调信托公司的经营必须从外延式的增长向内涵式增长转变,严格限制通道类业务,实行项目主管原则,积极实施净资本管理,用以控制信托资产的规模和质量。今后,银、证等业与信托业的合作业务必会向更深层次的方向发展。

制度保证是实现有效监管的基础,继"一法两规"之后,2010 年 8 月中国银监会又出台了《信托公司净资本管理办法》。自此,信托公司在"一法三规"的引领下进入了一个更加规范、风险可控、科学发展的新时期。该"办法"将信托公司的资产规模与净资本紧密挂钩,明确了建立以净资本为核心的风险控制指标体系的要求。为了强化对信托公司的分类监管,确保信托业务在风险可控的体系中运行,2011 年 1 月 27 日中国银监会进一步发出了《关于印发信托公司净资本计算标准有关事项的通知》,对信托公司的净资本、风险资本计算标准和监管指标作出了详尽的规定,确定了主要信托业务的风险系数,采取差异化风险计算标准,更有利于信托公司的业务整合与转型工作的进展。推进了信托公司的净资本结构、产品结构、人员结构等的调整工作,更加强化了信托公司的内部控制能力,实施各项业务,特别是房地产信托业务和银信合作业务的规模控制,实施经营模式的转型。从中国人民大学信托与基金研究所编著的《中国信托业发展报告(2012)》中的有关资料显示,2011 年全国信托公司开办的信托业务中由管道式的被动型信托业务转变到主动管理型业务的工作已见成效,主动管理信托资产余额占当期信托资产总额的比例已由徘徊多年的 20% 至 30% 的水平提高到 54.51%。除此,信托公司的资产质量也大为提高,全国信托公司的平均不良资产率仅为 1.89%,不良资产规模较上一年度降低了 6.15%,16 亿元的不良资产规模比 2005 年时的 42 亿元减少了 62%。当前,信托公司的不良资产的规模和比例均低于其他金融机构。

随着社会投资需求的不断扩大,金融创新频率必大大加快,产品结构、交易方式、运作规程等对金融服务的专业化水平的要求越来越高,信托市场的细分是必然趋势。

专业的资产管理能力和持续的创新能力是信托公司生存与发展之本。

信托公司必须依靠自身的力量,以"一法三规"为制度支柱,以建立健全风险管理指标体系的工作为重心,以主动管理信托财产为出发点,抓住制度创新的机遇,将全方位转型工作落到实处,专注于信托本源业务,突出信托特征性的、多层次的深耕细作的产品设计安排与运营,才能成为资产管理多元化体系中最具核心竞争力和提供丰富的个性化金融服务的主导力量。

第二篇
信托理论与实施的研究

将不同法系背景的国家和地区的“信托法”进行综合性的对比和分析,融会到信托的理论之中,又将信托理论系统化、深刻化、普及化、实践化、国情化贯通于“信托法”的条款中。将信托的理论、立法、实施有机地结合起来,并提出在实施中可能出现的问题以及解决的方案办法,有利于信托理论与信托实践水平的提升。对信托分类的研究,将世界各国和地区的信托分类方法系列化并有针对性地提出了我国营业信托的分类方法和系列安排,有利于我国信托业务的开发和信托法规的分类制定以及监管工作的细化。有利于我国营业信托向规范、标准、科学、完善的程度推进。

第一章
信托的定义、特性与功能

信托源于英国在封建制度下存续的“双重尤斯制”,而又以在英国实现资本主义制度的条件下得以确立和发展,构成了现代信托的基础理论,信托成为英国衡平法上的独特的制度设计,并形成英美法系中的一项极为重要的制度。

英国人创造了信托,以民事信托开信托史之先河,而美国人将信托制度引入商业,开创了商事信托。大陆法系国家和地区的信托制度是由英美引进的,虽然在现代民法体系中也曾出现过功能和结构上与信托类似的制度,但都难以达到英美法系信托制度在财富传承与管理上的用途和效果。

信托制度至今已被世界上包括英美法系和大陆法系在内的许多国家和地区所运用,并已成为这些国家和地区法律体系中的一个组成部分。虽如此,对信托的认识仍存在多种观点,已成为一个全球性经济、金融界十分关注的学术问题,一个在信托实践中不断发展的理论问题。信托制度发展到了20世纪后期,信托理论的进步已对传统的衡平法规则提出了重大的挑战。美国信托法专家对信托合同性质的深入研究,英国上议院对有关信托案例在信托性质上的反思,英美法系有关信托成文法方面的成果,大陆法系背景的国家和地区对信托制度的成功应用与发展,世界上不同法系背景国家的信托制度的本土化特征以及信托制度的国际化发展趋势都显示了信托制度的极强生命力。

认识信托,对于推进我国信托制度的应用与发展,建立完善的社会主义市场经济中的信托法制体系具有十分重要的意义。

第一节 信托的定义

英国是信托的起源地,至今已有数个世纪的历史,信托在民事领域中的应用比任何一个国家都悠久,积累了丰富的判例精典,给信托制度的传播与发展提供了难得的宝贵财富,是人类经济发展史中的宝库。尽管如此,英国人也没有给"信托"下一个准确、全面的定义。同时,随着全球范围内不同法系背景的国家和地区对信托本土化的应用,从理论上界定信托的基本定义也尚存差异。

一、英美法系对信托的定义

英国之所以至今没有给信托下一个准确而满意的定义,一方面是由于英国法律系属判例法,信托法是由判例为基础发展起来的,法院看中的是判决先例和具体案情,并不注重信托的定义;另一方面,信托的概念很难函盖不同类型、不同时期、不断发展着的特征迥异的各类信托。英国人创始了信托,美国人发展了信托,将信托制度引深,拓展到商事领域,开创了商事信托,其他英美法系的国家也都较普遍地引入了信托制度。

英美信托法将信托定义为一种衡平法义务,约束受托人为受益人处理他所控制的信托财产,受益人可以要求强制实施这项义务。受托人的疏忽和不作为或者不当行为未得到信托和法律豁免的均构成违反信托,应承担相应的责任。这中间包含着信托的两个基本特性:一是受托人接受信托,必须严格地按照法律和信托文件的规定,依照委托人的意愿办理信托事务,这就是信托具有约束力的强制性义务的特征;二是信托财产的法定所有权和受益所有权相分离的特征,即将普通法所有权与衡平法所有权区分开来。受托人是信托财产的法定所有者和实际控制者,受益人是信托财产的实质所有者(或衡平法所有者),不仅享有信托的全部利益,而且有权强制实施信托。

二、大陆法系对信托的定义

大陆法系的国家和地区在不同的历史时期,根据本国经济发展的需求,也先后引进了英美的信托制度(主要是商事信托),对信托的定义也逐渐向英美法系靠近。典型的代表是日本的信托法将信托定义为"实行财产权移转及其他处分而使他人依一定目的管理或处分财产";韩国和我国台湾地区的信托法中对信托的定义也与日本类似,韩国的信托法中对信托定义为"以信托指定者(信托人)与信托接受者(受托人)间特别信任关系为基础,信托人将特定财产转移给受托人,或经过其他手续请受托人为指定者(受益人)的利益或特定目的管理和处理其财产的法律关系。”(定义中的信托人也即委托人);台湾地区的信托法中对信托的定义为“委托人将财产权移转或为其他处分,使受托人依信托本质,为受益人之利益或为特定之目的、管理或处分信托财产之关系”。

上述日本、韩国、台湾地区在信托法中对信托的定义中都突出了两项信托的要素实质:其一,信托财产的转移(或移转),即由委托人持有转移至受托人的名下持有,受托人实际地控制着信托财产;其二,受托人依照委托人的意愿,为受益人的利益或特定目的管理或处分信托财产。可以说日、韩两国和我国台湾地区的信托法中对信托的定义更接近于英美信托法系,不仅貌似而且神似,特别是就商事信托而言,更近其真谛。

有大陆法系背景的国家对信托概念的认识也不尽相同,仍然存在着差异,譬如法国,是典型的大陆法系传统的民法典国家,对信托的概念定义为第三人受益合同,将信托关系中的受托人视为委托关系中的受托人与保管人的双重职能。

三、“国际信托公约”对信托的定义

对信托的定义,确实很难函盖所有的信托类型,既使在信托起源地的英国,历经数个世纪的信托发展史也难于做到这一点。事实上,国际上许多国家和地区因其经济发展水平不同和法系背景不同并不全都承认信托;同时,在一些国家和地区也还存在着如“离岸信托”,“苏格兰型信托”、“南非型信托”等信托概念;在学术界已有对传统的衡平法规则提出重大挑战的事实,对信托的概念保留着一个较大的探索空间。信托制度在全球尚存在着一个传播和跨境应用的问题。

为了解决由于法系背景的不同而产生信托应用的法律冲突问题,有必要建立一个可以共同承认、得以运用信托的规则。1985 年第 25 届国际私法大会通过的《关于信托的承认及其法律适用的公约》(简称“国际信托公约”),给信托概念做出了无关法系背景的解释。该公约第二条给出了信托的定义。构成定义所示的几个方面的条件者,被视为信托,即:第一,由信托财产构成一个单独的基金,它区分于受托人的自有财产,不是受托人自有财产的一部分;第二,信托财产的所有权置于受托人或者足以代表受托人的其他人的名下;第三,受托人拥有权力和职责,按照信托条款和法律施加给他的特殊义务,管理、使用或处分信托财产,并对此负有说明的义务。这一信托定义的组成条件适用于自愿且有书面凭证依法设立的信托。

四、我国"信托法"中对信托的定义

我国的"信托法"中对信托的定义,在"信托法"第二条概括为"本法所称信托,是指委托人基于对受托人的信任,将其财产权委托给受托人,由受托人按委托人的意愿以自己的名义,为受益人的利益或者特定目的,进行管理或者处分的行为"。如何理解这一定义,需从其构成要素加以分析,主要有以下四个方面:

1."信任"是建立信托关系的基础

委托人对受托人的信任是设立信托的先决条件,没有信任就没有建立信托关系的基础。一旦受托人接受信托就必须依照委托人的意愿忠诚、谨慎、尽职地处理信托事务,即所谓"受人之托、忠人之事",受托人负有信托法上的特别义务。

信任,对于信托制度的确立和发展比起其他制度显得更加突出。这是因为:一方面,信托的设立以信托财产为标的,委托人将拥有财产的全部或一部份委托给受托人,而这种委托是以"转移"为前提的,它标志着信托财产的控制权是在受托人手上。而委托人之所以愿意实施"转移"并承担可能发生的风险,就说明委托人对受托人的信任程度;另一方面,受托人是按委托人的意愿或特定目的管理、运用、处分信托财产。为受益人的最大利益而不牟私利,这是受托人的信用品格。充当受托人不仅要有人文道德,而且需要有理财技能。因此,受托人又是信托关系建立的关键。委托人选择受托人是以其品德和技能为条件而建立的信任,将受托人视为最值得依赖的人。因此,信托关系以信任为基础而设立,同时又将此"信任"置于法律和社会的保护及监督之下。委托人、受托人、受益人之间是平等的、真诚的、相互信任的关系。如委托人绝不可用不合法取得的财产以欺骗的手段去设立信托;受托人不可心怀私利以欺骗的手段骗取信托财产、侵吞信托利益。在经营性信托中,对专门从事信托业务的信托公司进行信用评级或项目评级是推进信托制度,完善社会信用建设的理性发展之举;再有,信托管理的连续性特征和信托的中长期金融功能的存在和发挥,也都是以信任为基础的。信托的连续性表明信托关系建立的非随意性不因委托人、受托人的变故而终止。因此，信托关系的建立和存续，“信任”二字比起其他任何类似制度都显得尤为重要。

2. 信托财产是信托成立的核心

信托是一种以信托财产为第一要素建立起来的法律关系，只有特定的信托财产存在，才有可能设立信托。现今许多国家实施的信托制度都明确规定了信托财产所有权转移的原则，即信托财产的所有权与利益相分离。就是说，信托财产的所有权要转移到受托人的名下，由受托人按照委托人的意愿或特定目的管理、运用或处分信托财产。受托人不能享有信托利益，信托利益只能归于受益人。

我国的“信托法”对信托的定义中，没有采取“转移”（或“移转”）之明确用语，而是斟酌为“委托给”的一种表述，这是符合我国刚刚建立现代信托制度的国情的恰当选择。“委托给”可以理解为“委托”加“给”的组合行为，“委托”是委托人设立信托的意思表示与受托人接受委托人的意愿相衔接，“给”是将信托财产“转移”（或“移转”）给受托人的行为，与受托人“以自己的名义”相衔接。因此，我国“信托法”中对信托定义之“委托给”的表述方法与国际上通行的“转移”用语，并无本质上的区别。这起码可以从“信托法”中的五个方面的有关规定给以诠释：

其一，“信托法”第十四条，“受托人因承诺信托而取得的财产是信托财产”的规定，很清楚地说明了受托人“承诺”信托的意思表示是设立信托的前提，而“取得”财产则是信托成立的关键。对这种“取得”的界定，只能是委托人之财产权的转移，没有“转移”何言“取得”？

其二，“信托法”第十五条规定“信托财产与委托人未设立信托的其他财产相区别”，实现这一区别必须是在信托财产与委托人未设立信托的其他财产相分离，并且转移至受托人名下的条件下才能成立。

其三，“信托法”第三十九条、第四十一条，有关受托人职责终止和新受托人接受信托财产和信托事务的规定，明确了信托财产和信托事务的移交，这也同样表明在信托设立时已发生过的委托人之财产权向受托人的转移，在受托人更迭时新受托人接受原受托人对信托财产和信托事务的移交。

其四，“信托法”第八条有关信托可以采取遗嘱方式设立的规定，第五十二条关于信托不因委托人死亡而终止的规定，从这两条规定的内在联系上看,遗嘱信托只有在委托人死亡后才能生效,也就是说只有在受托人承诺了信托,信托财产转移至受托人名下,受托人才有条件有效地实施遗嘱信托。

其五,“信托法”第五十五条关于信托终止“信托财产的归属确定后,在该信托财产转移给权利归属人的过程中,信托视为存续,权利归属人视为受益人”,这一信托财产转移的规定,说明信托发生终止的情况,信托财产的归属虽然确定了,但并不是说权利归属人当然地取得信托财产,而是必须由受托人向权利归属人办理信托财产的转移手续。这表明在信托设立时信托财产已转移至受托人手中,才有信托终止时信托财产转移给权利归属人的规定。

3. 受托人以自己的名义管理,处分信托财产

委托人将其财产权委托给受托人以后,就没有了对信托财产的控制权,而转移到受托人的名下,受托人完全以自己的名义,不需要借助于委托人和受益人的名义对信托财产进行管理或者处分。委托人和受益人均不能自行行使信托财产上的权利,这是信托的重要特征之一。

受托人管理或处分信托财产的具体内容和方式由信托文件予以确定。如果信托文件没有做出明确规定的,应按照民法有关“管理”和“处分”的含义确定。“管理”系指保存、改良、利用财产以取得收益,增加财产的价值或者维护财产的行为;“处分”则是指财产的变形、改造或者毁损以及财产权的转移、限制或者消灭等使财产的形态或者所有权发生变动的行为。

4. 受托人有效地管理信托财产

“有效”的标志是通过受托人处理信托事务,使信托财产保值和增值。这其中主要包含两层含义:第一层是遵照委托人的意愿处理信托事务;第二层是为受益人利益的最大化达到处理信托事务的目的,受托人绝不能为了自己或者其他第三人的利益,也不能从信托财产上取得个人利益。这两层含义就是受托人有效管理信托财产的原则,不可违背,否则就是违反了信托义务,需承担相应的责任。这就体现了信托财产虽在法律和形式上归属于受托人,但实质上的利益并非归受托人享有,而是归于受益人。

第二节 信托的特性

在信托定义的论述中,已经比较清楚地从几个方面概括了信托的一般

特性,特别是英美法系中信托特性的要点:一是,信托不是一种权力而是一种义务,受托人只要接受信托,在信托成立后就只能按照信托文件和法律的规定,忠诚地实现委托人的意愿和要求,而不可谋取私利,因此信托是一种强制性的义务;二是,区分信托财产的法定所有权和受益所有权(即普通法所有权与衡平法所有权)。法定所有权是一种对财产实施保留和控制的权力,而衡平法所有权只是一种享受财产的权利。就是说信托的重要特性之一就在于这两种所有权是相分开的。受托人持有信托财产的法定所有权,而受益人则享有受益所有权,这项权利是不受任何第三人干预的,即使有人干预,也要按信托文件和法律规定强制实施。

信托比起其他理财方面的制度设计蕴含着更加丰富的人性化内涵,是一种人格魅力的象征。不论是委托人、受托人、还是受益人,都必须服从于信托的约定,如委托人开始设立了一项永久性的公益信托,而中途变褂,想把信托财产收回,这属于违反信托的行为,是不允许的,他就丧失了人格;对受托人来讲,只要是接受了信托,就要履行“受人之托、忠人之事”的义务,毫无私心地为受益人利益的最大化而管理或处分信托财产。本身就深含着高尚的无私的人性化特征。所以说信托是建立在以人为本的人性化极强的一种神圣的富有生命力的制度设计,有着深厚的人文理念。

从信托的定义中认识信托到深入一步剖析信托的法律特征,是在信托理论研究上的一个逐渐深入的过程。

信托的法律特性,主要有以下几点:

一、信托的第一个特性——权益的分离性

委托人将其自有财产依一定的信托目的委托给受托人而设立信托,受托人承诺信托,这部分财产将从委托人的固有财产中分离出来,转移至受托人名下成为信托财产。受托人持有信托财产的所有权并依信托文件的规定管理、处分信托财产。受托人即成为信托财产的权利主体和法律行为的当事人。但是这种所有权是与利益相分离的,它不同于大陆法系中民法中的所有权概念,受托人所持有的信托财产的所有权是在信托设立后,受信托法规和信托文件约束条件下形成的。受托人必须勤勉、谨慎、有效地为受益人的利益管理、处分信托财产。绝不能利用信托财产的所有权为己谋取任何利益,必须将信托财产上的利益支付给委托人指定的受益人。这就是受托

人之信托财产的所有权与管理运用、处分信托财产所产生的利益相分离的特性。

二、信托的第二个特性——信托财产的独立性

信托财产是一种依信托目的,从委托人的固有财产中分离出来,而由受托人运作的具有独立性的特殊财产。

1. 信托财产从委托人的固有财产中分离出来,而独立于委托人未设立信托的财产。委托人就不能再享有该财产的所有权了,不再属于委托人的自有财产。举例来说,譬如××将自有财产20万元中的6万元设立信托,交付给受托人管理运用,那么这6万元即成为信托财产,就不再受委托人支配了,委托人就没有了对这6万元信托财产的管理、处分和与第三人进行交易或对外承担责任的权力了,其他人也不能向委托人对这6万元的信托财产主张权利。

委托人是自然人的,设立信托后的信托财产独立于该委托人的遗产。即在其死亡后,不得将信托财产列入委托人的遗产;委托人是法人或其他合法组织的,已设立的信托财产独立于该委托人的清算财产或破产财产,即因委托人发生解散、被依法关闭、撤销或被宣告破产的情形,该信托财产不属于清算财产或破产财产。(以上遗产、清算财产、破产财产在委托人是信托的唯一受益人时例外)。

2. 信托财产独立于受托人的固有财产

受托人是自然人的,在其死亡后,其所管理的信托财产不属于受托人遗产。

受托人是法人或其他合法组织的,在其被依法解散、关闭、撤销或被宣告破产时,其所管理的信托财产不属于清算财产或破产财产。

受托人的债权人不能对信托财产主张权利。受托人管理运用信托财产所产生的信托利益仍属于信托财产,受托人不得将信托利益归于自己的固有财产。

受托人管理运用信托财产所产生的债权与受托人固有财产所产生的债务不得相互抵消。

3. 信托财产独立于受益人的自有财产

信托当事人中的受益人并不拥有信托财产的所有权,只是享有该信托

财产上的信托利益。信托文件通常约定受益人在信托存续期间只能行使对该信托财产上信托利益的请求权,不能对信托财产本身提出要求。即使是信托终了,委托人也可以通过信托文件的约定将信托财产归回自己或第三人。

上述信托财产独立性的特性,不论英美法系国家还是大陆法系国家在信托司法实践中均有突出的体现,已形成重要的信托法规体系中的核心原则,产生了极为重要的法律效力。因此,对受托人管理运用、处分信托财产的行为,各国的信托法规都有严格的制度安排和监管体系。

信托财产的独立性还体现在各国的信托法规中都规定了委托人、受托人、受益人三方之任何一方的债权人都不得主张以信托财产偿债,最多只是受益人的债权人代位请求受托人按照有关规定交出信托利益;另外,受托人处理信托事务所产生的损益原则上都归属于信托财产,即受托人处理信托事务所产生的信托利益支付给受益人后如有剩余也归于信托财产。如处理信托事务发生损失(受托人失职者除外)也应由信托财产本身承担。

各国的信托立法中都有对信托财产独立性原则的保护性条款,同时也是为了防止借信托手段逃避债务情形的发生。因此各国的信托法规中都有相应的对信托财产强制执行的条件限制。如我国的“信托法”第十七条规定“除因下列情形之一外,对信托财产不得强制执行:(一)设立信托前债权人已对该信托财产享有优先受偿的权利,并依法行使该权利的;(二)受托人处理信托事务所产生债务,债权人要求清偿该债务的;(三)受托人处理信托事务所应担负的税款;(四)法律规定的其他情形。”这就是说,如果发生上述(一)、(二)、(三)、(四)中的任何一种情形,则即可对信托财产构成强制执行的条件,否则均不得对信托财产强制执行。

三、信托的第三个特性——有限责任性

信托中的有限责任性,是由信托财产的独立性延伸而来。换言之,信托关系中有限责任的特性是以信托财产的独立性原则为基础而确立的。这种有限责任的特性主要系指受托人在信托事务中所承担的有限责任,它突出地体现在两个层面上:

(一)在信托内部关系的层面上

受托人、受益人二者的责任与权利是对称的,都是有限的,都是以信托

财产为限的。

对受托人来讲，负有按照信托文件的规定为受益人的利益管理、处分信托财产的义务。

对受益人来讲，其所享有的请求权也是和受托人管理、处分信托财产的义务相对称的，即以信托财产为限，享有请求受托人忠实地履行责任和支付信托利益的权利。

受托人应按照信托文件的约定如期向受益人支付信托利益，而形成负债关系。其债务是有限的，即以信托财产为限，仅负有限清偿责任。

在各国的信托立法中都清晰地体现出信托的有限责任的特性。概括地说，就是明确受托人必须忠诚、谨慎、尽职尽责地处理信托事务。为受益人的利益最大化管理好、运用好、处分好信托财产。只要受托人严格遵守信托文件的规定，没有形成违反信托，确实恪尽职守了，即使没有创造信托利益，甚至造成信托财产的损失，受托人所承担的赔偿责任也仅以信托财产为限，并不以其自有财产承担责任；但如果是由于受托人违反信托或者是失职造成受益人未能取得信托利益，甚至信托财产遭受损失，此时受托人不可以任何借口推卸责任，而应以自有财产承担责任。

（二）在外部关系的层面上

受托人在处理信托事务的过程中会与委托人和受益人之外的第三方发生买卖、交易等多种经济往来关系。这些活动如果不违反法律和信托文件的规定，均属于受托人的正常行为，都是以受托人自己的名义进行的，与委托人、受益人并无直接关系。但如果受托人在此外部关系的活动中发生了对第三方的侵权行为，而使第三方蒙受经济损失时，是要承担赔偿责任的。这种赔偿责任也仍然是以信托财产为限。如果第三方蒙受的经济损失是因受托人违反信托或失职造成的，则受托人应以自有财产承担赔偿的责任。

信托之有限责任的特性是信托财产独立性在法律层面上的体现，它延续和完善了信托的法规体系。特别是在市场经济条件下的商事信托，面对金融市场中金融产品多元化的竞争环境和错综复杂的交易活动对手，有限责任特性有利于充分发挥信托机构的受托人职能、使信托制度的特殊社会机能得以扩展，使依法守规、恪尽职守的信托机构得到理论与法规的支撑；另一方面也有利于委托人、受益人的权益得到法律的保护；同时也有利于委托人、受益人风险意识的树立和提高（即使是信托机构对信托财产的管理、处分是尽职守规的也不能完全排除信托财产受损的风险)。

四、信托的第四个特性——连续性

信托的连续性是与信托财产的独立性相呼应的。信托设立后所形成的信托关系人之间的法律关系是以信托财产为中心的。信托财产的独立性是信托管理连续性存在的前提,信托的连续性是信托存续期内实现信托财产独立性的保证。

1. 关于信托的存续期

信托的存续期即信托设立后至信托终止的期限,是由信托当事人决定或者协商约定。经营性信托中由信托机构发售的理财信托产品,其信托期限是由受托人先行设定再通过信托合同约定。

信托期限有长有短、长者可无限期,因难于预见,所以视做永久信托,只要信托目的未实现或未消失,受益需求存在,且信托财产未消耗完毕,信托就依然存续。实际上,永久信托是因其信托的有效期具有明显的不确定性,而不具备永久效力,这只是相对于有效期相当明确的信托而言。英美信托法对公益信托的有效存续期没有年限的限制,只要信托目的能实现,信托财产未丧失或未耗尽,信托就存续。而对私益信托的存续期则有设限,如英国的信托法规中明文规定以受益人终生受益为目的而设立的信托,在该受益人有生之年持续有效,未指明"终生"受益的,其信托存续期通常可延续至该受益人死后 21 年。私益信托在没有明确规定期限的情况下,整个信托存续期最长不超过 80 年。

2. 信托财产的独立性是信托存续期内信托管理连续性确立的基础

信托财产是构成信托法律关系的物质基础与第一要素,信托财产的独立性是信托的灵魂。它的存在是信托存续期内信托关系连续不断档的核心条件。没有信托财产的独立性,就不可能有信托管理的连续性。

首先,设立信托的信托财产从委托人的财产中分离出来,而独立于委托人未设立信托的其他财产。只有这样才能有效地保证交付给受托人管理的信托财产委托人不可任意收回,或任何第三方对其主张权利。从而使受托人对信托财产管理的连续性得到保障。

其次,设立信托后的信托财产,虽然由受托人支配、但它并不属于受托人的固有财产。这种独立性是约束受托人单独管理信托财产的基础(构成监管重点)。信托财产与受托人固有财产相独立的原则,是实施受托人对信托财产管理连续性的必要条件。

最后,受托人管理的诸多的信托财产中不同委托人的信托财产之间都是相互独立的,这才有可能形成对不同委托人的财产实施连续管理。

在各国的信托立法中都把信托的独立性和连续性原则有机地结合起来了,充分体现在各项条款里。

在经营性信托中,受托人对信托财产的管理运用和处分都应该严格遵循信托目的和信托文件的规定,只有严格地恪守信托财产独立性和信托管理连续性的原则,才能真正维护好委托人和受益人的合法权益。抹煞和忽视这两性就会模糊和偷换信托的概念,发生掩盖挪用甚至侵吞信托财产的违规、违法行为。因此信托的独立性与连续性之间的内在联系是有机的、不可割裂的,是立法立规,监管者监管,执法者执法的理论根据。

3. 信托连续性的法律体现

信托的连续性特性,主要体现在各国的信托立法当中。大多数国家和地区在信托法规中都明示了信托连续性的相关条款,归纳起来主要有两个方面:

(1)委托人发生变化不影响信托的存续

如果委托人是自然人,信托的存续不因委托人死亡或者丧失民事行为能力而终止。

如果委托人是法人,信托的存续不因委托人依法解散,被依法撤销或被宣告破产而终止。

(2)受托人发生变化不影响信托的存续

如果受托人是自然人,在发生受托人丧失民事行为能力或者死亡的情形时,已经设立的信托,在其存续期内不因此变化而终止。

如果受托人是法人,信托设立后,在存续期内不因受托人依法解散、被托管、关闭、撤销或宣告破产而终止。信托也不因受托人的辞任而终止。

在各国的信托立法和司法实践中,针对信托发生终止的事由都会作出相应的规定或司法解释。明示信托文件可以对信托终止的事由及方法作出规定;对受托人发生职责终止的情形作出界定。

受托人的职责虽然发生终止,但信托并未终止,需要依照信托文件的规定选任新受托人。信托文件没有明确规定的,由委托人、受益人选任。在他益信托中为避免在委托人发生变故而不存在时，由受益人选任新受托人会产生违背委托人设立信托初衷的可能，许多国家和地区在信托立法中都要求在信托文件中对新受托人的选任方式和方法作出规定，有的国家和地区还允许在信托文件中明确规定侯选受托人。

由上述可见，信托的存续是不会因委托人或受托人的变化而变化的，委托人或受托人发生重大变化绝不是信托终止的直接原因，这就是信托财产的独立性和信托管理的连续性在法律层面上的特殊体现，也就是说以法律来保证信托的存续。

(3)公益信托的连续性

公益信托具有更加突出的信托连续性的特征。

首先，公益信托的存续期没有年限的限制，可以是永久性的。如英美信托立法中对私益信托的存续期是有所限制的，而对公益信托的有效存续期不作年限的限制。一项公益信托可以永世长存，只有信托财产丧失或全部耗尽，信托目的已完全无法实现时方告终止。

另外，公益信托的“近似原则”是构成其信托连续性的特殊保证。私益信托不适用“近似原则”，在信托目的不能实现或无法实现时信托即行终止。而一项公益信托的受托人在发生类似情况时，只要信托财产没有全部耗尽，就可以根据“近似原则”针对该项信托的目的选择另项类似目的的信托使之延续下去。例如在英国，一项具有普遍慈善赠与意图的信托，在发生赠与者明示的目的不能实现或无法实现的情形时，信托并不告终止而是由受托人选择其他类似的慈善目的设立信托，使该项信托延续下去，法院也可以批准一项类似目的的新信托项目。

我国的信托法中和日本、韩国以及我国台湾地区的信托立法中都对公益信托的连续性做出了明确的规定，其中心意思是一项公益信托发生终止情况时，无信托财产归属权利人的，主管机关可依信托本意为实现类似目的，使信托延续存在。

第三节　信托与相似制度的区分

从以上信托的特性分析中可以看出信托制度的独特之处。其他相似的制度只要与信托的四个特性相比较，就可以找出它们之间存在着本质上的不同。现就几种常见的相似制度与信托制度的主要异同之处作一比较。

一、信托与委托代理

(一)相同之处

1. 信托是一种为他人管理财产的制度,委托代理也可以用于财产管理。

2. 在委托代理关系中,被代理人即是委托人,代理人有时被看成是受托人。这是因为委托代理和信托的成立都是基于信任,并按委托人的意愿行事。

3. 信托关系中的受托人和委托代理关系中的代理人都承担着一种受信人的责任和由此而施加给他们的义务。其行为都不得为自己谋取私利、使利益与责任发生矛盾,获取未经授权的报酬。

(二)不同之处

1. 当事人不同

信托的当事人至少有三方,即委托人、受托人和受益人。

委托代理的当事人仅有两方,即代理人和被代理人。

2. 成立的条件不同

信托是以财产为中心而形成的财产管理制度。委托人不拥有合法的财产就没有成立信托的必要条件,信托关系就无从谈起。简而言之,没有信托财产信托关系就无法成立。

委托代理则不同,委托代理并不是以财产为中心的制度安排。也就是说,委托代理关系的成立并非一定要以财产的存在为前提,没有确定的财产,委托关系也可以确立。被代理人可以财产以外的事务设立委托代理,如委托他人签约、诉讼、讨债等。

英美法系中对信托和委托代理两种制度的界定,认为信托关系是财产性的,受托人必须控制信托财产;而委托代理关系则是对人的,代理人不需要控制被代理人的任何财产。

3. 财产的性质不同

信托财产的独立性是信托的最重要特性。而委托代理制度不具有这个特性。

信托设立后,信托财产是独立的,它与委托人、受托人、受益人的自有财产是严格区分的。委托人、受托人或受益人的债权人都不能对信托财产主张权利。

委托代理关系成立后,即使所设立的委托代理事务是财产的管理或处分,并不因委托代理关系的建立而改变财产的性质。该财产仍属于被代理人的自有财产,被代理人的债权人仍可对该财产主张权利。

4. 行为的名义不同

委托代理关系中,代理人的代理行为只能以被代理人的名义进行。如果所代理的事务是财产的管理或处分,因财产权并不发生转移,仍为被代理人所有,代理人只能按照被代理人的旨意以被代理人的名义进行管理或处分该财产。

在信托关系中,受托人接受委托人的委托,所设定的信托财产需从委托人的财产中分离出来,转移至受托人名下,信托才能生效。而此后受托人便以自己的名义对信托财产依信托目的和信托文件的规定进行管理或处分。

5. 权责不同

在信托关系中,因信托财产转移至受托人名下,受托人持有信托财产的控制权,而委托人则丧失了对该财产的控制权。受托人必须按照信托目的和信托文件的约定对信托财产实施有效的管理或处分。受托人处理信托事务具有自主性,委托人一般不得干预受托人的正常运作,除非是受托人违反信托目的或信托文件的规定。受托人虽拥有对信托财产管理或处分的自主权,但风险责任较大,因自身的过失或违反信托目的或信托文件的规定,而致使信托财产遭受损失时,受托人需承担赔偿责任。

在委托代理关系中,如代理人所代理的事务是对财产的管理或处分,因财产并未发生转移,财产的所有权仍在被代理人手中,被代理人仍掌握财产的控制权,代理人在整个代理过程中只能根据被代理人的指令、依委托代理合同行事。代理人没有对财产的控制权,被代理人可以干预代理人的行为,相应地代理人承担的风险责任就小,被代理人自负因自身的不谨慎或疏漏所造成的财产损失。

6. 期限不同

信托制度之权益分离性,信托财产独立性、信托管理连续性的特征,决定了信托更具有长期管理财产的优势。

信托关系建立后,信托财产从委托人自有财产中分离出来,控制权转移到受托人手中。该信托财产与委托人、受托人各自的自有财产相区分,信托利益仅归受益人所有,信托制度为信托财产构筑了一个法律隔离墙。这一方面有利于有效地保护委托人和受益人的合法权益;另一方面便于受托人对信托财产实施连续有效的管理;再有,信托不因委托人或受托人的死亡、丧失民事行为能力、依法解散、被依法撤销或被宣告破产而终止,也不因受托人的辞任而终止。因此,信托制度能以满足委托人对财产管理作长期安排的需求。对委托人是法人的来说,便于将其无精力或无技能管理的富余资金、闲置资产等委托给专业信托机构作长期管理;对委托人是自然人的来说,受托人可以根据委托人的意愿为委托人的财产管理或处分作长期规划,甚至可以解决委托人怕其自有财产落入他人之手的顾忌,使这部分特定财产得以代代相传。

信托的长期限和财产管理连续性的特点是委托代理制度不具备的。

委托代理制度只适用于短期限的代理事务,可以说是一事一委托。如委托代理的事务是财产的管理或处分,也只是短期限的,而且被代理人还可随时撤销代理关系。如果被代理人或代理人有任何一方发生死亡,丧失民事行为能力,依法解散,被依法撤销等情况时,委托代理关系即随之消失。

二、信托与公司

就理财制度而言,可以说“代理”、“公司”、“信托”构成三种基本制度。上面已对信托与代理两种制度的异同作出比较,那么,信托与公司制度又有何异同呢?

(一)相同之处

1. 两者都是为他人的利益而管理他人的财产

公司(管理层)是为股东(出资人)的利益管理全体股东的财产;信托关系中的受托人是为受益人的利益而管理委托人设立信托的财产。

2. 财产权均发生了转移

信托生效后,信托财产即从委托人的自有财产中分离出来,财产权转移至受托人;公司成立后,财产权由股东转移至公司。二者的财产权转移同样都要实现实际交付。

3. 均承担有限责任

信托关系中受托人对受益人所负债务或对第三人责任,委托人和受益人对第三人的责任都是以信托财产为限的;公司关系中,股东以其出资额或所持股份为限对公司承担有限责任。公司以其全部资产对公司的债务承担责任(这也是以公司的全部资产为限,并非无限责任)。

(二)不同之处

1. 设立的目的不同

信托可以依照委托人的多种目的而设立。可以为民事设立信托,也可以为商事设立信托;可以为私益设立信托,也可以为公益设立信托,等等。

公司只是以盈利为目的而设立。

2. 对财产拥有的权利不同

信托制度:委托人将自有财产交付给受托人后,就丧失了对该财产的支配权。受托人取得了对信托财产的实际支配权,并可以根据信托文件的规定对信托财产自主实施管理或处分。

公司制度:股东以出资交付给公司后,一方面享有资产受益,另一方面并没有完全失去对公司的控制权,还享有通过行使重大决策权和选择管理者的权利来贯彻自己的意愿。

3. 财产责任及受益人保障不同

在信托制度下,委托人和受益人的债权人对信托财产原则上没有追及权。受托人破产时,信托财产不属于破产财产,受益人有优先于债权人取回信托财产的权利。

在公司制度下,股东的债权人对股东在公司中的股权有追及权。股东做为受益人对公司财产没有优先于其债权人的权利。公司解散或破产时,公司财产首先应用于清偿公司债务,有剩余后股东方可请求分配。

三、信托与行纪

首先,先来认识一下什么是行纪,再来对信托与行纪的异同作一比较。

行纪是大陆法系民商法上的一种代客买卖制度。它系指委托人将买卖物品的事宜委托给行纪人,由行纪人以自己的名义为委托人的利益从事的代购、代销、寄售等活动,并取得相应报酬的行为。在我国民法理论界曾有过长期将行纪合同与信托合同混淆的错误看法,在社会的营业活动中也出现过信托商店,甚至信托搬家之类的模糊信托概念的现象。

（一）相同之处

1. 都是基于信任并按照委托人的意愿行事。

2. 行纪人和受托人都是接受委托人的委托以自己的名义，就委托之事务与第三方从事交易活动。

3. 行纪人与受托人都应对受托事物尽善良管理人的注意义务。

（二）不同之处

1. 设立的形式和适用范围不同

行纪人只能是法人，非自然人。行纪关系仅依行纪契约而设立。其业务是经营性的，限于代客买卖财物，主要适用于动产。传统的行纪分为经收行纪（代委托人买入财物）和寄售行纪（代委托人卖出财物）。

受托人可以是法人，也可以是自然人。信托关系不仅可由契约也可由遗嘱及信托宣言而设立。有经营性的，也有非经营性的。信托事务的范围十分广泛，适用于各种财产，并涉及到信托财产的管理、运用和处分、信托利益的分配等多方面的内容。

2. 财产的性质不同

信托财产具有独立性，与委托人、受托人、受益人的自有财产相区分，已从委托人的自有财产中分离出来，不归委托人持有。

行纪关系中，行纪人代委托人买卖的财产，其所有权归委托人所有。

3. 权益不同

信托成立后，信托财产的所有权与利益相分离，所有权转移至受托人，而利益归于受益人。

行纪关系中权益没有分离，行纪人为委托人买卖的财物，其所有权与利益均属于委托人。

4. 处理事务的权限不同

行纪人需按委托人的指示实施委托事务。原则上以委托人指定的价格为准，不得高于准价购入或低于准价卖出（除非是在特殊或紧急情况下，为使委托人免遭损失并获委托人同意）。行纪人未经委托人授权将财产出售给第三人的，第三人通常不能取得该财产的所有权。

受托人在处理信托事务中，除非受托人在信托文件中明确规定了限制性条款外，否则受托人在为实现信托目的、为受益人利益最大化的前提下，享有充分的自由裁量权,可以行使属于所有权人的一切权力。受托人出售给第三人的信托财产,第三人是可以取得该财产之所有权的。

行纪人在没有与委托人有限制性的约定,并不形成委托人利益受损的情况下,可以充当买受人或卖出人买入或卖出委托人委托出售或购入的财产。即行纪人享有对受托事务的介入权。

受托人不享有对受托事务的介入权。各国的信托立法中都有明确规定,为切实保护受益人的权益,严格禁止受托人以信托财产购买自己的财产,也不得将信托财产卖给自己。

5. 期限不同

这一点,行纪与委托代理相同,只适用于财产的短期管理。在行纪关系设定后,委托人仍有随时取消的权力。而且任何一方当事人发生死亡或被撤销等情形时,则行纪关系归于消灭。

信托制度适用于财产的长期管理安排,在与委托代理制度的比较中已作过论述,此处不再赘述。

四、信托与监护

监护制度是为无民事行为能力和限制民事行为能力人的权益得到合法保护而设计的。监护人由法律规定指定,依法履行监护职责。有些国家有时也将监护人称之为受托人。这也正是容易引起监护与信托概念模糊之所在。

一些国家即使有较完善的监护制度,也难免出现监护落空或监护无力的情形。实践证明,监护人不尽职尽责,视其应承担的职责为负担,无暇或无力顾料,容易致使被监护人的利益受到损害。因此,有些国家便产生了"监护信托",无暇或无力的监护人将其监护权委托给受托人。该受托人可以是自然人,也可以是信托机构(对品德不端、危害被监护人合法权益的监护人,通过法律程序,法院可予以撤销并另行指定监护人)。信托机构作为监护信托的受托人时,其职责是以财产管理为主。生活照管,如看病就医等可委托给他人代理。

在遗嘱信托中,也有的受托人同时承担着监护人的角色。如委托人在其指定的受益人处于无民事行为能力或限制民事行为能力的阶段时,将对该受益人的监护权交付给受托人。此时更容易引起监护关系与信托关系的混淆,将监护关系视为信托关系容易模糊信托概念,造成法律关系错位。因此,必须弄清楚监护与信托的异同。

(一)相同之处

1. 监护人为法律规定指定,受托人有时也可能根据法律规定指定。

2. 受托人与监护人同样都是为他人控制和管理财产,而不能谋权私利。

3. 受托人与监护人均需恪守诚实、信用、谨慎、勤勉的职责,保护受益人、被监护人的合法权益。

4. 受托人与监护人如因其失职,侵犯受益人、被监护人的权益,而造成财产损失时,都要承担赔偿责任。

(二)不同之处

1. 设立的对象不同

监护关系的设立,其对象(被监护人)仅限于无民事行为能力人和限制民事行为能力人。

信托关系的设立,其对象(受益人)十分广泛,可为自然人(包括完全民事行为能力人,也包括限制民事行为能力人和无民事行为能力人),也可以是法人和依法设立的其他组织。

2. 设立的方式不同

监护人由法律规定指定,有争议不服而提起诉讼的,由法院裁定。

受托人一般是由委托人指定。

3. 财产的权属不同

监护关系中的财产权归被监护人所有。虽然监护人对被监护人的财产拥有较大的控制和处分权,但不能改变权属关系。

信托关系中的信托财产不归受益人所有。受益人只享有信托受益权,委托人的财产已转移给受托人。受托人对信托财产享有充分的管理运用和处分的权力。

4. 行事的名义不同

监护人行事是以被监护人的名义进行。

受托人因持有信托财产的所有权,所以是以自己的名义行事。

5. 权限不同

虽然监护人和受托人都同样具有控制和管理财产的权利,但监护人的监护职责是保护被监护人的人身、财产及其他合法权益。除为被监护人的利益行事外,无权处理被监护人的财产。

信托关系中的受托人接受委托人的委托,持有信托财产,为受益人利益的最大化而行事。受托人拥有较为充分的自由裁量权。

五、信托与赠与、遗赠、遗产管理

财产所有人根据自己的需要或者别人的请求、建议,对自有财产的管理运用、处分在采取不同的方式时,可能会涉及到信托、赠与、遗赠、遗产管理等一些概念性的问题。搞清它们的性质、关系及区别是研究财产管理与传承制度体系中重要的理论组成部分之一。

赠与,是财产所有人无偿地将自有财产转移给他人所有的行为。我国的"合同法"第一百八十五条表述"赠与合同是赠与人将自己的财产无偿给予受赠人,受赠人表示接受赠与的合同"。赠与人、受赠人可以是自然人,也可以是法人或其他合法组织。在我国的"合同法"中规定了具有救灾、扶贫等社会公益道德义务性质的赠与合同,赠与人在赠与财产的权利转移之前是不可以撤销的。这其中值得提出的是公益性质的赠与,在"合同法"中第一百八十六条用"救灾"、"扶贫"等加以概括。

在许多国家和地区的信托立法中,都有公益信托的制度安排。在英、美等国家,其公益信托发展的历史悠久,英国是慈善信托的起源地,后在许多国家将其范围扩大,使公益信托不断拓展,许多著名的大学、博物馆、美术馆、艺术馆、体育场所以及各类基金会都由公益信托兴办。在我国的"信托法"中对公益信托的范围界定为"为了下列公共利益目的之一而设立的信托,属于公益信托:(1)救济贫困;(2)救助灾民;(3)扶助残疾人;(4)发展教育、科技、文化、艺术、体育事业;(5)发展医疗卫生事业;(6)发展环境保护事业,维护生态平衡;(7)发展其他社会公益事业。"

由上述可见在我国的"合同法"和"信托法"中都有以社会公共利益为目的的制度安排。虽如此,但不可将赠与同信托混淆。

遗赠,是赠与的一种特殊形式。它是以遗嘱的方式设立,而不以合同设立,遗赠在"合同法"中并无规定。

遗赠是由遗嘱人(遗赠人)以立遗嘱的方式将其全部或部分遗产在其死亡后无偿地赠与其继承人以外的其他人(被遗赠人)所有的行为。

在我国的“信托法”中有关于遗嘱信托的规定，即“设立信托，应当采取书面形式。书面形式包括信托合同、遗嘱或者法律、行政法规规定的其他书面文件等”。遗嘱信托设立后，受托人同时也是遗嘱执行人。

在研究遗嘱信托时，更为引发广泛注意的是遗产管理问题。实践证明，许多信托制度发达的国家和地区信托是解决财产管理与传承问题的极好方式。

遗产管理往往同赠与、遗赠等紧密相联系。遗产管理是指遗嘱执行人在遗嘱人死亡后为其办理债权收集、债务清偿，遗赠品交付和遗产的分割及处分等有关事宜的行为。具体内容和程序大致为：收集遗嘱人死亡后的全部遗产；支付其债务和所欠税款；将剩余遗产分配给有权享受遗产的人；遗嘱中有赠与事项的按遗嘱赠与受赠人等。

遗嘱执行人一般应是在遗嘱中指定并乐于接受的人（一人或数人）。如果死者生前未留有遗嘱或者是虽立下遗嘱但未指定遗嘱执行人的，则可由法院指定遗产管理人。

在信托的起源地、民事信托最发达的英国，信托是由衡平法发展而来的，属衡平法院管理。遗产管理初归教会法院管理，后统归衡平法院管理。信托与遗产管理二者的管理同归属于衡平法院，其相似存在与相似管理，往往将遗嘱执行人视为受托人。在实践中，同一人极有可能被指定为遗嘱执行人和受托人。他们同样都是遗产的名义所有者，是为了他人的利益而履行遗嘱人和法律赋予的职责，并不为己谋取私利。但是遗产管理和信托是有区别的，首先，英国相关法律规定遗产管理的任务仅能由遗嘱执行人完成，只有在完成了债权收集、债务清偿、遗赠品交付等事项后，才有可能担任受托人对剩余的遗产实施管理；另外，遗嘱执行人是非一人的共同执行人，其中任何一人都可以处置遗产中的动产和签订土地出售合同。而共同受托人中的任何一员都没有这些权力；其次，依据“受托人法”的规定，受托人有权指定新的受托人。而遗嘱执行人则无此权；再有，“依照 1980 年时效法”的规定，违反信托的诉讼时效一般为 6 年，而对遗嘱执行的诉讼时效则长达 12 年。

从以上情况看，英国的相关法律对遗产管理和信托已做出了区分。在这样一个信托相当发达的国家，有这样的区分是有其历史缘由的。我们姑且将遗产分为两部分，一部分叫清算资产，包括死者生前的债权、债务、清理资产、继承资产、遗赠资产等;另一部分叫剩余资产,即遗产经过清算后的剩余资产。如果死者的全部遗产不够清偿债务和支付费用的,或者所剩无几的,就没有剩余遗产纳入信托一说了。如果遗嘱人生前对自己的债权债务十分明晰,有可信托的剩余资产,并在遗嘱中指定一遗嘱执行人和对剩余遗产指令设立信托,那么,遗嘱执行人在执行完"清算资产"的处置后,就可以以受托人的身份持有剩余遗产了,同时享有"制定法"指定新受托人的权力。事实上,受托人按照遗嘱人在遗嘱中对剩余遗产设立的信托,应属于遗嘱信托。但是死者生前未留下遗嘱的或者虽有遗嘱但未指定遗嘱执行人的,均由法院指定遗产管理人。遗嘱中未指定遗嘱执行人而由法院指定的遗产管理人就是遗嘱执行人;没有留下遗嘱由法院指定的遗产管理人,实际上就是法定的遗产管理受托人。不论是遗嘱中未设立信托的遗嘱执行人,还是由法院指定的遗嘱执行人或者是由法院指定的遗产管理人,在实施对遗产的管理进入剩余遗产的管理阶段时,他们都可以顺利地成为受托人或由其指定新的受托人,此时的信托不算遗嘱信托。所以,遗产管理和信托两种制度的相似及区分是客观存在的。

在我国随着民间财富的聚集和增长,公民的个人合法财产受到法律的保护,其对财产的管理和传承的需求与日俱增。遗嘱信托和遗产管理信托能否得到发展取决于信托制度的普及、信托法规和相关配套法规的不断完善。

第四节　信托的基本功能

信托的功能是由信托的特性决定的。信托制度不是在所有的国家都被承认,信托的特性在已经建立起信托制度的国家也并非尽数体现,信托功能也并非完全发挥。信托的功能是一个变数,是随着信托制度的建立和完善而变化,应该说它是一个渐进式的变量。信托功能在不断地创新和拓展,信托制度越发达,信托功能的发挥就越充分。

在信托起源地英国,其信托发展史是经济变革史中的一个重要组成部分。历史证明,在已经建立起信托制度的国家和地区不论是英美法系还是大陆法系的法律背景,其信托的功能都随着财产形式的变化,金融市场的变革,监管制度的创新而变化和发展。民事信托、商事信托和公益信托的产生和发展,专业信托机构的建立和发展都使信托功能得到空前的扩张。

信托功能的发挥和创新是与一个国家或地区的政治制度、经济基础、历史文化背景、金融市场水准、法制体系健全程度、信托制度的普及程度等息息相关。因此,必须以科学发展观历史地、客观地、有前瞻性地评析和开拓信托的功能。

信托的功能是一个动态的变量,不可悉数,此处仅概括信托的几项基本功能。

一、财产的管理与传承功能

财产管理功能是信托的最基本功能,其他功能可以说都是由这一基本功能拓宽和深化而来。

财产管理与传承的功能,起初多体现在民事信托中。拟将自有财产设立信托的人(委托人)有多种情况:一种是无能力或缺乏管理财产能力的人;第二种是没有精力管理自有财产的人;第三种是移居或长期生活在异国(或地区)的人,对本土的自有财产难于管理;第四种是在本土以外购置的不动产或其他财产难于管理的人等。这些财产持有人都可以利用信托的功能,在其财产所在地信托制度的框架内通过有才能的受托人设计信托模式,建立财产管理信托。使该财产得到法律的保护并达到保值、增值或委托人指定的目的。

在财产传承功能方面,涉及到前面已经介绍和分析过的遗嘱信托、遗产管理信托。委托人完全可以在生前找到适宜的受托人(可以是自然人,也可以是信托机构),建立起财产传承式的遗嘱信托或遗产管理信托。不单单是传承给下一代,而且可以将财产分割给第二代、第三代,甚至更远。也可以分割出一部分财产作为公益信托。只要这些财产没有被消耗尽,即使是受托人发生变故,也可以更换给新的受托人,使信托延续下去。该委托人的财产通过信托就可以世世代代传承下去而不息。

在民事信托中担当财产管理和传承的信托关系中的受托人应是无私的,他是为受益人的利益而尽职并不谋取私利的。当然,要充分发挥这一功能的作用,也必须有严格的监管。因为事实上并不是没有受托人谋取私利、侵吞信托财产和信托利益,使受益人蒙受损失的事件发生。

随着现代信托制度的发展,民事信托中的财产管理功能,在商事信托中得到了更为广泛的拓展。在商品经济发展和金融制度创新的过程中,经营信托业务的信托机构在市场经济环境下,将信托的财产管理功能更加突出地显现于世人面前。

财产管理还存有“代理”、“公司”两种主要管理制度,但它们都远不及信托制度所能达到的功能。这一点,在前面信托与代理、与公司两种制度的异同比较中已经作过分析。专业信托机构在商事信托领域的品种创新,成为体现信托特性、拓宽信托功能的载体。

信托制度在促进社会的变革与发展中实现更有效的财产管理。通过信托实现集合资产管理,使社会财富得到有效的聚集和配置。

信托的财产管理功能在现代经济的财产管理制度架构中得以凸现,是信托制度具有其他财产管理制度所不具备的独特优势。

信托的财产管理功能集中体现在它的权益重构功能,它是财产管理的核心功能。通过信托,委托人实现自有财产的重构,使其全部或部分自有财产之财产权转移给受托人。从而使信托财产获得独立的法律地位,起到破产隔离作用,对受益人的利益构成法律保障;信托受益权的可分性和可转让性,是由信托财产的独立性和信托权益的分离性所决定的。由此而实施受益权的重构达到委托人的复合意愿,同时有可能使商事信托创新的信托产品向受益凭证和资产证券化推近。不仅如此,信托的财产管理功能的发挥还有助于实现管道型的税收。信托产品的多样化和信托财产管理的灵活性促进了理财市场的多元化发展。

二、投融资功能

信托的发展史,特别是19世纪英国的工业化以后,突出地显示出信托的投融资功能,实现了银行信用的有力补充,信托型基金得到了广泛的应用。日本政府于“二战”后借助于信托银行以信托方式运作,集合民间游离资金投资于电力、煤炭、钢铁和交通等基础设施建设项目上,助推了战后的经济恢复。世界上,许多国家和地区利用信托制度的投融资功能募集资金,建立各类信托基金,以投资或贷款方式进行房地产等开发建设,取得了相当好的效果。由此而逐渐形成信托机构的中长期投融资功能。

信托的投融资功能还体现在信托可涉足于证券投资、产业投资、创业投资、风险投资上。从企业的融资角度看,融资方式主要有上市发行股票、发行企业债券、短期融资券等直接融资方式和向银行贷款、融资性租赁等间接融资方式。而通过信托机构以集合资金信托方式融资,则是对直接融资和间接融资的有效补充。因此,信托投融资功能的拓展为构筑货币市场、资本市场、产业市场的连接打开了通道。并且对于推动直接融资体系的发展,实现资源的合理配置和优化投融资结构起到积极的作用。

三、财务管理功能

受托人要做到对信托财产的有效管理,必须要有科学规范的财务管理。信托的财务管理功能是其财产管理功能的必然延伸。它基于信托的权益分离性、信托财产的独立性、信托管理的连续性等特性而形成。换言之,信托的特性通过信托的财务管理功能来体现。

首先,在信托事务的处理过程中,受托人要以自己的名义为受益人的最大利益而管理运用、处分信托财产。因信托的权益分离性和信托财产独立性的特征,要求受托人必须将信托财产与其自有财产区分开来,不同委托人之间的财产区分开来,实行分别记账、分别管理的原则,负有设置账簿的义务。对信托财产的运用、处分进行严格的财务管理和财务核算,实施信托利益的事前预算和事后结算,向受益人支付。所有过程,受托人都无权为己谋取私利。其财务管理账簿应能经得起检查。

其次,在世界各国和地区的信托法规中,大都有相关的信托登记和公告以及经营性信托业务的信息披露制度。根据信托财产的性质不同,主管当局的要求不同,有些信托财产需要到主管机关进行信托登记,有些还要进行公告。这有利于受托人对信托财产实施有效的管理,有利于对受益人合法权益的保护,也有利于监管部门的监管。随着信托财产在信托事务的处理过程中发生的转移、交易、清算、交割等事宜,所有繁杂的财务管理手续都以受托人的名义进行,无需委托人、受益人分忧,信托的财务管理功能对信托事务进展的每一个环节,都是由有专业技能的信托专业人才予以实现的。对信托财产的管理运用、处分情况,受托人都要定期编制财务报告,进行信息披露。信托的财务管理功能既可以保证信托关系人知情权的实现,又可以为监管工作提供依据。

再次,信托管理的连续性,要求受托人在信托期间的财务管理必须是连续的、不间断的、规范的、准确的和及时的,这种管理不因委托人、受托人发生变故而终断,可使新任受托人得以顺畅有效地接管而延续信托。

最后,信托的财务管理功能,在民事领域中体现在受托人可以直接接管遗产处置中的财务管理;在商事领域中体现在受托人可以直接接受企业财务管理的委托或财务审查;对破产企业还可以接受破产信托、清理债权、债务分配破产财产等。

四、社会保障及公益事业的促进与服务功能

信托的生存与发展并不是以受托人自己的利益为驱动力的。受托人是以实现委托人的意愿或特定目的、为受益人的最大利益而行事的,并不谋取任何私利。即使是经营信托业务的专业信托机构,也只收取手续费或佣金,并不享有信托财产上的利益。因此,信托的本质构成要素中受托人的无私就决定了它的公益含量。这就是信托制度问世以来所具有的"利他性",在这个基础上发展起来的社会保障型信托、职工福利型信托、公益信托就可谓根深叶茂了,其促进和服务于社会保障及公益事业的功能是显而易见的。

第二章
信托的设立形式、成立与生效

在世界各地，信托的设立形式、成立与生效都是以该国或地区的信托法规和相应法律为依据的。违反法律规定而设立的信托应是无效的。所有符合法律而成立的信托和生效的信托都会满足信托的基本构成要素的要求，都会体现信托的主要特性。但由于经济基础、社会历史、法制环境、人文习俗等各方面的差异，特别是法律发展的历史渊源和体系的不同情况，对信托制度的建立和应用也有所区别，出现本土化的特征。

现就一些国家和地区的信托立法和信托实践，结合我国的信托立法情况、就信托设立的基本形式，信托成立的要件，有效信托、无效信托与可撤销信托以及信托生效后的法律后果等方面进行阐述和分析。

第一节　信托的设立形式

一、英国的信托设立形式

英国的信托设立形式大致可以分为三种：一种是由委托人以明示的意愿和行为而设立的（明示信托）；另一种是委托人没有明示，在财产的法定所有权与受益所有权不属于同一人的情况下，由衡平法院推定并施加的（默示信托）；再一种是制定法规定的若干情况下的财产持有是由法院以强制方式而设立的（法定信托）。在这三种形式中以明示设立信托居多。

早在公元1677年英国政府为了规范信托行为，防止利用信托进行欺诈、颁布了“反欺诈法”，明确了以一定类型的财产设立信托必须持有书面证据的规定。在以后的“遗嘱法”（1837年）和“财产法”（1925年）中更进一步确定了信托的设立形式。但在司法实践中，通常是以判例为依据，体现了原则性与灵活性的结合，归纳起来有如下几种：

1. 承认口头形式有效

通常是在委托人以价值较低的动产，明确的以口头形式向他人表明设立信托的意图。在判例中就可以被承认该信托的成立。比如，曾在早期法院在审理一名委托人将数额不大的一笔钱存入银行并向接办业务员表明是为其指定的孩子而存入的算不算信托时，判例认为这就是一项以口头形式设立的信托，信托成立。

2. 依文字证据而设立

其实口头言词也是证据的一种，而口头状态是不可视的。文字证据是可视的，是以文字为凭证的。

一般来说，委托人如果用动产设立信托时，其设立的形式在英国的法律中并没有严格的要求。即使是委托人以不动产设立信托时，对该项信托的文字或遗嘱也没有特殊的规定。在已发生的判例中，委托人的一封书信或电报中涉及到以自己的财产设立信托的意图就足够了。不仅如此，委托人如果先有对信托的口头声明，而后再提供有关的文字证据，同样可得到法院的认可。而且承认信托设立的时间为口头声明的时间。

不管是以书信、电报、遗嘱表明信托的，其文字证据都必须有委托人的亲笔签名方能生效。

在上述“承认口头形式有效”的表述中，对以财产价值较低的动产设立信托时，口头形式可以有效。但对以价值较高的财产（法院针对不同类型的财产如现金、有价证券、珠宝、珍品等确定其数额、价值之高低）设立信托时，口头证据通常是行不通的，不论从律师参与的角度出发，还是从法院管理的需要出发，都需要有文字证据才能说明该项信托的成立。

3. 以书面形式或遗嘱形式而设立

英国的有关法律规定（主要是“财产法”），委托人若以衡平法权益设立信托时，因涉及到信托的权益分离问题必须采取书面形式或遗嘱形式方可成立。以此种形式设立信托，明文确立财产的法定所有权和受益权。受托人或遗嘱执行人（被视为受托人）持有信托财产，在处理信托事务的过程中，为防止其谋取私利或进行危害委托人和受益人权益的行为的发生，法律要求必须有书面形式或遗嘱形式设立的信托文件作为判定信托设立的证据。而且受托人在管理、处分信托财产的过程中会产生以信托财产与第三方的交易并按委托人的意愿处理信托利益,也必须以信托文件的规定为依据。

因为委托人设立信托的目的,往往是出自信托受益权让渡给自己意定的人。这种涉及到衡平法权益的信托居多、范围极广,故此以书面形式或遗嘱形式设立信托就被广泛采纳、而渐成主流。

二、日本、韩国及我国台湾地区的信托设立形式

1. 日本的"信托法"(1921 年 4 月 21 日颁布,1923 年 1 月 1 日起施行,1947 年第一次修订,1979 年第二次修订)中虽没有以"信托的设立"之单独条款规定信托的设立形式,但在该法的第二条、第三条、第四条涵盖了此项内容。第二条规定"信托可以依遗嘱实行",这表明信托的设立可采取遗嘱的形式;第三条是对委托人以财产权和以有价证券而设立的信托进行公示的规定;第四条是关于"受托人应依信托行为所定管理或处分信托财产"的规定。第三条强调了财产权信托和有价证券信托的设立需要进行公示;而在第四条中之"依信托行为所定",其所指"信托行为"可以是由法律规定而成立,也可以是按照委托人的意愿与受托人达成的合意而确立。受托人管理或处分信托财产当依"所定"而行,该"所定"应理解为契约或合同形式。

2. 韩国信托法(1961 年 12 月 30 日颁布并实施)中,第一章总则,第二条信托的设立,明文规定了"信托可根据信托人与委托人签订的契约,或信托人的遗嘱而设立"。这条规定中的信托人(在韩国"信托法"中定义为信托指定者)即信托关系中的委托人。而受托人在韩国"信托法"中定义为"信托接受者"。由此可见韩国"信托法"确立了在该国设立信托的形式为契约或遗嘱,简明而扼要。

3. 我国台湾地区的"信托法"(1996 年 1 月 26 日颁布并实施)中,第一章总则第二条规定"信托,除法律另有规定外,应以契约或遗嘱为之。"已经清楚地表明了设立信托的一般形式。这一条是对信托设立的规定,它包含着两层意思,一是,该"信托法"规范的信托行为是明示信托;二是,明示信托的设立分为法定和意定两种形式,即法定信托和意定信托,对意定信托的设立形式清楚地规定了"应以契约或遗嘱为之"。

三、我国的信托设立形式

在我国的"信托法"(2001 年 4 月 28 日颁布,2001 年 10 月 1 日实施)中

第二章信托的设立第八条中“设立信托,应当采取书面形式。书面形式包括信托合同、遗嘱或者法律、行政法规规定的其他书面文件等。”已经非常清楚地表述了信托设立的形式。

我国“信托法”对信托设立形式的规定,清晰而准确。综观其他条款,排除了以委托人的默示行为推定其具有设立信托的意图而设立信托的形式(默示信托)及委托人通过对外宣言、以自己为委托人和受托人而设立信托的形式(宣言信托)。因此,在我国只承认明示的形式设立信托。但明示信托既可以采取书面形式,也可采取口头形式。我国的信托法否定了设立信托的口头形式,明确规定“设立信托,应当采取书面形式。”,对书面形式规定为三种:第一种为信托合同;第二种为遗嘱;第三种为法律、行政法规规定的其他书面文件等。

1. 信托合同

合同是指平等主体的自然人、法人、其他组织之间设立、变更、终止民事权利义务关系的协议。信托合同是合同中的一种专业性合同,总体上符合合同法的原则,内容上则突出信托的特点。将信托设立的方式确立为书面形式的信托合同,就可以明确地突出信托合同的特殊要求,有利于该类合同的规范化、标准化和监管工作的需要。

2. 遗嘱

遗嘱是指遗嘱人生前依照法律允许的范围和方式、对其遗产或其他事物所做的单方意思表示,于其死亡时产生效力的行为。我国的信托法排除了口头遗嘱设立信托的方式,只能以书面形式设立。

3. 法律、行政法规规定的其他书面文件

按“合同法”规定,书面形式除合同书外,还有信件和数据电文(包括电报、电传、传真、电子数据交换和电子邮件)等可以有形地表现所载内容的形式。委托人除以信托合同和遗嘱两种书面形式设立信托外,只要其他法律、行政法规允许,也可以通过法律、行政法规规定的其他书面文件设立信托。另外也可以依人民法院的书面判决设立信托。

第二节　信托的成立

一、三个确定性原则

在英国,一项明示私人信托的成立,必须满足法律规定的一系列规则,否则法院不予承认。这一系列规则的核心,就是三个确定性的原则。

1. 信托意愿的确定性

委托人必须有设立信托的意愿表示,衡平法并不特别地强调形式,看重的是委托人是否对受托人施加了一项强制性的义务。法院在判定一项契约或遗嘱是否构成信托时,主要是依据案情的事实,分析是否存在实际意义的信托。即使是没有直接使用"信托"一词,而使用"信任"、"期望"类语言的表述,只要是通过调查取证表明委托人确有设立信托的意愿,就可以判定他设立了一项信托。如果委托人在契约或遗嘱以及其他书面证据中直接地使用了"信托"一词,(如委托人为某人设立了一个专用的信托账户),那就更没有什么疑义了。

2. 信托财产的确定性

委托人拟将自己的财产设立信托,可能是他的一部分财产,也可能是他的全部财产。但这部分财产必须是确定的,因为它要从委托人的财产中分离出来,转移至受托人名下,归受托人管理或处分。这是由信托财产的独立性所决定的,这部分财产必须要清清楚楚地加以界定,诸如财产的性质、数量、价值等,一点也不能含糊。只有当事人都确切地知道哪些财产被确定纳入了信托,方能有效建立起信托关系,明了各自的权利和义务,使信托成立。

3. 信托受益人及其受益权的确定性

信托的受益人必须是确定的,且受益人的受益权也必须是明确的,信托才能成立。

信托受益人及其受益权的确定性,对信托的成立具有重要作用。因为没有明确的受益人和对应于每个受益人的受益权,受益人就难于对不履行职责的受托人实施强制性要求的权利;而受托人也难于实施对信托财产的管理、处分,无法分配信托利益。在受益人及其受益权不明确的情况下,受托人接受了信托,受托人就会面对每个可能认为自己是受益人的人和相关共同受托人承担违反信托的法律责任。

(1)受益人的确定性

对受益人的确定,存在三种情况:第一种是委托人清楚具体地指定了受益人(姓名、性别、年龄、住所、与委托人的关系、联系方式等);第二种是受托人依据委托人在信托文件中表述的方法可以确定受益人。例如在信托文件中委托人授予另一人享有确定谁是受益人的权力,另如,信托文件规定了受托人在委托人列示的受益人的范围内享有自由裁量权;第三种是由法院根据信托文件或遗嘱中的文字内容或有关证据判定受益人。(日本、韩国和我国台湾地区针对不特定或尚未存在的受益人,建立了设置信托管理人或信托监察人的制度)

(2)受益人之受益权的确定性

受益人不管是一人、还是数人,落实到每一个受益人头上的受益权必须是确定的,信托才能成立。

受益人之受益权不确定的,受托人无法支配信托财产和信托利益,受益人也不能以信托财产主张权利,信托当然不能成立。

如果信托存有几个受益人,而落实到逐个受益人的受益权委托人并没有指明,则可运用衡平法"等分"之公平原则,各受益人即可平均分配信托财产和信托利益,信托即可成立。

如果在信托文件中载明受托人享有自由裁量权,受托人就有权决定每个受益人的受益权。从而可以实施信托财产和信托利益的分配,信托也可成立。

英国的信托理论中的三个确定性原则,不仅对英美法系背景的国家和地区在完善信托制度方面起着基础性的指导作用,而且对大陆法系背景的国家和地区在建立和发展信托制度方面产生了深远的影响。对信托成立的约束机制和其法律后果,从理论和实践方面开创了一个新的起点。

二、信托成立的必要条件

三个确定性原则对信托的成立是一个基础性的标准,构成建立信托关系的精髓。在英国有着许多判例是在三个确定性原则指导下形成的,与此同时,诸多的判例也支持、充实和推进着这一理论的应用和发展。

大陆法系国家和地区引入信托制度的情况各有不同,对信托的定义也有各自的理解。因此,对信托成立的法律规定在其各自的信托立法中也存有不同的表述。被认为属于大陆法系的日本、韩国和我国台湾地区,其信托的应用范畴主要还是集中在商业领域,私人信托的运用并不多见,故而在信托成立条件方面的规定也主要针对经营性信托,但在信托立法中为保持信托法的全面性并不排除私人信托。不论是日本、韩国还是台湾地区都将三个确定性原则做为信托成立的核心原则,我国的"信托法"则更加综合地借鉴和切合国情。

1. 日本、韩国及我国台湾地区信托成立的要件

日本"信托法"制定和实施的时间比较早,韩国和我国台湾地区在信托法的制定中借鉴了日本的经验并符合本土的实际情况。信托法中的实质性内容基本相同,将信托设立的形式基本概括为契约形式和遗嘱形式两种。

(1)以契约形式设立的信托的成立要件

契约与合同没有什么本质上的区别,都是约束当事人之间权利与义务的文书。但合同必须经双方签订,而契约则存在单方签发的情况,如地契、房契。此处所论以契约形式设立信托者,应是由信托当事人双方签订的合同。

从理论和实践来看,一般以契约形式设立信托时,在契约签订时,信托即告成立。因此其成立的要件应是信托当事人就信托事务经协商达成共识,则以"签订"为标志。这标志着委托人设立信托的意愿得到受托人的"承诺",才构成"签订"的基础。因此,有人则认为以契约形式设立信托,其成立的要件是受托人的"承诺",这一说法也并无不当,但实践中还是以信托契约签订时判定信托的成立为准。即以契约形式设立信托时应先有委托人与受托人达成合意,再形成信托契约。而契约的签订需依照契约法而行之。

(2)以遗嘱形式设立的信托的成立要件

遗嘱人在生前为其死后之遗产或其他事务的有效管理或处分而以遗嘱方式设立的信托,系委托人(遗嘱人)之单方行为,于其死亡时发生法律效力。有几种情况值得注意:

第一种情况是遗嘱人(委托人)立遗嘱时已找好受托人,并已就其死后所委托之信托事务得到了受托人的承诺,达成协议,实际上已构成契约信托。

第二种情况是遗嘱人(委托人)立下遗嘱时,只是指定了受托人的范围

或是具体某个受托人或几个共同受托人。这些受托人在遗嘱人死亡后才从遗嘱中知情,符合遗嘱中指定的受托人如果承诺这项信托,则该遗嘱信托即告成立。因此,这种情况下信托成立的要件就是受托人的承诺。

第三种情况是遗嘱指定的受托人拒绝或不能接受该项信托时,遗嘱信托是否成立?

在日本,其“信托法”中第四十九条[新受托人的选任]规定:“(一)受托人的任务终止时,利害关系人可以请求法院选任新受托人。(二)前款规定,准用于根据遗嘱指定的受托人不承受信托或不能承受信托的情形。”;韩国的“信托法”第十七条[选任新受托人]规定“(一)在受托人任务终止时,有关利害关系人可以向法院申请选任新受托人。(二)前款的规定,准用于根据遗嘱指定的受托人不接收信托或不能接收信托的情况。”;我国台湾地区的“信托法”在第四十六条也规定了“遗嘱指定之受托人拒绝或不能接受信托时,利害关系人或检查官得声请法院选任受托人。但遗嘱另有订定者,不在此限。”。日、韩和台湾地区的这些规定,内容基本相同,尤其是日本、韩国的表述几乎无异,台湾地区的提法在利害关系人外增加了检查官,使遗嘱信托成立的力度加大。

2. 我国信托成立的要件

我国“信托法”(2001 年 4 月 28 日颁布,2001 年 10 月 1 日实施)第八条规定“采取信托合同形式设立信托的,信托合同签订时,信托成立。采取其他书面形式设立信托的,受托人承诺信托时,信托成立。”这对信托成立的界定,应该说表述得比较清楚了。以信托合同形式设立信托的,以信托合同的签订作为成立的要件,“签订”标识着信托当事人就信托合同的条款经过协商后达成一致。依照“合同法”的有关规定,双方履行了必要的手续而建立起了合同关系。信托合同一经签订,信托即告成立,合同即生效,对当事人即产生法律约束力。在此值得注意的是,当事人的协商一致和依法履行的必要手续是达成合同签订的必要过程和条件。不论从理论上,还是从司法实践上都是确切的。

采取其他书面形式设立信托的,以受托人的“承诺”为信托成立的要件。信托合同以外的其他书面形式应该包括遗嘱和其他法律法规规定的其他书面文件。这些书面文件应是以证明委托人设立信托的意愿,但单凭委托人的这种意愿并不能使信托成立,而必须得到受托人的承诺,信托方告成立。

值得注意的是,以遗嘱形式设立信托的,在法律规定上与日本、韩国和我国台湾地区“信托法”中的规定有所不同。我国“信托法”第十三条规定“遗嘱指定的人拒绝或者无能力担任受托人的,由受益人另行选任受托人。受益人为无民事能力人或者限制民事行为能力人的,依法由其监护人代行选任,遗嘱对选任受托人另有规定的,从其规定。”,其间,不同于日本、韩国和我国台湾地区“信托法”中“不能承受或不能接受(收)信托时”的提法,而是用“无能力担任受托人的”加以界定,显得更加明确。而对新受托人的选任,在日本、韩国和我国台湾地区的“信托法”中都规定了由利害关系人(台湾地区“信托法”有“或检查官”的规定)向法院提出申(声)请或请求,由法院选任。我国的“信托法”中将利害关系人明定为受益人,同时,新受托人的选任权归于受益人。这一规定,一方面能够更好地保护受益人的权益;另一方面受益人(或其监护人)成为新的委托人,在选任新受托人时,只要新受托人承诺,即可使信托成立。但是有个问题值得研究,如果受益人不是一人而是多人时,意见一致还好,如有意见分歧(或者是受益人之一的监护人与其他受益人之间),选任新受托人之事就难以顺利进行。因此,在我国“信托法”中的第十三条规定“遗嘱对选任受托人另有规定的,从其规定。”,这可能有几种情况:一种是遗嘱人(委托人)在遗嘱中指定一位受益人在多名受益人之间发生意见分歧时,由他说了算。或者是明确指定一名受益人或某一监护人全权处理选任受托人的事项;第二种是遗嘱人(委托人)在遗嘱中规定了新受托人的选任范围和选任方法;第三种是并不排除遗嘱人(委托人)在遗嘱中允许受益人对新受托人的选任有意见分歧时请求法院予以解决的可能。即便如此,法院一般也是采取调节协商的方法,在新受托人承诺的前提下给予帮助。由上述诸种情况可以归纳出:采取信托合同以外的其他书面形式(包括遗嘱和其他法律及行政法规规定的其他书面文件)设立信托的,受托人的“承诺”应是信托成立的要件。

第三节 信托的有效及信托的撤销

信托的成立与信托的生效,二者之间既有区别又有联系。一般来说,信托的成立条件是根据信托原理和民法的规则而确定的,是宏观方面的规定。前面已经论述过的三个确定性原则与“签订”及“承诺”的要件约束均属于此,而信托生效的条件就具体化了。信托生效的条件在各国和地区的信托立法中其规定不尽相同,相对来说属于中观的约束性条款,更加具体的微观条件,还要体现在不同时期,不同信托类型的制度设计安排上,更加具有针对性和可操作性。

有些人往往把信托成立的条件与信托生效的条件混为一谈,有时把三个确定性原则中的一项、二项或全部列入生效的条件也并不为怪,因为没有这三项,或三项中缺少任何一项,信托都不可能成立。没有成立的信托又何言“生效”二字呢?这就是信托成立与信托生效二者之间密不可分的关系。但同样,即使一项已经成立的信托,只要是违背了生效的条件,也会成为无效信托。因此,在信托成立之初就能遵守生效条件而为之,显然是信托当事人的明智之举。这也正是信托的成立与信托的生效之表里互应关系。而有时事与愿违,或委托人、或受托人、或二者勾结为谋求私利,利用信托来逃避相关法规的约束,故此就产生了无效信托与可撤销信托之说。

一、信托目的的限制及其剥离

一般来讲,不具备生效条件的信托,就会构成无效信托,该信托自始至终均不发生法律效力,而控制一项信托得以生效的关键应是对信托目的的限制。

不论英美法系,还是大陆法系的国家和地区,在其信托立法中都对无效信托作出相应的规定。这些规定多为具有普遍性和通用性的一般规则。针对不同类型的信托,还需有信托业法以及专门性法规予以规范,而在各国和地区的信托立法中都对信托目的的限制作出了必要的规定。

(一)对信托目的的限制

被用于违反法律、法规和不正当目的的信托,不能生效,为无效信托。大陆法系的国家或地区从英美引入信托制度应是符合本土的实情和需要的,信托立法的条款应与民法和相关法规有机衔接。对委托人设立信托的意愿即信托目的的约束,成为信托生效的重要条件。

1. 限制信托目的违反法律法规

日本“信托法”第十条[信托不符合法律时的禁止]“依法令不得享有某项财产权者,不得作为受益人享受等于有该项财产权时的利益。”;韩国“信托法”第五条[目的限制]之(二)规定“信托在其目的违法或不能成立时,则告无效。"第六条[禁止脱离法律的信托]规定"依照法令的规定,不能享受一定财产权的人,不能作为受益人而获得其权利和享受相同的利益。";我国台湾地区的"信托法"第五条规定"信托行为有下列各款情形之一者无效:",其中之一规定"其目的违反强制或禁止规定者。",其中之四规定"以依法不得受让特定财产权之人为该财产权之受益人者。";我国"信托法"第十一条规定"有下列情形之一的,信托无效:",其中(一)规定"信托目的违反法律、行政法规……",其中之(六)规定"法律、行政法规规定的其他情形。",其中之(三)规定"委托人以非法财产或者本法规定不得设立信托的财产设立信托。"。

上述所列举的日本、韩国、我国台湾地区以及我国现行"信托法"中有关限制信托目的违反法律、法规信托无效的规定,多有共同之处,尽管有些提法不同,但实质相同。如有关财产权及其利益享有的法律规定,有"不符合法律"和"脱离法律"之说,都可以理解为以信托方式逃避法律、法规的约束,实际就已构成信托目的违反法律,信托即告无效。

日本在其"信托法"中"不得享有某项财产权者,不得作为受益人"的提法,在韩国"信托法"中的提法是"不能享受一定财产权的人,不得作为受益人";我国台湾地区的"信托法"中的提法是"不得受让特定财产权之人为该财产权之受益人者。"这三种提法应包含两层含义,一是对财产权性质的界定,"某项财产权"、"一定财产权"、"特定财产权"虽表述各异,但其所指均非一般性财产权,对这些财产权的持有和设立信托会受到法律的约束;二是,对受益人权利能力的限制。就是说以设立信托给予信托利益的方式,实现法律规定不能享受上述(某项,一定,特定)财产权的人享有同一财产权。其目的已构成违反法律的规定,因此所成立的信托是无效的。

我国的"信托法"明确地规定了不能以非法财产设立信托,同时界定了不得作为信托财产的为法律、法规禁止流通的财产和未经主管部门批准法律、行政法规限制流通的财产。

2. 限制受托人以谋取私利为目的的信托

受托人接受和实施信托不为己利而为受益人谋求最大利益,是信托本质的重要标志。已实行信托制度的国家和地区对受托人享有信托利益的问题,都有法律、法规予以限制。例如日本在其"信托法"的第九条[利益享受的禁止]中规定:"受托人,除为共同受益人之一情形外,不问其以何人名义,均不得享受信托利益。”;韩国“信托法”中第二十九条[受托人享受利益的禁止]也规定:“受托人不得以任何人的名义享受信托利益。但是,受托人属于共同受益人之一时,则例外。”;我国台湾地区的“信托法”第三十四条同样有“受托人不得以任何名义,享有信托利益。但与他人为共同受益人时,不在此限。”的规定;我国“信托法”中也对受托人利用信托财产为己谋取私利的行为予以严格限制的规定(下面提到的第二十六条)。

受托人不得享有信托利益的法律约束,从信托原理到信托立法,其法律性质都属于强制性的禁止规定。因此,如果信托的成立违反了这些规定,应属违法,信托得自当无效。不论受托人以直接或者是间接的方法,都不得从信托财产获取信托利益。一旦建立在受托人谋求私利基础上的信托得以成立,那也是无效信托。

在信托起源地的英国,从信托制度开始实施就充满着受托人无偿奉献的精神。早期的传统信托,受托人多为委托人的至亲好友或社会知名人士,受信成为受托人的一种社会荣誉。其信托法原理认为,受托人不得利用信托财产谋取私利的原则对所有的受托人都是适用的,其目的是让所有的受托人对人类易犯错误的本性时刻保持警惕,防止受托人将自己的权利、义务与信托利益置于相冲突的地位,把自己的利益放在首位。

随着社会经济的发展,信托制度成为一项十分重要的财产管理制度,特别是经营性信托的发展,使受托人收取信托报酬成为合理的现实。同时受托人也可以成为共同受益人之一,这是信托制度发展的体现,它并不违背受托人不得用信托财产谋取私利的原则,实属不同性质的法律内涵。

英国在其信托立法中明确规定了任何类型的受托人、非经信托行为规定或者法院批准不得收取报酬;日本在其“信托法”中第三十五条[受托人报酬]规定:“受托人,除作为营业承受信托者外,除非有特别约定,不得接受报酬。”;韩国之“信托法”第四十一条[报酬]规定:“受托人除以营业接受信托的情况下,如无特殊约定,不得接受报酬。”;我国台湾地区的“信托法”中在第三十八条规定了“受托人系信托业或信托行为订有给付报酬者、得请求报酬。”;我国现行的“信托法”在第二十六条规定:“受托人除以本法规定取得报酬外,不得利用信托财产为自己谋取利益。”。这些规定说明了受托人利用信托财产谋取私利与处理信托事务取得报酬是两回事。受托人利用信托财产为己谋取私利是违法的,而处理信托事务因有成本支出,收取报酬是合理的、是法律所许可的。对受托人收取报酬、我国"信托法"中第三十五条如此规定:"受托人有权依照信托文件的约定取得报酬。信托文件未作事先约定的,经信托当事人协商同意,可以做出补充约定;未作事先约定和补充约定的不得收取报酬。约定的报酬经信托当事人协商同意,可以增减其数额。"。

上述列举的有关信托报酬的法律规定,是受托人处理信托事务收取报酬的法律依据。旨在规范受托人的营利行为,从法律上突出了受托人行为的无私性。允许受托人取得合理的报酬收入和防止受托人利用信托财产为已谋取私利,严格区别二者的界限。

关于受托人可以作为共同受益人之一人的规定,在我国的"信托法"第四十三条第三款明定为"受托人可以是受益人,但不得是同一信托的唯一受益人."。这与日本、韩国和我国台湾地区之信托法中的规定是完全一致的。受托人作为共同受益人之一人而获得信托利益与受托人不得利用信托财产为已谋取私利是两个完全不同的概念,不可混淆。在民事信托中如遗嘱信托中的遗嘱执行人(受托人)是遗嘱人指定的,同时也是被指定的受益人之一时,这是允许的,但不可是唯一的受益人。如果是唯一的受益人,他就会完全为了自己的利益而行事,受不到其他受益人的约束;在商事信托中,许多投资信托的设计安排上为稀释公众投资人的风险,表明受托人经营信托业务的能力和信心,往往出资购买受益权(多数为劣后)成为共同受益人之一。因此,受托人可以成为共同受益人之一人的规定,有利于受托人潜在能力的发挥,更加有效地管理信托事务。

3. 限制专以诉讼为目的的信托

世界上许多有信托制度的国家和地区对专以或主要以诉讼为目的而成立的信托,都给予法律上的限制,原则上认定此种信托为无效。

在日本,对以诉讼为目的的信托,在其"信托法"中的第十一条[以诉讼为目的的信托的禁止]规定"信托的实行,不得以实施诉讼行为为主要目标。",该条规定的是以诉讼行为为"主要目标"。假设一项信托的成立,其主要目标是为实现委托人的财产管理和处分,而诉讼只为其中的部分程序,应不属于此条所限。在司法实践上,日本法院针对案例事实,客观判定一项信托是否带有诉讼信托的嫌疑,已积累了一定的经验。譬如说,委托人以诉讼事由拟设立信托,而受托人与委托人之间从未有过来往,即没有过信用关系,就接受信托以取得利益。这项信托就难脱诉讼信托之嫌;又如受托人就委托人的讨债事由接受信托,但并未经追索或只经形式上的追索(时间很短),受托人便急促提起诉讼,该信托就很可能被法院认定为无效。

韩国的“信托法”,在其第七条[禁止以诉讼为目的的信托]中规定:“使受托人以诉讼行为为目的的信托无效。”,这里虽未明确“专以”或“主要以”诉讼行为为目的的信托,但其意已明,可理解为委托人专门以或主要以诉讼事由使受托人以诉讼行为为目的而成立的信托是无效的。

我国台湾地区“信托法”中第五条规定的无效之信托行为的第三种情形(第三款)为:“以进行诉愿或诉讼为主要目标者。”,就是说只要是一项信托的成立是建立在以诉愿或诉讼为目的基础之上的,该项信托即为无效。这一条款较日、韩“信托法”中的规定增加了“诉愿”,台湾大学赖源河、王志诚二教授解析为“所谓诉愿,系针对行政机关违法或不当的行政处分所为的行政救济程序”;“至于得提起诉愿者自行或以信托行为的方式使受托人提起诉愿,应皆无碍于行政机关应为合法适当行政处分的义务。”其所析之含义在于并不一概否定诉愿信托的成立。这虽是一家之说,但也反应出对该条款禁止诉愿信托的规定,尚有争议。二位同时认为禁止诉讼信托的规定“其立法理由主要在于避免兴讼或滥诉,而与信托制度的利益相违背。惟事实上,诉讼信托所应禁止者,应限于利用诉讼信托谋求不当利益者。”其意也在于不能全盘否定诉讼信托。并举例说明“例如委托人甲将其对丙的1000万元债权信托给受托人乙,并约定只要能收回债权,则只要交付200万元给甲,其余则归乙所有,此时如乙向丙提起追还1000万元的民事诉讼时,丙可抗辩甲、乙间的信托无效,法院即应为乙败诉的判决。相反地,如甲乙系约定,如能收回债权,须将900万元交付给甲,乙只能获取100万元的报酬,此时是否有必要依该条项的规定认定为无效,实待商榷。”从这一例中可以看出判定诉讼信托是否有效,很大程度上取决于受托人是否通过信托方式谋取不当利益。因此,他们认为对这一条款在司法实践中应该给予限缩解释。

我国“信托法”中关于信托无效的情形在第十一条第(四)项规定了“专以诉讼或者讨债为目的设立信托。”。其中突出了“专以”,可理解为“专门以”或“单独以”,就是说目标单一,是以诉讼或讨债为目的。与日本、韩国和我国台湾地区之信托法中的规定相比,增加了“讨债”目的。所谓讨债是指为债权人追讨债权采取的一种非诉讼方式的救济手段。

我国建立信托制度借鉴了英美法系的信托原理和信托实践以及日本、韩国和我国台湾地区的立法经验,密切结合国情。将"信托法"的制定和实施从一起步就引入规范、健康的发展之路。明确了信托业的定位,通过行政法规界定了信托机构的业务范围。在我国代理他人诉讼或者处理非诉讼的法律事务,应属于律师的执业范围。在现阶段,债权人若要进行诉讼或者是讨债时,采取委托他人的办法,完全可以通过聘请律师的方法解决,没有必要以信托方式进行。而且在我国信托制度尚待普及的初级阶段,实务上对处理债权债务问题时,还是由律师事务所代理较为适宜。所以,本条款的规定在我国的适用不会有什么争议。

4. 限制信托目的损害公共利益

世界各国和地区在民法中都有关于违反社会公共秩序和良好风俗的法律行为无效方面的规定,而信托行为是法律行为之一,因此信托的成立,其目的如果违反了社会公共秩序和风俗,自当无效。

在英国,根据其判例,对某些信托的成立,如有违反公共政策者,一般被认定为无效。从其判例情况看,违反社会公共秩序和善良风俗等均囊于其中。

在韩国,其"信托法"第五条[目的限制]中之(一)规定:"信托之目的,不能违反良好的风俗和社会秩序。";我国台湾地区的"信托法"中之第五条规定的信托行为无效的情形之二为:"其目的违反公共秩序或善良风俗者。";我国的"信托法"中对信托无效的几种情形中,对上述的几种提法,高度概括为"信托目的损害公共利益",与"违反法律、行政法规"并为一条尤显完整与确切,即第十一条中信托无效情形之(一)的规定:"信托目的违反法律、行政法规或者损害社会公共利益;"。这一规定很好地与"民法通则"中民事活动必须遵守法律和应当尊重社会公德,不得损害社会公共利益的有关规定保持一致。

实际上,各个国家和地区,因其社会历史情况,政治、经济、金融、文化发展状况,法系背景、宗教、信仰与民族习俗等的不同,对违反社会公共政策、公共利益,或社会秩序、良好风俗等行为的认定也常有差异。一般来讲,有些是带有人类共性的应禁止的行为,但更多的具体细节,有特性的行为约束标准也难于统一。即使是在同一国家、同一地区、同一民族内也可能由于时代的进步、思潮的变化而产生出不同的判定标准。例如,英国在对待为非婚生子女能否设立信托的问题上，在1969年以前就很难成立，或者是被禁止的。其理由是，法律只能促进正常的婚姻，不会去鼓励那些不道德的男女关系，对婚生子女与非婚生子女是另样看待的。但是这种认识和对待随着时间的推移、社会思潮的演变而发生极大的变化。从判例上看，法院认为维护公共政策并不需要惩罚无辜的孩子。这种认识和对待已被社会认可，因此到20世纪60年代末，社会上已不再区分婚生与非婚生子女在财产处置上应享有的权益了。英国《1969年家庭法律改革法》在议会得到通过并于1970年1月1日实施后，法律上的子女已包括非婚生子女。因此，为非婚生子女设立信托已不再受阻了。

(二)对信托目的的剥离

1. 信托目的与其所附条件的剥离

如何认定一项信托的信托目的违反了公共政策，首先要看构成一项信托目的所附的条件是什么？如果该条件是无效的，信托是否有效？需将所附条件与信托目的剥离开来，加以分析判断。

一般来说，拟成立一项信托，都要涉及财产及信托利益的管理和分配。在委托人指定受益人时，同时向受托人提出分派给该受益人的权益是有附加条件的。那么，这些条件就构成了委托人成立此项信托的目的。英国的一些判例将构成信托目的的条件分成有效条件和无效条件，这里要解析的是无效条件。

无效条件应指该条件是违反公共政策的。归纳英国的一些判例的性质，又将无效条件分为先决条件和后决条件。

如果委托人提出的条件，作为成立信托的先决条件，即不满足这一条件，信托或赠与就不成立。而这一条件是否有效，取决于该信托项下的信托财产，如为不动产，则信托或赠与无效；如为动产，信托或赠与就有成立的可能。

如果是后决条件，可将该条件剥离出来，该条件虽无效，而信托目的仍可实施，信托可以成立。

判定条件是否有效？信托又能否成立？试举几例：

例1，某人(委托人)拟设立一项信托，将自己的财产交由受托人，在其死后分配给某受益人，而该受益人并非委托人的子女，委托人以此为先决条件设立信托，信托是否可以成立？依上所论，该信托所附之先决条件有背于

“继承法”,应为无效条件。如果信托财产是不动产(例如一处房产)信托是无效的、不能成立;但如果是动产(例如一笔数额不大的存款),信托就可能成立。

例2,某委托人拟设立一项信托,每月提供给一名受益人在其学习期间的生活及学习费用,直至其毕业参加工作。但该项信托是附带条件的,要求该受益人在毕业后必须按照委托人指定的行业从业。这项信托能否成立?试将该条件与信托目的剥离来看,该条件有违人身之择业自由权,应为无效条件;而其信托目的可以认定在于保证该受益人在校学习期间的学习与生活费用的来源。因此,该项信托之所附条件无效,而信托有效,信托可以成立。

例3,某委托人与其妻子处于正常生活状况,但考虑到今后有分居的可能,为分配和管理财产拟设立一项信托,指使受托人在他们分居时实施。分析此情,该项信托所附条件会导致夫妻分居,为无效条件,同时信托目的也不应在夫妻正常生活时实现,因此该项信托也无效。

例4,某委托人将其信托项下的利益,一份年金分配给自己的女儿(受益人),该女儿已婚,但与其丈夫已长期分居(主要是因其丈夫贪酒好赌造成)。该信托所附条件是只要该受益人在其丈夫没有痛改前非前不回到丈夫身边或者不再婚,这份年金就不会撤除。分析该信托之所附条件,其目的是为自己的女儿提供生活保障,直至她丈夫改邪归正、重归于好或者是再婚为止。这项信托的所附条件是有效的,信托成立。

例5,某委托人为其子女(受益人)设立一项信托,将信托利益分配给他们以保障他们的生活费用来源,但是有附加条件,不准他们和从事某些职业的人结婚。这个附加条件有违婚姻自主的政策,应属无效条件。分析委托人设立信托的目的,不是主张他的子女独身,而是为了子女在婚前得到他提供的一份生活保障费用。因此,信托设立的附加条件无效,而信托可有效成立。

上述几例并非本作者抄录英国已发生过的实际判例,而是作者参考英国之判例综合编写的。由这些举例可以看出,有附加条件的信托,其条件与目的可以剥离开来,依据实际情况分析判定。可以得出这样的结论:一项信托,委托人为实现某一信托目的,而附设了条件,由于该条件违反了公共政策,成为无效条件。但该无效条件可被剥离开来,显露出信托原本的目的,如是有效的,则信托可告成立。

2. 信托目的中的剥离

在英国的一些判例中有时会在同一信托的项下,出现两个以上(含两个)的附加条件,其中有的条件有效,有的条件无效。通常会将无效条件与有效条件分开处理,而使信托依有效条件而成立。该有效条件如与委托人的意愿一致,形成条件与目的统一,则信托目的实现,信托可生效。但如果有效条件与委托人的意愿有抵触时,违背了委托人的信托目的,信托也就难以成立了。

这一认识,在韩国的信托立法中得以体现,韩国"信托法"第五条的第三项规定:"信托的目的为两个以上,其中遇有同前两项发生抵触的情况时,只要能使其不抵触的目的分离出来,则其信托为不抵触的目的而告成立。但是,尽管能分开,只为履行前两项不抵触目的而明显违反信托人的意愿时,则信托无效。"。该项所指的前两项,一项是"信托之目的不能违反良好的风俗和社会秩序。";另一项是"信托在其目的违法或不能成立时,则告无效。",这一规定进一步明确了信托的成立和生效,是建立在信托目的的有效性和与委托人意愿的一致性基础之上的。

因此,对待多个信托目的同时存在于一个信托项下的情况,将其中有效目的剥离出来,废除其中的无效目的,其有效目的又不抵触委托人的意愿,信托则可依有效目的而成立。这样的法律规定,一方面体现了信托制度的灵活性,司法实践的公正性;另一方面有利于引导和监控信托当事人正确地理解和运用信托。

二、信托的公示

有些信托的成立需要经过公示的法定程序后方能生效。信托的公示也是信托财产独立性特性的必要表征。

(一)信托公示的目的

对委托人以一定的财产成立的信托,依照有关法规的要求,应当进行公示的,通过公示使该项信托的成立生效。以此向第三人做出必要的明示,使该项信托在受托人于信托财产的管理、处分,特别是在交易过程中保护第三人的合法权益。

（二）关于信托公示的立法

1. 有关国家和地区对信托公示的法律规定

世界上大多数建立了信托制度的国家和地区对需要进行公示的信托财产的范围、公示的方法，在其信托立法中都予以明确的规定。但也有的国家对所有的信托财产均没有公示的要求。如瑞士认为公示制度在一定程度上有碍于财产的隐私，以信托财产的保密与第三人权益的保护相比，将前者看得更加重要。

日本、韩国和我国的台湾地区，在信托立法中对信托的公示，都有相似的严格规定。

日本的"信托法"在第三条［信托的公示］中规定："（一）就应登记或注册的财产权所实行的信托，非进行其登记或注册，不得以之对抗第三人。（二）就有价证券所实行的信托，应以敕令所定，于证券上表明其为信托财产。倘系股票或公司债券，还应于股东名册或公司债存根簿上记载其为信托财产意旨。否则，不得以其信托对抗第三人。"。

韩国的"信托法"中第三条［信托的公示］"（一）关于需登记或注册的财产权，其信托于因登记或注册而与第三人对抗。（二）对于有价证券，信托可根据内阁令的规定，对证券表明信托财产的实际情况；对于股票证券和公司债权证券，信托则可在股东名册簿或公司债券簿上，表明信托财产的实际情况，从而与第三人对抗。"的规定与日本"信托法"中的规定相同。

我国台湾地区"信托法"对信托的公示于第四条规定为："以登记或注册之财产权为信托者，非经信托登记，不得对抗第三人。以有价证券为信托者，非依目的事业主管机关规定于证券上或其他表彰权利之文件上载明为信托财产，不得对抗第三人。以股票或公司债权为信托者，非经通知发行公司，不得对抗该公司。"。

日本、韩国和我国台湾地区在"信托法"中都对信托的公示作出明确的法律规定。高度概括了信托公示的目的、范围、方法以及法律效力。在具体操作中还有相关的配套法规和实施细则。

2. 我国的信托立法对信托公示的规定

我国的"信托法"中的第十条规定："设立信托，对于信托财产，有关法律、行政法规规定应当办理登记手续的，应当依法办理信托登记。未依照前款规定办理信托登记的，应当补办登记手续；不补办的，该信托不产生效力”。

这一条所作的规定，与日本、韩国和我国台湾地区在“信托法”中的规定相比，将信托公示界定为信托财产的登记。没有提及注册；另外，没有明确信托财产的性质，只是用“有关法律、行政法规规定应当办理信托登记的”加以涵盖，似乎有些笼统，不如日本、韩国和我国台湾地区规定的明确（特别是以有价证券设立信托的公示方法以及对抗第三人的法律效力）。我国“信托法”中对信托公示的规定之所以比较原则化，是由于信托制度刚刚建立，首次对信托立法，相关配套法规很不完善，需要有一个协调发展的过程和空间。

（三）信托公示的范围和方法

就日本、韩国和我国台湾地区有关信托公示的法律规定而言，在当今建立了比较完善的信托制度的国家和地区中，是颇具代表性的。我国的信托立法借鉴了他们的经验，结合本国之国情，作出了相应的规定。

归纳这些有代表性的有关信托公示的规定，作一概要性的解析，有利于理解信托公示制度。

1. 信托公示的范围

信托公示的范围，原则上是按照信托财产的性质划分的。大致可分为：

（1）部分财产权

有形资产中的不动产（如土地、房屋）

有形资产中的动产（如汽车等）。

无形资产中的商标权、专利权等知识产权。

（2）有价证券

股票、公司债；公债、票据、存单、仓储单、提货单等表征财产权的有价证券。

信托公示的范围虽有原则的划分，但实因财产的种类繁多，在由委托人持有的财产转变为特殊的信托财产时，发生了财产权的转移，需要有相关的法律、法规和实施细则加以管导（特别是以无形资产设立信托的公示），各国和地区所举是否到位，也存在各自的问题，均属在践行中不断的完善之中。所以，关于财产权的公示以“应登记或注册的财产权…….”来加以概括也实出于此情。

2. 信托公示的方法

(1)以土地、地上建筑物等不动产作为信托财产时的信托公示方法一般以不动产(主要是土地和地上建筑物)设立信托时,因涉及到财产权的转移,各国和地区都规定需要在其相关的主管机关办理财产权的变更登记,订有信托登记的具体办法。如在我国台湾地区为配合其“信托法”的实施,1996年12月4日该区内政部颁布了“土地权利信托登记作业办法”。该办法共十一条,主要内容是:土地权利信托登记需以遗嘱或信托契约为凭证(信托契约书有统一的标准格式);登记方式分为主登记方式和附记登记方式。主登记方式登记于土地、建筑物登记簿的所有权部,附记登记方式登记于他项权利部;设立土地权利信托,办理权利变更登记时需在登记簿之所有权部或他项权利部的其他登记事项栏内记载信托财产;变更登记后由主管机关核发所有权状或他项权利证明书,均需加注“信托财产”之标识;登记之主管机关将土地权利信托契约或遗嘱汇装成信托专簿。

在我国,以土地和房屋作为信托财产的,应遵照《中华人民共和国土地管理法实施条例》中第六条的规定“依法改变土地的所有权,使用权或者因依法买卖、转让地上建筑物、附着物等,使土地使用权发生转移的,必须向县级以上地方人民政府土地管理部门申请土地所有权、使用权变更登记,由县级以上地方人民政府更换土地证书;依法买卖、转让地上建筑物和附着物的,依照国家有关规定办理过户登记手续。”和《城市私有房屋管理条例》第六条第一款“城市私有房屋的所有人,须到房屋所在地房管机关办理所有权登记手续,经审查核实后,领取房屋所有权证;房屋所有权转移或者房屋现状变更时,须到房屋所在地房管机关办理房屋所有权转移或者房屋现状变更登记手续。”的规定。虽有这些规定,但由于信托财产的特殊性,在具体操作上还缺少实施和管理规则,并存在相关部门的协调问题。与“信托法”配套的信托专业性法规如“受托人法”,“信托业法”,“房地产信托管理办法”等需要逐步制定健全。

(2)以动产作为信托财产的信托公示方法

委托人在设立信托时,如以动产(如船舶、铁路车辆、飞机、汽车、海上运输集装箱、机械设备、电子计算机等)作为信托财产,各国和地区对这些财产办理转移变更登记的相关管理办法,一般都要求到不同财产的主管机关办理变更登记手续,在权属证件上加注“信托财产”标识,在信托专簿上记载信托财产状况。如在日本,对动产信托订有专门法规,以动产作为信托财产时，在其主管机关进行详细的信托财产登记，包括设备名称、型号、编号、出厂时间、使用年限、折旧情况以及委托人的详细情况，入信托财产账簿，并公布于相关网络系统，便于关系人查找，特别是在金融系统内部实现信息共享，防止出现委托人再以此产权进行抵押贷款、委托租赁等融资活动。又如在我国台湾地区，以船舶作为信托财产时，必须遵照“海商法”有关船舶所有权与船舶抵押权的相关规定办理。

由于动产的种类繁多，不同的国家和地区对信托公示的要求也不尽相同，而且信托财产所涉及的范围也随着信托业务的拓展而扩大。是否每一类动产信托都需要公示，特别是不少类型的动产在登记时，难于判定其货币价值。而且于实物上是否做出“信托财产”的标识，也颇有争议。

(3)以无形资产作为信托财产的信托公示方法

各国和地区对无形资产之财产权的管理，主要是针对商标专用权、专利权、著作权等知识产权。以知识产权作为信托财产的，信托公示的方法一般规定为到相应的事业主管机关进行登记或注册。因为对知识产权的估值定价往往需要通过专业评价机构，且知识产权的背后有时还存有法律纠纷的隐情。故此，给信托财产的设定带来不确定性。从实务上看，各国和地区的信托业务总量中知识产权信托占比很小。甚至有些国家和地区就没有开展知识产权信托。有些信托机构只作为商标专用权、专利权的申请代理人(在境内外代为申请注册)，并未开展实质性的知识产权信托业务。我国台湾地区规定商标专用权和专利权属于应注册的财产权。如以其设立信托财产时，需依照“商标法”、“专利法”的有关条款分别到其行政主管机关办理登记注册手续。

我国虽有“商标法”和“专利法”等有关保护知识产权的法规，“信托法”和“信托公司管理办法”也允许信托公司办理知识产权信托业务。但由于信托制度的发展在我国尚处于初级阶段，信托市场的发育还欠成熟，与知识产权信托相衔接的配套制度也不健全，特别是信托制度在社会经济活动中的普及程度较低，知识产权信托的运作还有待试行。

(4)以有价证券作为信托财产的信托公示方法

在日本、韩国和我国台湾地区的“信托法”中，就有价证券信托所定的信托公示方法，已表述的比较清楚。其规定基本相同。

首先，是对所有表征财产权的各种不同类型的有价证券，在以其作为信托财产时,作出了通用性的公示规定。在表述方法上虽有差别,但其实质内容极近相同,即需在相应的主管机关进行信托财产登记,并在有价证券上或其他表征财产权的文件上标明为信托财产。而对于股票和公司债券作为信托财产时的公示方法均分别作出了特别规定。除进行信托财产登记外,还需要分别在股东名册簿或公司债存根簿上载明"信托财产"及其状况。唯我国台湾台区"信托法"中规定"通知发行公司"。

另外,在具体操作上,各国和地区尚有实施细则。如我国台湾地区有财政部证券及期货管理委员会制订颁发的《公开发行股票公司服务处理准则》,该准则第十五条第十二项就上市或上柜股票信托过户作出了具体的规定。其主要内容是:委托人与受托人需填写信托过户申请书,并于该申请书和股票的背面加盖印鉴;如果受托人从证券集中保管机构取走过户申请书及股票时,还需要有证券保管机构开据的证明文件,经发行公司核对相符后,在股东名簿上和股票背面分别注以"信托财产"之标记;如果是以证券集中保管机构的股票为信托财产时,需按《有价证券集中保管账簿划拨作业办法》操作。这些规定系对公开发行股票公司适用,而对于非公开发行公司所发行的有价证券如何办理信托过户?政府公债因多为无记名和无实体方式发行,以其作为信托财产时又如何办理信托过户?尚缺乏具体规定。至于台湾地区"信托法"中规定"以股票或公司债为信托者,非经通知发行公司,不得对抗该公司。"强调的是通知发行公司。之所以有如此之规定是出于对台湾地区的"公司法"的有关规定(记名股票及公司债的转让,须将受托人的姓名或名称及住所或居所记载于公司股东名簿或公司债存根簿)来要求通知发行公司的补充。就是说用通知发行公司的方式以示该信托的成立满足了生效条件。

三、信托的撤销

有些信托的成立、损害了委托人之债权人的利益,债权人就可以请求法院撤销该信托,这就是可撤销信托。

(一)可撤销信托的产生及其主要表现

可撤销信托,在通常情况下是指诈害性信托。是出自委托人以欺诈手段,利用信托财产独立性的特征,通过设立信托转移财产,逃避债务,从而形成了有害于债权人的信托。

有害于债权人的信托,是可以通过法律程序予以撤销的。这首先是由于各国和地区的民法中都有对公民个人、法人以及社会团体的合法财产应受到法律保护的规定;其二,信托财产虽然具有独立性,但同时也具有可追及性,其法律隔离作用并不能阻碍法律追及以非法取得的财产而设立的信托财产和不正当手段取得的信托财产以及危害债权人利益所设定的信托财产;其三,债权人享有依法行使撤销权的权利(撤销权是指权利人以单方意思表示消灭民事法律关系效力的一种权利)。

可撤销信托的几种主要表现:

1. 委托人明知自己的债务存在,却通过设立信托,使其部分或全部财产实现转移而成为信托财产,利用信托财产的独立性所形成的法律隔离墙来逃避债权人的追讨。而委托人在设立信托前,其债权人的债权已经存在,且其用以设立信托的财产使其自有财产减少,足以影响债权人的利益。这样的委托人已构成恶意委托人,而受托人则可能是不知情的善意者,也可能是与委托人有关联关系的恶意者。委托人在设立信托前的财产状况可能有几种情形:一种是自有财产大于全部债务,但设立信托后,所剩自有财产不能清偿全部债务;另一种情况是自有财产小于全部债务,不足归还全部债务,设立信托后,更加无力偿还;再一种情形是设立信托前已严重资不抵债,濒临破产境界。

2. 委托人在被宣告破产后,由破产受托人或债权人发现委托人于此前曾以信托方式无偿或低价处置过自己的部分或全部财产。

3. 委托人利用他益信托(如为自己的子孙、亲属等)及长期限的特点,设立一项或多项信托(如财产处置和利益分配型信托)用以逃避短期债务(如信托期限为20年,而债务期仅为三年)。

4. 委托人直接使用向债权人借得的资金,通过设立信托的方式转移资金,并指定其关联人为受益人。

以上诸种情况,仅为例举,委托人很可能还有更加隐蔽的手段,通过设立信托、损害债权人的利益。这样的信托严重地扭曲了信托的本质和功能,应是可撤销的信托。

(二)对可撤销信托的法律规定

为了保护债权人的合法权益,针对某些委托人以欺诈手段危及债权人利益而设立信托,许多国家和地区都通过立法作出约束和撤销这类信托的相关规定。

1. 英国对可撤销信托的规定

英国自 1986 年修订后的“破产法”是一直适用至今的全面规范破产问题的一部重要的制定法。在该法的相关条款中规定了若委托人以设立信托等方式无偿或低价处置自己的财产,欺诈了债权人时,法院为保护债权人的利益,可以通过法律手段收回该财产。

所谓无偿处置,即是在交易时,其财产的转让,没有收取任何对价;所谓低价处置,是指所收取的对价以货币价值计算,远低于付出的对价。

委托人是否利用信托进行了无偿处置或低价交易而对债权人构成欺诈,英国早期的普通法允许实行推断的方法。观察委托人是否有欺诈的意向,一些判例也成功地保护了债权人的利益。但是推断的只是意向,还要靠事实证明委托人确有通过设立信托欺诈债权人的行为。所以在 1925 年的“财产法”、1986 年的“破产法”等制定法中明确授权法院依据事实对欺诈债权人的委托人所做的无偿处置或低价交易宣告无效。

“破产法”中还对委托人破产前所设立的信托是否属于欺诈范围给予了时间段的规定,其期限原则上界定为五年。通常情况规定委托人在被宣告破产前两年至五年期间已资不抵债或是因在信托项下的交易而变得资不抵债,这项信托才能被撤销。但在另外的条款中并不局限于一个委托人是否被宣告破产,是否在五年期限内,只要能证明委托人设立的信托意在欺诈债权人,就可以撤销该项信托。

2. 日本、韩国和我国台湾地区对可撤销信托的相关规定

日本在其“信托法”的第十二条(诈害信托的撤销)中明确规定了债务人明知有害于债权人而实行信托时,受托人即使是善意,债权人也可以行使民法中的撤销权。

韩国的“信托法”中第八条(有害信托)也同样规定,债务人知道会伤害债权人而设立信托的情况下,即使受托人是善意的,债权人也可以根据民法中相关条款的规定,请求撤销与恢复原状。

我国台湾地区的“信托法”中第六条作出了“信托行为有害于委托人之债权人权利者,债权人得声请法院撤销之。”的规定。

上述不同国家和地区对可撤销信托的立法规定,具有代表性。尽管文字表述形式不同但实质内容完全一致。起码包含四个方面的含义,其一,债

务人明知有害于债权人,还要为逃避债务而故意损害债权人的利益;其二,债务人以委托人身份,将自己的财产通过设立信托而转移;其三,受托人接受该项信托可能是善意的,也可能是恶意的(如为己谋取私利或与委托人勾结等),即使受托人是善意的,这项信托的性质也是诈害性的;其四,债权人有以依照民法的相关规定和"信托法"的规定请求法院撤销该项信托的权利。

3. 我国"信托法"对可撤销信托的规定

在我国的"信托法"中的第十二条规定"委托人设立信托损害其债权人利益的,债权人有权申请人民法院撤销该信托。"这种表述与日本、韩国和我国台湾地区之"信托法"中的表述在原则上没有什么区别。强调的是只要以债务人为委托人者,其设立的信托损害了债权人的利益(不管受托人的善恶与否),债权人就可以通过法律主张权利、请求法院撤销该信托。

(三)对可撤销信托行使撤销权的法律后果

1. 债权人对撤销权的行使

在世界各国和地区的民法中大都有关于民事法律行为的规定,权利人有可以单方意思表示消灭民事法律关系效力的撤销权。这一权利的行使一般是在民事行为当中的行为人对行为有重大误解或者是显失公平的情况下发生的。被撤销的民事行为从行为的开始起就是无效的。具体到一项信托的成立、只要委托人损害了债权人的利益,债权人就有行使撤销权的权利,请求法院对该项信托予以撤销或恢复原状。一经撤销的信托,从其成立之初就是无效的。如果该项信托存有委托人与受托人的恶意串通,撤销该项信托时,在我国应遵照民法通则中的规定追缴双方取得的财产返还给第三人。故应依此偿还给债权人。

2. 债权人对可撤销信托行使撤销权的期限

对可撤销信托实施撤销权的,需具备有力的证据、证明委托人在设立信托前对债权人的债务已经存在或者是设立信托后因其自有财产的减少而导致无法清偿对债权人的全部债务。但是,委托人在设立信托时,所采取的手段往往逃避债权人的视线,再加上受托人对委托人负有保密的义务,往往使债权人蒙在鼓里不知真情。所以有些国家或地区就规定了一项信托成立后在一定期限内委托人被宣告破产的,这项信托即被认为侵害了债权人的利益,法院可依据程序予以撤销。这个期限一般规定为一年。我国台湾地区在其"信托法"中的第六条第三款明确规定"信托成立后六个月内,委托人或其遗产受破产之宣告者,推定其行为有害及债权。",据此就可以通过法律程序撤销该项信托;在其"信托法"的第七条同时对撤销权的行使规定为"前条撤销权,自债权人知有撤销原因时起,一年间不行使而消灭。自行为时起逾十年者,亦同。"在我国的"信托法"中,债权人对可撤销信托行使撤销权向法院的申请权规定为"自债权人知道或者应当知道撤销原因之日起一年内不行使的归于消灭。"。

这些关于债权人对危害自身权利的委托人所设立的信托,行使其撤销权的法律时效规定,一是有力地保护债权人的合法权益;二是有利于敦促债权人积极主动地掌握债务人的动态,及时依法行使自己的权利;三是便于监管者对信托行为的监管,规范信托行为;四是有利于法院依法处置危害债权人利益的信托行为。不论信托合同(或遗嘱)所规定的存续期之长短,只要在法律时效期间,法院均有义务和权利受理和处置该信托行为。

3. 信托的撤销对受益人的影响

当债权人在一项危害自身权利的信托得以实现的情况下,依法行使撤销权,于该项信托被撤销时,对受益人有些什么影响呢?在信托立法中是如何规定的呢?

在日本的"信托法"第十二条第二项是这样规定的"依前款规定所实行的信托,不影响受益人既受利益。但是,受益人的债权未届清偿期时,或者受益人于受益当时知有害债权人的事实或重大过失不知时,不在此限。"

韩国也有相近的规定,可见其"信托法"中的第八条的第二项,即"前款规定的撤销与恢复原状,不影响受益人的既得利益。但是,当受益人接到未到偿还期的债权的偿还,或受益人在得到其利益的当时已知道有害于债权人或因重大失误不知此情况时,则不属其例。"该条款中将债权人行使撤销权的请求权,包括"恢复原状"在内,即有请求法院责令债务人恢复信托财产之初始状态的权利。不管其结果是"撤销"还是"恢复原状",通常都不会影响受益人的既得利益。

我国台湾地区"信托法"中的相关规定,似乎更加明确,其第六条第二款是如此规定的:"前项撤销,不影响受益人已取得之利益。但受益人取得之利益未届清偿期或取得利益时明知或可得而知有害于债权者,不在此限。"

我国的"信托法"第十二条之第二款规定:"人民法院依照前款规定撤销

信托的,不影响善意受益人已经取得的信托利益。”这一规定与日本、韩国和我国台湾地区的“信托法”中的相关规定相比,缺少除外或限制性规定,而对已经取得信托利益的受益人,冠以“善意”的表征,看来有待于对善意受益人的司法解释。

从以上日本、韩国、我国台湾地区以及我国的信托立法中,对于有损害债权人利益所设立的信托,债权人都可以依法行使撤销权。通过法律程序由法院宣判撤销该项信托或者恢复信托财产的初始状态(恢复原状)。但在通常情况下,对受益人已经取得的信托利益并不因该项信托的撤销(或恢复原状)而受到影响。如果所设立的信托是自益信托,即债务人(委托人)成为唯一的受益人,当该项信托被撤销时,则信托消灭,信托利益归入被撤销的信托财产;而如果所设立的信托为他益信托时,受益人与委托人如有关联关系,对委托人设立信托逃避债权人追索的意图和行为是知情的话,那么受益人已经取得的信托利益应予收回;如受益人在其债权未到清偿期时,就提前收到了信托利益或者是在得到信托利益的时候已经知道(或者是可以知道)自己所获利益是有害于债权人的,该项信托利益也应予以收回。所以说只有善意受益人(根本没有损害债权人的恶意),对债务人设立信托损害债权人利益的情况一概不知,通常对该受益人已取得的信托利益才不会受到该项信托被撤销的影响。

四、信托生效的法律效果

概括地说,信托生效后,信托当事人之间的法律关系即告形成。信托当事人各方均须依信托法规及信托文件的规定行事,法规和文件赋予各方的权利和义务随之生效。信托自生效之日起,在整个信托存续期内不可随意终断。

信托生效后,信托财产和信托当事人从其法律地位的确立来看,主要有以下几个方面:

(一)财产性质因信托生效而发生变化

1. 信托生效的象征性标志就是实施财产的转移,即委托人用于设立信托的财产从委托人的自有财产中分离出来,转移至受托人名下。

2. 信托生效的核心特征是信托财产的独立性保障。就是实施受托人对信托财产的分别记账和分别管理,即与受托人的固有财产,与其他不同委托人的信托财产相区分。由信托生效之初始起便依信托独立性原则进行操作,保证各项信托财产的相对独立。

3. 信托财产因信托生效而确立其有效的法律地位。信托生效后,信托财产的法律地位问题,主要是界定信托财产的所有权问题。这一问题,在研究信托制度的基础理论过程中,学术界尚存在着不同的观点。有些学者提出了为防止委托人利用信托逃避债务和税收等法律约束,信托财产的所有权仍应归属委托人的看法;有些学者则认为信托财产在信托生效后居于独立的待定状态,既不归受托人,也不归委托人和受益人所有,需到条件成熟时再定;多数学者认为英美法系国家对信托制度早已确立了其权益分离的特性(即法定所有权与受益所有权,也即普通法所有权与衡平法所有权的区分),财产权不转移,就不算真正意义的信托。在大陆法系国家和地区中有代表性的日本、韩国和我国台湾地区也都在信托立法中明确了财产权转移的概念。我国的"信托法"对信托财产的所有权问题,基本上采用了转移在受托人名下的说法。有以下几个要点,说明信托生效后,信托财产的法律地位:

(1)信托生效后,信托财产归属于受托人名下,受托人取得对信托财产管理运用和处分的权利。

(2)信托财产于信托存续期内不受委托人(他益信托中)或者受托人财务状况的影响(即使是财务状况恶化,甚至是破产)。

(3)委托人、受托人或者是受益人,三方任何一方的债权人一般均无权对信托财产主张权利;其他信托财产的债权人也不能对另项信托财产主张权利。

(4)由信托财产的管理运用而产生的收益或损失原则上归于信托财产。

(5)除法定情形外,对信托财产不能强制执行。

(6)信托财产本身应承担的法律责任——不损害债权人的合法权益和应承担的税款。

(二)委托人于信托生效后的法律地位

1. 信托生效后,委托人用于设立信托的财产即从其自有财产中分离出来。如果委托人不是受益人之一时,该委托人就会从信托关系中脱离出来。因为信托收益归于受益人而非委托人。这是信托起源地——英国的信托制度早已确立的原则。只要是在信托文件中没有明确规定保留委托人的某些权利，委托人就会随着信托的生效而失去了对信托财产的支配权或控制权。即无权对信托财产实施管理运用、处分或与第三人进行交易，无权将信托财产作为自有财产的一部分对外承担责任。与此同时，委托人也无需在信托事物中承担相应的义务。

2. 出于委托人的信托意愿是设立信托的起因，故完全让委托人摆脱对信托财产的控制，这对于单一所有权历史背景的大陆法系国家来说，让委托人会有一种财产失落感而不安于接受。为了使委托人在信托生效后享有在信托关系中一定的法律地位，大陆法系国家和地区大都在信托立法中允许委托人在信托文件中为自己保留部分权利，与此同时也需承担相应的义务。

3. 如果委托人设立的信托是自益信托，或者是确立自己为共同受益人之一的，这两种情况下的委托人的法律地位就发生了变化，不是以委托人而是以受益人的身份行使权利了。

（三）受益人于信托生效后的法律地位

1. 受益人的受益权是由信托生效后，依据信托文件的规定而获得的。依法享有受托人管理运用和处分信托财产所产生的全部或部分利益的权利。

2. 受益人不享有信托财产的物权，只享有依照信托文件规定，要求受托人支付信托利益的权利（债权）。

3. 受益人原则上仅享有信托利益，不享有参与信托事务决策的权利。相应，受益人就负有不得干预信托财产管理的义务。因此，受益人的权利实属消极性质之范畴，是一种对自身利益的保护性，对受托人违反信托之防范性的权利。

4. 受益人之法律地位所确立其享有的权利虽属消极性质，但各国和地区在信托立法中都允许在信托生效后，受益人依法享有对信托受益权进行转让或其他处分的权利（如捐赠、用于继承财产等）。

5. 受益人之受益权是由委托人设立信托之目的所授予的，是由委托人转让利益的行为所致。受益人是否接受，存在着放弃受益权的可能性。有两种情况，一是受益人不愿接受委托人的恩惠；二是，该项转让，可能是负担（如信托财产已设立了抵押）。由此，受益人应有放弃受益权的权利。

（四）受托人于信托生效后的法律地位

信托生效后，受托人面对委托人，要为实现委托人的意愿或特定目的；

面对受益人,要为实现受益人的利益最大化,而管理运用处分信托财产。因此,受托人于信托生效后的整个信托事务的处理过程中,都处于一个关键的中心位置,处于法律上的特殊地位。

1. 信托生效后,信托财产即置于受托人之名下,并以其自己的名义处理信托事务。既拥有信托财产的管理处分权,又相应地承担依信托目的管理处分信托财产的义务与责任。

2. 信托生效后,受托人成为信托财产的权利主体和法律行为的当事人,承担其与第三人进行交易行为的法律责任;同时对受益人承担有限责任(受托人新信托财产的管理、处分对受益人所负之债务,仅以信托财产为限)。

3. 受托人的地位,有个人受托人与机构受托人之异。机构受托人为专业性信托机构,受经营性业务范围所限,受"信托业法"和专项信托法规的规范,其法律地位依法规而生效,同时受监管部门的监管;个人受托人,于民事信托中在英美法系国家(主要是英国)应用范围较广。在大陆法系的国家和地区则并不多见(我国更无此实践)。个人受托人受"信托法","受托人法"及相关法规的约束和法院的监督。

4. 在当今社会,商事信托在信托事务中占主导地位,发展迅速,受托人多为专业机构。由于信托事务的复杂性,对受托人的专业技能要求越来越高,使受托人居于一个特殊的地位,也就是委托人实现信托意愿,受益人取得信托利益之所在。一项信托的设立(特别是理财性的)往往不可能在信托文件中由委托人详细规定受托人对信托财产的管理方法。因此,各国和地区都在信托法规中给予受托人在信托财产管理方面一定的自由裁量权和投资权。

受托人的法律地位应当有更加具体、完整的制度予以保证。不论什么法系背景的国家和地区,如果使用一般民法上的财产管理的法律来约束受托人的行为,将会使受托人在信托制度不完整的体系下,出现定位不明和可能带来的滥用权力的问题。但如果在信托管理的实践中缺少具体的法规、政策,使受托人的行为难于依信托制度融入现行的体制和法系体系之中,则受托人的法律地位也是抽象的。因此,在以经营性信托为主的国家和地区,特别是像我国这样一个信托市场处于初级阶段的国家,以信托公司为受托人的,其信托业务的创新和监管的创新,在二者的博弈中,受托人的法律地位问题越加突出。而最终的结果,应该体现在受托人在现代经济发展中对财产的有效管理上。以专业信托机构作为受托人的,应处于信托市场参与者的独特的优势地位。以其信托产品为载体,彰显信托的特性与功能。而信托公司在我国当今的法制体系中,其法律地位的确立仍存在着一定的缺憾。

虽然在“信托公司管理办法”中将信托公司定位于主要经营信托业务的金融机构(见该办法第二条),且明确规定“未经中国银行业监督管理委员会批准,任何单位和个人不得经营信托业务,任何经营单位不得在其名称中使用“信托公司”字样。法律、法规另有规定的除外。”(见该办法第七条),但于实践中,对当前理财市场中各种名目的理财业务,均运用信托原理,采用信托架构运作,使信托公司在与银行、证券等行业的同质性竞争中反而处于劣势地位。因为该办法仅对信托公司具有约束力。而与银行、证券等行业主管行政机关制定实施的有关理财业务的管理办法相比,均为处于同一级别的行政法规,其理财产品的市场准入条件和营运规则反而宽松,致使信托公司从事信托业务的法律定位颇受质疑,需要有高一级别的立法予以统一规范和关系调整。

第三章

信托财产

在这一部分将就信托财产的主要概念，包括信托财产的定义、信托财产的范围、形成信托财产的主要条件、信托财产的特性、信托财产的管理方法等内容，进行较为系统的归纳和分析。

第一节　信托财产的定义、形成条件、范围与种类

一、信托财产的定义

在日本和韩国的“信托法”中，并未对信托财产作出单独条款的法定定义；在我国台湾地区的“信托法”中第九条对信托财产定义为“受托人因信托行为取得之财产权为信托财产。”；我国“信托法”第十四条规定“受托人因承诺信托而取得的财产是信托财产。”。

这里值得讨论的是受托人“因信托行为”和“因承诺信托”而取得的“财产权”和“财产”两种提法有什么异同，如何定义信托财产更加确切。

首先，委托人以自己的全部或部分自有财产设立信托，信托成立并生效后，委托人的这部分财产就从委托人的手中转移至受托人的名下。而受托人获得的是对这部分财产的管理运用和处分的权利。因此，就财产而言应包含财产和财产权利。

其次，信托财产的状态，应有初始状态与经过受托人的运作变化后的状态之分。该状态应包含财产的形态与财产的价值。信托财产的定义，是以初始状态定义，还是以包括上述两种财产状态定义为宜呢？从我国的“信托法”之相关条款看，指的应是信托财产的初始状态。我国“信托法”第二章信托的设立第八条中规定“采取信托合同形式设立信托的，信托合同签订时，

信托成立。采取其他书面形式设立信托的,受托人承诺信托时,信托成立。”对此条款的理解,应是对信托成立条件的规定,信托财产的状态应该是初始状态。而从第三章信托财产第十四条第二款之规定“受托人因信托财产的管理运用、处分或其他情形而取得的财产也归入信托财产。”此条款所指之财产是经过受托人的运作状态发生了变化的信托财产。因此,我国“信托法”中对信托财产的定义,可理解为信托财产的初始状态,即信托成立时,委托人用以设立信托的财产之原状态。而经过受托人运作后取得的财产则应归入信托财产的范围之中。对“因信托行为”取得之财产权则可理解为包含两种状态(初始状态与运作后状态)的信托财产。因为信托行为不仅仅是信托成立时的行为,当然还包括信托事务处理过程中的行为。值得注意的是我国台湾地区的“信托法”中第二章第九条第二款同时规定“受托人因信托财产之管理、处分、灭失、毁损或其他事由取得之财产权,仍属信托财产。”这也可以说明对信托财产的定义也系指财产之初始状态,经过受托人运作的财产则归于信托财产的范围之中,同时也应注意到日本和韩国的“信托法”中并未对信托财产做出法定的定义,而是将定义囊于信托财产的范围之中。本作者认为将信托财产的定义界定在信托成立时的初始状态即委托人用于设立信托的财产之原状态比较贴切,而将经过受托人运作发生了状态变化的财产列为信托财产的范围,更容易解释日本、韩国和我国台湾地区及我国“信托法”中对信托财产的相关规定。

最后,值得探讨的是我国的“信托法”中在“信托财产”的定义中界定为“因承诺信托”的提法问题,本作者认为也有不妥之处。这一提法与“信托法”第二章信托的设立第八条第三款“采取信托合同形式设立信托的,信托合同签订时,信托成立。采取其他书面形式设立信托的,受托人承诺信托时,信托成立。”,显然该条款已将“承诺”与“签订”加以区分了。因此,对信托财产的定义局限于“因承诺信托”一说来概括,就前后不符了,至少是不够全面。本作者认为“因承诺信托”不如改为“因信托的成立”比较准确。

日本、韩国和我国在“信托法”中有关信托财产的条款,明确信托财产为财产,并没有强调财产权,而我国台湾地区的“信托法”中则强调了信托财产与财产权。财产权可分为能以金钱计算价值的权利(如不动产、动产、股票、有价证券等),这类财产权是主要的信托财产;准物权(如矿业权、渔业权等);无形财产权(如商标权、专利权、著作权等),均可作为信托财产。我国台湾地区之“信托法”中关于信托财产的定义与范围的规定，均强调了信托财产是财产权。这种提法与日、韩及我国在“信托法”中的提法并无实质上的区别。因为信托财产是由“财产权”转移给受托人而形成。一般情况，认为信托财产应包括委托人用于设立信托的财产和财产权利。

二、信托财产形成的条件

信托财产的形成，从宏观上讲，也就是一个国家或地区的整体经济基础、金融环境、法制建设等有适宜于信托生存和发展的条件；社会财富的积累，民众和机构的理财需求；信托市场的规范与产品供应等，这些更加突出地支持了经营性信托的拓展。信托的功能在信托特性的推动下更加扩张，更多的财产流入信托管道，信托财产的形成机制更加完善。

具体来说，信托财产的形成，首先需要的是法定条件。就是说哪些财产可以作为信托财产？哪些财产不可以作为信托财产？各个建立起信托制度的国家和地区都在信托立法中予以原则上的规定。特别是在经营性信托比较发达的国家和地区，对从事信托业务的专业信托机构开办的信托业务和推出的创新品种都有相关的专门性法规予以规范。这些法规则成为其信托产品进入信托市场的条件，信托财产也即依此条件而形成。

在我国的“信托法”中第十四条第三款规定“法律、行政法规禁止流通的财产，不得作为信托财产。”；第四款规定“法律、行政法规限制流通的财产，依法经有关主管部门批准后，可以作为信托财产。”这些规定确立了我国现阶段信托财产形成的法定条件。禁止流通的财产，如人民币币样、军火、走私物品、反动和淫秽制品等；限制流通的财产主要是指一定期限或范围内不得流通的财产。如国家限制流通的生产资料，其交易活动必须遵守国家的限制性规定。

如果说法定条件是信托财产形成的先决条件，那么机制条件就是信托财产形成的必要条件。这个机制条件主要包括：其一，委托人用以设立信托的财产，在信托成立后，必须从其自有财产中分离出来；其二，分离而出的财产，必须实施转移，置于受托人名下。“分离”与“转移”便是信托财产形成的机制条件；其三，法规规定需要进行公示的信托财产，必须经公示才能确立。它包括初始状态的信托财产，也包括经受托人运作后，状态发生变化了的需要公示的信托财产。（这一点是法定条件与信托运行机制条件的混合条件。)。

三、信托财产的范围和种类

信托财产的范围,可以依法定条件而界定。

在日本,其“信托法”第十四条[信托财产的范围]规定“受托人因信托财产的管理、处分、灭失、毁损或其他事由而得的财产,属于信托财产。”

在韩国的“信托法”中,第三章信托财产第十九条[物品的替代性]规定“受托人由于信托财产的管理、处理、毁灭、损坏或其他原因所得的财产,属于信托财产。”

我国台湾地区,在其“信托法”中第二章信托财产第九条规定“受托人因信托行为取得之财产权为信托财产。受托人因信托财产之管理、处分、灭失、毁损或其他事由取得之财产权,仍属信托财产。”

再看我国“信托法”是如何规定的,见第三章信托财产第十四条之规定为“受托人因承诺信托而取得的财产是信托财产。受托人因信托财产的管理运用、处分或者其他情形而取得的财产,也归入信托财产。”

从上述国家和地区的有关信托财产范围的立法规定看,可以将信托财产的范围归纳为信托成立时之初始状态的信托财产和通过受托人运作状态变化后的信托财产。就是说,一项信托的成立和生效,在其存续期内,初始状态的信托财产可能因受托人的管理、处分、灭失、损坏等事由而发生形态和价值的变化,这种变化所产生的代位物均属于信托财产的范围。

进一步分析信托财产的状态变化,初始状态的信托财产可能由于受托人的管理、处分或者其他情形而产生正收益的积极财产,也可能出现负债等消极财产。这种变化所形成的积极财产或消极财产均归于信托财产的范围。然而以消极财产设立信托的,实情上并不可行。因为受益人在此情况下非旦无收益可言,而且还要承担债务,岂不违背信托之本质。这种消极财产应是不允许作为信托财产的初始状态而存在的。既使是委托人将积极财产与消极财产组合设定为信托财产时,只要是积极财产与消极财产存有不可剥离的内在联系,信托也无法依此而成立。

信托财产一般可包括,可用金钱计算价值的有形资产,如现金、不动产、动产、股票、有价证券等;还包括无形资产,如专利权、商标权、著作权等知识产权(属财产权利)。但身份权、姓名权、名誉权等人身权,因属一身之专属权,且其财产价值无法估算,故不能作为信托财产。

对于信托标的物的财产权利,如果是法律难以确立的独立财产,或者是不确定性利益的财产权利(譬如商誉、经营控制权等),实难成为信托财产。但是否绝对的不可能成为信托财产,也值得探讨,例如经营控制权为公路收费权时,在收益有保证和可估算的情况下,就有可能成为信托财产。而表决权信托就更加特殊,这种信托在美国等一些国家就比较盛行。那么,表决权信托是不是以表决权作为标的物的呢?表决权能否作为一种财产权利看待呢?表决权信托是为解决股份制公司中分散的中小股东之权益保障问题而设计的,由受托人集中行使以表决权为表征的一种信托行为。表决权信托并不是单纯以表决权为标的物的,因为表决权不属于一种财产权利。表决权信托的受托人绝不是简单地、机械地行使在股东大会上的举手权、投票权,而是要以维护中小股东权益为宗旨,通过自身的专业财产管理技能进行信息采集、市场分析、财务分析、方案论证等方面的工作,不断提高中小股东的管理意识和投资意识,从而使公司的治理结构更趋合理、稳定。实际上,是将分散的股东权利集合起来,由受托人代为管理的信托行为,其表征为受托人集中行使分散股东之股份上的表决权。在实际操作上,应该是各股东分别作为委托人与受托人签订信托合同,在信托存续期内,委托人将其持有的股份委托给受托人。因此,存在着股份转移至受托人名下之举。形成以股份为信托财产,而以行使表决权为主要信托目的的信托行为。

第二节　信托财产的特性

由于信托制度的特殊设计,委托人用以设立信托的财产,于信托成立后转移至受托人名下而成为信托财产。通过受托人对该信托财产的运作,信托财产有可能会发生形态和价值的转变。在一般情况下,所产生的收益和损失,均归入信托财产。为了保护信托当事人各方的权益和信托行为中的交易安全,各国和地区的信托制度都突显了信托财产的同质性和独立性的特性。

一、信托财产的同质性(物上代位性)

所谓信托财产的同质性或物上代位性,通俗并概括地讲,就是初始状态的信托财产与经过受托人运作后状态发生变化的信托财产属于同一性质。也可以更形象地说每一项信托财产,有其一个"位"号,由于受托人的运作,该项信托财产即挪移出这个"位号",不论其状态发生了何种变化,最后都要归位于这个"位号"。简单地说,就是经过受托人的运作,发生了状态变化的信托财产取代了运作前初始状态的信托财产的位置。

在日本,关于信托财产同质性方面的法定条款,可见于该国信托法中第十四条是如此表述的:"受托人因信托财产的管理、处分、灭失、毁损或其他事由而得的财产,属于信托财产。"

韩国的"信托法"于第十九条以物品的替代性加以规定,"受托人由于信托财产的管理、处理、毁灭、损坏或其他原因所得的财产,属于信托财产。"

我国台湾地区,在其"信托法"的第九条第二款中也有如此之规定"受托人因信托财产之管理、处分、灭失、毁损或其他事由取得之财产权,仍属信托财产。"

我国的"信托法"之第十四条第二款也同样规定"受托人因信托财产的管理、运用、处分或其他情形而取得的财产,也归入信托财产。"。

以上到举之法定条款,一方面明示了信托财产的基本界定范围;另一方面通过立法确立了信托财产之同质性(物上代位性)的法律地位。即经过受托人运作,状态(形态与价值)变化了的信托财产对初始状态的信托财产而言,同处一个法律地位,具有同质性(物上代位性)。

进一步分析,初始状态的信托财产可能是有形资产,也可能是无形资产。经过受托人的运作,状态发生了变化的信托财产,虽然也不出这两大类型,但有可能是积极财产也可能是消极财产。价值发生了变化的信托财产,其信托收益可能是正值,也可能是"零",也可能是负值。为正值时,即属积极财产,如投资收益、利息、孳息、保险金、交易对手之赔偿金等;为负值时,即属消极财产,如投资损失,交易赔偿金等;而贷款债权、担保物权等属于积极性质的权属;债务则属于消极性质的权属。形态发生了变化的信托财产,如受托人使用现金(包括初始状态为现金的信托财产和卖出非现金之信托财产所取得的现金)通过投资或购买而取得的股票、国债、企业债、纸黄金、定期存单,其他有价证券或者不动产、动产等。信托财产形态上的变化服从于信托目的的需要和信托文件的约束,由此而带来信托财产价值的变化。受托人所追求的应是通过这种操作使信托财产增值,信托收益为正值,且在控制风险的前提下实现最大化。

初始状态的信托财产通过受托人的运作,不管其形态和价值发生了何种变化,哪怕是毁损、灭失,都构成初始状态之信托财产的代位物。此类代位物与原信托财产属同一性质。此外,受托人依信托目的之所需,对信托财产实施维修、改良、开发所借入的债务;因保管、运输、操作及其他人为事故所造成的信托财产的毁损、灭失所取得的索赔权等也应归于信托财产之代位物。

二、信托财产的独立性

关于信托财产的独立性问题,在前面"信托的特性"中作过概括的分析,在此将进一步引深到构成信托财产独立性的核心要素(或特性要点)。

(一)继承性的排除

在我国"信托法"的第十六条中规定"受托人死亡或者依法解散,被依法撤销,被宣告破产而终止,信托财产不属于其遗产或者清算财产。";日本"信托法"中第十五条[信托财产的独立性]规定"信托财产不属于受托人的继承财产。";韩国之"信托法"的第二十五条[信托财产的独立性]中也做出同样之规定"信托财产不属于受托人的继承财产。";我国台湾地区的"信托法"第十条规定"受托人死亡时,信托财产不属于其遗产。"。所有这些内容相同的法定条款,都十分清楚地说明信托财产虽然在名义上归受托人所有,但实际上受托人只有依信托目的和信托文件的规定处理信托事务,尽善良管理的义务,而不能利用信托财产为已谋取私利。故信托财产与受托人的固有财产必须是严格区分的。基于此,受托人根本无权将信托财产据为已有,从法律上确立了信托财产不属于受托人的遗产,从而排除了受托人之继承人对信托财产的可继承性,继承人不可能继承受托人的地位。

另外,为排除信托财产于受托人死亡时的可继承性,在信托立法中,对新受托人的选任给予法律约束。如日本的"信托法"第四十二条中关于受托人死亡、受托人终结的规定;第四十九条关于受托人任务终止,新受托人选任的规定;第五十条,关于受托人任务终止,信托财产转移给新受托人的规定等。韩国"信托法"中的第十一条关于受托人任务终止的规定;第十七条关于选任新受托人的规定;第二十六条关于信托财产向新受托人转移的规定等。我国台湾地区的"信托法"中之第四十五条关于受托人之任务终了和准用第三十六条第三项,确定新受托人的规定;第四十七条关于受托人变更信托财产转移给新受托人的规定等。我国"信托法"第三十九条、第四十条、第四十一条就有关受托人职责终止的情形和新受托人的选任方法以及向新受托人移交信托财产和信托事物等方面作出了明确的规定。所有这些规定中均明示了新受托人的选任,排除了原受托人之继承人对信托财产继承的可能性。我国"信托法"对因受托人职责终止时新受托人的选任,规定为"受托人职责终止的,依照信托文件规定选任新受托人,信托文件未规定的,由委托人选任;委托人不指定或者无能力指定的,由受益人选任;受益人为无民事行为能力人或者限制民事行为能力人的,依法由其监护人代行选任。"(第四十条第一款)。这一规定对排除原受托人信托财产的可继承性更显明确。

受托人为公司时,因其被撤销、解散、合并等原因而职责终止,信托财产同样不可做为其存续公司承继的财产或列为清算财产。受托人破产信托终结,除属于受托人的固有财产外,信托财产不归属于其破产财产。就是说,将信托财产排除于受托人的固有财产之外。(见我国"信托法"第十六条)

(二)强制执行的限制

所谓强制执行,一般是指法院依据已生效的法律文件所规定的内容,按当事人的申请和法律程序对相对人所采取的一种执行手段。包括冻结、扣押、查封、划拨存款、变卖被执行人财产,指定交付财物或票证等。强制执行针对的是被执行人的财产和与财产有关的行为。

由于信托财产已从委托人的自有财产中分离出来,转移至受托人名下,该财产既独立于委托人的自有财产,又独立于受托人的固有财产,因此,无论是受托人、还是委托人,或者是受益人三者之任何一方的债权人,一般情况下都不能对信托财产申请强制执行。

在我国的"信托法"中第十七条规定"除因下列情形之一外,对信托财产不得强制执行:(一)设立信托前债权人已对该信托财产享有优先受偿的权利,并依法行使该权利的;(二)受托人处理信托事物所产生的债务,债权人要求清偿该债务的;(三)信托财产本身应担负的税款;(四)法律规定的其他情形"。在日本,韩国和我国台湾地区也都有类似的法律规定。如日本的"信托法"中第十六条(一)"除基于信托前的原因就信托财产产生权利或就信托事物处理产生权利者外,不得对信托财产实行强制执行,假扣押或假处分,亦不得将其拍卖。";韩国"信托法"的第二十一条(一)"对信托财产不得强制执行或拍卖。但是,信托前所拥有的权利,或信托事物的处理中所拥有的权利则例外。";我国台湾地区的"信托法"第十二条中第一款"对信托财产不得强制执行。但基于信托前存在于该财产之权利,因处理信托事物所生之权利或其他法律另有规定者,不在此限。"等法定条款,均限制了对信托财产的强制执行,同时界定了例外情形。

首先是,信托成立前存在于信托财产上的权利。

在信托成立以前委托人的债权人已经对委托人用以设立信托的财产享有优先受偿的权利,而且依法行使该权利的。如委托人设于该项信托财产上的抵押权或担保物权,在信托成立后,应该允许债权人继续行使其权利。这是为了保护债权人的权益,避免委托人利用信托逃避债务。债权人可在诉讼时效期内向法院提起诉讼,主张该权利。在我国的民法规定通常保护民事权利的诉讼时效期为两年;债权人也可以依照我国"信托法"中第十一条、第十二条的规定向法院申请撤销该项信托,其申请权之有效期为知道或者应该知道撤销原因之日起一年。

其次是,信托生效后,因处理信托事务所产生的权利。

在信托生效以后,受托人在处理信托事务中如果产生了债务,债权人要求清偿该债务,而受托人不予清偿时,债权人有权向法院提出对该项信托下的信托财产予以强制执行的申请。新债权人的权利是在受托人信托事务的处理过程中产生的。比如,为实现信托目的,对信托财产进行维修、改良、加工、装饰等行为,由他人取得的维修费、改良费、加工费、装饰费等债权。对于受托人因处理信托事务所支出的费用、对第三人所负的债务,我国"信托法"在第三十七条中明确规定应以信托财产承担。否则,债权人有向法院请求对信托财产强制执行的权利。第三十七条中同时就受托人因违背管理职责或处理信托事务不当之故,而生成对第三人所负之债务,或者自己所受到的损失,做出应由受托人以固有财产承担的规定。就是说债权人的权利主张通过法律程序对信托财产强制执行后,受托人应当用自身的固有财产补足信托财产所遭受的损失。

最后是,信托财产本身应负担的税款。

根据我国的《税收征收管理办法》、《海关法》等有关税收方面的法定条款之规定,对信托财产本身应征收的税款,如遇拒不缴纳的情形发生,税务部门等相关机关就可依法对信托财产强制执行或者申请法院强制执行。

除上述三种可对信托财产强制执行的情形外，我国“信托法”在第十七条之四还规定了“法律规定的其他情形”。此项规定，是为了保持法律的适应性、稳定性和完整性而定。

对信托财产强制执行的限制，作出除外情形的规定，一方面说明信托财产的独立性受到法律的保护。强制执行是有条件的，是要受到严格限制的；另一方面说明国家的司法部门在法定条件下，拥有为保护国家利益和债权人的权益，必要时对信托财产强制执行的权利；再一方面，说明债权人为维护自身的合法权益，可依法享有向法院提出对信托财产实施强制执行的请求权。

（三）抵消的限制

抵消在民法中的概念，系指当事人双方互有给付种类相同的债务，可按对等数额相互消除的一种方法。如当事人双方的债权数额不对等时，可进行部分抵消。剩余部分之债权人仍享有受偿的权利。这种发生在当事人双方相互存有债权，并届清偿期，又属同类给付之债务的相互抵消，在信托制度下，因信托财产的独立性，抵消行为受到严格的限制。

我国的“信托法”第十八条明确规定“受托人管理运用、处分信托财产所产生的债权，不得与其固有财产产生的债务相抵消。受托人管理运用、处分不同委托人的信托财产所产生的债权债务，不得相互抵消。”；日本“信托法”的第十七条[抵消的禁止]规定“属于信托财产的债权与不属于信托财产的债务，不得实行抵消。”；韩国“信托法”的第十二条同样规定“属于信托财产的债权和不属于信托财产的债务，不能抵消。”我国台湾地区的“信托法”中的第十三条也有相同的规定“属于信托财产之债权与不属于信托财产之债务不得相互抵消”。

我国“信托法”中对“抵消限制”的规定，其表述方法可以说更加明确和贴切。对抵消的限制分为两种情况，分别以两款表述。第一种情况是，区分信托财产与受托人的固有财产，受托人不得将管理运用、处分信托财产所产生的债权用以抵消自身固有财产产生的债务。这一规定是从法律上禁止受托人以信托财产清偿自身的债务，以保障信托财产的安全和维护受益人的权益。举一例：如某信托公司作为受托人将接受委托人用以设立信托中的一部分资金 5000 万元存入某银行，而取得该信托财产的债权。此前受托人曾以自己的房产做抵押取得5000万元的贷款而形成债务。存款到期日与债务清偿日相同，届时，受托人不得以5000万元的信托资金（债权）清偿自身固有财产上5000万元的债务；第二种情况是，区分不同委托人的信托财产。受托人不得将管理运用、处分不同委托人之信托财产所产生的债权与债务相互抵消。这主要是发生在一个受托人同时管理多项不同委托人之信托财产的情况下（如信托机构管理的多项信托资金），对于现阶段我国信托业务中的集合资金信托，应该理解为一个项目下的信托资金与另一个项目的信托资金，不论是管理、记账，还是收益分配、本金归还等都是严格区分的，一个项目上的债权与另一个项目的债务是不可抵消的。虽然一个集合资金信托项下可能有多个委托人的资金，但由于受托人的集中运用，而使信托资金形成一个独立的整体，对这一资金的运用不会产生多个委托人信托资金之间的债权债务关系，只能与另一个项目的集合资金在受托人的操作下发生此类关系。从这个观点出发，抵消的限制就可以避免受托人后移、转移风险，挪用信托资金，侵害受益人的权益。

（四）混同的限制

这里所说的“混同”，可以解释为财产的所有权与该所有权以外的权利，在同一载体上产生混合。如抵押权、质押权等均属于财产所有权以外的权利，当这些权利的标的财产，被持有这些权利的人取得时，这些权利在通常情况下就会因混同而消灭。但是，在信托制度下，因信托行为产生的“混同”是受到严格限制的。

信托制度下，对混同的限制，在日本、韩国和我国台湾地区的“信托法”中都有相同的规定。日本的“信托法”第十八条[信托财产的不混同]规定“信托财产为所有权以外的权利时，受托人即使取得其标的财产，该权利也不因混同而消灭“；韩国“信托法”中的第二十三条[信托财产不相混同]规定“信托财产属于所有权以外的权利时，受托人即使得到了其所要得到的财产，其权利也不能因混同而取消”；我国台湾地区的“信托法”中第十四条规定“信托财产为所有权以外之权利时，受托人虽取得该权力标的之财产权，其权利也不因混同而消灭”。这些相同的规定，仍然是出于信托财产之独立性而确立的，是由信托财产与受托人之固有财产以及其他委托人的信托财产严格相区分的原则而形成。我国之“信托法”中未对混同的限制另立条款，似出于此。

进一步解释“混同”在信托关系中受到限制的情形,是发生在委托人用以设立信托的财产为所有权以外的权利,于信托成立后,该权力即转移至受托人名下。而后由于受托人在处理信托事务的过程中,因买卖交易、继承等行为以自身的名义或者以其他信托财产之受托人的名义取得该权力之标的财产。此时,由于信托财产与受托人之固有财产以及其他受托人的信托财产相区分之故,受托人虽取得了标的财产,但实质上,受托人仅为形式上的权利主体,标的财产之所有权与该所有权以外的权利归属主体并不相同。受托人只是依信托目的为受益人的最大利益而持有信托财产。因此,“混同”在信托制度下必然要受到限制。

第三节 信托财产的管理

信托制度以其独特的设计立足于世并阔步至今,显示出其在财产的管理与传承之功能上的优势地位。在突出信托特性的信托立法规范下,信托关系得以建立,信托行为得以顺行。体现在不同的国家和地区、不同的历史时期,信托制度对金融、经济的发展起着积极的推动作用。信托制度所创造的功绩,在很大程度上取决于受托人对信托财产的科学有效的管理。

一、信托财产的管理方法

受托人对信托财产的管理方法的确定,通常可有三种:第一种是由委托人在信托文件中作出详细具体的规定;第二种是在信托文件中只就信托财产的管理方法作大致方向或运作范围的规定,受托人享有一定的自由裁量权;第三种是委托人在信托文件中完全授权受托人自主决定其对信托财产的管理方法。

本作者将信托财产的管理方法归纳出五项原则,即合意管理原则:依法管理原则;分别管理原则;亲自管理原则和有效管理原则。

(一)合意管理原则

首先,受托人必须完全理解委托人设立信托的意思表示,对信托财产的管理方法必须符合委托人的意愿。特别是有的信托,受托人须完全依照委托人指定的管理方法管理信托财产;另外,有的信托的设立是为实现委托人的特定目的,如专为处理其境外遗产的继承与管理而设立的信托;再有,信托行为是由委托人与受托人先达成合意而后形成信托文件。受托人应按照信托文件中所约定的对信托财产的管理权限和方法实施管理。

因此,受托人对信托财产的管理方法和权限,最关键的是必须符合委托人设立信托的意愿,必须是通过双方达成合意的信托文件加以确立和实施。

（二）依法管理的原则

不论是民事信托还是商事信托的受托人,对信托财产的管理、运用与处分都必须依法规而行。不论受托人是自然人的,还是法人的,都要受"信托法"、"受托人法"以及相关民法规则的约束。

从事经营性信托业务的金融机构或专业信托机构,还要根据本国（或地区）法定的经营范围,依"信托业法"（在我国,有待制定此法,现行的只有"信托公司管理办法"之行政性法规）确定和实施对信托财产的管理方法。而且还必须针对不同性质的信托财产依法规所定来规范信托财产的管理方法。

一些国家在其信托基本法中,还专立条款对资金形态之信托财产的管理方法做出限制性规定。如日本,在其"信托法"中的第二十一条专门规定［金钱的管理方法］"关于属于信托财产的金钱的管理方法,以敕令规定"。"信托业法"、"兼营法"是依据"信托法"而制定的特别法,"贷款信托法"、"证券投资信托法"等则是相对于"信托业法"、"兼营法"而言的特别法。另如韩国,为规范信托财产为货币时的管理方法,在其"信托法"的第三十五条［货币的管理方法］中规定"属信托财产的货币管理,除因信托行为有特殊规定外,须按下列方法进行:1. 应募、接收或买入国债、地方债及根据特别法而设立的公司的公司债;2. 担保国债及其他前项有价证券的贷款;3. 邮政储蓄;4. 银行存款。"。

我国自"信托法"颁布实施后,按照国情信托投资公司首先拓展的便是资金信托,其管理方法则依据"信托公司管理办法"和"信托公司资金信托计划管理办法"确立和实施。

（三）分别管理的原则

受托人对信托财产的管理方法必须遵循分别记账、分别管理的原则。即一项信托财产必须与受托人的固有财产,与其他委托人的信托财产严格区分,分别管理。

我国“信托法”第二十九条规定“受托人必须将信托财产与其固有财产分别管理、分别记账,并将不同委托人的信托财产分别管理、分别记账。”日本“信托法”的第二十八条关于受托人对信托财产分别管理的规定为“对于信托财产,应与固有财产及其他信托财产分别管理。但是,关于作为信托财产的金钱。只明确其个别计算即可。”在韩国的“信托法”中第三十条也有“信托财产须同受托人的固有财产或其他信托财产分别管理。但是,信托财产是货币时,与属于固有财产或其他信托财产的货币另行明确计算即可。”我国台湾地区的“信托法”,其中第二十四条第一款规定“受托人应将信托财产与其自有财产及其他信托财产分别管理。信托财产为金钱者,得以分别记账方式为之。”第二款规定“前项不同信托之信托财产间,信托行为订定得不必分别管理者,从其规定。”

上述我国台湾地区关于信托财产管理方法的规定,与日本、韩国的规定相比有不同之处:一是,信托财产为金钱(货币)时,有“以分别记账”和“个别(另行)计算”之分。“分别记账”似更符合分别管理的原则,因分别记账可理解包含分别计算、分别支付信托利益的内容;二是,增加了对不同信托项下的信托财产之间,如果信托文件规定可以“不必分别管理者,从其规定。”的内容,这就突出了在信托文件没有“不必分别管理”的规定的情形下,都要实施分别管理的原则。信托文件规定不必分别管理的情形,应该是针对可以集合运用的信托财产而言。这为拓展金钱以外的其他可集合运用的信托财产范围和创新管理方式留有空间。

对可集合运用的信托财产,是以金钱(货币)为常见。所以日本、韩国在其“信托法”的相关条款中就突出了信托财产为金钱(货币)时的管理方法。从理解“个别(另行)计算”和“分别记账”的实质内容看,均属于实施分别管理原则的特殊方式。通常情况下,对信托财产的管理方法,在委托人与受托人签订的信托文件中都有约定。即使是明定为集合运用的资金信托,每一信托项下的每一个委托人都应与受托人签有信托合同。对每一份合同都要分别管理、单独计算和支付信托利益,只不过是对资金的集中统一运作而已。

我国“信托法”第二十九条所作的对信托财产分别管理、分别记账的规定,可以说综合了日本、韩国和我国台湾地区的表述方式。“分别管理、分别记账”高度概括了受托人对信托财产的管理原则。由于我国信托制度和信托市场的建立均处于初级阶段,强调这一原则,就更加符合约束受托人严格履行职责和保护委托人、受益人之合法权益的要求。所以,没有规定除外的情形。例如,国外发行无记名式信托受益凭证的方法,在我国现阶段是不可行的。资金信托的管理方法必须依照“信托公司管理办法”和“信托公司资金信托计划管理办法”来确定和实施。

(四)亲自管理的原则

受托人既然接受了委托人的信托事宜,就应当亲自处理信托事务。这一方面缘于信托建立的初衷是为实现委托人的意愿,信托的成立是基于委托人对受托人的信任,因此,受托人亲自管理信托事务,是保持信任关系,提升其信用度的需要,对经营性信托来说,更是拓展客户群的需要;另一方面,亲自处理信托事务也是受托人直接承担信托行为第一责任人的需要。

我国“信托法”对受托人亲自管理信托财产方面有着严格的规定,可见该法的第三十条第一款“受托人应当自己处理信托事务,但信托文件另有规定或者有不得已事由的,可以委托他人代为处理。”和第二款“受托人依法将信托事务委托他人代理的,应当对他人处理信托事务的行为承担责任。”这一条的第一款强调的是受托人对信托财产实施亲自管理的原则。如果委托他人代为处理信托事务,必须是在两种情况下:一种是信托文件中有允许受托人委托他人代为处理信托事务的约定;另一种是受托人有不得已事由的发生,导致其难以亲自处理信托事务。

受托人亲自管理信托财产的原则,各国和地区的信托立法规定,都是一致的。只有在上述两种情况下,才允许受托人委托他人代为处理信托事务。但在提法上也略有不同,如我国“信托法”中提出的第一种情况为“信托文件另有规定”;日本和我国台湾地区“信托法”中为“信托行为另有订定”;韩国“信托法”中的提法是“信托行为有特殊规定”,这几种提法从释义上讲并无差别。我国“信托法”中“信托文件另有规定”的提法似更直观和贴切。就是说,委托人可在遗嘱中或在信托合同中规定在何种情况下允许受托人委托第三人代为处理信托事务。比如受托人在处理信托事务的过程中,发生以信托资金购置房产的情形,或者租售房产的情形时,信托文件就可以规定允许受托人将这部分事务委托专业机构代为处理。也可以笼统规定在涉及专业性较强的具体事务上,允许受托人委托专业人士或专业机构代为处理。这种情况,随着市场经济的不断完善,经营性信托业务的拓展,信托机构固然有信托的专业人才,但各行各业的专业化分工越来越细,在信托财产的管理运用、处分的过程中涉及到信托资金托管、银行结算、外部审计、法律事务(如有些牵扯到刑法、国际法、海关法等诸多方面的问题)、项目信用评级、房地产评估、文物鉴定等,受托人借用专业人士或者专业机构的力量,完成信托项下的部分信托事务,也应是被社会所认可的现实。

第二种情况,在我国的"信托法"中规定为"有不得已事由",日本和我国台湾地区在"信托法"中也有如此之规定(见日本"信托法"第二十六条,我国台湾地区"信托法"第二十五条);而韩国之规定略有差异,其提法为"有正当理由时并在得到受益人同意后"(见韩国"信托法"第三十七条)。其中"有不得已事由"与"有正当理由"应无本质之别,但"有不得已事由"似更准确地体现避免受托人发生执行亲自处理信托事务之原则的随意性。而"得到受益人同意后"为准行条件的规定则值得肯定和借鉴。关于受托人发生不得已事由,一般情况针对的是个人受托人发生了事不由已、不得已而为之的情况。如受托人患病、特别是重病长期住院;突发事件发生、繁杂事务长期缠身;长期离开本土等。在英国的信托立法中明确规定,受托人出国一个月以上的,就可以委托他人代为处理信托事务。

我国"信托法"中第三十条第二款的规定,强调的是受托人委托他人代为处理信托事务时不可推卸的民事责任。不论是信托文件另有规定的,还是受托人有不得已事由发生的,只要是委托他人代为处理信托事务的,受托人都要对他人处理信托事务的行为承担责任。这是与我国"民法通则"中有关"代理人在代理权限内以被代理人的名义实施民事法律行为的,被代理人对代理人的代理行为,要承担民事责任。"的规定相呼应的。如果受托人违反规定,将信托事务委托他人处理造成损失时,受托人应承担民事赔偿责任。

对于受托人委托他人代为处理信托事务所应承担的责任,在日本、韩国和我国台湾地区的信托立法中与我国"信托法"中的规定在提法上有所不同,主要有两点:第一,受托人委托他人代为处理信托事务的情况下,受托人只负选任、监督的责任。就是说受托人对代为处理信托事务的第三人负有选任的责任(如对该第三人的资质、专业水平、业绩等的把握),同时对该第三人的代理行为是否尽职尽责负有监督的责任;第二,该第三人,承担与受托人相同的责任。即因该第三人处理信托事务所造成的损失,该第三人与受托人一样承担同样的民事赔偿责任。但委托人面对的是受托人，受托人则不能以委托他人代理信托事务而推卸责任。

（五）有效管理的原则

信托制度下的受托人，不为己谋取私利而以受益人获得最大利益为己任。为此，受托人必须对信托财产实施有效的管理。其一，受托人必须要具备诚实、守信、勤勉、谨慎的品格；其二，必须有足够的专业技能、法律意识、了解和掌握对不同性质的信托财产管理运用、处分过程中的相关知识和方法，特别是从事经营性信托业务的信托机构应拥有相适应的专业人才，面对竞争日益加剧的理财市场和资产管理需求，具有创新开拓的功底；其三，必须有识别、控制和防范风险的能力。特别是专业信托机构不论是经营机制，还是内部约束机制等都应逐步适应现代信托业发展的需要。建立风险预警和处置体系，有效防范经营性风险，市场风险，法律风险，政策性风险，系统性风险，操作风险等的发生，避免或最大限度地减少由此而可能带来的信托财产的损失。

二、信托财产管理方法的变更

为实现委托人的意愿，受托人以自己的名义为受益人的利益或者特定目的对信托财产实施管理运用或处分。在信托文件中通常要对信托财产的管理方法作出规定。有的是由委托人单方指定，有的是由委托人与受托人商定，也有的是由受托人部分或全部自主裁量而定。但只要落实在信托文件之中的信托财产管理方法，就不能轻易变动，以防止受托人利用信托财产为己谋取私利。因此，已确定的信托财产管理方法应具有稳定性和严肃性。但也并非绝对地不可变更，为使信托财产在某些情况下不致遭受损失或者为受益人获得更大的收益，适时变更或调整信托财产的管理方法也是正常的，应该是被允许的。这种变更或调整以法规予以规范，通过必要的程序而生效。

（一）信托财产管理方法变更的起因

信托财产的管理方法，在信托文件中一经确定，就不可随意变更。但于信托事务的处理过程中，也会出现引起信托财产管理方法变更的事由发生。其变更的起因，可能有如下几种：

1. 在他益信托中,信托文件中所确定的信托财产管理方法,或由委托人指定,或由委托人与受托人商定。受益人并未参与或不可能参与(如受益人为未成年人),但当信托财产的管理方法影响受益人的利益时,不论是受益人本人(或未成年受益人的监护人),还是委托人,或是受托人都有可能提出信托财产管理方法变更的请求。

2. 由受托人自主确定的信托财产管理方法,在经营性信托中日益多见。这是由于委托人缺乏对信托财产管理方法和专业技能的了解,基于对受托人的信任,而依赖受托人设计安排的信托财产管理方法。受托人就应该履行自身的应尽职责,发挥自己的专职特长,按照委托人的意愿,选择最科学、有效的管理方法。但当信托生效后实施信托的过程中发生了原设计安排的信托财产管理方法不利于实现信托目的,或者影响受益人的利益的情形,受托人出于职务之责,就会成为变更信托财产管理方法的起因。

3. 因政策、法规的变动(或调整),致使受托人或被动地,或主动地变更(或调整)对信托财产的管理方法。被动地变更(或调整)信托财产的管理方法,是受托人受政策、法规变更(或调整)所限,不得已而为之。例如,某委托人以一笔较大数额的资金设立组合式投资信托,与受托人达成协议,于信托文件中规定一定比例的资金用于管理层收购(MBO)信托,其他按若干比例投资于国债、股票和企业债券。信托成立时,政策法规均无障碍,但于实施过程中,恰逢我国主管部门针对领导层收购可能带来的国有资产流失等弊端,进行政策调整而对管理层收购信托叫停。在此情况下,信托财产的管理方法就必须进行相应的调整,对这部分资金的运作方法可由委托人指定,也可由受托人与委托人、受益人协商确定;主动地变更信托财产的管理方法,一般是在信托存续期内,政策、法规的开放和创新,对原信托成立时采用的信托财产管理方法上的约束性规则有所突破。受托人出于提高受益人的收益而主动地变更(或调整)信托财产的管理方法。例如,一项信托期限为五年的证券投资信托,其中部分信托资金用于股票投资,当年国内投资者只允许购买 A 股,而次年(2001 年)国家就放开了这一限制,于是信托资金也可投资于 B 股了。随之,受托人就可能为了受益人获得更丰厚的信托收益,而积极主动地提出变更(或调整)信托财产的管理方法。

4. 受市场因素影响而变更信托财产的管理方法。如在信托存续其内,在一项组合式投资信托中,投资于某些行业的实业投资部分,一度收益颇丰,未见风险。但市场情况出现固定资产投资过热所带来的负面影响,潜在风险加大。此时就应适时变更(或调整)信托财产的管理方法。另如,一信托项下的闲置房产处置事务,委托人指示了售卖价格底限,而受市场变化之影响,难于卖出好价钱,且预测一段时期内,尚存看跌之势,而房屋租赁市场看好,受托人为减少空置房屋之损失,使受益人获得一个较稳定的租金收益,适时调整了信托财产的管理方法。

5. 难于或不可预见的事由发生,引起信托财产管理方法的变更。这里所指,一般为信托成立后由于始料不及的事件发生,而致使信托财产的管理方法必须及时变更。比如,一项纳入信托的房产,遭受意外破坏而急需维修,所需费用委托人无力承担,信托文件中并未对此不可预见的事故处置方法作出规定。受托人于此情形下,提出以此房产做抵押取得贷款,部分用于房屋维修,部分用于其他运作。这将引起信托财产管理方法的变更。

(二)信托财产管理方法变更的法律规定

尽管信托财产的管理方法的变更有诸多原因,也确有变更的必要,但并非信托当事人任何一方可随意而为之。各国和各地区均对信托财产管理方法的变更作出法律规定。

1. 在英国,一般情况下,受托人必须严格地按照信托文件的规定处理信托事务,即使是法院也无权随意批准委托人偏离信托条款变更信托财产的管理方法。法院具有的权力主要是按《1958 年信托变化法》行使。这一制定法赋予法院一定的自由裁量权,而可批准信托的变化。这项权力不仅可以批准变更信托财产的管理方法,而且可以批准改变信托的受益权。但是,法院只局限于代表四类受益人批准信托的变化。这四类受益人包括:其一,未出生的受益人;其二,未成年或者无行为能力的受益人;其三,或有受益人(在未来特定时间或发生某个事件后才享有信托权益的人);其四,“保护信托”项下的受益人。由此可见,法院只能代表法定的四类人批准一项信托安排,不能代表其他受益人。其他受益人的任何一人如不同意该变化,均可不受其约束。所以要改变信托,还要征得四类受益人以外的受益人的书面同意。

2. 在日本,对信托财产管理方法的变更的法律规定可见其“信托法”第二十三条[管理方法的变更]“(一)因信托行为成立当时不能预见的特别事情,致信托财产的管理方法不适于受益人利益时,信托人、其继承人、受益人

或受托人,可以向法院提出变更管理方法的请求。(二)前款规定,准用于法院所定的管理方法。";

3. 在韩国,其"信托法"第三十六条[信托财产管理方法的变更]中作出了"(一)由于信托行为当时未能预料的特殊原因,致使信托财产的管理方法不利于受益人时,信托人及其继承人、受益人及受托人,可向法院请求变更其方法。(二)前款的规定适用于法院所定的管理方法。"的规定。

上述日本、韩国两国在其"信托法"中对信托财产管理方法变更所作的规定均为一条两项,内容也完全相同。可以解析为四个要点:第一,信托财产管理方法的变更,是由于信托成立之时未能预料的特殊事由发生,且原管理方法不适于受益人的利益所致;第二,所列信托关系人,应涵盖于所有的信托之中,一般应包括委托人(日本、韩国的"信托法"中称为信托人)、受托人和受益人,不同类型的信托还会涉及到不同的关系人,如遗嘱信托中,他益信托存续期内委托人死亡时,均会涉及到委托人之继承人;第三,信托关系人中的任何一方或者是各方经协商一致均不能以不适于受益人利益为由自行改变信托财产的管理方法,只能行使向法院提出变更管理方法的请求权;第四,各方如对信托财产管理方法的变更存有意见分歧,经协商达不成一致时,法院可以根据实际情况,依法作出裁定,最终以法院所定为准。

4. 在我国台湾地区,其"信托法"中对信托财产管理方法的变更,以两条做出规定:第十五条"信托财产之管理方法,得经委托人、受托人及受益人之同意变更。";第十六条第一款"信托财产之管理方法因情事变更致不符合受益人之利益时,委托人,受益人或受托人得声请法院变更之。";第二款"前项规定,于法院所定之管理方法,准用之。"。如何理解这两条规定?

首先,第十五条的规定,意在表明信托财产的管理方法是可以通过委托人、受托人与受益人协商一致后加以变更的。之所以有如此之规定,是由于信托成立时,信托财产的管理方法或由委托人单方指定,或由委托人与受托人商定,受益人并未参与此过程。故于信托成立后,如果变更信托财产的管理方法会影响受益人的权益时,委托人、受托人就必须征得受益人的同意。

其次,第十六条之规定与日本、韩国的相关规定比较,并未提及委托人的继承人。而日本、韩国对变更信托财产管理方法享有请求权的人,除委托人、受托人、受益人外,还将委托人的继承人包括在内。这样就可以把在遗嘱信托和他益信托存续期内发生委托人死亡的情形时,变更信托财产管理方法的规定涵盖其中了。由此推论,涉及信托财产管理方法变更享有请求权的人不止如此,还因信托受益权的可继承性,当发生受益人死亡的情形时,受益人的继承人应有此权,在不特定或尚不存在受益人的信托中,所设置的信托监察人也应享有此权。另外,对第十五条、第十六条的衔接问题,可以认为,在信托成立后发生信托财产的管理方法不利于受益人的情形,是当事人于信托成立时所不能预料的,委托人、受托人、受益人任何一方都有权提出变更信托财产的管理方法,如果通过协商达成了一致意见,则可以签属变更协议,受托人则可依其所定而行之。但如果三方达不成协议,则应按照第十六条第一款的规定,三方的任何一方都有权请求法院予以变更。但法院所定之信托财产的管理方法不一定被三方全部接受,此时,应按第十六条第二款的规定,依法院所定为准。

5. 在我国,"信托法"中对信托财产管理方法变更,可见该法第二十一条"因设立信托时未能预见的特别事由,致使信托财产的管理方法不利于实现信托目的或者不符合受益人的利益时,委托人有权要求受托人调整该信托财产的管理方法。"的规定。

这条规定与英国、日本、韩国及我国台湾地区的相关规定有所不同:

第一,使用"调整"信托财产的管理方法,与使用"变更"相比,"调整"是在大方向、总计划不变的前提下,对具体实施方法进行调配,整顿或整合,而"变更"则可能有质的变化。使用"调整"就显得比较适度了,同时也能符合委托人、受托人的权限。对"变更"的理解,不仅有改变信托财产管理方法的问题,还有可能涉及到受益权的变更,信托当事人就很难解决了。因此,变更信托财产管理方法在有些情况下还要通过法院才能解决,而调整管理方法则不须介入外部力量,更具主动性。

第二,调整信托财产管理方法的缘由,是发生了设立信托时未能预见的事由。该事由的发生可能会导致信托财产管理方法不利于实现信托目的或者不符合受益人的利益。日本、韩国和我国台湾地区的"信托法"中之相关条款强调的只是不符合(或不适于、或不利于)受益人的利益。我国"信托法"的这条规定加入了"不利于实现信托目的"更显全面与完整,更显符合信托的定义。

第三,因受托人处于信托财产管理的主体地位,故当需要调整信托财产的管理方法时,委托人就可以直接要求受托人予以调整。这样的规定,减少了必须经过法院批准的复杂过程。由委托人、受益人直接请求受托人调整管理方法,受托人从信托之宗旨出发,只要有利于实现信托目的和受益人的利益,即可对新的管理方法达成合意,而行之。从而使调整过程简化,快捷,以免担搁有利时机。

我国"信托法"关于信托财产管理方法变更的规定虽然是根据我国的国情所确定,有其特点,但有些问题仍值得研究:

首先,我国"信托法"第二十一条之规定,强调的是委托人的权利。即有权要求受托人调整信托财产的管理方法。但受托人是否接受?如果不接受该怎么办?通常情况下,受托人是专业人士或者是专业机构,当发生特殊事由使设立信托时确定的管理方法不利于实现信托目的或者不利于受益人的利益时,主动调整管理方法应是受托人的职责所在(为受益人的利益最大化实施有效管理,见我国"信托法"第二十五条)。所以说委托人提出调整信托财产管理方法的要求,只要符合信托的宗旨,受托人就理应接受。而选择何种管理方法则涉及专业技能,多数情况下,应该由受托人提出。但也存在委托人自己提出具体的管理方法后,受托人与其意见不一而经协商也有可能达不成协议的情况。因此,完全界定在自我调节的基础上,似缺余地,应考虑必要时有请求法院裁定的可能。

除此,如果是自益信托,受益人即委托人。在此情况下,委托人请求受托人调整信托财产的管理方法,在经营性信托中,这种请求能否实现?

现在信托公司开办的集合资金信托,多数都是自益信托。而且,信托项目是由信托公司确定的,委托人只作为投资人以理财需求自愿选择参与,在此情况下的信托财产管理方法就很难变更了。比如一项用于房地产投资的信托,在信托存续期内发生房地产过热,房地产商面临资金回笼困境或因出现其他事故项目停滞,直接影响投资者的利益,甚至资金安全。此时,某委托人获知内情后,请求受托人改变信托财产的管理方法,将信托资金转为其他投资。由于集合资金信托是多名委托人的信托资金集中起来统一运作的,其运作方式是在信托成立时锁定的,不可能中途变更。至于项目出现了风险,受托人只有及时起动风险处置预案,努力控制和化解风险。

至于委托人要求调整信托利益的分配方法或者给付方式,并不影响信托财产的管理方法,且在信托文件中又没有特别的规定,只要委托人、受益人与受托人协商就可以解决了。

再有,公益信托如何适用关于调整信托财产管理方法的立法规定?

在公益信托中,有一种情况是委托人有时为可确定的一名或多名自然人或法人(如单独出资或联合出资设立的公益信托),有时委托人为不特定的社会大众;另一种情况是受益人为不特定的社会大众。不管是哪种情况,当发生了信托设立时不可预见的特殊事由,致使影响实现信托目的或不利于受益人利益时,不特定的委托人或不特定的受益人就很难行使请求变更或调整信托财产管理方法的权利了。故可以认为公益信托的信托财产管理方法的变更或调整属于特殊情况。为此,我国"信托法"第六十九条规定"公益信托成立后,发生设立信托时不能预见的情形,公益事业管理机构可以根据信托目的变更信托文件中的有关条款。"此规定赋予了公益事业管理机构在特定条件下变更信托文件相关条款的权利,当然可以理解其中应包括变更信托财产管理方法的权利。但问题在于,受托人是信托财产管理的主体,而信托监察人又有代表不特定的受益人监督受托人处理信托事务的职责。所以,变更信托财产管理方法是否应由公益事业管理机构与受托人和信托监察人商定,或者是根据受托人或信托监察人的请求,批准后实施。这样做,才显客观与公正。一方面,公益信托的成立是基于信托的制度安排和受托人的专业理财技能有助于公益目的的实现;另一方面,发挥公益信托中信托监察人的作用有利于对受益人权益的保护。

第四章

信托当事人与信托关系人

信托当事人与信托关系人是不是一回事？之所以提出这一问题，是由于在一些文章中和一些国家、地区的信托立法中出现对信托当事人与信托关系人的认识和提法上的差异。缺少一个统一的概念性的定义，确有研究的必要。

第一节　信托当事人与信托关系人的界定

一、我国“信托法”中对信托当事人的界定

我国的“信托法”中单独以第四章“信托当事人”为题，但其间并未就信托当事人作出法定定义。只是在内容上以第一节“委托人”；第二节“受托人”；第三节“受益人”来表明信托当事人的组成。同时，应注意到“信托法”第三条“委托人、受托人、受益人（以下统称信托当事人）在中华人民共和国境内进行民事、营业、公益信托活动，适用本法。”的规定。

综上，我国“信托法”中已明确将信托当事人界定由委托人、受托人和受益人三方组成。而在公益信托中设置的信托监察人算不算信托当事人呢？我国“信托法”第六十四条第一款规定“公益信托应当设置信托监察人。”；第六十五条规定“信托监察人有权以自己的名义，为维护受益人的利益，提起诉讼或者实施其他法律行为。”，根据这两条规定，有人认为信托监察人在公益信托中应视为受益人之权益代表，可视同信托当事人。但“视同”并不具备法定意义。

二、我国台湾地区关于信托当事人与信托关系人的界定及异见

在我国台湾地区的“信托法”中，没有关于信托当事人和信托关系人的

法定定义。在其“信托法”中未对“委托人”设置专项条款；对“受益人”设置一章（第三章）共四条（第十七条至二十条）；对“受托人”设置一章（第四章）共三十一条（第二十一条至五十一条）；又特别设置了一章（第五章）共八条（第五十二条至五十九条）对“信托监察人”作出规定。

涉及委托人、受托人、受益人三方的，主要在其“信托法”中的第一条“称信托者，谓委托人将财产权转移或为其他处分，使受托人依信托本旨，为受益人之利益或为特定之目的，管理或处分信托财产之关系。”之规定中明示了三方之于信托财产上的关系；其他涉及三方于信托财产上相同权利之条款还有第十二条，第十五条，第十六条。从这些条款中可以看出，信托当事人应由委托人、受托人和受益人构成。

虽然，“信托监察人”专有一章八条的规定，但确系“为受益人不确定、尚未存在或其他为保护受益人之利益认有必要时”而立。属于信托成立之特殊情形。信托监察人有行使有关信托之诉讼上或诉讼外之行为的权利，是以维护受益人之权益为目的，并不享有信托利益。出于此，台湾的一些学者认为信托监察人不算信托当事人，算作信托的直接关系人较宜。

不仅如此，对受益人算不算信托当事人之一？也尚存异见。有学者认为，在契约信托中，信托当事人只有委托人和受托人。而受益人于信托成立时并未参与信托行为，处于被动的享有信托利益的地位。故受益人只算信托关系人，不算信托当事人。由此观点推论，遗嘱信托中，仅委托人为信托当事人；自益信托中，委托人与受益人为同一人，受益人始具信托当事人的地位。据此所见，在他益信托和公益信托中，信托当事人只有委托人和受托人。受益人、信托监察人属信托关系人。

三、日本、韩国“信托法”中对信托当事人与信托关系人的界定

日本、韩国在其各自的“信托法”中是如何界定信托当事人和信托关系人的呢？日本在其“信托法”中的第一条所作信托之定义为“本法称信托者，谓实行财产权移转及其他处分而使他人依一定目的管理或处分财产。”，该条之规定，并没有明示出委托人、受托人和受益人三方的关系。不像韩国、我国台湾地区以及我国在“信托法”中对信托之定义的条款那样，明确地表明了委托人、受托人、受益人三方于信托财产上的法律关系。也没有对信托当事人和信托关系人作出界定。从其“信托法”中的具体条款来看，并未对

“委托人”专门设置条款。而以第十六条(二)、第二十三条(一)明定了委托人、受托人、受益人三方涉及信托财产上的相同权利。不同于我国和我国台湾地区“信托法”中相关条款之处,是于三方之外增加了委托人的继承人。

韩国在其“信托法”中第一条(二)对信托所作之定义已明示了信托人(即委托人)、受托人、受益人的三方的法律关系;在第二十一条,第三十六条也明定了这三方涉及信托财产上的相同权利。而且在三方之外与日本之“信托法”相关条款一样,增加了信托人(即委托人)的继承人。意在强调委托人的继承人在享有某些信托财产上的权利的重要性。即突出了委托人的继承人对信托财产强制执行主张异议的权利和必要情事下请求变更信托财产管理方法的权利,明确了其在信托关系中所处之法律地位。除此之外,韩国和日本一样在信托立法中规定了“信托管理人”的设置及其权利(见韩国“信托法”第十八条;日本“信托法”第八条)。与我国台湾地区“信托法”中所定之“信托监察人”的法律地位相同。

就“信托关系人”而言,虽然韩国在其“信托法”中专门设置了一章共九条(见韩国“信托法”第二章信托关系人第十条至第十八条),但未对信托关系人作出法定定义。分析这九条规定所涉及的信托关系人,前八条都是针对受托人而定。包括:“受托能力”;“受托人任务的终止”;“受托人资格的丧失”;“受托人的辞职”;“受托人管理的继续”;“受托人的解职”;“法院对管理人的选任等的处理”;“选任新受托人”。只有第十八条是为在无特定或尚没有受益人时,设置“信托管理人”而定。另外,由第十三条(一)“因信托行为无特殊规定,所以未得到受益人和信托人的许可时,受托人不得辞去其工作。”之规定,可见对受托人具有直接约束力的信托关系人应为信托人(即委托人)和受益人。同时,第十五条对受托人解职拥有请求权的信托关系人,明定除信托人和受益人外,还有信托人的继承人。这说明,在信托存续期内,发生信托人死亡时,信托不因此而终断。信托人之继承人取得信托人的地位。关于第十六条“法院对管理人选任等的处理”的规定,是于受托人辞职或解职时,为在新受托人未确定前由法院选任管理人作出的对信托事务进行过渡性管理的一种制度安排。再有,从第十一条关于受托人任务终止时的规定中可以看出,涉及与信托财产的保管,信托事务的移交等工作有关的信托关系人有受托人的继承人、法定代理人、破产管理人或清算人。

四、综合分析

梳理以上各种情形,可以归纳和解析出对信托关系人与信托当事人的一些概念性的认识:

(一)信托关系人,是一个比较宏观意义上的、涵盖所有与信托行为有法律关系的人。包括从信托设立到信托终结的整个信托存续期内,与该信托存有直接和间接利害关系的法人或自然人。

(二)信托关系人,可分为直接关系人和间接关系人。

1. 直接关系人,系指于信托财产上有直接权利、义务关系的人。包括:委托人,受托人,受益人;委托人的继承人,委托人的债权人;受益人的债权人;信托管理人或信托监察人;受托人委任的处理信托事务的人以及信托终止时的信托关系人等。

2. 间接关系人,系指于信托财产上无直接权利、义务关系,但有间接利害关系的人。如信托项目或信托财产评估师;受托人资质评级机构;与信托有关之诉讼行为的代理律师;信托投资的项目方;信托贷款的资金使用方;信托财产的关联交易方等。

(三)信托当事人,为信托直接关系人中信托法律关系的基础构成人。一般应包括委托人、受托人和受益人三方。

对这三方中的受益人,算不算信托当事人之一,尚存异见。有学者认为受益人属信托直接关系人。

本作者认为,虽然受益人在他益信托或遗嘱信托之设立时,并未参与该信托行为,但信托行为绝非仅限于设立信托时的行为,还应包括设立后的整个信托存续期内的信托行为。受益人在此过程中也并非完全消极地获取信托利益,而拥有与委托人基本相同的,相对的积极性权利。这些权利,依法规和信托文件的规定而取得。即使是在信托成立时的他益信托中,如果没有确定的受益人和与其对应的受益权,信托也难以成立;在自益信托中,其委托人就是受益人;在有多名受益人时,受托人也可以作为受益人之一(不可是同一信托的唯一受益人)。出于这些原因,将受益人置于信托当事人之外,确实不妥,值得研究。

从理论到实践,不论从信托的成立,到信托存续期内的信托事务的处理,直到信托终结的全过程,都是围绕着委托人、受托人和受益人三方,针对实现信托目的和受益人的最大利益而形成了权利与义务的关系。这三方应是信托关系人中处于主体地位和基础地位的当事人。

第二节 委托人

简单地说,委托人是指以自有财产,按自己的意愿设立信托的发起人。

有些国家,如日本和韩国,在其各自的“信托法”中将委托人称之为信托人,其意是为区别于委托代理关系中的委托人。

一、委托人的资格与范围

我国的“信托法”对委托人的资格,在该法第十九条定为“委托人应当是具有完全民事行为能力的自然人、法人或者依法成立的其他组织。”。在世界上,凡有信托制度的不论是英美法系还是大陆法系的国家和地区都有类似的规定。

(一)具有完全民事行为能力的自然人

以自然人作为委托人的,必须具有完全民事行为能力。排除了无民事行为能力或者限制民事行为能力的人作为委托人的可能性。因为只有具备完全民事行为能力的人,才能独立进行民事活动。按照我国“民法通则”的有关规定,限制民事行为能力人只能进行与其年龄、智力相适应的民事活动。需要进行其他民事活动的,则和无民事行为能力人一样需要由其法定代理人代理;按照我国“继承法”中有关限制民事行为能力人和无民事行为能力人所设立之遗嘱无效的规定,拟设立遗嘱信托的委托人必须是具有完全民事行为能力的人。

其他国家和地区,对设立信托的委托人之资格,均有基本相同的规定。如在英国,通常对能够正常拥有财产的人,即有就该财产设立一项信托的资格。而对于未成年人和精神病人设立信托,则给予了严格的限制。在英国成年人的年龄自1969年以后,依照《1969年家庭法律改革法》的规定由原来的21岁调整为18岁。根据《1925年财产法》中的有关规定,不允许未成年人持有土地的法定所有权。由此,未成年人就不能以土地来设立信托。同样,对于其他类型的财产也只有成年人才具备处置财产权和财产利益,或者通过遗嘱形式设立信托的资格。对于精神病人,则以《1983年精神健康法》

为准,对于精神病人所实施的财产处置(包括财产授予协议),通过遗嘱执行的,都是无效的。美国在其信托立法中认为,有订立遗嘱或契约之能力的当事人,才有通过处置其财产设立信托的权利。由无民事行为能力的委托人所设立的信托,在执行之时应归于无效。

(二)法人

按照我国"民法通则"的规定,"法人是具有民事权利能力和民事行为能力,依法独立享有民事权利和承担民事义务的组织。"法人均为依法成立,有必要的财产或经费,有自己的名称、组织机构和场所,能够独立承担民事责任。

以法人为委托人者,与具有完全民事行为能力的自然人作为委托人一样,须拥有属于自己的财产,并具有独立承担民事责任的能力。

根据"民法通则"的规定,法人范围包括企业法人、机关、事业单位和社会团体法人。其中,有独立经费的机关从成立之日起,具有法人资格;具备法人条件的事业单位、社会团体,依法需要办理法人登记的,经核准登记,取得法人资格;依法不需要办理法人登记的,从成立之日起具有法人资格。

(三)依法成立的其他组织

1. 介于自然人与法人之间的一些组织形式

包括个体工商户、农村承包经营户和个人合伙。依"民法通则"的规定,公民在法律允许的范围内,依法经核准登记,从事工商业经营的,为个体工商户;农村集体经济组织成员,在法律允许的范围内,按照承包合同规定从事商品经营的,为农村承包经营户;个人合伙为两个以上公民按照协议,各自提供资金、实物、技术等合伙经营,依法经核准登记,在核准登记的经营范围内从事经营。全体合伙人承担民事责任。

2. 未经法人登记的企业和社会团体以及机关、事业单位法人筹建组织,依法成立后,一般具有准法人的地位,可以企业或者团体的名义进行民事活动。

3. 按照我国"民法通则"的规定,企业之间或者企业、事业单位之间联营,共同经营,不具备法人条件的,由经营各方按照出资比例或者协议的约定,以各自所有的或者经营管理的财产,承担民事责任。依照法律的规定或者协议的约定,负连带责任的承担连带责任。

以上具备独立承担民事责任的组织都具备设立信托之委托人的资格。

二、委托人设立信托的必要条件

委托人是设立信托的发起者和信托资源的供给者。委托人于设立信托时,应具备必要的条件。

(一)委托人设立信托必须是自愿的,不存在他人的干预,甚至是欺诈行为。

(二)委托人设立信托必须有明确的意愿。使受托人能够完全理解其设立信托的目的和方法。并在此基础上,形成双方认可的信托文件。

(三)委托人的财产条件,大致有三条:

1. 委托人用于设立信托的财产必须是其合法取得的自有财产(包括财产权利)。这在我国"信托法"中的第七条有"设立信托必须有确定的信托财产,并且该财产必须是委托人合法所有的财产。"之明确的规定。按照我国"民法通则"的规定,只有拥有财产所有权的人,该所有权人才依法对自己的财产享有占有、使用、收益和处分的权利。其他国家和地区,在其民法中也都有类似的规定。例如,美国在其信托立法中,确切地表明委托人用以设立信托转移给受托人的那一项财产,必须是属于委托人自己所有。委托人必须以该财产所有权人的身份与受托人签订信托合同。不拥有财产所有权的人,不能于该财产上设立信托。

委托人在设立信托时,对自有财产和财产权利应具备相应的所有权证明,如房产证、专利权证等。

2. 委托人应拥有一定数额的财产,用于设立信托的财产以货币计值,应达到一定的数额。世界各国和地区大多都没有一个标准,既使受托人对设立信托的财产之货币价值有一定数额的要求,但随着社会经济的发展,人们在财富积累和财产状态方面都存有变化因素。一般来说,数额过小的财产,似乎没有设立信托的必要。特别是在经营性信托中,各信托机构设计的理财型信托产品,大多都有一个信托单元最低金额(整数)的限定。否则,会加长筹资周期和增大管理成本。

3. 负有债务的委托人,扣除其用以设立信托的财产后剩余的自有财产应足以清偿其到期债务。换而言之,债务人为委托人者,绝不可因设立信托而危及债权人的利益。世界各国和地区的破产法都有一个通用的规则,凡负有债务的财产所有权人破产，就丧失掉对其用以清偿债务之财产的处理权。所以，处于资不抵债境地的自然人或法人都不可用破产或清算财产设立信托。明知有害于债权人的债务人实行信托时，则属于诈害性信托。世界各国和地区的信托立法都认定为无效信托。

（四）委托人应具备一定的风险意识

虽然信托的设立是基于委托人对受托人的信任，但受托人处理信托事务也绝非是万无一失的。既使是受托人尽职，依照信托目的和信托文件的规定努力实施信托，但仍有受托人难以驾驭的风险发生。有可能达不到预期的收益，甚至使信托财产受到损失。因此，委托人应对信托有一定的认识。在设立信托时，特别是涉足投资类信托时，委托人应具备一定的风险意识和相应的承受能力。

三、委托人的权利

在英美法系的信托制度下，委托人于信托成立生效后，即失去了对信托财产的控制权。只有通过信托文件的规定来保留自己的某些权利。如设定自己是受益人或受益人之一（此时委托人身份已发生变化），又如保留对受托人的解职和对新受托人的选任的权利。

在大陆法系的信托制度下，由于单一所有权的历史背景，委托人需要为自己在信托生效后保留部分权利。一方面，信托立法给予受托人适当的权利；另一方面，委托人可依法于信托合同中确立自己的权利和义务。归纳起来，主要权利有：其一，知情权，即委托人有权向受托人了解信托事务处理情况，查阅信托账簿等；其二，请求权，如请求受托人变更信托财产的管理方法；请求受托人就其违反信托给信托财产造成的损失予以赔偿或恢复信托财产原状；请求有关国家机关解任受托人和选任新受托人；请求有关国家机关检查信托事务的处理情况等；其三，就信托财产的强制执行，可以向法院主张异议；其四，可承诺或许可受托人辞任。由于委托人的部分权利被保留，所以委托人也要相应地承担一定的义务。主要是：在信托成立后，确保依信托文件的规定如数如期地将用于设立信托的财产转移给受托人；对受托人必须依据法律规定和信托文件中的约定支付报酬。

我国的信托立法借鉴了英美法系和其他大陆法系国家和地区的经验，紧密地结合国情，在“信托法”中给予了委托人足够的法定权利。归纳“信托法”中的相关条款所定，其权利可分为如下四个方面：

（一）委托人对信托财产拥有的权利

1. 知情权

信托生效后，受托人控制着信托财产。受托人对信托财产管理、运作情况的优劣，直接影响着委托人设立信托之意愿和受益人最大利益的实现。因此，委托人就必然需要亲自了解受托人处理信托事务的真实情况。我国“信托法”第二十条规定的“委托人有权了解其信托财产的管理运用、处分及收支情况，并有权要求受托人作出说明。委托人有权查阅、抄录或者复制与其信托财产有关的信托账目以及处理信托事务的其他文件。”给予了委托人对其信托财产管理运用、处分的应有的知情权。

2. 请求权

（1）针对信托财产之管理方法的变更，在我国“信托法”中的第二十一条规定“因设立信托时未能预见的特别事由，致使信托财产的管理方法不利于实现信托目的或者不符合受益人的利益时，委托人有权要求受托人调整该信托财产的管理方法。”赋予了受托人为实现其意愿，使信托财产之管理方法符合信托宗旨之所需的必要权利。

（2）针对信托财产可能受到损失的情况，在我国“信托法”的第二十二条作出“受托人违反信托目的处分信托财产或者因违背管理职责、处理信托事务不当致使信托财产受到损失的，委托人有权申请人民法院撤销该处分行为，并有权要求受托人恢复信托财产的原状或者予以赔偿；该信托财产的受让人明知是违反信托目的而接受该财产的，应当予以返还或者予以赔偿。前款规定的申请权，自委托人知道或者应当知道撤销原因之日起一年内不行使的，归于消灭。”的规定，明定了法律赋予委托人的请求权。其要点是：第一，实施请求权的前提是受托人于信托生效后，违反信托目的处分信托财产或者是违背管理职责、处理信托事务不当而使信托财产蒙受损失；第二，实施请求权的目的，是为追究受托人的民事赔偿责任（恢复信托财产原状或予以赔偿）；第三，明确了知情的信托财产的受让人返还和赔偿的责任；第四，明确了委托人向人民法院提出申请，即实施请求权的时效期限。

这些规定对于维护委托人和受益人的合法权益，推进信托制度的健康发展十分有利。

3. 主张异议的权利

针对信托财产的强制执行，委托人有主张异议的权利。我国“信托法”中的第十七条规定了对信托财产强制执行的四种情形。本书第二篇第三章信托财产之第二节信托财产的特性，在对信托财产的独立性解析中，已就“强制执行的限制”作过论述。只要违背第十七条第一款规定的四种情形，而强制执行信托财产，该条第二款就明确规定“委托人、受托人或者受益人有权向人民法院提出异议。”这有利于司法部门依法公正执法。

4. 受益权

该受益权是委托人在信托制度的特定条件下取得的。即委托人可以作为一项信托的唯一受益人，也可以作为共同受益人中的一员而享有信托利益。我国“信托法”第四十三条第二款规定“委托人可以是受益人，也可以是同一信托的唯一受益人。”此规定，委托人对受益权的取得，实因委托人的地位转化为受益人之故。

5. 归属权

信托发生终止的情形时，信托财产可以归属于委托人。我国“信托法”第五十四条规定“信托终止的，信托财产归属于信托文件规定的人；信托文件未规定的，按下列顺序确定归属：(一)受益人或者其继承人；(二)委托人或者其继承人。”通常情况，在设立信托时，委托人与受托人签属的信托文件中对于发生信托终止的情形时，多将信托财产的归属人定为委托人自己。如果在信托文件中没有做出明确的规定，就要依照该条规定，则委托人成为信托财产归属权享有者的第二顺序人。

(二)委托人对受托人拥有的权利

虽然，信托的成立基于委托人对受托人的信任，但毕竟是委托人将其自有财产交由他人管理。完全失去对受托人的约束也为委托人所忌。为了调节信托成立后信托当事人之间的权利、义务关系，我国“信托法”中的相关条款规定了委托人对受托人拥有适当的权利。主要有：

1. 同意权

(1)根据我国“信托法”第二十八条第一款的规定，经过委托人的同意，受托人可以按照公平的市场价格，用其自己的固有财产与信托财产进行交易，也可以将不同委托人的信托财产进行交易。

(2)在信托生效后，发生受托人提出辞任的情况时，我国“信托法”第三十八条第一款作出了“设立信托后，经委托人和受益人的同意，受托人可以辞任。”的规定。

(3)受托人处理信托事务，依照信托文件的规定可以取得报酬。如果信托文件未作事先约定时，根据我国“信托法”第三十五条的规定，经信托当事人协商同意，可以作出补充约定。约定的报酬数额经信托当事人协商同意，可以增减其数额。因此，委托人对约定的方案，既可提出，又可行使同意权。

2. 决定权

在同一项信托中，如果存在两个以上的受托人，为共同受托人，处理信托事务应依信托文件的规定共同处理。如遇有受托人之间意见不一致，且信托文件未作具体规定时，则委托人有权作出处理决定(见我国“信托法”第三十一条)。

3. 解任权

委托人为了在信托成立后，约束受托人的行为，通常情况是在信托文件中规定如果受托人违背信托目的，或者处理信托事务有重大过失时，委托人有权解任受托人。在我国的“信托法”中第二十三条作出“受托人违反信托目的处分信托财产或者管理运用、处分信托财产有重大过失的，委托人有权依照信托文件的规定解任受托人，或者申请人民法院解任受托人。”的规定。如果信托文件没有明确的规定，或者是有规定而受托人不接受时，委托人即可向法院提出解任受托人的申请。

4. 解除权

委托人对受托人在职责终止时，有解除其责任的权利。受托人因发生被依法撤销或者被宣告破产；依法解散或者法定资格丧失；辞任或者被解任；法律、行政法规规定的其他情形四种情形之一，其职责终止的，委托人对无不正当行为之受托人所作的处理信托事务的报告，在认可后，可解除原受托人就报告中所列事项的责任(见我国“信托法”第三十九条，第四十一条)。

5. 选任权

委托人于受托人职责终止时，有选任新受托人的权利。受托人有解除责任的四种情形之一，或者是因其死亡或者被依法宣告死亡；或者被宣告为无民事行为能力人或限制民事行为能力人情形之一发生，受托人职责终止，而信托依然存续的，可依信托文件的规定选任新受托人。信托文件未作规定的，委托人有选任新受托人的权利(见我国“信托法”第三十九条，第四十条)。

(三)委托人对受益人拥有的权利

1. 变更受益人或处分受益权

根据我国“信托法”第五十一条第一款的规定,在信托成立生效后,发生了受益人对委托人有重大侵权行为;受益人对其他共同受益人有重大侵权行为;或者是信托文件规定的其他情形;或者是经受益人同意四种情形之一时,委托人可以变更受益人或者处分受益人的信托受益权。

2. 解除信托

依照我国“信托法”第五十条和第五十一条第二款的规定,自益信托中的委托人或者其继承人可以解除信托;他益信托中,如果发生受益人对委托人有重大侵权行为;或者是信托文件规定的其他情形;或者是经受益人的同意的三种情形之一的,委托人均有解除信托的权利。

(四)其他

1. 依据我国“信托法”第五十三条第(四)项的规定,委托人经与受益人,受托人协商达成一致意见后,可以终止信托。

2. 根据我国“信托法”第七十三条关于公益信托中信托当事人诉权的规定,公益事业管理机构在发生违反“信托法”规定的职责的情况时,委托人有权向人民法院起诉。

第三节　受托人

从信托设立的序幕拉开以后,受托人就以主要角色登上舞台。以其特有的技艺和所演示的效果,赢得各方的赞赏。

历经数世纪的信托制度,在世界范围内久盛不衰。植根于英美法系的信托种子,也撒播在大陆法系的土壤中成长,开花结果。这其中,受托人对信托的本土化运用和创新,给信托注入了新的生命力,把信托推置到一个世界经济互动的重要阶段之中。

一、受托人的基本概念

受托人是指信托当事人中接受委托人之委托的人。作为设立信托之委托人的相对人,处于信托当事人中特殊的中心位置。

受托人基于委托人对其的信任而接受信托。于信托成立后,依法持有委托人转移过来的信托财产,同时以自己的名义,按照信托文件的规定为实现委托人的意愿,为受益人的利益最大化而管理运用、处分信托财产。

信托制度的建立由民事信托而起,进而挺进商事领域。经营性信托的兴起与发展,在世界现代经济体系中发挥着积极的作用。受托人的职能和对其监管制度的不断规范与完善,使信托的财产管理与传承功能不断拓展。

信托制度的确立,使受托人一方面握有对信托财产的管理权;另一方面则承担着为受益人创造最大利益的义务。因此,如何赋予合格的受托人以足够的权利和应尽的义务,以发挥其智慧与才能,科学有效地管理信托财产;与此同时,如何控制受托人利用持有信托财产上的权利为自己谋取私利损害受益人的权益,就成为世界各国和地区信托立法中的重要内容。

二、受托人的类别

在世界各国和地区的有关信托的法规中,或者是有关信托的著作中,都没有对受托人作明确的分类。但根据对受托人在信托法规相关条款中的称谓以及一些著作中有关受托人方面的论述,综合归纳出受托人的类型,有利于对受托人作出全面的认识和解析。

(一)按受托人之性质分

可分为个人受托人和机构受托人。

个人受托人,指受托人为自然人者。各国和地区的信托法规中,仅在民事信托中允许自然人担任受托人。且受托人只尽义务,不收取报酬。

机构受托人,又可分为一般性质的机构和专业性质的信托机构。一般性质的机构也只能承担民事信托的受托人,不能从事经营性信托业务,不能收取信托报酬;专业性质的信托机构受托人,应是由国家主管机关批准,取得信托业务经营许可证的信托公司或信托银行,在混业经营条件下的金融机构经营信托业务,也须取得兼营信托业务的许可证。(通常是独立法人的分支机构或专营部门)。经营性信托的受托人,可依法取得信托报酬。

(二)按受托人产生的时间分

可分为原受托人和新受托人。

1. 原受托人：也可称之为初始受托人，或者初任受托人。即在信托设立之始，接受信托和委托人转移来的原状财产，按信托文件的规定实施管理的人。

2. 新受托人：也可称之为新任受托人。

在信托存续期内，因发生原受托人辞任，被解任、死亡、丧失民事行为能力，或者依法解散，被依法撤销、被宣告破产等事由，通常情况下，信托并不终止，而原受托人职责终止。承接原受托人移交之信托财产及信托事务的人即为新受托人。

（三）按受托人的人数分

可分为单独受托人和共同受托人。

1. 单独受托人：也可称之为单一受托人或独任受托人。

一般是指在民事信托中的个人受托人，在一项信托中仅由一人独任。也可推延至商事信托中之受托人，由一家信托公司担任。

2. 共同受托人

通常情况下，是指民事信托中的受托人在同一项信托中为两人以上者。也可在商事信托中，认为受托的信托机构为两家以上者。

在我国的"信托法"中，对共同受托人的数量，不论是初始受托人，还是新受托人，都没有作出上限规定。

在国外的情况也大致如此，共同受托人的数量并无上限限制。一项信托的受托人数量的多少，应取决于委托人的意愿。委托人多因信托财产之价值高或信托事务的繁复而设立共同受托人，依靠共同受托人之间的相互制约和整体信用度，更加有效地处理信托事务，使信托目的的达成更加有把握。或者是委托人出于可能发生单一受托人中途死亡情形的考虑，而设立共同受托人，不致使信托中断。

英国的制定法，对有些信托规定不能由单独受托人受理。（一家信托机构除外）。如根据"1925 年财产法"和"1925 年授予地产法"相关条款的规定，在土地授产契据和土地出售信托中，单独受托人不能对出售土地取得的收入或资本货币出据有效的证据，而只能由共同受托人受理。同时，对一般信托所设置的受托人数量，也无上限限制。而在一项土地授产契据或土地出售信托中，根据"1925 年受托人法"第三十四条的规定，对土地授产安排的受托人，其上限数量限制在 4 人。土地授产安排的受托人超过 4 人的，或者有超过 4 名受托人共同以售卖信托的形式持有土地的，在受托人数量减少到 4 人前，不能指定新的受托人，并且在此之后，受托人的数量不得超过 4 人。

(四)特殊类型的受托人

在英国的信托制度中，除存有一般受托人以外，还有以下三种特殊类型的受托人：

1. 保管受托人

英国的制定法中除确立管理受托人以外，在同一项信托中还允许于信托文件中规定设立信托保管人。管理受托人全面地行使委托人和制定法授予他的权利(包括自由载量权)；而保管受托人持有信托文件和信托财产，凡有关该项信托的款项收付均须通过保管受托人。保管受托人须严格依照管理受托人的指示行事，对管理受托人的行为或失职并不代其承担责任。

2. 公共受托人

这种类型的受托人只在英国和一些英联邦国家存在。该类受托人并非自然人，而是依据英国"1906 年公共受托人法"由国家批准认可的具备一定条件的单体法人。该法人的任务主要是面对找不到适宜受托人的委托人，而被委任或指定为受托人。公共受托人可以出任普通受托人，保管受托人，个人代表及司法受托人。但不能管理无偿债能力的遗产，也不可担任慈善信托的受托人。同时，对一般信托的涉足也有所限制，如不可成为某些经营性信托的受托人。

3. 司法受托人

在英国，针对有些信托因受托人管理失职，在法院进入全面管理之时，信托当事人可以申请由法院指定一名具有解决复杂问题能力的法官担任受托人，即司法受托人。该受托人多为掌握财会、法律等专业知识和技能的人。本身又是法官，可以直接了解法院的意图，便于协调处理信托事务中各方关系。

三、受托人的资格与条件

受托人的资格与条件，可以理解为取得依信托行为所定，管理运用、处分信托财产之受托人职务所应具备的能力。这能力包含基础性资格与对应于该职务所必备的条件。资格与条件是相辅相成的，对有些信托来说，其受托人必须具备某些条件，才能取得担任受托人的资格。也可以说，只有取得了规定的资格,才能具备担任受托人的条件。

(一)对受托人之基础性资格的规定

这里所指的基础性资格,可以理解为一般性或通用性的基本条件。

世界上凡有信托制度的国家和地区,都对受托人的基础资格有着基本相同的规定。例如,英国的信托制度认为,一个人只要有权持有财产,他就有资格担任受托人。依照“1925 年财产法”中第二十条的规定,未成年人不能持有土地财产,所以未成年人就不可担任土地信托的受托人;美国在信托立法中也突出了受托人位于管理委托人转移而来的财产的重要位置,故必须具备行为能力。未成年人或者精神病人都不具备担任受托人的资格;日本“信托法”第五条,韩国“信托法”第十条,我国台湾地区“信托法”第二十一条均对受托人的受托能力作出规定,明确规定未成年人,禁治产人,准禁治产人及破产人不能担任受托人(我国台湾地区“信托法”中未提及准禁治产人);我国“信托法”第二十四条第一款“受托人应当是具有完全民事行为能力的自然人、法人。”的规定与委托人之资格的规定相同。但我国的实情,民事信托由于历史背景和经济基础之因,尚缺践行,以自然人为受托人者颇为少见。此条款所定,是为今后随经济的发展,个人财富的积累增多,给民事信托应用和发展的可能留有空间。

信托的成立,是以信用关系为基础的。如果受托人是没有或欠缺民事行为能力的人,则实际上已失去委托人对该受托人的依赖基础。所以,未成年人、禁治产人、准禁治产人及破产人就难当受托人之任了。至于破产人,不论其为自然人,还是法人,尤其是法人,不用等其被宣告破产,只要其处于资不抵债,濒临破产的境地,知情的委托人就不会选择其为受托人了。既使在对破产人的认识上,存有异见,如有的学者认为应限定在受破产宣告尚未复权者上,受托人的信用程度也会受到影响。英国在信托立法中,明确规定受托人在承担信托职责时,不得处于破产状态。美国法院已有的判例说明,当信托设立时受托人处于资不抵债濒临破产的状态,信托就告无效或可被撤销。但如果是在信托生效后,于信托存续期内发生受托人破产的情况时,信托不终止,则需更换原受托人。

(二)对受托人之特殊条件的规定

由于信托是一种特殊的制度设计,而受托人又处于信托关系中的特殊位置。因此，除了上述对受托人要求应具备的基础性资格，即基本的受托能力（权利能力和行为能力）外，还有一些特殊条件的要求来限制受托人的资格。主要是专业技能条件和法律规定的特殊条件。

1. 专业技能条件

除了受托人的信用素质以外，专业素质是受托人有效管理运用、处分信托财产的重要条件。仅有“受人之托，忠人之事”的理念还不够，还必须要有足够的理财技能。不论是个人受托人，还是机构受托人，特别是在现代经济社会制度体系下的商事信托，对受托人的专业技能要求更加严格。

首先，必须熟知信托制度中信托当事人、信托关系人之间的法律关系，了解在信托实施过程中所产生的交易、买卖等行为与信托法规以外相关的法律关系。

同时，有了解信息和处理信息的渠道和手段，必须有对市场的敏锐洞察力和分析判断的能力。

另外，要有识别风险和控制风险的意识与能力，在不得已的情况下，尽量减少信托财产的损失。

再有，面对多变的市场环境，多样化的信托财产，受托人在享有自由载量权的情况下，应该掌握组合投资的理论和技巧。能灵活地进行理财和处理复杂、高难度的信托事务，以实现信托文件规定的信托目的和受益人利益的最大化；还要掌握信托制度下的财务管理与税收制度等。如此对受托人的要求条件，绝非一般人所能达到的。因此，世界各国和地区都对受托人的任职资格有专业技能条件的要求。如对在专业信托机构中的信托理财师，信托经理等设有考试、考核、认可、评级等具体的管理制度。

2. 法规对受托人规定的特殊条件要求

世界各国和地区都根据本土的实际情况，对某些类型的信托中的受托人或担当特殊类型的受托人，一般都有法规予以特殊条件的约束。

例如，在英国，根据“1914 外国人地位法”第十七条的规定，禁止外国人持有英国船舶的所有权。故而，若以英国船舶作为信托财产设立信托时，外国人就没有资格担任受托人了；同样，在英国，公共受托人和司法受托人的任职条件，必须分别依照“1906 年公共受托人法”和“1896 年司法受托人法”的要求执行。

另如，日本“信托法”第六条规定“以营业为目的而接受的信托，应列入商业行为。”,其经营性信托的受托人的任职,由“信托业法”特定。

再如,韩国“信托法”第十二条“按信托行为,以特定资格而成为受托人的人,其资格一旦丧失,其任务亦告终止。”的规定可理解为是受托人承接某些特定类型或创新型信托所应具备的特殊条件。一般应由“信托业法”和针对信托类型而制定的专业性信托法规予以规范;同时,法律承认信托行为对受托人特定资格的要求(应在信托合约中明定)的有效性。我国从事经营性信托的受托人,必须依照“信托公司管理办法”得到中国银行业监督管理委员会的批准,并领取经营信托业务的“金融许可证”。未经批准,任何单位和个人都不得经营信托业务。任何经营单位不得在其名称中使用“信托公司”字样。并且,对信托公司的设立制定了应具备的条件(见我国“信托公司管理办法”第八条)。这些条件,就是在我国作为专业信托机构(机构受托人)的约束条件。

四、受托人的产生与确立

受托人的产生与确立,根据其产生的时间不同,一般分为信托设立时的原受托人(初始受托人或初任受托人)的产生与确立和在信托生效后的信托存续期内,初始受托人因故职责终止时,为保证信托存续新受托人(新任受托人)的产生与确立。

(一)原受托人的产生与确立

在我国,受托人的产生与确立,是根据“信托法”第三条关于信托当事人在中华人民共和国境内进行民事、营业、公益信托活动,适用该法的规定。信托当事人中的受托人于信托设立、生效后而确立为原受托人。

原受托人的产生与确立的方法,可以由“信托法”的相关条款中归纳得出:

1. 依委托人的选任产生,并以信托文件的规定而确立

首先,根据我国“信托法”第二条的规定,设立信托是基于委托人对受托人的信任,将其财产权委托给受托人。这一受托人应是由委托人自己选任的;另外,“信托法”第八条和第九条明确规定了信托应以书面文件(包括信托合同,遗嘱或者法律、行政法规规定的其他书面文件等)而设立。书面文件中应载明的内容中包括受托人的姓名(或名称)、住所等。就是说,受托人一般是由委托人亲自选任而产生,通过书面文件的规定而确立。

2. 遗嘱信托之原受托人的产生与确立

在我国的“信托法”第十三条已经作出明确的规定，遗嘱信托的受托人原则上是由立遗嘱人（委托人）指定而产生。如果遗嘱指定的人拒绝或无能力担任受托人时，则由受益人另行选任受托人，受益人为无民事行为能力人或者限制民事行为能力人的，依法由其监护人代行选任。但如果遗嘱对选任受托人另有规定的，则从其规定。因此，遗嘱信托的原受托人，是由立遗嘱人指定，或由遗嘱所作的规定，或者依法产生与确立。

3. 公益信托之原受托人的产生与确立

根据我国“信托法”第二十四条的规定，信托设立时，原受托人均可在具有完全民事行为能力的自然人、法人中产生。同时又明确法律、行政法规对受托人的条件另有规定的，从其规定。公益信托，不同于民事信托和营业性信托。其信托的设立和确定其受托人，在我国的“信托法”第六十二条中严格规定，必须经公益事业管理机构批准。但并没有排除在自然人、一般法人中产生受托人的可能。只明定了确立受托人的批准权限。“信托公司管理办法”中规定了“信托公司可以根据《中华人民共和国信托法》等法律法规的有关规定开展公益信托活动。”（见“信托公司管理办法”第十七条）。因此，现行法规的规定，公益信托的原受托人应在信托公司中产生，由接受公益信托的信托公司申报，经公益事业管理机关批准后而确立。

上述我国信托活动中之受托人的产生与确立，法律、行政法规方面的有关规定，在世界其他国家和地区，也有大致相同的规定。

例如，在英国信托的原受托人，通常是由委托人或者是立遗嘱人在设立信托的文件中指定的。也有可能在信托文件中并未明定受托人，但却规定了某人或某几个人享有指定受托人的权利，此时，原受托人也可依此规定而产生。如果信托文件既未指定，也未授权；或者是虽有指定，但受托人弃权或没有行为能力；或者是遗嘱指定的受托人先于立遗嘱人去世。在这些情形下，法院均有权指定受托人，使信托得以实施。除此，在英国还设有公共受托人，在委托人难以找到适合的受托人时，可以依照“1906 年公共受托人法”的相关规定确立原受托人。

关于公益信托之原受托人的确定，在日本、韩国和我国台湾地区的信托立法中，同样都是采取许可制，即由受托人申请，主管官署许可而确立。

（二）新受托人（新任受托人）的产生与确立

在信托存续期内，原受托人因故职责终止时，为使信托存续我国“信托法”在相关条款中作出了新受托人产生与确立的规定。主要有：

1. 在我国“信托法”的第四十条第一款规定“受托人职责终止的，依照信托文件规定选任新受托人；信托文件未规定的，由委托人选任；委托人不指定或者无能力指定的，由受益人选任；受益人为无民事行为能力人或者限制民事行为能力人的，依法由其监护人代行选任。”，这就明确了在信托存续期内发生原受托人职责终止的情况下，新受托人的产生与确立的法定方式。没有选择最终由法院指定新受托人的方法。

2. 对于公益信托原受托人的变更，在“信托法”第六十八条是这样规定的：“公益信托的受托人违反信托义务或者无能力履行其职责的，由公益事业管理机构变更受托人。”，就是说，在公益信托设立后的信托存续期内，原受托人的行为有违信托目的的实现，不能尽职尽责，或者没有能力有效地处理信托事务，甚至给公益事业造成损失，公益事业管理机构实际上拥有对原受托人解任和新受托人选任的权利。

其他国家和地区，对于新受托人的产生和确立，大都在其信托立法中作出相似的规定。一般是在无法确定新受托人的情况下，最终由法院或者行政主管机构依法指定。

例如，在英国，于信托存续期内的原受托人因故职责终止的，新受托人的产生和确定须依“1925年受托人法”的规定进行。当信托文件中已有明示条款，授权某人或某几个人指定新受托人，或者是共同受托人缺位有留任受托人时，都可以产生新受托人。但如果不存在授权和留任受托人时，该法规定最终由法院指定新受托人。

又如，在美国，当一项信托出现受托人空缺时，信托法规就允许只要信托文件明定了代替或继任者（或者是信托文件中被授权的人选任的代替者或继任者），就可以产生新受托人。否则，只有通过信托的利害关系人向法院申请，最终由法院指定新受托人。

再如，在日本的信托立法中规定，在发生原受托人的任务终止时，信托的利害关系人可以请求法院选任新受托人。遗嘱指定的受托人不承受或者不能承受信托的，同样也可以由利害关系人请求法院指定新受托人。但如果信托文件已定有新受托人产生的方法，则应从其规定。（见日本“信托法”

第四十九条）；韩国“信托法”的第十七条［选任新受托人］也同于日本“信托法”之规定；我国台湾地区“信托法”第三十六条对新受托人的产生，与日、韩及我国之信托立法中的规定有所不同。新受托人的产生除信托行为另有订定外，委托人可以指定。如委托人不愿指定或无能力指定时，则可由利害关系人或者检查官请求法院选任新受托人。

关于公益信托中新受托人的产生与确立，在日本，由其“信托法”的第七十二条明确规定，该法第四十九条所规定之法院的权限归于主管官署；在韩国，其“信托法”的第七十一条也有同样的规定；我国台湾地区“信托法”第七十六条也将法院之相应权限归于公益信托目的事业主管机关行使。

五、受托人的义务及其制约

我国“信托法”第二十五条明确规定“受托人应当遵守信托文件的规定，为受益人的最大利益处理信托事务。受托人管理信托财产，必须恪尽职守，履行诚实、信用、谨慎、有效管理的义务。”在此，对这一规定的具体内涵，并结合一些国家和地区的相关立法情况作一解析。

从信托制度的起源来说，信托就是建立在信赖关系基础之上的。委托人将自有财产转移给受托人持有，而受托人不计报酬地、忠实地实现委托人的意愿，为受益人的利益最大化而处理信托事务。其本身所任之职责就是信托制度所赋予的一种强制性义务。

从信托制度的发展来看，商事信托的建立与拓展，专业信托机构的扩张与规范，大量的社会资财通过信托制度设计，流入信托管道。无疑，受托人义务的履行，更加突出地成为信托业得以立足和壮大的支撑。

我国“信托法”中第二十五条只是一个对受托人应尽义务的原则性规定。其他有关受托人的条款，是与之相互贯通的。现就该条之内涵作一探讨。

（一）恪尽职守——受托人职责之灵魂

恪尽职守，概括了受托人的人格形象，是受托人生存与活跃于世的灵魂。

受托人之恪尽职守，应是尽职尽责、严格地遵守信托文件的规定，切实地为受益人的最大利益处理信托事务。我国信托立法突出了受托人恪尽职守的职务准则，是非常必要和符合国情的。受托人的责任，主要有以下几点：

1. 受信人责任

委托人基于对受托人的信任,将自有财产转移给受托人持有,这是委托人对受托人的授信行为。受托人依信托文件的规定,为实现委托人的意愿,为受益人的最大利益管理运用、处分信托财产,这是受托人的受信、守信行为。受托人受此重信之托,就不可利用信托财产为己谋取私利。随时随地对处理信托事务的每一举动,都不能将受信人的职责与自身之个人利益置于相冲突的地位。就是说,受托人处理信托事务不可为己谋取私利的原则,是受托人之受信人责任的核心。

在英国,其信托制度对受托人之受信人责任,集中地体现在两个规则上。即通常受托人不可购买信托财产的"禁止自我交易规则"和受托人购买信托受益权时的"公平交易规则"。

在日本,其"信托法"第四条受托人的职务规定"受托人应依信托行为所定,管理或处分信托财产。"。这条规定,看似简单,但实质上是强调了作为受信人的责任,就是要按信托行为所定之目的、内容、方法等处理信托事务。作到守约、守职、守责。

韩国和我国台湾地区分别在其"信托法"中的第二十八条和第二十二条,明确了受托人应尽依信托宗旨(或本旨)管理或处分信托财产之善良管理人的职责。所谓依信托宗旨,应包括受托人遵循为实现委托人的意愿和为受益人的最大利益为己任;还应包括依照信托文件的规定,处理信托事务。而非借管理信托财产之便,为己谋利之恶意者,应是善良之管理人。即应尽受托人之受信人的责任。

2. 有限责任

在信托成立、生效后,受托人于管理运用、处分信托财产的行为,对受益人应承担支付信托利益的义务。因而构成受托人的信托行为对受益人所负之债务关系。一般来讲,受托人仅以信托财产为限对该债务承担有限责任。

我国的"信托法"第三十四条明确规定"受托人以信托财产为限向受益人承担支付信托利益的义务。",即强调了受托人为受益人的最大利益而有效地处理信托事务。向受益人支付信托利益是受托人义不容辞的义务,而这种利益的产生与给付是以信托财产为限的。

其他国家和地区,也有类似的规定。如日本,在其"信托法"的第十九条[受托人的有限责任]中规定"受托人因信托行为对受益人负担债务时,只于信托财产限度内负履行责任。”;韩国的“信托法”也有相同的规定,其中第三十二条[有限责任]“受托人由于信托行为,对受益人承担的债务,在信托财产限度内负有履行的责任。”;我国台湾地区信托立法之相关规定与日、韩所定完全相同(见我国台湾地区“信托法”第三十条)。

受托人依信托之本旨,承担着向受益人支付信托利益的义务。而该利益的产生是来自于受托人对信托财产的有效管理,自应是以信托财产为限的。受托人管理运用、处分信托财产的结果应该符合委托人的意愿和受益人的利益之所在。其创造的信托收益应该是正收益,但也有产生负收益的可能。因此,从信托生效起,受托人在处理信托事务过程中的所有信托行为,都直接与受益人和受托人之间的债权债务关系有关。

受托人为受益人的最大利益而管理运用、处分信托财产,于该信托财产上生成的利益,依信托本旨应归受益人所有,受托人不可侵占。在正常情况下,受托人并无失职行为,但发生信托财产损失的可能依然存在。此时,受益人就要承担风险了。如果受托人没有作到恪尽职守,而是由于受托人的行为违反信托文件的规定或者管理不当之故,造成信托财产减少,损害受益人的利益时,受托人就要承担以其固有财产予以赔偿的无限责任了。我国“信托法”第三十六条明确规定“受托人违反信托目的处分信托财产或者因违背管理职责、处理信托事务不当致使信托财产受到损失的,应当恢复信托财产的原状或者给予赔偿。”在日本、韩国和我国台湾地区的信托立法中都有如此之规定(见日本“信托法”第二十七条;韩国“信托法”第三十八条;我国台湾地区“信托法”第二十三条)。

以上是针对正常情况下受托人对受益人之债务的承担,仅以信托财产为限的有限责任而言。对于受益人以外的第三人所负的债务,受托人应承担的责任在我国“信托法”的第三十七条第二款作出了“受托人违背管理职责或者处理信托事务不当对第三人所负债务或者自己所受到的损失,以其固有财产承担。”的规定。这种债务的承担,为无限清偿责任。此责任履行的前提是受托人违背管理职责或处理信托事务不当。反之,则按第三十七条第一款“受托人因处理信托事务所支出的费用,对第三人所负债务,以信托财产承担,受托人以其固有财产先行支付的,对信托财产享有优先受偿的权利。”的规定执行。这一规定有助于受托人恪尽职守之义务的履行。

3. 有关的连带责任

对受托人于处理信托事务中所应承担的连带责任,主要有两种情形:

(1)受托人委托他人代为处理信托事务所承担的责任

在正常情况下,受托人应该亲自处理信托事务。但如果在信托文件中规定了在某些特定条件下,或者是在受托人发生了不得已的事由时,“信托法”相关条款规定允许受托人可以委任他人代为处理。在此情况下,受托人与代为处理信托事务的第三人构成连带责任。

我国“信托法”第三十条第二款规定“受托人依法将信托事务委托他人代理的,应当对他人处理信托事务的行为承担责任。”。不管是受托人将部分还是全部信托事务依法委托他人代为处理时,只要是损害了受益人、委托人的权益时,受托人都要承担责任。也就是说委托人、受益人均可对受托人直接主张权利。

日本、韩国和我国台湾地区,在其各自的信托立法中,与我国之规定存有不同之处。日本、韩国和我国台湾地区的信托立法中都明确规定,如果信托行为无另外规定,受托人有不得已事由而委托他人代为处理信托事务时,受托人只就选任及监督第三人负其责任。该第三人负与受托人同样的责任。(见日本“信托法”第二十六条(二),(三);韩国“信托法”第三十七条(二),(三);我国台湾地区“信托法”第二十六条。)韩国“信托法”中对受托人委托第三人代为处理信托事务时,规定除受托人有正当理由外,还特意强调了需征得受益人的同意方可行之。(见韩国“信托法”第三十七条(一));我国台湾地区之“信托法”中的第二十七条第二款还明确受托人在信托行为另有订定或不得已之事由而由第三人代为处理信托事务时,该第三人应与受托人负连带责任。

(2)共同受托人的连带责任

关于共同受托人的连带责任。在我国“信托法”的第三十二条“共同受托人处理信托事务对第三人所负债务,应当承担连带清偿责任。第三人对共同受托人之一所作的意思表示,对其他受托人同样有效。”(第一款)和“共同受托人之一违反信托目的处分信托财产或者因违背管理职责,处理信托事务不当致使信托财产受到损失的,其他受托人应承担连带赔偿责任。”(第二款)所作之规定,有三个方面的含义:

其一,共同受托人在共同处理信托事务的过程中,有可能形成对第三人的债务。如为信托财产需作的价值评估报告,法律文书等所应给付的评估费、律师费等债务;又如,一信托项下的信托财产为房产,在管理、处分过程中为使其增值需进行维修、改良,所需费用向银行贷款时形成的对银行之债务等。对第三人所负之债务,共同受托人于届期应如数清偿。对此债务,每一受托人均承担不可推卸的连带责任。如果一旦发生信托财产不足以清偿对第三人债务的情况时,若事先无约定,应由共同受托人用自有财产平均负担。

其二,关于第三人对共同受托人之一所作的意思表示,对其他受托人同样有效的规定,是由于共同受托人共同处理信托事务,其理念和行为均应一致,为受益人的最大利益而尽职尽责。因此,共同受托人的每一个成员都可以将影响受益人利益的第三人之意思表示,迅速地传递给其他受托人。将共同受托人视为一个可信赖的受托整体,对受益人之受益权的保护更加有利。

其三,共同受托人是一个受托整体,其在信托存续期内不管是其中之一人还是部分人对信托事务处理的好与坏,均应看成是共同受托人整体行为的结果。共同受托人中的任何一人,如果发生了违反信托目的处分信托财产或者是违背管理职责处理信托事务不当致使信托财产受到损失的情况,多因共同受托人成员之间缺乏相互协调、相互监督、相互约束的共同行权的内部运作机制之故。损失虽因共同受托人中之一人或少数人造成,但其他受托人也要承担连带责任。

日本、韩国和我国台湾地区在其各自的信托立法中关于共同受托人连带责任方面的规定,与我国"信托法"中的规定并无差异之处。如日本"信托法"第二十五条共同受托人的连带责任规定"受托人有数人时,因信托行为对受益人负担的债务,为连带债务。就信托事务处理所负担的债务,亦同。",韩国"信托法"第四十六条,我国台湾地区"信托法"第二十九条也有同样的规定。

除此,在日本、韩国的信托立法中都有对受托法人,在其违背责任时,其行为所造成的不良后果,与此有关的理事及相关人员也负连带责任的规定(见日本"信托法"第三十四条,韩国"信托法"第四十条)。

(二)诚实、信用、谨慎、有效管理的义务

我国"信托法"对受托人应尽义务高度概括性的规定,可以从三个方面加以理解：

首先，依据信托制度的本质，受托人在信托关系中的特殊位置，以实现委托人的意愿，追求受益人的最大利益为己任。将受托人所履行的基本义务归纳为“诚实、信用、谨慎、有效”，简练而内涵丰富，成为受托人行为的指南。这种原则性的规定，符合我国信托立法初期发展阶段的实情和需要。使其具有适应性和伸缩性，从而既可以保持法律的稳定性，又可以给司法机关有一定的自由载量权。

另外，观诸不同国家和地区有关信托立法对受托人的基本义务方面的规定，也极近相同。虽表述和归纳方法有所差异，但其内容实质相同。对受托人之义务的规定，一般都归集到：善良管理人之注意义务；忠实义务；亲自管理义务；分别管理义务以及书类设置和保存记录义务等。虽然比较具体，但似缺乏概括，内容也不够集中和清晰明朗。当然，这并不是评论立法形式的优劣，仅是个人看法。我国“信托法”中单设置“受托人”一节，综合规定了受托人的权利和义务，特别是以第二十五条高度概括受托人的基本义务，有利于通过信托活动和司法实践的经验积累，为“受托人法”、“信托业法”等法规的制定和“信托法”的修订工作打下基础。

其次，我国“信托法”中有关受托人的立法规定，从第二十四条到第四十二条，共十八条，包含受托人的资格、职责、权利与义务等内容。其中有相当一部分条款在同一条中既包含权利，又包含义务与责任。将受托人之“诚实、信用、谨慎、有效”的义务，渗透到相关条款之中，更加体现了立法的简练和“诚实、信用、谨慎、有效”四者之间具有的内在联系性与互补性。

鉴于以上之理解，本人拟打破一般对受托人义务的归纳方法，而以“信托法”对“受托人”之十八条的相关规定，分别以“诚实、信用、谨慎、有效”管理之基本义务，进行解析。其主要目的是为加深对受托人之基本义务的认识。

1. 诚实义务

诚实是为人之道，立业之本。做老实人，说老实话，行老实事乃中华民族之美德。因此，受托人面对高度信赖自己的委托人，诚实地处理信托事务，义不容辞。

受托人履行诚实义务，应该遵循几项原则：一是，受托人不可利用信托财产为自己谋取私利；二是，受托人在处理信托事务的过程中，不得将自己置身于信托财产利益与其本人之私利相冲突的地位;三是,受托人处理信托事务时,不可使第三人获得不当利益;四是,诚实地向委托人和受益人及时和定期报告信托事务处理的情况和信息,绝不可提供虚假报告和信息,侵害委托人和受益人的权益。

上述原则,体现在我国的信托立法之中有如下几点:

(1)受托人必须诚实地依照信托文件的规定,为受益人最大利益处理信托事务(见"信托法"第二十五条第一款);

(2)受托人不得利用信托财产为自己谋取私利(见"信托法"第二十六条第一款);

(3)受托人不得将信托财产转为固有财产,也不得将固有财产与信托财产进行相互交易,也不得将不同委托人的信托财产进行相互交易(见"信托法"第二十七条,第二十八条);

(4)受托人在处理信托事务的过程中,不得违背职责使第三人获得不当利益而侵害受益人的权益(见"信托法"第三十七条第二款);

(5)受托人必须诚实地做好和保存好信托事务的完整记录,并定期提供运作及收支报告,保证其真实可靠(见"信托法"第三十三条)。

2. 信用义务

信托是建立在信用关系基础上的一种特殊制度设计。受托人的信用义务贯穿于信托行为的全过程。

前面,对受托人之职责中已就受信人责任作出分析。该责任,应是受托人应尽的义务。另外,"诚实、信用、谨慎、有效"的四项义务中,"诚实"与"信用",常被"诚信"所替代,更加说明二者的有机联系与互补。在此,对受托人之"受信人责任"与"诚实"义务紧系于"信用"义务方面的内容概括归纳并进行补充。具体体现在我国"信托法"相关条款中的有以下几点:

(1)受托人必须要作到遵法守约,在信托事务处理的全过程中,要兑现自己对委托人的承诺,严格按照信托文件的约定管理运用、处分信托财产,守信行事(见"信托法"第二十五条);

(2)受托人必须按照信托文件的规定,如期如数对受托人支付信托利益(见"信托法"第三十四条);

(3)委托人确立的受托人,是出于对受托人的直接信任,是直接信用关系。因此,受托人应当亲自处理信托事务。没有特别约定或者是特别事由发生,受托人不应转移信用,使信用关系复杂化,更不能借此为第三人获得不正当利益提供方便(见“信托法”第三十条,第三十七条);

(4)受托人在接受委托人转移而来的信托财产以后,以自己的名义管理运用、处分信托财产。如借机将信托财产转为自己的固有财产,当然属于背信弃义的行为(见“信托法”第二十七条);

(5)受托人对委托人、受益人的商业机密,个人隐私以及处理信托事务的情况和资料,应依法守信,尽保密义务。这不仅要求受托人在处理信托事务的过程中做到,而且,既使是变更受托人后的原受托人离任后也应做到(见“信托法”第三十三条第二款)。

3. 谨慎义务

受托人的谨慎义务,应是指其在处理信托事务的全过程中,认真、细致、精心地行事。比管理自己的财产更加上心,达到高度的注意。日本,韩国和我国台湾地区的“信托法”中都明确规定了受托人应尽善良管理人的注意义务(见日本“信托法”第二十条;韩国“信托法”第二十八条;我国台湾地区“信托法”第二十二条)。

受托人因基于信赖关系接受委托人转移而来的信托财产,又以自己的名义管理该财产,且以受益人的利益最大化为已任。因此,就必然要求受托人处理信托事务的谨慎义务比处理自己的事务要倾入更加高度的注意力。从现行的“信托法”中,还没有明定谨慎义务的判定标准,但受托人收取报酬与否也不应影响谨慎义务的履行。从分析我国“信托法”相关规定看,对于受托人的谨慎义务的认识,有以下几点:

(1)我国“信托法”第二十五条中关于受托人谨慎义务的履行,是为促使受托人谨慎行使对信托财产的管理处分权而定。受托人对谨慎处理信托事务的履行,自然是建立在诚实,信用基础之上的践行。“信托法”之规定只是原则的、框架式的,要产生对受托人之强制性的约束作用,还必须通过信托文件加以具体规定。比如,对信托财产的管理运用、处分的具体方式,各环节的实施细则,信托资金组合投资方法,信托利益的分配及支付方式等。但是,如果信托文件中有授予受托人管理信托财产的自由载量权的约定,此时,对受托人谨慎义务的履行,尚缺乏强制性手段。就现阶段我国信托制度的发展状况而言,完全自由载量式的信托尚缺乏法律支持。

(2)受托人对信托财产的分别管理,也是其履行谨慎管理义务的重要体现。分别管理彰显信托财产的独立性,起到不需公示的信托财产在一定程度上的公示作用。有助于受托人对自有财产以及不同委托人之信托财产的分别注意。

对信托财产的分别注意,应高于对受托人自有财产的注意,对每一信托项下的信托财产都要实施跟踪管理,特别注意信托事务处理过程中可能发生的风险,积极采取措施化解,控制和防范风险,以高度的谨慎,保护受益人的权益。

分别管理、分别记账、分别核算,并对每一信托事务的处理情况做出完整的记录和分析,均为谨慎管理的具体体现。

(3)谨慎管理义务贯穿于整个存续期,不可松懈,对各个环节,特别是在以下几个方面应保持高度的注意。

其一,在信托文件没有规定或者是受托人没有特殊事由的情况下,受托人不应委任他人代为处理信托事务。这种“亲自管理”的规定,是对受托人处理信托事务高度注意的要求。既使是得到许可委任他人代为处理信托事务时,法律要求受托人所承担的责任,促使受托人必须对委任事务保持高度的注意;

其二,对受益人进行信托财产和信托利益的分配中,受托人应予高度注意。

如,在受托人将信托利益或信托资本交付给的受益人,在信托文件中未作具体指定,只是规定了受益人的条件。此时的受益人就可能不只一人,而是数人。受托人就必须十分注意辨别满足受益人条件的人所提供证据的真伪。不致因受托人自己的错误或疏漏而以假当真,使信托财产受损;也不能将真正符合受益人条件的人排除在外,损害受益人的权益。因此,受托人就必须以高度的注意,谨慎从事。

其三,共同受托人应当共同处理信托事务,保持行动的高度一致。每一名受托人都应以谨慎义务,使受托人之间处于为受益人获得最大利益之共同宗旨的和谐关系之中。同时,共同受托人之间也需要相互间的监督,对违背信托目的和侵害受益人权益的任一人的行为,应立即纠正。共同受托人应当建立谨慎管理的公约和细则。

4. 有效义务

受托人为受益人获得最大利益为己任。但怎样才能算达到了这个目标？“最大”与“最小”又怎样衡量？并不是只凭受托人的良心可以解决的。受托人履行“诚实、信用、谨慎”之管理义务，最终还是要落实在“有效”上。“有效”既是对受托人处理信托事务应取得成果的要求，又是受托人应履行义务的重中之重。

在其他国家和地区的信托立法中，没有像我国“信托法”中制定单独条款来概括受托人的义务。“有效”管理义务的确立，有助于进一步制定和判定受托人的行为标准，有助于保护信托财产和委托人，受益人的合法权益不受侵犯。

受托人处理信托事务，从信托起始到信托终结的整个信托存续期内都要依照信托文件的规定进行。为实现信托目的，在处理每一项具体事务时，都应当选择最有效的管理方法。

首先，受托人在处理信托事务时因信托财产的性质不同，或者对信托财产运用领域的要求不同，或者运作方式等的不同，而可能会涉及有关政策、法规的支持或限制。因此，凡在信托事务的处理过程中所选择的处理方案，应得到政策、法规的支持才能奏效。

另外，整个信托事务可能有若干环节，特别是在自由载量式信托中，受托人会遇到自身不具备特长的专业问题。按照有关受托人委任他人代为处理方面的规定，只有在信托文件规定允许的条件下，或者有不得已事由时方可行之。这一规定应在诠释上扩大，即从有效管理的角度出发，允许受托人将部分信托事务委任具有专业技能（特别是受托人未获准经营的业务）的第三人去完成，更有助于受托人有效管理义务的履行。

其次，受托人处理信托事务，要在保证质量的前提下，讲究效率。在有多种方法可以实现信托目的的情况下，就应当经过方案对比，选择最便捷的方法加以实施。例如，在对一信托项下的房地产处置事务，可以进行售卖，也可以办理租赁，这就要看市场情况进行对比性和走势分析，选择适当收益和快捷切入的方案。在方案确定后，为使受益人获利空间加大，如需对该房产做改良、维修时，所需费用较大，受托人考虑以该房产向银行抵押贷款所需时间较长，会延误有利时机，而采取以其自有资金先行支付的方式，从而提高了运作效率。

再次，受托人在处理信托事务过程中，必须注重成本核算，以最低的成本支出获取最大的收益。因此，应在方案确定前，就要进行必要的财务分析,计算原始资本投入,资金占用成本,固定资产折旧,维修费用,中介费用,贷款利息支出,收益率等。以期取得低风险和相对较高收益的有效管理效果。

(三)对受托人履行义务的制约

在信托立法中对受托人应履行之义务的规定,是法定义务。从信托的本旨而言,受托人承担着为受益人的利益或特定目的的管理运用、处分信托财产的义务。这是一个概括性的,原则性的和信托制度对受托人应尽义务之强制性的要求。在信托立法中还有相应条款,明定受托人应履行的具体义务和不履行这些义务应承担的责任。在此,就我国“信托法”中的有关规定,并结合一些国家和地区的相关立法规定作些具体分析。

1. 对受托人取得信托利益的制约

受托人为实现受益人的最大利益或特定目的管理或处分信托财产而履行义务。世界各国和地区的信托立法,都对受托人于信托行为中取得信托利益予以严格的约束。只有受托人作为共同受益人之一的情况下,才有可能以受益人的身份享有与其他受益人一样平等的权益,其性质已不属于受托人取得信托利益。除此,不论是受托人以何种借口,何种形式都不能从信托财产上取得信托利益。

如果一旦发生了受托人利用信托财产为自己谋取私利的情况,我国“信托法”第二十六条第二款作出“所得利益归入信托财产”的明确规定。这就是对受托人违反其应履行的义务,为己谋取私利行为的法律制约。日本、韩国的“信托法”中都严格规定受托人除为共同受益人之一人的情形外,不论以何人的名义,都不得享受信托利益(见日本“信托法”第九条;韩国“信托法”第二十九条);我国台湾地区“信托法”中的第二十四条第三款,第三十五条第三款均对受托人不依规履行义务,为自己于信托财产上获取利益时,委托人,受益人均有权请求将其所得之利益归于信托财产的明确规定。

2. 对受托人处分信托财产之行为的制约

如果受托人违反信托目的处分信托财产,造成信托财产的损失,委托人和受益人均可对该处分给予制约。

我国“信托法”中对受托人违反信托目的处分信托财产,或者因违背管理职责处理信托事务不当致使信托财产受到损失的,委托人和受益人都可以请求法院将受托人的处分行为给予撤销。并且有权要求受托人恢复信托财产的原状或者予以赔偿。明知该行为违反信托目的,信托财产之受让人应予以返还,或者赔偿(见我国"信托法"第二十二条,第四十九条)。

3. 对受托人管理信托财产之行为的制约

受托人管理信托财产如果违背了其应履行的义务,致使信托财产受到损失,委托人、受益人以及其他受托人都可以对该受托人的行为实施制约。

在我国"信托法"的相关条款中,都明确规定了受托人对信托财产的管理违背其职责,特别是违背分别管理的义务,给信托财产造成的损失,委托人、受益人均可要求受托人恢复信托财产的原状或者给予赔偿(见我国"信托法"第二十二条,第二十八条,第二十九条,第四十九条)。

在日本"信托法"中的第二十七条,韩国"信托法"中的第三十八条,第三十九条也都有类似的规定。即受托人由于管理不当造成信托财产的损失(韩国"信托法"第三十八条明确为损失、减少或有其他损害),或者违反信托本意(本旨)而处理信托财产时,信托人(委托人)及其继承人,受益人及其他受托人都可以请求该受托人赔偿损失或信托财产复原。韩国"信托法"在其第三十九条还特别突出了受托人违反分别管理义务时,在没有充分的证据证明即使实施分别管理,损失也将发生的情况下,不得以不可抗力为理由来逃避赔偿或复原的责任。我国台湾地区"信托法"第二十三条"受托人因管理不当致使信托财产发生损害或违反信托本旨处分信托财产时,委托人、受益人或其他受托人得请求以金钱赔偿信托财产所受损害或回复原状,并得请求减免报酬。"的规定,突出了受托人应以金钱赔偿信托财产的损失,同时要减免受托人的报酬。这一点,在我国的"信托法"中则更加明确地规定,受托人在未予赔偿或恢复原状前,不得请求报酬(见我国"信托法"第三十六条)。

日本和韩国均把以上所述的赔偿或复原,明定为受托人应尽的损失赔偿(损害赔偿)义务。其立意在于强化受托人履行其应尽义务的意识和责任,更加突出恪尽职守和有效管理在受托人履职中的重要性,使受托人依法自觉履行民事赔偿责任。但是,受托人造成信托财产损失,多为违反信托目的,已构成恶意侵权行为;而对信托事务的处理不当或不善,有可能是失误,也有可能是违背受托人义务之故。如此情形,靠受托人自行赔偿就不现实了。因此,这种赔偿义务,常带有强制性。即请求不成,就要通过法院裁定。如果是受托人恶意违反信托,涉及触犯刑法的,还要追及刑事责任。

六、受托人的权利及其控制

在信托制度的特殊设计安排下，受托人接受委托人转移过来的财产，依法获得管理运用、处分信托财产的权利，并承担相应的义务。对受托人违背其应尽的义务，信托法规在给予其必要制约的同时，也对受托人的权利使用，给予应有的控制。

（一）受托人对信托财产的管理运用、处分及其控制

信托成立后，受托人便持有信托财产的所有权和以其自己的名义对信托财产进行管理运用、处分的权利。成为信托财产的权利主体和法律行为的当事人。

受托人管理、处分信托财产之权利的取得，应受到控制。以避免其权利的过度扩张和滥用，而损害受益人的利益，构成侵权。特别是经营性信托，有可能由此而生成社会不安定的因素。

基于委托人对受托人之信任而建立的信托，委托人用于设立信托的财产转移至受托人持有。为保持信托财产的独立性，为防止受托人借对信托财产管理处分之权为己谋取私利，甚至不择手段侵吞信托财产，就必须控制受托人的权利。世界许多国家和地区在信托立法中，都明确禁止受托人将信托财产转为自己的固有财产。例如，日本在其“信托法”的第二十二条[权利取得的限制]中之(一)明确规定“受托人，不论其以何人名义，均不得将信托财产变为固有财产或就信托财产取得权利。”；韩国“信托法”第三十一条及我国台湾地区“信托法”第三十五条也都有相同内容的规定。我国“信托法”第二十七条以“受托人不得将信托财产转为其固有财产。受托人将信托财产转为其固有财产的，必须恢复该信托财产的原状；造成信托财产损失的，应当承担赔偿责任。”之规定，来控制受托人于信托财产上权利取得的行为。

受托人将信托财产转为其固有财产的行为破坏了信托的特性结构，使信托财产丧失独立性。一旦受托人破产，因信托财产归入其固有财产的后果，就使债权人可以对该财产主张权利，直接受到损失的则是委托人和受益人。所以，我国的“信托法”就明确规定了受托人将信托财产转为固有财产的，必须恢复信托财产的原状；给信托财产造成损失的，必须承担民事赔偿责任。

对于除外的情况,在日本、韩国和我国台湾地区的"信托法"中也都有所界定。归纳起来:一是,经受益人同意,以公平市场价格交易(明显地有利于受益人);二是,经集中市场竞价;三是,有正当理由经法院准可。具备其中之一的条件,受托人即可取得信托财产而转为其固有财产。我国"信托法"对此也于第二十八条做出了相应的规定,只要信托文件做出约定,在一定条件下或者是取得委托人、受益人的同意,受托人便可按照公平的市场价格用自己的固有财产与信托财产进行交易。例如,一信托项下有一所空置房产,信托文件规定可以进行租、售,并以售出款或租金,支付给受益人。经与委托人、受益人商定,愿用竞拍形式售出,此时受托人也可以做为竞买人参与,并可以胜拍价用自己的自有资金购得该项信托财产。

受托人管理运用、处分信托财产的权限,通常可以分为三种情况:

其一,指定权限:即受托人须严格按照委托人对信托财产指定的用途、管理方法、信托利益的分配方式等实施管理或处分。受托人无权改变委托人于信托文件中所确立的内容。受托人的权限完全受制于委托人的指令;

其二,范围内权限:随着社会经济的发展,社会财富积聚的增长,财产种类的增多,信托财产管理方法的多样化和专业化以及信托市场的迅速拓展,指定性的信托方式多用于有特定目的的信托。多数情况下,委托人则趋向于靠有专业技能,特别是专业信托机构的受托人来处理信托事务。但委托人赋予受托人对信托财产的管理、处分的权利受到范围的限制。委托人之所以指定一定的范围,可能是出于自己便于在较窄范围内容易获取信息,比如限定在本地某一市区处置信托财产;也可能是委托人熟悉某些行业,某些领域,某些市场的现状和发展势态,但自己无精力或缺乏手段,而指定受托人在一定范围内运作信托财产。该范围的确定,有的较窄,有的较宽。但在信托文件规定范围内,受托人尚有灵活处置的弹性空间。这主要取决于委托人与受托人所签定的信托合同是如何界定的。

其三,自由载量权和投资权:当信托制度发展到一定程度时,实务界对于扩大受托人管理运用、处分信托财产的权限的需求不断加大。学术界从信托制度的理论与变革的探索中,对赋予受托人以自由载量权和投资权的做法,也给予肯定。

一般而言,受托人之权利应该由委托人于信托文件中以明示的方式赋予。而以信托目的之赋予为默示的权利,从信托史的发展过程看,很难得到法院的支持。现代信托的发展趋势,受托人所需要的是对信托财产的更多控制和管理的权限,受托人的权利随着信托制度的变革而趋向扩张。在英国,“1961 年的受托人法”较“1925 年受托人法”对受托人规定了更多可选择的投资类型;美国的“统一受托人权力法”除规定了二十六项受托人的权力外,还做出“如果没有法院的授权,受托人将为信托目的而执行一个谨慎人将执行的权力。”的规定,1962 年之“信托法重述(3)”建立起“谨慎投资人”规则。在美国的大部分州都取消了表列式的投资权限,而给予受托人以谨慎投资人为前提的自由载量权;在日本,韩国和我国台湾地区的信托立法中,都明定了受托人应尽善良管理人的注意义务;我国“信托法”对受托人“恪尽职守,履行诚实、信用、谨慎有效管理的义务”的规定,从受托人应获得相应权利的角度来分析,虽然没有明定受托人享有自由载量权和投资权,但受托人采取何种方式管理信托财产,是简单、机械的方式,还是多样、灵活的方式?是限制投资,还是鼓励投资?等等,都应该服从于信托目的的实现。从这一观点出发,受托人享有自由裁量权和投资权就不会被“信托法”所排斥。而以受托人应履行的义务,给其应取得的相应权利留有法规制定的必要空间。

进一步分析,委托人设立信托的目的很大程度上是为了实现信托财产的增值。否则,就很难实现向受益人支付信托利益了。特别是经营性信托的兴起和发展,使公众改变了财富积累和分配的方式。当前,信托市场上由信托专业机构推出的信托产品多数是由受托人自己确定的,是在政策法规控制下赋予受托人的自由裁量权和投资权。这其中,不可回避的是可能发生的信托财产损失的风险。而控制和防范风险的能力,则是对受托人之专业技能,勤勉谨慎、有效管理的判断。现代的风险管理理论,分散投资风险的组合投资理论,指引受托人自由裁量权和投资权的有效运用和拓展。

在对受托人应有的自由裁量权和投资权的认识上,不应是绝对的,而应是相对的。既有放权,又要有控权。控权的目的是为了防止受托人利用信托财产在手滥用职权,而为己谋利。控权的办法,一方面是由委托人与受托人在信托合同中约定信托财产的管理方法。受托人之管理处分权,只要该项信托是有效信托(不违背强行禁止条件和社会公共利益)时,就可以由信托当事人约定,有充分的自主权。在此情况下,受托人的自由裁量权的行使,法律部门均无理由干预。而如果超越信托文件赋予的权限,则监管部门、法律部门都可以进行干预;另一方面,主要是针对经营性信托的专业信托机构之受托人,对其权利进行控制则靠“信托法”,“信托业法”和专业法规加以规范化管理。例如,韩国在其“信托法”第三十五条中就货币的管理方法作出“属信托财产的货币管理,除因信托行为有特殊规定外,须按下列方法进行:1. 应募,接收或买入国债,地方债及根据特别法而设立的公司债;2. 担保国债及其他前项有价证券的贷款;3. 邮政储蓄;4. 银行存款。”有控制性的规定。另如,台湾地区在其“信托业法”(2002 年 12 月 30 日修正)第三十二条对委托人不指定范围和方法的金钱信托,规定了营运范围以“一,现金及银行存款。二,投资公债、公司债、金融债券。三,投资短期票券。四,其他经主管机关核准之业务。”为限。同时,还规定主管机关在必要时,可对其营运范围和方法做出调整和制定限额标准。

我国在没有制定和实施“信托法”以前,作为信托机构之受托人,其法律地位不明,没有规范真正意义上的信托业务。为求生存,长期处于无法可依,无序竞争,无度扩张的状态。对受托人的权利也因无法规可循,而难于控制。“信托法”的颁布实施给信托业回归信托本业提供了法律保证。“信托法”第四条明确规定“受托人采取信托机构形式从事信托活动,其组织和管理由国务院制定具体办法。”。如“信托公司管理办法”和“信托公司集合资金信托计划管理办法”等行政法规。引领信托公司在经营信托业务中严格地履行受托人的义务。在正确地运用其应有的权利的同时,也对其权利的控制作出了比较严格的规定。主要有:信托公司不得开展除同业拆入业务以外的其他负债业务(见“信托公司管理办法”第二十一条);信托公司经营信托业务不得利用受托人地位谋取不当利益;不得将信托财产挪用于非信托目的的用途;不得以信托财产提供担保;不得承诺信托财产不受损失或者保证最低收益;不得有法律法规和中国银行业监督管理委员会禁止的其他行为(见“信托公司管理办法”第三十四条)。另外,对信托公司在经营集合资金信托业务中,对其管理信托计划的权限予以严格控制,如不得向他人提供担保;向他人提供贷款不得超过其管理的所有信托计划实收余额的30%;不得将信托资金直接或间接运用于信托公司的股东及其关联人,但信托资金全部来源于股东或关联人的除外;不得以固有财产与信托财产进行交易;不得将不同信托财产进行相互交易;不得将同一公司管理的不同信托计划投资于同一项目等(见“信托公司集合资金信托计划管理办法”第二十七条)。

(二)受托人的其他权利及其控制

受托人对信托财产的管理运用、处分的权利,是信托制度下受托人的最重要的权利。而自由裁量权和投资权则是信托制度发展里程中,受托人地位提升的体现。除此,受托人的其他法定权利,也是其履行应尽义务的相应保证。

1. 受托人的请求权

(1)报酬请求权

信托制度始于民事信托,受托人履行受托人职责是一种义务,是不计报酬的。随着经营性信托的兴起,信托制度赋予受托人享有请求报酬给付的权利。其报酬应由信托文件加以约定,这已成为现今国际上的通行做法。

我国"信托法"中对受托人取得报酬的请求权的规定,首先是要求在信托文件中约定好报酬的给付数额和方式。如果没有事先约定的,受托人可以请求并经委托人、受益人协商一致后作出书面补充约定;如果发生信托终止的情况,于信托终止后,受托人可以请求信托财产的权利归属人给付报酬。

受托人的报酬请求权如何受到控制?主要有二:一是,委托人、受益人可以根据信托事务处理效果的优劣,经与受托人协商将给付报酬的数额予以增减;二是,如果受托人违背了信托目的处分信托财产,或者是违背管理职责处理信托事务不当,而造成了信托财产的损失,受托人在未恢复信托财产原状或未进行赔偿之前,不得行使报酬给付的请求权(以上参见我国"信托法"第三十五条,第三十六条和第五十七条;日本"信托法"第三十五条,第三十七条;韩国"信托法"第四十一条,第四十三条;我国台湾地区"信托法"第三十八条)。

(2)变更信托财产管理方法的请求权

这一权利的行使,在一些国家和地区的信托立法中都有所规定。受托人如果本着为信托目的和受益人利益最大化的实现,提出对信托财产管理方法的调整或变更,因其市场信息的获取和专业管理能力的优势而最具发言权。故受托人这种请求权的行使,明显地有利于委托人和受益人。但我国的"信托法"中只将信托财产管理方法的调整或变更的请求权赋予委托人和受益人,似不够全面(参看我国"信托法"第二十一条,第四十九条;日本

“信托法”第二十三条;韩国“信托法”第三十六条;我国台湾地区“信托法”第十六条)。

(3)辞任的请求权

在信托成立生效后,原则上是不允许受托人辞任的。但是受托人有不得已之事由时,法律规定其可有辞任的请求权。在一般情况下,这种请求权得到委托人和受益人的同意后,或者是信托文件中规定的允许受托人辞任的情形发生时,受托人就可以辞任。但是,公益信托的受托人的辞任还要得到公益事业主管机关的批准。除此,一些国家和地区的“信托法”还规定受托人有正当理由时也可请求法院批准其辞任,属公益信托的受托人则可直接请求主管官署许可而辞任(以上参看我国“信托法”第三十八条,第六十六条;日本“信托法”第四十六条,第七十一条;韩国“信托法”第十三条,第六十八条;我国台湾地区“信托法”第三十六条,第七十四条)。

2. 委任权

在本书第二篇的第三章“信托财产”之第三节“信托财产的管理”中已就信托财产管理方法的变更作过解析,且在受托人应履行之义务中明析了受托人对信托事务亲自管理的义务。由此,相应地规定受托人在必要的情况下,有将信托事务委任他人代为处理的权利。此处,不再赘述,但须突出强调我国“信托法”对受托人委任权的控制在于受托人对委托他人代为处理信托事务的行为承担责任(见我国“信托法”第三十条第二款)。

3. 优先受偿权

信托设立后,信托财产即从委托人的自有财产中分离出来,转移至受托人名下。委托人即失去了对这部分财产的控制,但信托财产并不属于受托人的固有财产,而受托人处理信托事务是为实现委托人的意愿和受益人的最大利益。受益人是信托利益的获得者,委托人和受益人都没有支配、控制信托财产的权利。管理运用、处分信托财产的事务集于受托人身上。因此,对于受托人处理信托事务所支出的费用,或者是对第三人所负之债务,委托人和受益人通常是不可能承担的,更不可能由委托人的自有财产承担无限责任。对于受托人而言,其处理信托事务的行为,完全是为了他人的利益,也不可能要求其以其固有财产承担。所以,在正常情况下,通常是以信托财产为限而承担的。如果信托财产并非货币,而处理信托事务过程中有费用支出之需,由受托人以自有资金先行给付的,受托人就对信托财产享有优先受偿的权利(见我国“信托法”第三十七条)。有些国家和地区对此规定的更加具体,比如日本、韩国和我国台湾地区都规定受托人因信托财产而负担的税款、利息、公共费用和其他费用以及在信托事务处理过程中所负之债务和无过错而受到的损失,其费用与损失的补偿,先于其他权利人受偿的权利(参见日本“信托法”第三十六条;韩国“信托法”第四十二条;我国台湾地区“信托法”第三十九条)。

以上之受托人优先受偿的权利,讲的是在正常情况之下。如果是受托人失职或处理信托事务不当,即由其自身之过所造成的损失,或者支出了不该支出的费用,就只能由受托人以其固有财产承担了。

4. 留置权

我国“民法通则”中有关财产留置权方面,在第八十九条第(四)项作出了“按照合同约定一方占有对方的财产,对方不按照合同给付应付款项超过约定期限的,占有人有权留置该财产。依照法律的规定以留置财产折价或者以变卖该财产的价款优先得到偿还。”的规定。受托人的留置权,简单地说就是受托人在特定条件下,享有的对信托财产之扣留和处置的权利。所谓特定条件,可以理解为:其一是受托人因信托的成立而占有信托财产(这是一种因信托行为而形成的特殊财产关系),并依信托合同之约定取得管理运用、处分信托财产的权利;其二,受托人尽职尽责严格履行义务,于处理信托事务的过程中以其固有财产先行支付的费用,应取得的报酬以及无过失受到的损失,在合理期限内未获补偿;其三,于发生受托人更替或信托终止的情形,信托财产转移至新受托人或归属于权利归属人前,原受托人行使对信托财产的留置权。

我国“信托法”第五十七条“信托终止后,受托人依照本法规定行使请求给付报酬,从信托财产中获得补偿的权利时,可以留置信托财产或者对信托财产的权利归属人提出请求。”的规定,明确了受托人应得的报酬和补偿可于信托终止后行使对信托财产的留置权。正常情况下,受托人处理信托事务的效果应该是信托财产增值,受益人应当取得信托利益。如果相反,受益人非但不能获得信托利益,而且信托财产还要受到损失,岂不有违信托成立的初衷。一项管理适当的信托,其信托财产应足以支付受托人处理信托事务的费用和报酬。多数情况是由于信托财产为非货币状态,才在信托终止后留置信托财产。通过变现处置后了结,或者是由信托财产的权利归属人以支付或其他方式予以了结。

受托人对信托财产的留置权,在我国“信托法”第五十七条的规定中强调的是在信托终止后行使。而在日本,韩国和我国台湾地区都在其各自的“信托法”中明定了于信托更换受托人时,在信托财产未转移给新受托人之前,原受托人可以行使留置权。即原受托人就信托财产承担的费用和处理信托事务无过失之所受损失的补偿,以及应取得的报酬,对新受托人可以行使信托财产的留置权。在规定受托人变更的情况下,原受托人享有对信托财产之留置权的同时,还另立条款明定了因受托人变更,原受托人享有的对信托财产的留置权适用于信托终止后受托人面对信托财产权利归属人的情形。受托人于两种情况下对信托财产享有留置权的规定,相对比较完整。我国“信托法”之相关规定似有缺憾,应作补充(参见日本“信托法”第五十四条,第六十四条;韩国“信托法”第四十九条,第六十二条;我国台湾地区信托法”第五十一条,第六十七条)。

5. 主张权

(1)在我国,有违反“信托法”第十七条第一款的规定,发生对信托财产强制执行的情形时,受托人有权向人民法院提出异议(见我国“信托法”第十七条)。

(2)在我国的公益信托中,发生公益事业管理机构违反“信托法”相关规定的情形时,受托人有权向人民法院提起诉讼(见我国“信托法”第七十三条)。

其他国家和地区,在其信托立法中也都有类似的规定,此处不再一一例举。

第四节　受益人

本书第二篇第二章第三节“信托的有效及信托的撤销”中之四“信托生效的法律效果”,就受益人于信托生效后的法律地位作过概括的分析。此节将重点对受益人的基本概念;资格与范围;受益人的权利与义务;受益人之受益权的取得、转让与放弃等方面的内容进行解析。

一、受益人的基本概念

(一)受益人的定义

受益人是信托当事人之一(见我国“信托法”第三条),是在信托中享有信托受益权的人(见我国“信托法”第四十三条)。

受益人为一人的称为单独受益人(或单一受益人);受益人为两人以上的(含两人)称为共同受益人。

(二)受益人的资格与范围

在我国,根据“信托法”第四十三条的规定,受益人可以是自然人、法人或者依法成立的其他组织。由此看来,与委托人相比,自然人为委托人的,“应当是具有完全民事行为能力”的人;对受益人来说,则没有此限,任何自然人都可以成为受益人。就是说,限制民事行为能力或无民事行为能力的人都不受限制,都可以成为受益人。而法人和依法成立的其他组织,按照相关法律的规定,具备权利能力,能对外独立承担民事责任的,无疑可以作为受益人。

从我国“信托法”第四十三条所界定的受益人范围来看,受益对象应是自然人,法人或者依法成立的其他组织。但应注意到在公益信托中,受益对象通常是由实现某项公益目的而定。其特定目的惠及的受益对象通常是不特定的社会公众;同时还应注意到设立一项信托的目的,其受益人范围可不局限于人,还可包括物和其他动物。在国外,一些国家的信托制度就允许以物、动物,或者特定目的等作为受益对象。例如,在英国一委托人所设立的一项以长年保护坟墓的完好为目的,而实施修缮的私益信托;又如,在一项遗嘱信托项下,将自己的宠物作为受益对象之一,以此保证该宠物在主人逝后不受他人虐待,而得到正常的生存条件。

普遍存在于信托项下受益对象为自然人的情形中,胎儿能否作为受益人,在诸多国家和地区中虽有所争议,但多认为胎儿可作为受益对象而于其成活后生效。在我国,根据“继承法”第二十八条的规定,在遗产分割时,应当保留胎儿的继承份额。胎儿出生时是死体的,对其保留的份额照法定继承办理。同时,我国的“民法通则”第九条还规定公民从出生时起到死亡时止,具有民事权利能力,依法享有民事权利,承担民事义务。由此可见,只要胎儿出生后能生存下来,胎儿被指定为受益人者即生效。这就是说,胎儿作为受益人是法律所允许的。

(三)委托人作为受益人的条件

委托人可为受益人和不可为受益人的情形有:

1. 在民事信托中

(1)在自益信托中:在同一信托中,委托人为该信托的唯一受益人;

(2)在他益信托中:在同一信托中,存有多个受益人,委托人可为共同受益人之一;遗嘱信托不可能是自益信托,只能是他益信托。因此,委托人不可能成为遗嘱信托的受益人。

2. 在经营性信托中

一般情况下均为自益信托,因此委托人多为唯一受益人。但也有些经营性信托中,委托人设立的信托为他益信托,也可作为共同受益人之一。

3. 在公益信托中

委托人设立信托的目的是为了公益事业,只可能是他益信托,委托人几乎不可能成为受益人。有些公益信托的委托人可能是不特定的社会公众,而公益信托的成效直接有益于社会公众,不特定的委托人同时是公益信托的受益者。

(四)受托人作为受益人的条件

通常,受托人是不可能作为受益人的。主要是为防止受托人在处理信托事务中偏重自己的利益。但是,在同一信托中有多个受益人时,为了促发受托人管理运用、处分信托财产的能动性,更积极主动地履行受托人职责、有成效地处理信托事务,并公平地对待每一名受益人,在此情况下受托人才有可能成为该信托项下的共同受益人之一。

二、受益人的权利与义务

受益人的权利与义务,是由信托制度构建起的信托关系中受益人于信托当事人之间所处地位来决定的。

(一)受益人之权利与义务的特点

受益人之权利与义务的特点,基于信托特性而形成。信托的权益分离性,决定了受托人持有信托财产的管理运用、处分权,而所产生的信托利益归于受益人;信托财产的独立性决定了信托财产独立于受益人的自有财产,受益人不拥有信托财产的所有权,只享有取得委托人用于设立信托之信托财产上的全部或部分信托利益的权利;信托的有限责任性,决定了受益人仅以信托财产为限,享有请求受托人忠实地履行职责和支付信托利益的权利。

由上述可以归纳出:一项信托设立后,委托人指定的受益人接受信托利益,则受益人于信托存续期内,依信托文件的规定而享有信托利益。而对于委托人用于设立信托的财产,受益人并不享有物权,仅享有向受托人请求支付信托利益的债权。受益人之诸多权利,都是围绕其应获信托利益而来,只要受托人不违背信托目的和信托文件的约定,受益人就不拥有参与信托事务的积极性权利。受益人因其没有对信托财产之管理运用、处分的权利,故而就应该履行不得干预受托人对信托财产正常管理的义务。

(二)受益人的权利

1. 受益人享有的基本权利

(1)受益人享有信托受益权,也有放弃该受益权的权利(见我国"信托法"第四十四条,第四十五条,第四十六条);

(2)受益人对其享有的受益权有依法转让、继承和用于清偿到期债务的权利(见我国"信托法"第四十七条,第四十八条);

(3)受益人于信托终止时,享有信托财产的归属权(见我国"信托法"第五十四条)。

2. 受益人享有的与委托人相同的权利,并于行使这些权利时与委托人意见不一致时,有权申请人民法院予以裁定(见我国"信托法"第四十九条):

(1)受益人有权了解委托人设立信托之项下的信托财产管理运用、处分及收支情况,并有权要求受托人作出说明;有权查阅、抄录或者复制与该信托财产有关的信托账目以及处理信托事务的其他文件(见我国"信托法"第四十九条,第二十条);

(2)受益人有权要求受托人调整对信托财产的管理方法(见我国"信托法"第四十九条,第二十一条);

(3)受益人有权申请人民法院撤销受托人的不当处分行为,有权要求受托人恢复信托财产之原状或予损害赔偿(见我国"信托法"第四十九条,第二十二条);

(4)受益人有权依照信托文件的规定或者申请人民法院解任受托人(见

我国“信托法”第四十九条，第二十三条）。

3. 受益人的其他权利

（1）受益人有权选任受托人

在遗嘱信托中，遗嘱指定的人拒绝或无能力担任受托人的，由受益人另行选任受托人（见我国“信托法”第十三条）；

受托人职责终止的，受益人有权选任新受托人（见我国“信托法”第四十条）；

（2）受益人对违反法定条款强制执行信托财产的，有权向人民法院提出异议（见我国“信托法”第十七条）；

（3）受益人有权同意受托人以公平的市场价格将其固有财产与信托财产进行交易，或者对不同委托人的信托财产进行相互交易（见我国“信托法”第二十八条第一款）；

（4）共同受托人共同处理信托事务意见不一致，信托文件未作规定时，受益人可以作出决定（见我国“信托法”第三十一条第三款）；

（5）受益人有权参与商定对受托人之报酬未作约定的补充约定以及报酬的增减（见我国“信托法”第三十五条）；

（6）受益人有权同意受托人辞任的请求（见我国“信托法”第三十八条第一款）；

（7）受益人有权认可受托人于其职责终止后所作的处理信托事务的报告，并就报告所列事项解除受托人的责任（见我国“信托法”第四十一条）；

（8）公益信托中的受益人有权对公益事业管理机构的违反“信托法”之规定的行为向人民法院起诉（见我国“信托法”第七十三条）。

三、受益人权利的行使

受益人于信托成立后所接受的信托利益，乃由委托人指定所赋予。该信托利益又为受托人管理运用、处分信托财产而创生。由此观之，受益人取得信托利益的权利确有被动、消极性质。但受益人之权利并非仅单纯地享有信托利益，而是在信托制度下享有一定积极性质的权利，从而构建起受益人的全部受益权。上述所列受益人的基本权利与委托人享有的相同权利及其他权利即完整体现了受益人的受益权。

(一)受益人对受托人有制约性之权利的行使

在受益人享有的全部受益权中,不乏有相对积极性的权利。但这些权利多为受托人违背信托目的或处理信托事务不当时才能行使。可以说是“后发制人”的权利行使。换而言之,只要受托人守职尽责、处理得当受益人就不得干预。即相对消极与相对积极的存在。

在受益人对受托人有制约性的权利方面,一些国家和地区都有相同之处。最突出地集中在两项上:一是,对受托人因违责,处理信托事务不当之处分行为的撤销权;二是,对受托人违反信托目的或有重大过失时的解任权。

1. 撤销权的行使

在前面,已就委托人的权利和对受托人权利之控制的相关内容作过必要的析述。对受托人处理信托事务之不当行为,受益人享有与委托人一样的撤销请求权,这对于受益人保护其既得权益则更显重要。这项权利的行使,应有五个要点:其一,行使撤销权的前提是受托人违反信托目的处分信托财产,或者是违背管理职责处理信托事务不当,使信托财产受到损失;其二,受益人必须通过诉讼请求,由人民法院作出裁定予以撤销受托人的处分行为;其三,受托人应承担民事赔偿责任,也即受益人有权要求受托人恢复信托财产的原状或者予以赔偿;其四,明知受托人违反信托目的,而接受信托财产的受让人,应予返还或赔偿;其五,撤销权行使的时效,以向人法院提出申请的时间为准,即受益人知道或者应当知道撤销原因之日起1年内有效(见我国“信托法”第四十九条,第二十二条)。

在我国“民法通则”中对于当事人申请撤销相对人已经实施的法律行为,人民法院依当事人申请可以撤销行为人对行为内容有重大误解或显失公平的民事行为。在信托关系中,受益人只有在掌握充足的证据证明受托人有违反信托目的或者是违背管理职责处理信托事务不当而使信托财产蒙受损失的事实存在,方可行使撤销之请求权。如事实成立,一经法院判定撤销受托人该处分行为后,当事人应该返还因该行为取得的财产给受损失的一方。过错方还应赔偿对方因此所受到的损失。受托人被判定撤销其处分行为的,应承担一定的民事责任。其方式可为恢复信托财产原状,或者是赔偿损失。同时,应注意到如何区分信托财产之受让人的善恶与否,尚缺法定标准。但“信托法”对明知受托人违反信托目的而接受信托财产的受让人,应有予以返还或赔偿的义务。这项义务,事实上如果没有证明其“明知”的证据,则很难实施。就是说既然是“明知”而又“受让”,则其返还与赔偿恐怕只是在有证据条件下的强制性义务。但也不排除善意受让人于受托人隐瞒实情的情况下,全然不知受托人违反信托的行为。当由此而造成信托财产损失的,善意的受让人则应履行返还或赔偿的义务。如果受让人已付出了对价,为了保护善意第三人和受益人的利益,只能要求受托人进行赔偿。如果受让人和受托人都有过错,应根据实际情况,承担返还或赔偿的连带责任。另外,应注意到,如果受益人并非一人,共同受益人中之一向人民法院提出申请撤销受托人之不当处分行为,人民法院所作出的撤销裁定,对全体共同受益人同样具有法律效力(见我国“信托法”第四十九条第二款)。

上述关于我国“信托法”中对撤销受托人不当处分行为的要点,在其他一些国家和地区的信托立法中也都有基本相同的规定。与我国之信托立法规定相比,有些地方则更加具体,有可借鉴之处。

对于受益人之撤销权的行使,在日本、韩国和我国台湾地区的信托立法中,出自对善意的交易相对人权益的保护,都定有限制性的条款。其界限是以公示与非公示的信托财产为准。基本上可分为两种情形:

第一,撤销权的行使应以信托登记或注册者为限。例如在日本,其“信托法”中第三十一条规定“受托人违反信托本意而处分信托财产时,受益人可以对相对人或转得人撤销其处分。但是,这种撤销应以有信托登记或注册者为限。”;在韩国“信托法”中第五十二条(一)及我国台湾地区“信托法”中第十八条(一),均有同样的规定。这些条款的规定,说明按照该国和地区“信托法”中公示制度的要求应该进行登记或注册的信托财产,必须进行登记或注册。如果未按要求办理登记或注册的手续,则受益人就不能行使撤销权。例如一信托项下的房产,在设立信托后没有按规定进行信托财产登记,既使受托人违反信托目的处分了该财产,受益人也不能以该财产为信托财产行使撤销受托人处分行为的权利。这点,在我国台湾地区的“信托法”中还特为有价证券为信托财产者作出规定。即按照应该办理公示手续的有价证券的要求,受益人之撤销权的行使仅以办理了公示手续的有价证券为限。其“信托法”中第四条第二款、第三款规定“以有价证券为信托者,非依目的事业主管机关规定于证券上或其他表彰权利之文件上载明为信托财产,不得对抗第三人。”“以股票或公司债券为信托者,非经通知发行公司,不得对抗该公司。”如果属于这两款规定范围并经公示手续的信托财产，受托人于处分该财产时，违反了信托目的，则受益人即可行使撤销权。但该办而未办公示手续的，既使是受托人违反信托目的而处分了该财产，受益人也不能以该财产为信托财产而行使对受托人之处分行为的撤销权（参见我国台湾地区“信托法”第十八条（二））。

第二，对于不必登记或注册（或者公示制度未规定登记或注册）的信托财产，则以相对人或转得人知受托人之处分行为违反信托目的或因重大过失不知晓为限。就是说，受托人在处分不需公示的信托财产而违反了信托目的时，与受托人发生交易的相对人及转得人并不知道或并无重大过失，不知该处分违反信托目的，此时受益人就不能行使撤销权。只有在相对人或转得人明明知道或者有重大过失不知道受托人的处分行为违反了信托目的的情况下，受益人才可以对受托人的处分行为行使撤销权（参见日本“信托法”第三十一条；韩国“信托法”第五十二条（二）；我国台湾地区“信托法”第十八条（三））。

2. 解任权的行使

对受托人的解任权，是委托人和受益人控制或约束受托人权利的重要手段。在前面有关委托人的权利中已述及。受托人在处分信托财产时如果违反了信托目的，或者是管理运用、处分信托财产有重大过失时，受益人和委托人均有权解任受托人。按照我国“信托法”的规定，解任受托人有两种方式：一种是按照信托文件中有关解任受托人之条件的规定进行；另一种是信托文件中没有明确规定如何解任受托人的，受益人可以请求人民法院予以解任。但第一种解任方式，如发生受托人不接受的情形时，或者是受益人与委托人的意见不一致时，则需要请求人民法院作出裁定（见我国“信托法”第四十九条，第二十三条）。一旦受托人被解任，即受托人职责终止的法定情形之一发生，则受托人之职责告终（见我国“信托法”第三十九条）。

（二）受益权的享有与取得

受益权的取得应包括受益人依信托之成立所指定的信托利益和法律所赋予的全部权利。

我国“信托法”第四十四条规定“受益人自信托生效之日起享有信托受益权。信托文件另有规定的，从其规定。”，根据这条规定，受益人享有受益权的时间是由信托生效之日开始。

关于信托的成立与信托的生效，在此前已经作过分析。一般情况下，一项满足生效条件的信托，应该是自信托成立时就可生效。“信托法”第四十四条所指“信托文件另有规定的，从其规定。”，可理解其主要包含两种情形：第一种，受益人享有受益权的时间，不是从信托生效之日，而是由信托文件规定的时日而享有。比如指定某受益人于16周岁时开始享有等；第二种，受益人于信托生效时，不是当然地享有信托受益权，而是由信托文件给予条件的限制。比如指定胎儿为受益人，在信托文件中规定其成活后开始享有信托利益，而于其为成年人时享有受益人的全部权利。由此，而引申出值得研究的几个问题：

第一个问题，受益权的享有与取得是否有区别？

一项权利的享有，可能是法律所赋予的，但取得这项权利又可能是有条件的，或者是要经过一定的法律程序的。对于受益人享有的受益权，我国“信托法”规定自信托生效起开始，这就是法律所赋予的。同时，法律又允许信托文件另有规定的，从其规定，其意在于受益人在信托生效后享有的受益权，可以通过信托文件规定其取得的时间和条件。

第二个问题，受益权的取得，是否可以分割为信托利益和受益人的其他权利？

对信托利益的理解，应该是信托收益更加贴切。即通过受托人对信托财产的管理运用而创造出的信托财产的增值部分，主要以货币形式分配给受益人。如在信托文件中可以规定受益人在未成年时期仅可取得信托收益，而受益人的其他权利（如撤销权、解任权等）于受益人到成年人时方可取得。

除上述两个问题外，值得注意的是日本、韩国和我国台湾地区在信托立法中的提法问题。

日本在其“信托法”第七条规定“依信托行为被指定为受益人者，当然享受信托利益。但信托行为另有订定时，从其规定。”韩国“信托法”第五十一条（一）也规定“根据信托行为而被指定的受益人，可视为承诺享受信托利益而享受信托利益。但是，信托行为有特殊规定时，按特殊规定办理。”；我国台湾地区“信托法”第十七条第一款规定“受益人因信托成立而享有信托利益。但信托行为另有订定者，从其所定。”从这些相近的规定看，均强调的是受益人之信托利益的享有与取得。受益人的其他权利的取得则分列于信托法的其他条款之中。由此可见,受益人之法定受益权中信托利益的享有与取得占主导地位。其他权利则是为了维系信托利益而来。同时,也可以看出信托利益的享有与取得也同样是有区别的,即要服从于“信托行为另有规定的,从其规定。”这既可以理解为信托利益取得的时间或条件,用信托成立时所确立的信托文件加以限制,也可以理解为是对受益人取得信托利益的特殊规定。

(三)受益权的转让与继承

受益人的信托受益权,属于财产权的一种。根据我国“民法通则”的规定,公民对自己的财产享有自主处分的权利,自当允许受益权的转让与继承。为明晰信托受益权之转让与继承的法律依据,我国“信托法”第四十八条规定“受益人的信托受益权可以依法转让和继承,但信托文件有限制性规定的除外。”这就是说,只要在信托文件中没有作出限制性规定的情况下,信托受益权就可以依法转让和继承。

1. 受益权的转让

所谓转让,是指财产权所有人通过自己的处分,使他人在付予相应对价的情况下取得该财产权的行为。对于信托受益权的转让,原则上应不受限制,但毕竟受益人之信托受益权为委托人于设立信托时指定所赋予。因此,在信托文件中对受益人的转让信托受益权行为予以约束是防止和限制受益人之随意性的泛滥。除此,信托受益权的转让在经营性信托中的实施,还需视“信托业法”的相关法规的规定而行。

关于信托受益权的转让,有些问题值得注意:

(1)关于信托文件有限制性规定的问题

我国“信托法”第四十八条之所定,说明信托受益权的转让是可以通过信托文件的规定予以限制的。如何理解信托文件中之限制性规定,根据我国现实情况有必要作出司法解释。比如以下几种情况,就值得注意:

第一,遗嘱信托中,立遗嘱人在遗嘱中明确规定,由其指定的受益人不可变动。特别是为实现财产传承指定隔代受益人时,则第一受益人就不能将受益权转让他人而有违遗嘱信托之初衷所定;

第二,委托人于设立信托时,在信托文件中规定被指定的受益人,其受益权不得转让他人,信托利益不得为他人享有。或者是有多名受益人的情况下,规定仅限于共同受益人之间进行受益权的转让(如共同受益人为兄弟

姐妹关系),不可向其他人转让;

第三,信托文件中规定了受益人转让其信托受益权的条件。即于该条件成就时,受益人方可行使转让权。如信托文件中规定,未成年的受益人享有的信托利益,在其未到成年年龄前不得转让给他人。又如规定被指定的受益人在其就读未参加工作前不得转让其信托受益权等;

第四,资金信托和信托基金,在信托文件中规定的封闭期内,受益人持有的受益凭证不得转让。

这几种情形,都是委托人为保证自己指定之受益人的权益不被他人所获,于信托文件中作出信托受益权转让的限制性规定。受托人应依规定而履行受托人职责,控制信托受益权的转让行为。

(2)关于受益权的转让是否受法律限制的问题

在我国的“信托法”第四十八条中规定了受益人的信托受益权可依法转让。反过来说,就是违反法律规定的应受到限制(在理解上应包括行政法规)。

本来,信托受益权作为一种财产权,依“民法”有关规定是允许转让的。但出于信托制度的特殊安排,受益人的信托受益权转让在委托人与受托人签订的信托文件中有可能就作出了限制性的规定。我国的“信托法”肯定了信托文件所定之限制性规定的有效性。与此同时,不可不注意法律和行政法规对信托受益权的转让有没有限制性规定。

例如,在信托成立、生效后,受益人因自身行为而形成的对外负债先于信托利益的取得,在其债务清偿届期时,为逃避债务而向他人转让信托利益,此情形就应受到法律的限制。

又如,在自益信托成立、生效后,委托人为逃避新生成的债务而转让信托受益权,因自益信托之委托人即为该项信托的受益人,此转让应视为改变受益人的行为。此时的受让人实际为新受益人,这一信托受益权向他人的转让行为已构成信托性质的改变,成为他益信托,就应受到法律的限制。债权人应有权请求法院对信托受益权的强制执行。

再如,受益人为无民事行为能力人或限制民事行为能力人时,其所享有的信托利益是委托人指定用以维持受益人生存的经济来源保障,其信托受益权的转让就应受到限制。根据我国“民法通则”第十八条对监护人“除为被监护人的利益外,不得处理被监护人的财产。”之规定,监护人向受托人发出的信托受益权转让通知应受到法律的限制而告无效。如果受益人并不是无民事行为或限制民事行为能力的人,而为一般自然人时,该受益人取得的信托受益权为其自身及其家属的基本生活之所需,同样也应属于法律禁止强制执行的范围,其转让行为自应受到法律的限制。

在此,值得提出的是英国制定法中《1925 年受托人法》所确立的保护信托(见该法第三十三条)。这种信托,其结构包含两项信托:一项是基本信托;另一项是自由裁量信托。

基本信托,是委托人为其需要保护的子女提供生活所需而设立。该受益人可能会发生破产,在通常情况下,破产受托人就可以获取信托财产。但由于设立了保护信托,基本信托因受益人破产而告终止。该受益人不再享有受益权,破产受托人就无法取得信托权益。此时即转入第二项信托——自由裁量信托,那被保护的子女就可以成为这项自由裁量信托的新受益人,由受托人支付给他们必要的生活费用。这样的信托制度安排是为了保障某些受益人的生存条件。以此,保护信托财产不被某些受益人耗费或被其债权人追索。其中,应包括对受保护的受益人限制其转让信托受益权的行为。在受让人未取得拟转让的受益权前,基本信托即已告终止,而转入了自由裁量信托,信托受益权归于已消灭的受益人(成为自由裁量信托的新受益人)。

由于英国是民事信托的起源地,保护信托的建立有着广泛的应用和丰富的判例为基础。而我国信托制度的建立和应用还处于初级阶段,民事信托的应用基本属于空白。信托制度的建立和应用起步于经营性信托,规范信托当事人行为的重点也集中于此,特别是经过清理整顿的信托公司身上。但并不可忽视随着民间财富的快速增长和积累,自有财产的管理与传承需求的日趋加大,“信托法”并不排除民事信托的存在和发展。因此,研究国际上可借鉴的具体的信托制度设计,是大有必要的。

(3)关于信托受益权依法律和行政法规转让的问题

“信托法”规定了受益人的信托受益权是可以依法转让的,但缺少转让规则、信托财产转移登记、公示等制度安排。我国在民事信托方面的制度安排大有缺失,如没有制定非常重要的“受托人法”,尤其是现阶段的营业信托,更缺少具权威性的“信托业法”,以更全面的规范信托机构和信托市场的活动。现行的行政法规针对现实发行的集合资金信托计划为私募性质,基本属于投资理财型的自益信托,就集合资金信托业务中受益人转让信托受益权的问题作出“信托计划存续期间，受益人可以向合格投资者转让其持有的信托单位。信托公司应为受益人办理受益权转让的有关手续。信托受益权进行拆分转让的，受让人不得为自然人。机构所持有的信托受益权，不得向自然人转让或拆分转让。”等限制性规定（见“信托公司集合资金信托计划管理办法”第二十九条）。

2. 受益权的继承

继承是指公民依照法律规定或者被继承人生前立下的合法有效的遗嘱，承受被继承人之遗产的权利。我国“民法通则”第七十六条明确规定“公民依法享有财产继承权”。信托受益权既然属于财产权的一种，在发生受益人死亡的情况下，对受益人持有的信托受益权就可以依“信托法”第四十八条的规定，作为遗产进行处理。

受益人的信托受益权可以继承，“信托法”第四十八条同样规定“但信托文件有限制性规定的除外”。例如，信托文件规定某些受益人的信托受益权在该受益人死亡时，不能作为其遗产处理，而是作出其他约定的处理。如委托人于信托文件中指定将该信托受益权转移给共同受益人中一名生活最困难者，或者指定一名需要抚养的未成年人作为新受益人等。在这种情况下，原受益人死亡，其享有的信托受益权即随之灭失。这实质上是委托人在设立信托时与受托人签订的信托文件中作出了特约规定。另外，如果在受益人死亡时，发现该受益人于此前对委托人或其他共同受益人有重大侵权行为，委托人就有权变更受益人或者处分受益人的信托受益权。在此种情况下，原受益人的信托受益权即归属于消灭，就不可能再作为该受益人的遗产了（参见我国“信托法”第五十一条）。

（四）受益权用于清偿到期债务

我国“信托法”第四十七条“受益人不能清偿到期债务的，其信托受益权可以用于清偿债务，但法律、行政法规以及信托文件有限制性规定的除外。”之规定，表明受益人于信托存续期内依信托文件的规定所取得的信托利益即已成为该受益人自有财产的一部分，当然可由其支配。而虽尚未取得的但按约定应得到的信托利益则为该受益人的一种财产权利，也同样可由其支配。当该受益人于信托设立前或信托设立后所形成的债务，只要是在信托存续期内于清偿期届期时，而自有财产不足以清偿全部债务时，就可以用其信托受益权清偿到期债务。

受益人为企业法人时，如果因其经营不善，造成不能清偿到期债务，就有可能破产。根据我国“企业破产法”的有关规定，债务人财产包括破产申请受理时属于债务人的全部财产以及破产申请受理后至破产程序终结前债务人取得的财产（见2007年6月1日起实施的《中华人民共和国企业破产法》第三十条）。当债务人被宣告破产后，债务人则成为破产人，债务人财产成为破产财产（见我国“企业破产法”第一百零七条）。由此观之，企业法人作为受益人的，其所持有的信托受益权于其为债务人时应属债务财产，于其为破产人时，则归于破产财产。

对于委托人为共同受益人之一的，如为自然人发生死亡时，或为法人被依法解散、撤销，被宣告破产时，其信托受益权作为其遗产或者清算财产（参见我国“信托法”第十五条）。

上述表明，信托受益权当然地可以作为受益人清偿到期债务的财产。

关于“法律、行政法规以及信托文件有限制性规定的除外。”之规定与信托受益权之转让的规定在理解上并无区别。

（五）受益权的放弃

受益人的信托受益权是由委托人设立信托时，于信托文件中指定的一种财产权利，可以享有，也可以放弃。受益人虽被动享有，但委托人也无权将信托受益权强加于受益人。受益人可能出于某种原因而放弃信托受益权，如受益人本身愿依靠自己的劳动所得，而不愿接受委托人的恩惠；另如受益人对委托人的债权债务关系不清楚或对受托人的能力有看法，不愿承担由此可能发生的风险；又如，某受益人为共同受益人之一，与其他受益人存有利益冲突或其他矛盾，宁愿放弃其信托受益权也不愿置自身于矛盾冲突之中等。

虽然受益人放弃信托受益权的原因各异，但必须由其自己适时郑重声明放弃（应以文字为凭）。如果受益人属于限制民事行为能力人或无民事行为能力人，而委托人设立的信托不符合受益人的利益或意愿时，受益人的法定代理人或监护人可代其行使放弃权。

受益人适时放弃信托受益权，通常是在信托生效之始，或者是在获得信托受益权之时作出文字声明，告知受托人与委托人，即从信托生效起始就放弃信托受益权。如果受益人在享受了部分信托利益以后才声明放弃信托受益权时，则应该退还其所得之信托利益，或者经委托人、受托人同意支付了有关税款和受托人的应得报酬等费用后，方可退出受益人地位。

受益人为一人的，放弃信托受益权时，或者受益人为多人的，全体放弃信托受益权时，信托即失去了确定的受益人和受益权，信托也就失去了设立的基础，委托人设立信托的目的也就无法实现。根据我国“信托法”第五十三条（三）的规定，属信托目的不能实现，而信托即告终止。

共同受益人中一名受益人或部分受益人放弃信托受益权的，因其所放弃的为信托受益权的一部分，并不影响其他受益人的信托受益权，故此信托并不终止。为保护共同受益人中其他未放弃信托受益权之受益人的利益，被放弃的信托受益权需依法重新确定归属。如果信托文件中有明确规定的，应当属于信托文件指定的人；如果信托文件未作规定的，则应属于其他共同受益人，但其他共同受益人不予接受时，则应当属于委托人或其继承人（以上参见我国“信托法”第四十六条）。

第五节　信托监察人（或信托管理人）

我国“信托法”第六十四条作出“公益信托应当设置信托监察人”的明确规定，确立了信托监察人在公益信托中的法定地位。即在公益信托中设置信托监察人是法律规定的，对设置与否没有随意性。但是否仅有公益信托才有必要设置信托监察人而在私益信托中就不需设置信托监察人了呢？也并非如此，例如日本、韩国和我国台湾地区在其各自的信托立法中都对私益信托中设置信托监察人的情况作出了相关规定。不过日本和韩国不称信托监察人，而称之为信托管理人，关注二者之法律定位，并无区别。

一、信托监察人（或信托管理人）的基本概念

从信托成立的三个确定性原则看，其中一项为受益人及其受益权的确定性。只有明确的受益人和对应于每个受益人的受益权，受益人才能对不履行职责的受托人行使强制性要求的权利；受托人才能有效实施对信托财产的管理、处分和分配信托利益。而有些情形是否以信托成立时受益人的特定或存在为必要条件呢？有几种情形值得注意：

第一种情形是，公益信托的受益人不是特定的一人或数人，而是不特定的社会公众，受益权无法与具体的受益人相对应。而且，委托人可能是一人

或数人,也可能是众人,还可能是单一法人或多个法人;

第二种情形是,委托人于设立信托时,没有特定的受益人,而只是明示了受益人的范围与资格。如以××大学某一专业的应届毕业生为受益人范围,以总成绩前十名者为资格而确立为受益人。就是说,在设立信托时受益人无法特定,但其范围与资格为特定,而特定人于未来某一时段可以确定;又如受益人为某项专题组成员,其成员需具备学术委员会规定的资格。于是就存在着该组织(专题组)的确立,其成员据规定资格为条件,可因资格的丧失而退出,也可由新取得资格者进入。这就形成受益人为一个组织时,组织可确定而受益人(成员)的不特定;

第三种情形是,委托人设立信托时特定的受益人尚未存在,但将来可以确立。如以未出生子女,甚至隔代人(如孙子、孙女等)为受益人的。

在这几种情形下,如何解决受益人不特定或尚未存在时信托的成立问题?如何理解受益人与其受益权之确定性原则?有赖于信托制度设计安排的支撑。

(一)信托监察人(或信托管理人)制度的建立

英国信托理论中所创造的三个确定性原则,特别是其中关于受益人及其受益权必须确立的原则,是由民事信托之私人信托为基础而建立起来的。一项私人信托的设立,如果受益对象及其受益权是不确定或者是不能确定的,这项信托就是无效的。这是通常适用的一般规则,但是从英国兴起慈善信托以后,向慈善组织用于慈善事业的捐款所建立的信托,从不接受这一规则的限制,不会因受益对象的不确定而无效。对慈善信托来讲,委托人(赠与人)的意图必须是确定的。其受益对象的确定性,是指受托人在享有自由裁量权的情况下,必须将信托财产用于慈善目的。由此,在世界上许多国家和地区发展起来的公益信托,较之慈善信托更有拓展的含义。公益信托制度的建立,解决了不特定之社会公众为受益对象之信托有效成立的问题。不可否认,公益信托中上述第二种情形,信托成立时受益人尚不能确定,而将来可以确定,同时也存在受益人范围、资格可定,而其受益人的组成成员不确定。按公益信托制度的要求,只要委托人意图(公益目的)明确,受托人切实将信托财产用于委托人指定的公益目的,信托即可成立。

至于上述第三种情形,私益信托之委托人设立信托时该信托项下的受益人尚不存在,但根据委托人的指示,在未来某一时段,受益人及其对应的受益权可以确定。否则,受益人现在不确定,将来也不确定,其信托的成立就有违信托的本质而认定为无效。但问题在于信托受益权是随信托生效而发生的,故在信托受益权发生时至受益人确定前的时期内,信托受益权处于无归属状态。此阶段,如何对已发生的信托受益权实施保全?解决这一问题,就需要有信托制度的创新设计安排。这就是设置信托监察人(或信托管理人)的原因。大陆法系中有代表性的国家和地区,首先由日本率先建立起信托管理人制度,随后韩国也在其"信托法"中明定了信托管理人的设置,我国台湾地区借鉴了日本和韩国的制度安排,建立了信托监察人制度。我国在制定"信托法"的过程中,汲取了他们的经验,结合国情,在"信托法"中明定了公益信托设置信托监察人的制度。

(二)信托监察人(或信托管理人)的法律地位

日本和韩国在其各自的"信托法"中,针对有不特定或尚未存在受益人的情况,设置信托管理人而使该信托生效。信托管理人以自己的名义为受益人实施有关信托的法律行为,其权限在日本规定为"裁判上或裁判外";在韩国规定为"审判上或审判外",二者之提法虽稍有差异,但所定之信托管理人的法律地位相同(参见日本"信托法"第八条第二项;韩国"信托法"第十八条第二项)。

我国台湾地区"信托法"中对受益人不特定或尚未存在,或其他为保护受益人之利益认有必要时,作出设置信托监察人的规定。并定其权限为"有关信托之诉讼上或诉讼外"之行为(见我国台湾地区"信托法"第五十二条第二款);我国"信托法"第六十五条规定"信托监察人有权以自己的名义,为维护受益人的利益,提起诉讼或者实施其他法律行为。",明确了公益信托中信托监察人的法律地位。

虽然信托管理人与信托监察人在称谓上不同,但从上述之法定权限看,确实其在信托关系人中处于一样的法律地位。可以认为,信托监察人或信托管理人是在不特定或尚未存在受益人的信托中保全信托受益权,监察委托人管理信托事务的人。简单地说,是信托受益权的管理权人。其对受托人管理信托事务的情况进行监督,并不构成监督权,而是包含于保全信托受益权的管理权之中。至于采用哪种称谓更贴切,确有斟酌的必要。以下为减少笔墨,均按信托监察人的称谓就其他有关内容进行述析。

(三)在公益信托中设置信托监察人的必要性

在此强调设置公益信托监察人的必要性,并不是排斥私益信托设置信托监察人的可能性。在一般情况下,私益信托因其均有明确的受益人和与其对应的受益权,就没有必要设置信托监察人了。受益人为维护自己的权益提起诉讼等法律行为完全可以聘请律师解决。只有在特殊情况下(无特定或尚不存在受益人时)才有必要依法设置信托监察人。而公益信托则不同,法律之所以规定设置信托监察人,起码有以下几点原因:

1. 公益信托以不特定的社会公众为受益人,或者是受益人的范围确定(由委托人指定)而具体人不确定,或者是在信托设立时不确定,而在将来某一时段可确定等均属于信托成立时受益人不特定。委托人的意愿明确,是以促进公益事业为目的,使公众受益。为使不特定受益人之处于归属不确定状态的信托受益权得到保护,就必须有人取得法定的地位实施这一保护行为,使公益信托生效。

2. 由公益信托的特殊性所决定,许多公益信托所兴办的事业都是使社会公众受益的。如环境保护、筑路建桥等,其受益人相当广泛;有些公益信托的受益人可能被限定在一定范围或某些资格条件内。但在信托设立时,受益人并不能取得合法的身份,不像私益信托的受益人那样,从信托成立始就取得明确的受益人身份,并享有相应的信托受益权,取得信托利益成为自有财产。因受托人处理信托事物的效果直接影响受益人的收益,所以监督受托人的行为是私益信托之受益人的必然要求。而公益信托的受益人与委托人并没有直接的关系,不享有对应的信托受益权。故此,监督受托人的行为也无对应性和积极性,设置信托监察人就解决了这个问题。

3. 有些公益信托的委托人是不特定的社会公众,以捐赠款项而设立公益信托。其中不乏有做善事而不愿扬名者;也有单一委托人或多个委托人(包含自然人、法人)出资设立公益信托后,不愿介入监督受托人的具体事务。设置信托监察人,正好解决了公益信托中存在的直接监督受托人的问题。

4. 在一项公益信托中很可能同时出现委托人不特定,受益人也不特定的情形。为了最大限度地防止受托人违背信托目的或处理信托事务不当,使信托财产和公共利益遭受损失,信托监察人不同于公益信托的机构,将更有效地发挥信托受益权之管理权人的职能,使管理与监督互融。

二、信托监察人的确定

(一)信托监察人的资格

我国“信托法”没有对公益信托的监察人资格作出规定,日本和韩国的“信托法”中也未专设条款明定信托管理人的资格。我国台湾地区的“信托法”第五十三条“未成年人禁治产人及破产人,不得为信托监察人”的规定,可认为是对信托监察人任职资格的限制性规定。至于“破产人”,还是“受破产宣告尚未解除责任者”作为其中限制条件之一,有待商讨。从我国台湾地区“信托法”的规定来看,信托监察人的资格高于一般公司的经理人、董事及监事的资格水平。以此,提升信托监察人的地位。

依“民法”一般原理,对信托监察人的基础资格的规定应当是无民事行为能力人,限制民事行为能力人及受破产宣告尚未解除责任者不得担任信托监察人比较恰当。信托监察人的基础资格确有必要补充于“信托法”中。除此之外,还应在信托监察人的素质条件方面另行制定任职资格的相应细则,如信托的专业知识,管理经验,监察及财务分析能力等。

(二)信托监察人的产生方式

我国“信托法”第六十四条第二款“信托监察人由信托文件规定,信托文件未规定的由公益事业管理机构指定。”明定了公益信托监察人的产生方式有两种:第一种,是由信托文件规定,通常是由委托人在信托文件中明确指定一人或数人为信托监察人,也有些委托人并没有明定信托监察人,而是在信托文件中规定了信托监察人产生的范围和选任的方法,并授权他人代为选任;第二种,又有两种情形,一是委托人出于某些原因不愿指定或找不到合适的人选;二是委托人为不特定的社会公众,难于实施指定之责。这两种情形均可由公益事业管理机构根据公益信托的目的、项目内容等全面考虑候选人的素质条件(包括人品素质、业务素质及经验、能力等)指定适合的信托监察人。

日本、韩国和我国台湾地区在其各自的“信托法”中对信托监察人的确定方法基本相同。与我国“信托法”中对公益信托监察人的确定方法相比,相同之处是信托文件有规定的,从其规定。不同的是,规定了法院可以因利害关系人的请求(我国台湾地区之“信托法”相关条款中还增加了“或检查官的声请”的规定)或依职权选任(见日本“信托法”第八条(一);韩国“信托法”第十八条(一);我国台湾地区“信托法”第五十二条第一款)。也就是说,信托设立时,由信托行为明定了信托监察人的除外。其余未定情形之信托监察人的确定权归于法院。法院是应信托利害关系人或检查官的请求,或者是依本身的职权来选任信托监察人的。在公益信托中委托人和受益人都有可能是不特定的社会公众,难于实施选任信托监察人的任务,信托的利害关系人中最重要的信托当事人就是受托人了,虽不排除受托人请求选任信托监察人的权利,但受托人毕竟是被监督者,所以在公益信托中日本、韩国和我国台湾地区的信托立法中,都规定了主管官署可行使法院的若干权限,其中包括对选任信托监察人的决定权。我国“信托法”中关于信托监察人的选任方法,作出了明确的规定,即除信托文件有规定者外,由公益事业管理机构指定(见我国“信托法”第六十四条第二款),这一规定法定了我国公益事业管理机构在确定信托监察人上的权利,明确而便于实施。

三、信托监察人的权利与义务

(一)信托监察人之权利特点

1. 以自己的名义行使权利

有关信托监察人保全受益人之信托受益权权利的行使,应以信托监察人自己的名义进行。

首先,信托监察人通常是在受益人不确定或尚未存在的情形下设置的。其所实施的有关信托之诉讼上或诉讼外的法律行为,因受益人事实上的不特定或尚未存在,则不可能以受益人的身份进行。

另外,信托监察人对有关信托之诉讼上或诉讼之外的法律行为,是以保全受益人的信托受益权,维护受益人的利益为目的,并非为己获利,是以监督并促使受托人依信托目的和信托文件之规定积极有效地处理信托事物为己任。

其次,有些公益信托的受益人和委托人都处于不特定的状态,这就使信托监察人所处的法律地位更加特殊,权利的行使更具独立性。

再有,不排除有些可确定受益人的信托,其受益人对自己享有的信托受益权因不愿或难于自己行使的情形存在,此时的信托监察人可依受益人之请求产生。信托监察人也仍以自己的名义行使其应有的权利,但信托利益只能归于受益人。

综上所述,信托监察人所行使有关信托的诉讼上或诉讼外之法律行为,都因信托监察人独立于受益人,又独立于委托人,也独立于受托人的特殊法律地位而只能和必须以自己的名义进行。

2. 信托监察人与受益人二者权利的区别

设置信托监察人,通常是缘于受益人的不特定或尚未存在之故。即受益人在信托存续期内出现缺位现象,从这个角度看,信托监察人则成为受益人的代位人。但这种代位权只是一种保护权,是站在受益人的立场上行使对信托受益权保全的权利;监督受托人依信托目的和信托文件的规定积极履行受托人义务的行为;对违反信托目的和处理信托事务不当,危及受益人利益的受托人提起诉讼或实施其他法律行为。信托监察人只能实施对受益人于信托财产上之信托受益权的保全行为,而不能取代受益人取得受益人享有的实质性的信托利益和终止信托以及信托财产的归属权等。信托监察人在受益人缺位的情况下代位取得的信托利益和实施保全信托受益权行为所取得的收益,只能归于信托财产或交付给可确定的受益人,而不能归信托监察人所有。

3. 共同监察人行使权利的方式

如果设置的信托监察人为数人时,其权利执行的方式,在我国的"信托法"中未做规定。我国台湾地区在信托立法中对此作出了规定,共同监察人在行使法律赋予的权利时,应按信托文件的规定,或者是法院指定的方式执行。如果信托监察人之间意见不一致时,则明确以过半数者为准。不需要全体信托监察人的意见达成一致(由此看,共同监察人的人数应为 3 人以上,且为奇数),但是,共同监察人中的任何一人为了保全信托财产的行为都可以单独进行(参见我国台湾地区"信托法"第五十五条)。这些规定,对我国在公益信托的实施中详化信托监察人的制度安排值得借鉴。

(二)信托监察人的权利

信托监察人行使有关信托诉讼上和诉讼外之法律行为的权利,系于保全受益人之信托受益权目的之上。

1. 信托监察人于诉讼上之权利

信托监察人对于受托人违反信托目的和信托文件的规定,或者是处理信托事务不当,可以向法院提起诉讼,要求受托人遵照信托目的和信托文件

的规定实施信托或者依法承担相应的责任。主要包括以下几项:

(1)受托人违背信托目的和信托文件的规定处分信托财产的,信托监察人可以向法院提起撤销该处分之诉讼;

(2)受托人因对信托事务管理不当,或因违反信托目的处分信托财产,而使信托财产蒙受损失的,信托监察人可请求予以赔偿(原则上是以金钱)或恢复信托财产之原状,并减免该受托人的报酬;

(3)受托人未将信托财产与其自有财产及其他信托财产分别管理,分别记账,或者将信托财产转为其自有财产的,信托监察人有权请求该受托人立即纠正,并将所获利益归于信托财产;给信托财产造成损失的,信托监察人有权请求该受托人赔偿损失或恢复信托财产之原状;

(4)依照不得将信托财产强制执行的法定情形,而发生债权人对信托财产强制执行的,信托监察人有权向法院提起异议之诉。

2. 信托监察人于诉讼外之法律行为

信托监察人为了保全受益人的信托受益权,除以向法院提起诉讼的方法解决外,对于已存有的争议或纠纷还可以通过协商、调节、仲裁等非诉讼方式加以解决。即使是不存在争议或纠纷的情形,信托监察人也享有为确立某种法律关系,或者是实现某种民事权利而进行诉讼以外的法律行为的权利。建立了信托监察人制度的国家和地区也都将信托监察人行使这类诉讼外的法律行为的权利,明定于“信托法”之中。主要包括:

(1)信托监察人有权要求查阅、抄录、复印受托人管理运用、处分信托财产的账簿,处理信托事务的记录等相关资料。有权请求受托人就此作出说明;

(2)受托人变更时,信托监察人需参与新旧受托人的交接,对原受托人所作出的交接报告等资料有审查、认可的权利;

(3)信托发生终止的情形,信托监察人对受托人所作的信托事务处理和清算报告有审查、认可的权利(公益信托须经公益事业管理机关核准);

(4)共同受托人在处理信托事务的过程中如有意见分歧且信托文件规定共同受托人之一不可单独处理的情况下,须与信托监察人商议,执行信托监察人同意的方案。特别是在委托人、受益人均为不特定社会公众的公益信托中,信托监察人的意见,在一定程度上起决定性作用(参见我国“信托法”第三十一条)。

3. 值得讨论的有关权利

信托监察人享有的保全受益人之信托受益权的权利,与一般信托中受益人享有的权利不同,在具体权利的授予上,还有些问题值得研究讨论。

(1)关于变更信托财产管理方法中的权利

我国“信托法”对一般信托规定了在信托成立后如果发生信托设立时未能预见的特别事由,致使信托财产的管理方法发生不利于实现信托目的,或者是不符合受益人的利益时,受益人有权请求受托人调整其对信托财产的管理方法(见我国“信托法”第四十九条,第二十一条)。在受益人不特定和尚未存在的情形下所设置的信托监察人,作为受益人的代位人自应为维护受益人的信托受益权,享有对变更信托财产管理方法的请求和同意权。但是我国“信托法”有关公益信托的条款中并未明定信托监察人享有这些权利,而是由公益事业管理机构按第六十九条“公益信托成立后,发生设立信托时不能预见的情形,公益事业管理机构可以根据信托目的,变更信托文件中的有关条款。”之规定握权。我国台湾地区的信托立法也有“公益信托成立后发生信托行为当时不能预见之情事时,目的事业主管机关得参酌信托本旨,变更信托条款。”之相同规定(见我国台湾地区“信托法”第七十三条)。

对变更信托文件中有关条款的理解,应当包括设立信托时落实在信托文件中的对信托财产管理方法的规定条款。在日本、韩国和我国台湾地区的信托立法中,对一般信托的管理方法,在迂信托设立时不能预见的情事时,委托人、受益人和受托人都有请求法院变更信托财产管理方法的权利。在受益人不特定和尚未存在的情形下,信托监察人为维护受益人的权益应当享有请求变更信托财产管理方法的权利。

公益信托中信托财产管理方法的变更,也只能在信托成立后,发生信托设立时不能预见的情形下。问题在于,既然在一般信托中委托人、受益人和受托人都有请求变更信托财产管理方法的权利,那么在公益信托中,迂信托成立后发生不可预见的情事时,就不应该排斥受托人,信托监察人享有这项权利。特别是在受益人不特定和尚未存在的情形下,信托监察人为维护受益人的利益,享有这项权利的代位行使权就更加必要了。作为公益信托的信托监察人对公益信托之信托财产管理方法的变更,应有权行使诉讼上和诉讼外的法律行为。当然包括可以请求受托人变更,也包括请求公益事业主管机关主持变更程序,即通过与受托人,信托监察人协商,最后由公益事业主管机关确定新的管理方法。这样既维护了各方权益,又避免了主管机关的主观、片面性。同时,也应该允许信托监察人通过诉讼方式解决信托财产管理方法的变更问题。

(2)关于受托人请求辞任时,信托监察人的权利问题

我国"信托法"第六十六条规定"公益信托的受托人未经公益事业管理机构批准,不得辞任。",这一规定并未排除信托监察人对受托人提出辞任时,从有利于实现信托目的和受益人的利益出发,应享有的同意权。这种同意权,在日本、韩国和我国台湾地区的信托立法中都有所体现。凡是在受益人不特定和尚未存在之情形下所设立的信托,其信托监察人对受托人的辞任,均有表达意见的权利。

因公益信托更具特殊性,信托监察人的监督权与管理权更应受到重视。为促使受托人更好的为实现信托目的,依信托文件的规定行事,为维护受益人的权益,信托监察人应对受托人的所有行为给予高度的注意。所以,对原受托人的辞任和新受托人的选任,都应有参与的必要,应享有同意与否的权利。但最后批准权,则归于公益事业管理机构。基于此观点,我国"信托法"第六十六条如果修改为"公益信托的受托人,原则上不得辞任,有不得已事由请求辞任的,须经信托监察人的同意,报经公益事业管理机构批准。"比较恰当和全面。

(3)关于解任受托人时,信托监察人的权利问题

我国"信托法"第六十八条规定"公益信托的受托人违反信托义务或者无能力履行其职责的,由公益事业管理机构变更受托人。"。其中"变更受托人",必然包含解任受托人的程序,该权利已明定是由公益事业管理机构行使的。而在一般信托中,对于受托人违反信托目的处分信托财产,或者管理运用、处分信托财产有重大过失,受益人均有权依照信托文件的规定解任受托人或者是申请法院解任受托人(见我国"信托法"第四十九条,第二十三条)。可见受益人享有的这项权利,公益信托中的信托监察人并未被法定享有。但是,在日本、韩国和我国台湾地区的"信托法"中,对不特定和尚未存在受益人之信托所设置的信托监察人,并不排除这项权利,信托监察人是有权向法院诉请解任受托人的。

对于公益信托中的受托人,如有违反信托义务,或者无能力履行其职责,或者管理运用、处分信托财产有重大过失的情形发生,信托监察人为保

全信托受益权，维护受益人的利益，应当享有解任受托人的法定请求权。而批准权归于公益事业管理机构或法院。

（三）信托监察人的义务

信托监察人在不特定和尚未存在的信托中，除不享有一般信托之受益人享有的信托利益和终止信托时信托财产归属等部分权利外，受益人应享有的其他权利几乎都拥有。而一般信托中的受益人，因其没有对信托财产的管理运用、处分的权利，故以不干预受托人对信托财产实施正常管理行为，为其应履行的义务。

因信托监察人是信托受益权和信托利益的管理权人，所以在不特定和尚未存在受益人的信托中，应当拥有比一般信托之受益人较为积极的权利和相应较为积极的义务。对这种义务，在我国的“信托法”中并未作出界定。

我国台湾地区“信托法”中关于信托监察人之义务方面的规定，可以在我国完善信托监察人制度时作为借鉴。在其“信托法”第五十四条规定“信托监察人执行职务，应以善良管理人之注意义务为之。”，表明了信托监察人为保护受益人应享有的信托利益，需尽其较为积极的善良管理人之注意义务。这种义务的表征，系从法律规定上将信托监察人的过失责任视其为非具体的、缺乏衡量标准的轻过失。但并不排除信托监察人因未尽善良管理人的注意义务，而损害受益人的利益时，也应承担的赔偿责任。是故，在其“信托法”第五十六条作出“法院因信托监察人之请求，得斟酌其职务之繁简及信托财产之状况，就信托财产酌给相当报酬。但信托行为另有订定者，从其所定。”的规定，说明一项信托于设置信托监察人时，一般情况应在信托文件中明定给付其报酬的方式、金额（或报酬的计算方法），经信托监察人签署同意后实施。如该信托在设立时，并未在信托文件中作出给付其报酬的规定，则信托监察人应享有请求给付报酬的权利。法院一般也不因自己的职权主观判定报酬之给付金额，须根据信托财产的性质、价值等状况，其职务的繁简程度以及信托监察人付出的劳力和时间等因素，综合考虑，确定适宜的报酬水平。这种给予信托监察人以适当报酬的规定，有利于激励其积极地履行善良管理人的注意义务。

第五章

信托的变更与终止

信托制度的安排,使财富的长期管理和传承功能得以发挥。正常情况,在信托特性的持续作用下,信托以信托当事人法定的权利与义务,围绕着信托目的和受益人最大利益的实现而稳定地进行。但在信托设定后的信托存续期内,由于信托当事人自身的变故或者是客观情事的变化,而可能引发信托的变更,甚至信托终止。为避免信托的变更与终止的随意性,世界各国和地区在信托立法上都做出法定的约束,主要包括:信托变更与终止的法定情形,权利与义务的变化,交接与处置等。以下就信托的变更与信托的终止分述之。

第一节　信托的变更

在信托存续期内,因信托当事人的变故及客观情事的法定情形发生,而引起信托管理,信托当事人之权利、义务等方面的变更。这种变更一般不会导致信托关系的消灭。

一、信托财产管理方法的变更

此前,已就该有关内容作过较为详细的析述。在此,将信托财产管理方法的变更,列入信托的变更内容之一,实因信托财产管理方法对实现信托目的和受益人利益,事关重要。虽然我国"信托法"第二十一条使用"调整"一词,但其内涵与日本、韩国和我国台湾地区之"信托法"中所使用的"变更"一词并无本质的区别。都是基于因设立信托时未能预见的特别事由发生,致使信托财产的管理方法不符受益人利益之故。唯变更的权利主张人和程序,在立法表述上有所差异:我国"信托法"规定委托人、受益人有要求调整信托财产管理方法的权利。但如果发生受益人与委托人意见不一致时，可以申请法院予以裁定（见我国“信托法”第二十一条，第四十九条）；日本、韩国和我国台湾地区之“信托法”中明确规定，信托财产管理方法的变更，可以通过委托人、其继承人、受益人或受托人向法院申请的方式解决。也并未排除信托当事人协商一致可以改变信托财产管理方法的可行（参见日本“信托法”第二十三条；韩国“信托法”第三十六条；我国台湾地区“信托法”第十五条，第十六条）。

二、委托人、受托人发生变故对信托存续的影响

在信托存续期间，如果发生委托人或者受托人死亡、丧失民事行为能力；依法解散、被依法撤销或者被宣告破产；或者是受托人辞任等情事，除非法院或信托文件另有规定的，委托人（可以是受益人，但不是唯一受益人时）或受托人所发生的这些变故，并不影响信托的存续。他益信托的委托人在上述变故发生后，信托财产不作为其遗产或者清算财产。但作为共同受益人之一的委托人，其所享有的信托受益权作为其遗产或者清算财产（见我国“信托法”第十五条，第五十二条）。

上述变故的发生，不影响信托的存续。各国和地区的信托立法都有这样的制度安排，这是缘于信托财产的独立性和信托管理的连续性所形成的。

首先，信托虽是起于委托人的法律行为所设定，但信托一经生效，信托财产即转移至受托人手中，并由其自主依信托文件的规定为受益人的利益管理运用、处分信托财产。以信托财产为中心所建立起来的信托，独立于委托人，受托人和受益人的个人意思表示。即委托人，受益人不能将自己的个人意志强加在受托人头上，受托人也不得以自己的个人意志脱离信托目的和信托文件的约束。受益人享有的信托受益权是法律赋予的一项独立性权利，委托人也不可随意废止。鉴于此，委托人在发生上述变故时，受益人及其受益权依然存在，受托人依然可以依照信托文件的规定，为信托目的和受益人利益实现继续执责，保持信托的正常运作。

另外，信托财产虽在受托人的掌握之中、但受托人必须将信托财产与其自有财产相区分，将不同委托人的信托财产相区分。实行分别记账，分别管理的原则。一个合格善意的受托人是以实现信托目的和受益人的最大利益为己任的，是不从信托财产上谋取私利的。所以，世界上已建立信托制度的

国家和地区均对受托人的权利与义务有明确的法律规定,而且有信托文件的规定,具体地制约受托人的行为。在有法可依,有章可循,有约可守的条件下,即使在信托存续期内发生了受托人死亡、丧失民事行为能力;依法解散、被依法撤销、破产;或者是辞任,被解任等情形时,只是说明该项信托的受托人任务终结,而信托关系并不随之消灭,信托并不终止。新受托人则可依信托文件的规定或者法律的规定而产生。继续处理原信托事务,保持信托的连续性。如果属于受托人辞任的情况,则法律规定在新受托人未产生前,原受托人仍应履行管理信托财产的职责,直至向新受托人交接完毕。

其次,在他益信托中,委托人可以作为共同受益人之一。在委托人发生上述变故情形之一时,为保护其他受益人的利益和实现尚未完成的信托目的,法律规定信托存续,信托财产不作为委托人的遗产或清算财产。与此同时,为了保护委托人变故前之债权人的利益,法律还规定委托人的信托受益权可作为其遗产或者是清算财产。例如,一项信托的委托人破产,无法清偿此前的债务,但却从信托中获得收益,这对于委托人的债权人来说就显失公平了。这样的制度安排有助于信托的存续(以上参见我国"信托法"第十五条,第五十二条)。

三、变更受益人或处分信托受益权

设立信托的重要原则之一,就是必须有确定的受益人和与其相对应的信托受益权。信托一经生效,为保持信托的稳定性,除非在信托文件中另有规定的,任何人都不得变更受益人或者是处分受益人的信托受益权,这是英美法系所确立的信托法原理之一。我国"信托法"的制定,从实际国情出发并借鉴英美法系和其他大陆法系国家和地区的立法经验,对变更受益人或处分其信托受益权的问题作出了立法规定,主要有两个方面:

(一)委托人可以变更受益人或者处分信托受益权

我国"信托法"第五十一条第一款明确规定"设立信托后,有下列情形之一的,委托人可以变更受益人或者处分受益人的信托受益权:(一)受益人对委托人有重大侵权行为;(二)受益人对其他共同受益人有重大侵权行为;(三)经受益人同意;(四)信托文件规定的其他情形。这一规定,从法律上保留了委托人于设立信托后仍可控制信托财产上的部分权利,界定了变更受益人或者处分信托受益权的法定情形。

1. 关于受益人对委托人有重大侵权行为的情形

这种侵权行为一般会造成严重后果。例如,受益人利用非法或规避法律的手段,或蒙蔽或串通受托人侵吞占有信托财产,严重侵犯委托人的权益;受益人不满足委托人赋予的信托利益,故意制造是非侵犯委托人的名誉权致使委托人身心受到严重损伤;受益人一方面以信托受益权取得信托利益;另一方面又以委托人身份(如窃用委托人身份证)对外负债;受益人是委托人的子女,长期享有信托利益,而委托人年老后需要子女照顾时,却不尽其赡养义务等。

2. 关于受益人对其他受益人有重大侵权行为的情形

在一项信托中,有多名受益人时,该共同受益人之一为己之私利,采取不当手段获取超越自己应有的信托利益。侵犯其他受益人合法的信托受益权,使其他受益人的信托利益遭受损失,甚至造成依靠信托利益为经济来源的受益人失去生活保证。

3. 关于经受益人同意的情形

委托人在设立一项他益信托中,对其所指定的受益人的地位和享有的信托受益权当然是认可的。委托人在信托存续期内拟变更受益人或处分其信托受益权,会影响受益人的权益,损害其既得的信托利益,因此应在取得受益人同意的情形下方可实施。

在一项有多名受益人的信托中,委托人对共同受益人的成员所分配的信托利益,可能是均等份额。也可能是不均等份额,委托人在信托存续期内针对受益人情况的变化,出于自己的意志而变更某一受益人或者处分其受益权时,也应征得该受益人的认可。如该受益人同意,则可实施变更或处分行为。例如某委托人在设立信托时,指定了几名共同受益人均等份额地享有信托利益,但于信托存续期内一名受益人经商发了财,经与该受益人商议将其变更为另一受益人或者是将其享有的信托利益全部或部分地处置给其他受益人;另如共同受益人之一,在信托存续期内发生了丧失民事行为能力的变故,或者是因事业造成经济来源十分困难的情况,委托人拟减少其他受益人的信托利益,增于该受益人享有,经当事之受益人的同意也可。

4. 关于信托文件规定的其他情形

信托文件的规定,为信托当事人信托行为之所定。信托立法将信托文件的规定作为委托人变更受益人或处分信托受益权可行权的法定情形之一,是对信托当事人之信用约定的法律认可。委托人出于设立信托的初衷,为确保信托行为符合自己的意愿,有利于信托目的的实现,可能在信托文件中为保留自己变更受益人或处分信托受益权的权利而做出某些规定。如明定在受益人有几种具体变化的情形发生,或者限制某一受益人在未来的某一时日某种条件发生(如该受益人到成年参加工作有自立能力之时)等。

(二)受益人自己放弃信托受益权

受益人享有信托受益权,也可以放弃该权利,这是世界各国和地区的信托立法都予肯定的原则。受益人自己放弃信托受益权的意味着其自愿退出受益人地位,并发生该信托受益权的归属问题。

1. 受益人可以放弃自己享有的信托受益权

我国"信托法"第四十六条第一款明确规定"受益人可以放弃信托受益权。"。信托受益权作为受益人自委托人设立信托时所指定而取得的一项权利,受益人有权接受,也有权放弃。一般情况,是在信托生效之始,或者是获得信托利益之前由其自己声明放弃信托受益权;如果受益人属于无民事行为能力人或限制民事行为能力人的,可由其法定代理人或监护人代行放弃权;受益人中途放弃信托受益权的,应退还已得信托利益和应承担的税款。

2. 部分受益人放弃信托受益权,并不影响共同受益人中其他受益人的信托受益权,信托依然存续。放弃信托受益权的受益人退出受益人地位,被放弃之信托受益权的归属人,即取代原受益人地位。被放弃的信托受益权的归属顺序,首先是信托文件规定的人,信托文件未规定的,是其他共同受益人;其他共同受益人拒绝接受的,则是委托人或者是其继承人。将信托文件规定的人列为第一顺序人,实际上是确立委托人在设立信托时,于签订的信托文件中保留自己变更受益人的权利(见我国"信托法"第四十六条第三款)。

在此,值得提出的是英国的"1958 年信托变化法"。这一制定法授予法院代表四类受益人批准信托的变化,主要包括改变管理信托的权利和改变受益人的信托受益权。其批准信托的变化,又享有相当广泛的自由载量权。法院所代表的四类受益人指的是:其一,受益人为无民事行为能力人或限制民事行为能力人;其二,在未来某一时间,或者是在未来产生的某个事件时,才能够确立的受益人;其三,受益人为未出生的人;其四,"保护信托"项下的受益人,即一项"保护信托"中的原受益人在进入自由裁量信托后成为新的受益人,该受益人不管其是否为或有受益人。法院代表这四类受益人在批准一项信托的变化时,还必须征得这四类受益人以外的其他受益人的同意。而且信托管理和信托受益权的变化,法院还要考虑是否符合信托目的和委托人的意愿,是否违反社会公共利益和道德良俗。不过,法院所作出的批准,只能代表这四类受益人(概括地说是不能或无法表示同意的人)。如果其他受益人中的一位成年受益人不同意被批准的信托变化,那么这一信托变化对该受益人并不具约束力。

四、受托人的职责终止与变更

受托人在信托当事人中处于一个特殊的中心位置,是实现委托人意愿,达成信托目的和受益人利益最大化的关键所在。世界各国和地区在信托立法中都对受托人的职责终止和受托人的变更,做出严格的法律界定。

(一)受托人职责终止的法定情形

我国"信托法"第三十九条第一款规定"受托人有下列情形之一的,其职责终止:(一)死亡或者被依法宣告死亡;(二)被依法宣告为无民事行为能力人或者限制民事行为能力人;(三)被依法撤销或者被宣告破产;(四)依法解散或者法定资格丧失;(五)辞任或者被解任;(六)法律、行政法规规定的其他情形。"。以下分述之:

1. 受托人死亡或者被依法宣告死亡的情形

这一法定情形所指的受托人,应为自然人。其死亡,系指自然生命的终止;被依法宣告死亡,系指自然人离开住所或者最后居所后生死不明,达到法定期限,经其利害关系人申请,由法院审理推定,判其死亡的。我国"民法通则"第二十三条规定"公民有下列情形之一的,利害关系人可以向人民法院申请宣告他死亡:(一)下落不明满 4 年的;(二)因意外事故下落不明,从事故发生之日起满 2 年的。战争期间下落不明的,下落不明的时间从战争结束之日起计算。",明确了自然人被宣告死亡的具体原因,法定期限及判定程序。

担任受托人的自然人,因发生死亡或被宣告死亡的情形,而使其权利能力消灭,即丧失了作为受托人的资格,其受托人的职责终止。

值得讨论的问题,首先是,被宣告死亡的受托人,从其下落不明到审判宣告,法定期限至少是 2 年以上。这在一项受托人仅一人的信托设立后的信托存续期内,发生受托人下落不明,到其被宣告死亡,意味着该项信托无受托人，信托事务无人处理的情形要长达2年以上。信托事务被搁置，即使是期限长久的信托，也会严重地影响信托目的的实现和使受益人蒙受损失，就更不用说期限较短的信托了；另外是，被宣告死亡的受托人，在其下落不明到被宣告死亡的期间内，实际并未自然死亡，其所进行的民事行为依然有效（依据“民法通则”第二十四条）。这就会给信托带来很多麻烦，可能会给信托财产造成巨大损失。对于这两个问题的解决应引起重视。将被宣告死亡列入受托人职责终止的法定情形之一，使信托存续期内受托人的变更复杂化，不易操作。好在我国的民事信托并未开展，以自然人作受托人者尚无前例。但从立法的前瞻性和完整性看，“信托法”的立法意向，也可理解。依信托管理之连续性特征而言，应限定从受托人下落不明后达一定期限就应宣告其职责终止，至于这一期限多长为宜，可再推敲。

关注英国、日本、韩国和我国台湾地区的信托立法，对受托人职责终止的情形之一，均明定为死亡，并未将“被依法宣告死亡”作特殊明示。其所定之死亡情形，应是指自然死亡。比如，在英国“1925年受托人法”中，就明确规定受托人去世，作为受托人职责终止的法定情形之一，就更加突出了死亡的界限。不仅如此，该法还规定，受托人离开本国，在国外停留12个月以上，其职责即告终止。这一规定，是出于受托人处理信托事务一般是在本国国内进行，在国外停留时间过长，就难于实施有效的管理运用和处分，影响信托目的和受益人利益的实现。由此观之，受托人下落不明长达2年或4年才被依法宣告死亡，职责方告终止，可见，对信托管理后果的严重性（参见英国“1925年受托人法”第三十六条；日本“信托法”第四十二条（一）；韩国“信托法”第十一条（一）；我国台湾地区“信托法”第四十五条第一款）。

2. 被依法宣告为无民事行为能力人或者限制民事行为能力人的情形

为自然人之受托人，应当是具有完全民事行为能力的人。如果在信托存续期内被其利害关系人发现其属精神病患者（可能是设立信托前即患有未被发现，也可能是中途新患得），经医院检查确认其为精神病人时，可向法院申请宣告其为无民事行为能力人或者限制行为能力人。该受托人即丧失了完全民事行为能力，不能再作为受托人（见我国“民法通则”第十九条第一款；“信托法”第二十四条第一款）。

3. 被依法撤销或被宣告破产的情形

受托人为企业法人者，如被依法撤销或被宣告破产，根据我国“民法通则”第四十五条第(一)项、第(三)项的规定而终止。在我国以企业法人为受托人的,原则上为信托公司。根据 2006 年 12 月 28 日中国银监会公布,2007 年 3 月 1 日起实施的“信托公司管理办法”中的有关规定,信托公司如有违法经营、经营管理不善等问题的存在,不予撤销将会严重危害金融秩序、损害公众利益,银监会就可以依法予以撤销(见“信托公司管理办法”第六十一条);如果信托公司发生不能清偿到期债务,且资产不足以清偿债务或明显缺乏清偿能力的情形时,该公司可以经银监会同意向人民法院提出破产申请。银监会也可以根据实际情况,直接向人民法院提出对该公司的破产清算申请(见“信托公司管理办法”第十四条)。信托公司发生被依法撤销或被宣告破产的情形,该信托公司即告终止,其管理信托事务的职责当然地终止。

我国“信托法”中所涉及的破产,应该是针对法人而言的,对于自然人的破产问题,并未加界定。根据我国的国情,一则,以自然人为受托人的信托,并无先例和法规支持;二则,个人破产法的制定,也为时尚早。从理解上可认为“信托法”中所定被宣告破产者应指法人,但也可以理解,为今后可能出现的个人受托人以及其破产后的职责终止,留有完善法规的余地。这一点,在日本、韩国的“信托法”中将受托人职责终止的情形,除死亡外,还明示为“受破产,禁治产或准禁治产宣告时”,并将“受托人法人解散时,亦同”单独列示。可见个人受托人因受破产、禁治产或准禁治产宣告的,其职责终止(参见日本“信托法”第四十二条(一);韩国“信托法”第十一条(一));我国台湾地区“信托法”的第四十五条就更加明确地将个人受托人的死亡、受破产或禁治产宣告而任务终了与受托人为法人者的撤销、解散、破产宣告,亦同,分别加以规定。

4. 被依法解散或者法定资格丧失的情形

根据我国“民法通则”第四十五条第(二)项之规定,解散为企业法人终止的原因之一。受托人为法人者,发生了解散的情形时,则其职责终止。关于信托公司的解散问题,“信托公司管理办法”第十三条“信托公司出现分立,合并或者公司章程规定的解散事由,申请解散的,经中国银行业监督管理委员会批准后解散,并依法组织清算组进行清算。”对经营性信托的专职信托机构的信托公司之解散事由发生,职责的终止作出了明确的规定。

关于法定资格丧失的情形,是指在信托设立后的信托存续期内,受托人丧失了由法律、行政法规所规定的应具备的资格而职责终止。例如，作为法人受托人的信托公司，于设立时符合"信托公司管理办法"中规定的条件（见"信托公司管理办法"第六条，第七条，第八条）而取得法定资格。如在经营期内发生违法违规经营，或其他重大事由而被吊销金融许可证。此时，该法人受托人的法定资格丧失，职责即告终止（见"信托公司管理办法"第五十九条）。

在国外，一些国家在信托立法中也都有关于受托人资格丧失，职责终止方面的规定。如日本"信托法"第四十四条［受托人的资格丧失］规定"依信托行为，基于特定资格而为受托人者丧失其资格时，其任务因此而终止。"韩国"信托法"第十二条［受托人资格的丧失］也有"按信托行为，以特定资格而成为受托人的人，其资格一旦丧失，其任务也告终止"完全相同的规定。这一规定，即适用于法人受托人，也适用于个人受托人。同时，以法定条款承认信托行为对受托人特定资格的要求（应在信托合同中明定）的有效性。我国"信托法"中以"法定资格"的丧失作为受托人职责终止的法定情形之一，主要是针对经营性信托而言。由法律、行政法规确定某些信托业务的准入条件。例如，开办养老金信托，资产证券化信托等信托业务的机构受托人（信托公司）所必须具备的资格，这就是法定资格。信托公司可以通过申请，经审核批准后取得这些资格而准入市场。但在经营中，由于各种原因（如风险控制不利，具备操作资格人员的重大变动等），而发生资格条件的变化被监管部门取消经营某些业务的资格。即作为某些信托业务之受托人的法定资格丧失，该信托项下的受托人的职责终止。日本、韩国"信托法"中是以"特定资格"的丧失作为受托人任务终止的法定情形之一，而且特定资格的确定主要取决于信托行为而定。即在信托文件中，明定出担任该项信托任务的受托人所应具备的特定资格（除基础性资格以外，于信托文件中规定的对受托人条件的特殊要求）。在信托存续期内一旦受托人的特定资格丧失，受托人的任务即告终止。当然，由信托行为所定之受托人的特定资格有效，一方面是"信托法"赋予信托当事人行权所致；另一方面，特定资格的确定，也不可违背现行法律法规。因此，"特定资格"更具对多元化的信托受托人的要求。包括法人受托人和个人受托人的特定资格的取得和丧失都可以由信托行为而定。而我国"信托法"中之"法定资格"的确定，则符合我国以信托公司作为法人受托人经营信托业务为主体的国情。

5. 辞任或者被解任的情形

一项信托设立后,于信托存续期内受托人提出辞任并依有关规定被许可的,或者是因受托人之故依法或信托文件的规定被解任的,其退出受托人地位后,而职责终止。

(1)受托人的辞任

我国"信托法"第三十八条第一款"设立信托后,经委托人和受益人同意,受托人可以辞任。本法对公益信托的受托人辞任另有规定的,从其规定"。所作之规定,一方面说明,受托人于信托设立后承担着实现委托人意愿,达成信托目的和受益人利益的重要职责。为保证信托行为的严肃性和连续性,是不可以随意辞任的,只有在得到委托人与受益人的同意后方可。特别是对公益信托的受托人辞任做出"未经公益事业管理机构批准不得辞任。"之更加严格的规定(见我国"信托法"第六十六条);另一方面,也并非绝对地不允许受托人辞任,当其自己于设立信托后所发生的情事不适宜于再继续担任受托人职务时,就可以提出辞任的请求。例如,个人受托人因工作调动或长时间出国远离设立信托的地区,机构受托人迁出原设立信托的地区,受托人患有疾病,或者繁杂事物缠身(如信托项外的债权债务纠纷等),或者是认为自己已经无能力继续处理信托事务等。在这些情况下,从有利于实现信托目的出发,应该允许受托人辞任。

国外信托立法中对受托人辞任的规定与我国"信托法"之规定相比,则更加突出了其约束性的力度。例如,英国在信托立法中明确规定,在信托存续期内,除非有法律或信托文件的授权,受托人只有存在另一个被指定替代他的适合的受托人候选人的情况下,才有可能提出辞任;美国也在其信托立法中规定,如果信托文件没有规定或法律也无授权,则受托人是不可辞任的。其规定中所指信托文件的规定或授权,应是信托文件中明定出受托人辞任的条件和委托人、受益人对于受托人辞任所拥有的权利;法律的授权应是针对受托人的辞任,法律所赋予信托当事人各方的权利,或者是法律授予一个主管机构有权批准受托人的辞任等;日本,在其"信托法"的第四十三条[受托人辞任的限制]规定"除信托行为另有订定者外,受托人除非经受益人及信托人承诺,不得辞去其任务。";韩国"信托法"的第十三条[受托人的辞职](一)也作出"因信托行为无特殊规定,所以未得到受益人和信托人的许可时,受托人不得辞去其工作。"之相同规定。其意均在于控制受托人辞任的随意性。但如果信托文件中规定了受托人可以辞去其任务的具体情形，即可依信托文件之所定准予其辞任，否则受托人是不可辞任的。在信托文件未作特殊规定时，受托人的辞任如得到受益人，委托人的许可，实际上也构成了信托设立后的信托行为所定之情形。故以立法规定，受托人未得到受益人和委托人的许可时，不得辞任。与此同时，法律还赋予法院判准受托人辞任的请求。日本"信托法"第四十六条[受托人的辞任]规定"有不得已事由时，受托人经法院许可，可以辞去其任务"；韩国"信托法"第十三条第(二)项也规定"受托人有正当理由时，不受限于前款规定，经法院许可，可以辞职"。其中所提"有不得已事由"和"有正当理由"其含义相同。在此种情况下，受托人提出辞任，应出具必要的证明材料，以防受托人有逃避责任的可能。在受益人，委托人难于分辨时，法院经审理属实，可准其辞任。

我国台湾地区，对待受托人辞任的信托立法规定，采取了日本和韩国的作法(见我国台湾地区"信托法"第三十六条)。而我国的"信托法"中对委托人辞任的规定，回避了法院的介入。这是由于受托人辞任的特别程序，在"民事诉讼法"中未作规定，也无"受托人法"可依。但强调委托人和受益人对受托人的辞任必须意见一致，单方同意是不可行的。特别是防止受益人有违委托人设立信托的目的，滥用信托财产的情事发生。受托人的辞任受控于委托人和受益人的双方一致同意的规定，是非常必要的。但如迂委托人与受益人有争议时，受托人、委托人、受益人任何一方都可以诉诸法院予以解决。

至于公益信托之受托人的辞任，日本、韩国和我国台湾地区之"信托法"中的规定都是一致的。均规定公益信托的受托人以有不得已事由为限，非经公益事业主管机构批准不得辞任(见日本"信托法"第七十一条；韩国"信托法"第六十八条；我国台湾地区"信托法"第七十四条)，我国"信托法"第六十六条也有类似规定。

(2)受托人被解任

受托人于信托存续期间被解任，一般是由于受托人本身违背其职责所造成。我国在信托立法中，针对受托人的行为违反信托目的处分信托财产或者管理运用、处分信托财产有重大过失的情况，规定委托人和受益人有权解任受托人。解任的途径：一是根据信托文件中关于解任受托人的具体规定进行；二是，信托文件未作规定的，则可申请法院解任。如果依照信托文件的规定解任受托人时，受托人、委托人、受益人之间有争议也需通过法院作出裁定。受托人被解任，其职责终止（参见我国"信托法"第二十三条，第四十九条）。

对于受托人的解任，在日本、韩国和我国台湾地区的信托立法中都有相同的规定。日本"信托法"第四十七条[受托人的解任]规定"受托人违背其任务时，或有其他事由时，法院因信托人，其继承人或受益人的请求，可以将其解任。"韩国"信托法"第十五条[受托人的解职]规定"受托人渎职或有其他重要理由时，法院可以根据信托人，其继承人或受益人的请求，解除受托人的职务。"我国台湾地区"信托法"第三十六条第二款也作出"受托人违背其职务或有其他重大事由时，法院得因委托人或受益人之声请将其解任"的规定。从这些内容相同的规定看，一是明确了受托人在信托存续期内被解任的原因；二是确定了解任受托人的方法。这两项内容的规定都比较笼统，尤其是受托人"有其他事由"或"其他重要理由"时的提法更显抽象，需要有司法解释。我国"信托法"中以"管理运用、处分信托财产有重大过失"作为解任受托人的原因，解任受托人应依信托文件的规定，没有规定时，才通过法院解决。而日本、韩国和我国台湾地区的"信托法"中的规定，则将解任受托人的权力集中于法院。委托人、其继承人或受益人只有解任委托人的请求权，突出了对解任受托人的严格控制。我国"信托法"中对解任受托人的规定，一方面缘于信托属委托人与受托人的私法行为，委托人可于信托文件中依其意愿和信托目的的实现，对受托人明定出具体的尽责要求，明定出对受托人解任的具体情形。这样，有利于受托人自觉地按照信托文件守职尽责，也有利于委托人通过信托文件约束受托人的行为。另一方面，在信托文件中作出解任受托人的具体情形的规定，可用以弥补法定条款过于原则的不足，同时可以减省通过法院解任受托人的繁复程序。这样的规定，较为符合我国的国情。

英美法系国家在信托立法中，关于解任受托人的规定较大陆法系国家和地区的立法规定，显得具体详细。

美国在其信托立法中一方面规定，委托人于设立信托时，可在信托文件中为自己保留解任受托人的权利；另一方面，法律赋予法院在法定事由发生时解任受托人的权力。其法定事由主要有：其一，受托人已不具备管理运用、处分信托财产的能力；其二，受托人与受益人之间不友善，存有对抗行为;其三,受托人管理信托财产不谨慎,处理信托事务渎职。这中间又细化为:懈怠或放弃信托;不向受益人支付信托收益;拒不履行契约;拒绝对信托财产采取安全措施;不作市场分析、盲目投资;将信托财产与自有财产混为一体,或者将本应作一整体进行管理的信托财产分割开来;不服从法院的裁决;对处理信托事务的清算报告或者其他信托文件中存在虚假行为等。

在英国,法院享有固有的管辖权。法院针对一项对受托人管理或实施信托的诉讼,可以解除受托人的职务。法院除依固有管辖权解任受托人外,还可以根据“1925 年受托人法”解任一位受托人,同时指定一位新受托人。其解除受托人的法定事由主要有:受托人离开英国本土,在其他国家或地区连续居住 12 个月以上;受托人希望解除委托人或法院赋予或施加给他的信托以及相应的部分或全部权利;受托人已不适宜再担任受托人或者已无能力继续担任受托人等(参见英国“1925 年受托人法”第三十六条)。不过,法院判定解任受托人并不局限于这些理由,有判例证明,法院确定对受托人解任的主要出发点是保护受益人的利益。例如,在一项受益人未提供充分证据证明受托人管理信托事务行为不当的诉案中,法院考虑受益人与受托人之间已产生敌意,信托关系基本破灭。如果这缘于受托人过多地从信托财产中支取费用或者是管理方式上的问题,即使是没有违反信托,受托人的履职已不利于受益人的利益,最终也会作出解任受托人的决定。

6. 法律、行政法规规定的其他情形

由于我国的信托法制体系还不健全,配套法规缺失。很主要的“受托人法”和“信托业法”尚未制定。其他,如信托财产公示制度,信托税制等都有待建立。中国银监会针对机构受托人的信托公司,也会根据国家经济、金融改革与发展形势的需要,通过“信托法”,“信托公司管理办法”等法律、行政法规的实施所积累的经验和问题,对信托的市场准入与退出机制,信托公司的设立、变更与终止等诸多规定适时进行修订、补充和完善。通过各方面的努力,逐渐完善我国的信托法律法规体系。这些法律、行政法规的建立、健全就会涉及受托人的职责问题,因此将“法律、行政法规规定的其他情形”作为受托人违责失职其职责被终止的法定情形之一,既符合立法的完整性,又适应立法建规发展的需要。

(二)受托人的变更

根据信托管理连续性原理,受托人于信托存续期内职责被终止,而信托并不终止。需要通过一定的程序变更受托人。

1. 新受托人的选任

根据我国“信托法”第四十条第一款“受托人职责终止的,依照信托文件规定选任新受托人;信托文件未规定的,由委托人选任;委托人不指定或者无能力指定的,由受益人选任;受益人为无民事行为能力人或者限制民事行为能力人的,依法由其监护人选任。”的规定,明确了受托人发生法定情形之一而职责终止的,需要产生新受托人。新受托人的选任方式:第一,是依信托文件的规定进行。在信托设立时,于信托文件中如已明定了受托人职责终止时新受托人产生的办法和新受托人的任职条件,就应该按照信托文件的规定产生新受托人。委托人为了保留自己在信托中的权利,可能在信托文件中明定由自己指定新受托人,也可能指定一名信得过的有能力的人代为选任,再经自己认可,也可以完全授权他人,按照信托文件或委托人自己提出的新受托人的任职条件确定新受托人;第二,如果信托文件没有规定新受托人产生的方法,就要由委托人先行选任了。这是由于信托的设立,是基于委托人的意愿和对受托人的信任基础之上的;第三,如果发生委托人不指定或者无能力指定的情形。如委托人已经死亡,或者丧失了民事行为能力,不管信托文件的规定与否,实情上委托人已不能选任新受托人了,此时,则由受益人选任;第四,如果受益人属无民事行为能力的人,或者是限制民事行为能力人时(如受益人是未成年人或者是精神病人),则应依法由其监护人代为选任。

关于新受托人的选任,上述规定是结合我国国情制定的。对于存在多名受托人的信托中,其中之一职责终止的,是否需要补足缺位?从我国“信托法”第四十二条“共同受托人之一职责终止的,信托财产由其他受托人管理和处分。”的规定看,是不需要补充选任的。日本、韩国和我国台湾地区的信托立法中也都有类似的规定,如日本“信托法”第五十条第(二)项“受托人有数人,其中一人任务终止时,信托财产当然归于其他受托人。”之规定,韩国“信托法”第二十六条第二项,我国台湾地区“信托法”第四十七条第二款与之相同。但有些国家对共同受托人缺位时,则要求予以补充。如美国在其信托立法中规定,共同受托人之一发生职责终止的情形,其位置应当由相同数量的新受托人来填补。法院在指定新受托人时,一般不得随意改变信托设立时所确定的受托人数量(如因原受托人之一职责终止时,信托财产的状况已发生变化,受托人的数量或显多余,或显不足,则不在此限)。同时,应注意到,我国“信托法”第四十条关于选任新受托人的规定,并未指明仅为受托人为一人的情况,也应包括共同受托人中新任受托人的产生。故第四十二条的规定,是否存在发生受托人缺位时补充选任的问题,应服从于信托文件的规定。

值得注意的是,我国“信托法”中关于受托人职责终止新受托人的产生,没有采用由法院指定的方式。而在国外,大都在信托立法中规定,赋予法院选任新受托人的权利。不过,这项权利的行使有两个前提:其一,信托文件中没有对选任新受托人的方法做出规定。如果信托文件明定了新受托人选任的方法,当然地要依信托文件的规定而行;其二,应有信托的利害关系人的申请。只有通过利害关系人的申请,法院才能进入司法程序,最终选定受托人。例如,日本“信托法”第四十九条[新受托人的选任]第(一)项规定“受托人的任务终止时,利害关系人可以请求法院选任新受托人”。韩国“信托法”第十七条,我国台湾地区“信托法”第三十六条第三款也有雷同之规定。在英国“1925 年受托人法”赋予法院指定新受托人的权利似乎更大。只要法院认为指定新受托人对实现信托目的和受益人的利益是适宜的,或者是没有法院的协助,就无法或很难确定新受托人时,法院为使信托存续,替代原受托人或补充新的受托人,都有权指定新受托人。在特殊情况下,法院可以直接发布命令,指定一名新受托人以替代已丧失民事行为能力的原受托人。但是,只要制定法中规定享有新受托人指定权的人(如委托人)存在,或者是信托文件中明定了新受托人的产生方法,法院就不会横加干预。

按照我国“信托法”第四十条第一款的规定,以信托设立时信托文件规定的方式和法定顺序行权选任新受托人,不能实施的几率应该是极低的。这样做,可以避免繁复的司法程序。但是,也并不可排除在选任新受托人过程中有障碍出现,通过向法院申请解决的可能。

2. 新受托人的接任

原受托人职责终止,缘于信托管理之连续性,需变更受托人使信托存续。因信托财产之独立性,受托人只是信托财产的管理权人,并非其自有财产。所以,在受托人发生变更时,原受托人在信托财产上的权利和义务,均应移转给新受托人。即原受托人的职务,由新受托人接任。

(1)过渡期管理

在受托人发生法定情形之一,从职责终止时起,至产生新受托人接任信托事务前的一个时间段属过渡期。为避免对信托缺位管理问题的出现，世界各国和地区在信托立法中，为保证信托的连续，信托财产不受损失和保护受益人的权益，都对这一过渡期内的信托财产管理和处分事宜做出规定。

我国"信托法"第三十九条第二款规定"受托人职责终止时，其继承人或者遗产管理人、监护人、清算人应当妥善保管信托财产，协助新受托人接管信托事务。"，这在日本和韩国的信托立法中也有类似之规定。

日本和韩国在其各自的"信托法"中之相关规定，相对来讲，就显得比较全面和完整了。

日本"信托法"第四十二条(二)，针对受托人死亡或受破产、禁治产或准禁治产宣告或受托人解散而职责终止的情形，作出"受托人的继承人及其法定代理人、破产管理人、监护人、保护人和清算人，于新受托人可处理信托事务前，应保管信托财产，并实施于交接信托事务所必要的行为。与法人合并情形，因合并而成立的法人或合并后存续的法人，亦同。"的规定，就将受托人为自然人和为法人的情形包含其中了。

韩国"信托法"第十一条(二)与日本之规定基本相同，有的提法似更明确。如，"受托人解散"明示为"受托人法人解散"；"实施于交接信托事务所必要的行为"明示为"处理信托移交事务"。我国"信托法"中的提法是"协助新受托人接管信托事务"，其基本内涵应是一致的。但值得注意的是，办理向新受托人移交信托财产和信托事务的主体如何确定？这就要看受托人发生职责终止的原因了，如果受托人为自然人，发生死亡的情形，因原受托人已不存在，就可由其继承人办理。但在遗嘱信托中遗嘱中有遗嘱指定的人或遗产管理人之相关规定的，应从其规定；受托人之继承人如为无民事行为或限制民事行为能力人，则可由其法定代理人、监护人、保护人办理；受托人不论其为自然人还是法人时，只要被宣告破产者，即可由其破产管理人办理；当发生法人受托人解散，应由其清算人办理；当法人被合并，则应由合并后新设之法人或继续存在的法人办理。所以说，在新受托人接任前的过渡期间，对保管信托财产和办理信托移交事务的法律规定，实为信托财产独立性和信托管理连续性的法律体现。

(2)权利义务关系

我国"信托法"第四十条第二款有"原受托人处理信托事务的权利和义务，由新受托人承继。"之规定。这仅为一个原则性的规定，应对其做出必要的解析。由原受托人职责终止起至新受托人接任完毕，其间双方的权利义务关系应有法律的界定。

第一，关于原受托人在何种情形下，应尽受托人职责的问题

在我国的“信托法”第三十八条第二款有这样的规定：“受托人辞任的，在新受托人选出前仍应履行管理信托事务的职责。”，这就明确了是在原受托人辞任，其职责终止的情形下，在新受托人尚未产生前的一个特定时间段内，法律给其特定的应尽职责。这在日本、韩国和我国台湾地区的信托立法中，也有类似的规定。

日本“信托法”第四十五条[受托人管理的继续]对受托人辞任或特定资格丧失而职责终止的，对原受托人做出“于新受托人可处理信托事务前，仍有受托人的权利义务。”的规定；韩国“信托法”第十四条与日本此规定完全一致；我国台湾地区“信托法”第三十六条第四款“已辞任之受托人于新受托人能接受信托事务前，仍有受托人之权利及义务。”之规定，与日本、韩国的规定不同之处，在于限定在受托人辞任的情形下，不包括原受托人特定资格丧失而职责终止的情形，这与我国“信托法”第三十八条第二款所规定的情形相同。

就上述我国“信托法”与日本、韩国和我国台湾地区之“信托法”的相关条款，做进一步比较分析而言：首先是，我国和我国台湾地区的“信托法”之所以界定在受托人辞任的情形下，是由于受托人有正当理由或不得已事由而自行辞任，其继续管理信托的能力并未丧失的原因；而日本和韩国在这方面的规定，除受托人辞任的情形外，还将特定资格丧失的情形列入，是为明确原受托人虽已因丧失特定资格而职责终止，但仍须尽其交接信托事务之责。对其权利的行使应予以限制，一般来讲，只限于其在任期内已发生在信托财产上的合理行为。如对先行垫付的费用和信托报酬请求给付的权利等。因其特定资格丧失，已不具备受托人资格条件，故应无权再对信托事务做出新的处理；另外是，时间段的界定，我国“信托法”第三十八条第二款所界定的时间段为原受托人辞任时起至新受托人选出前，而日本和韩国的“信托法”相关条款中则界定在“于新受托人可处理信托事务前”或“在新受托人处理信托事务前”（见日本“信托法”第四十五条；韩国“信托法”第十四条）；我国台湾地区在其“信托法”第三十六条第四款中界定在“于新受托人能接受信托事务前”。这三者所界定的时间段应是相同的，可理解为信托财产已

转移至新受托人名下,信托事务已交接完毕,原受托人已解除责任,新受托人开始履行职责。我国之界定,是“在新受托人选出前”。这样的界定在于强调一旦新受托人产生,原受托人就必须停止行使处理信托事务的权利,而只能尽职作好信托之交接工作。但这一界定的时点距新受托人接任尚有一时间段,不如“于新受托人接任前”贴切和有利于信托的连续管理;其次是,“职责”与“权利义务”的提法,在日本、韩国和我国台湾地区的“信托法”中对新受托人接任前,规定原受托人仍有受托人的权利义务,这一方面说明原受托人在所界定的时间段内,要依照信托文件的规定,为实现信托目的和受益人的利益仍应继续管理好信托财产,处理好原有的信托事务。由于新受托人已产生,故原受托人应把精力集中于信托事务的交接工作之上。而所处理的信托事务应是过去已发生(如已与第三方签订的交易合同)之事务的延续或执行;另一方面,原受托人在职期间于信托财产上的合理行为所应拥有的权利,在新受托人接任前也不应被剥夺。同时,原受托人的应尽义务,也必须贯彻于处理原信托事务和交接工作的始终,如对未交纳应缴税款应尽的纳税义务等。我国“信托法”第三十八条第二款“在新受托人产生前仍应履行管理信托事务的职责”的规定,与第四十条第二款“原受托人处理信托事务的权利和义务,由新受托人承继。”相衔接。这些规定,似缺少对原受托人在新受托人接任前应有权利的保护,确值斟酌。

第二,关于对原受托人之权利的保护问题

既然原受托人在新受托人接任前,仍有受托人的权利义务,那么在信托立法中就应该对其权利予以界定,以兹保护。如果剥夺无过失而辞任之原受托人的受托人权利,就显失公平了。

日本、韩国和我国台湾地区在其各自的信托立法中,都对原受托人于新受托人接任前应有的权利作出明确的规定。归纳起来主要有:一是,对原受托人在职期间为信托事务以自有资金先行支付的费用,有优先受偿的权利;二是,对原受托人应给付的信托报酬,原受托人有请求给付的权利;三是,对规定的费用(如税款或负担之债务等),无过失之损害补偿、报酬等,有对新受托人就信托财产实行强制执行的权利;四是,为实施费用偿还、报酬给付和损害补偿的请求权,允许原受托人有留置信托财产的权利(参阅日本“信托法”第五十四条;韩国“信托法”第四十九条;我国台湾地区“信托法”第五十一条)。

有关方面的内容,在本书"信托当事人与信托关系人"一章之"受托人"一节中"受托人的权利及其控制"作过论述,此处不再展开。但值得提出的是,我国"信托法"中之相关条款的规定,对原受托人在辞任的情形下,于新受托人接任前应有的权利义务缺失具体的界定。仅作出"受托人辞任的,在新受托人选出前仍应履行管理信托事务的职责。"和"原受托人处理信托事务的权利和义务,由新受托人承继。"的原则规定是不够的,不利于信托连续的和谐过渡。其中,原受托人可留置信托财产的权利,我国"信托法"中只在信托终止的情形才可行使,而在受托人辞任职责终止的情形下,来作规定,也有不足之处。似应一并考虑,适时补充修订。

第三,新受托人之权利义务的承继问题

在受托人的更替时段,随着处于信托行为主体之中心位置的受托人变化,原、新受托人的权利义务关系也发生变化。原受托人处理信托事务的权利和义务,由新受托人承继。但原受托人辞任至新受托人接任的交接时间段内,新受托人权利的行使和义务的履行,尚需有具体的规定予以规范,以防权利的滥施和责任的推委。因此,有必要借鉴一些国家和地区的信托立法经验。

归纳一下,日本、韩国和我国台湾地区有关这方面的立法规定,主要有:其一,因原受托人管理信托事务不善,或违反信托本旨,处分信托财产,或未尽分别管理义务,而致使信托财产受到损失的,新受托人可要求原受托人予以损失赔偿(我国台湾地区"信托法"还明定以金钱赔偿)或恢复信托财产之原状;其二,原受托人利用于信托财产上的权利,对信托财产未行分别管理,为己谋利的,新受托人可要求原受托人将其之获利归于信托财产。基于上述两点之一,新受托人可主张减免原受托人之信托报酬(参见日本"信托法"第五十一条,第二十七条,第二十八条;韩国"信托法"第四十七条,第三十八条,第三十九条;我国台湾地区"信托法"第四十八条第三款,第二十三条,第二十四条第三款);其三,原受托人因信托行为对受益人负担的债务,由新受托人承受;原受托人因处理信托事务负担之债务,债权人也可对新受托人继承之信托财产限度内请求其履行;如果原受托人为数人者,其中一人辞任而职责终止,则其债务,随同信托财产由其他共同受托人承受(参见日本"信托法"第五十二条,第五十条第二款;韩国"信托法"第四十八条,第二十六条(二);我国台湾地区"信托法"第四十八条第一款,第二款,第四款,第四十七条第二款)；其四，对信托财产的强制执行，原受托人的债权人可依原执行名义以新受托人为债务人开始或继续行使(参见日本"信托法"第五十三条；我国台湾地区"信托法"第四十九条)；其五，原受托人为行使费用偿还，损害补偿，报酬给付之请求权而留置信托财产时，新受托人如提供与各个留置物价值相当的担保，则原受托人就该物之法定留置权消灭(参见我国台湾地区"信托法"第五十一条第二款)。

(3)关于信托财产及信托事务的移交

受托人在发生被依法撤销或者被宣告破产；依法解散或者法定资格丧失；辞任或者被解任以及法律、行政法规规定的其他情形之一，其职责终止者，应及时、无误地向新受托人进行信托财产和信托事务的移交，以保证信托管理的连续。为此，我国"信托法"第四十一条第一款对原受托人规定"应当作出处理信托事务的报告，并向新受托人办理信托财产和信托事务的移交手续。"。结合国外一些国家和地区在信托立法中的相关规定，归纳出以下两个方面加以概括：

第一，移交内容

可分为信托财产的移交和信托事务的移交。首先，信托财产的移交要有移交财产的清单和信托财产实物，逐项对应完整无误。对需在规定环境或条件下保管的特殊状态的信托财产(如文物，珍藏品等)，应无质变、损伤。信托财产状态在原受托人的运作过程中发生变化的，如货币转化为股票、债券、不动产等(或逆向转化的)，其形态和价值都有可能发生变化，则需有相对应的交易与价值凭证；另外，信托事务的移交，应有信托事务报告书和结算书。信托事务报告书应由原受托人根据法律、行政法规和信托文件的规定将处理信托事务的尽责情况做出对照说明，就主要交易活动的始末和现状，债权、债务情况，各项费用收支情况，信托利益分配情况等做出说明；对已签署协议正在进行或尚未进行的信托事务做出说明；信托结算书由信托财产结算表和文字说明构成，分项分科目列表(应设计统一的标准格式)，各项收支按实际发生日，发生额列示，计算信托财产原值、净值，信托财产余额等，文字说明，应有计算依据、计算公式和具体情况说明(包括已发生的风险，潜在风险等)。

第二，交接方法与程序

原受托人向新受托人进行信托财产和信托事务的移交时，应该由哪些人参加当场交接？在我国的“信托法”中没有作具体的规定，只在第四十一条就原受托人所做的处理信托事务的报告，作出“委托人或者受益人认可，原受托人就报告中所列事项解除责任。”的规定，虽未强调当场参加交接，但明确了委托人或受益人的认可。从而可以理解为委托人存在者，委托人应当参与交接，如委托人不存在或丧失民事行为能力，由受益人参与。设有信托监察人的信托，信托监察人可作为受益人的代位人参与。参与的方法，可以根据信托事务的繁复程度，对信托财产的清点和信托事务报告书和清算书的审查，可自己也可聘请专业人士进行。一般情况，应是参加最终的当场验收性交接。由于委托人是设立信托的发起人，信托财产的实际所有权人，信托受益人及受益权的指定人，因此，我国“信托法”中将委托人的认可放在首要位置，是十分必要的。这就是说，在正常情况下，原、新受托人的交接工作应当有委托人的参与。如果委托人是唯一的受益人或共同受益人中之一人，则委托人所处身份即发生了变化，如委托人在信托交接前发生死亡或丧失民事行为能力，可由其继承人、受益人参与。关注日本、韩国和我国台湾地区的信托立法中相关条款的规定，均未明定委托人的参与，如日本“信托法”第五十五条[信托事务的交接]之(一)作出“受托人有更替时，应进行信托事务计算，会同受益人或信托管理人交接其事务。”的规定，韩国“信托法”第五十条(一)，我国台湾地区“信托法”第五十条第一款之规定也同。仅明确受益人或信托监察人(信托管理人)的参与，未明定委托人在交接工作中的作用，是由于信托设立后，委托人就失去了对信托财产控制的权利、受托人的行为围绕受益人的利益进行，受益人或信托监察人为维护信托受益权直接面对受托人，参与交接更具针对性。但没有委托人的参与似有不妥，不符我国之国情。

在完成对原受托人提交的信托财产清单与实物，清点核查并对其所作的信托事务报告书和结算书审查后，委托人或受益人，或信托监察人应表明认可与否。新受托人作为交接的承接主体，当然地必须完整地掌握信托财产和信托事务的全部情况和各个细节，达到可以接受继续处理信托事务的程度。

在得到委托人或受益人，或信托监察人的认可后，与原受托人、新受托人三方当场签署信托财产与信托事务交接书。至此，原受托人就该交接书所列事项解除责任。但如果原受托人有不正当行为时，如隐瞒事实、伪造凭证等虚假欺骗行为,则原受托人之责任解除的交接书无效,并可追究原受托人的民事赔偿责任,触及刑事犯罪的追究其刑事责任;如在交接程序中,就认可与否,发生争执不下时,同样可以诉诸法院解决;新受托人所承接之信托财产需要登记、注册的,应按公示制度所定办理变更手续。

第二节　信托的终止

信托的连续性是信托的重要特性之一,信托一经有效成立,除了法律或信托文件另有规定的以外,即独立于委托人、受托人和受益人的个人意志之外,信托不会由于委托人或者受托人的死亡、丧失民事行为能力、依法解散、被依法撤销或者被宣告破产等原因而告终止。这在世界各国和地区的信托立法中都有较为充分的体现。但这并不表明,信托成立后就一成不变,有始无终,而是有必然的正常结束和在一定条件下的提前终止(也即结束)。

一、信托终止的法定情形

我国"信托法"第五十三条规定:"有下列情形之一的,信托终止:(一)信托文件规定的终止事由发生;(二)信托的存续违反信托目的;(三)信托目的已经实现或者不能实现;(四)信托当事人协商同意;(五)信托被撤销;(六)信托被解除。"以下对此条款进行解析。

(一)信托文件规定的终止事由发生

信托依委托人的意愿而设立,系私法行为,自应尊重委托人的意愿。委托人将自有财产转移给受托人管理运用、处分是为了实现自己的意愿。在受托人获得对信托财产的控制权前,委托人往往要在与受托人签订的信托文件中保留住一部分权利,其中包括对信托终止事由的规定。这表明委托人在设立信托时并不需要信托长久地存续。而是设立一个信托存续的期限,或者是信托终止的条件,一旦期满或条件生成则信托即告终止。

1. 信托文件中已明定信托的存续期,届期信托终止。

委托人可能出于不希望委托人长期控制信托财产而生弊端的考虑,而设立一个短期限的信托;也可能是出于对自有资金流动性的考虑;或者是处于避税或节税的考虑,而设立短期信托。在经营性信托中的信托理财产品,其信托期限是由受托人发行时确定的。不管是哪种情况,只要是信托文件中明定了信托的存续期限,则届期时,信托即应告终止。

2. 信托文件中明确规定了信托终止的条件,于条件成就时,信托即告终止。归纳一下,主要有以下几种:

(1)以受托人的变故为信托终止的条件

委托人设立信托,主要是基于对受托人的高度信任。由于委托人对其指定的受托人之人品及能力有较充分的了解,相信受托人能诚信、谨慎、有效地处理好信托事务,实现信托目的。而对于可能出现的受托人变故,如受托人去世,或中途丧失民事行为能力或有特殊不得已事由无法继续担任受托人时,更换其他人为受托人,能否处理好信托事务,委托人缺乏信任感。为此,委托人在设立信托时,就在信托文件中作出规定,一旦自己所规定的受托人发生变故时,不需要有新受托人更替,信托即告终止,那么,就应依信托文件之所定终止信托。

(2)以违背委托人的特定意愿为信托终止的条件

委托人在设立信托时,将自己的特殊意愿明定在信托文件之中,以违背这一意愿的事件发生为信托终止的条件。如一有宗教信仰的委托人在其设立的一项信托中,明定受益人不得与异教徒结婚,如发生违背,则信托终止。另如一委托人设立一项信托,资助受益人进行一科研课题,而受益人违背委托人之特定意愿,将资金挪作他用,此时信托也告终止。

(3)以受益人的变故,为信托终止的条件

其中,一种是以受益人自身的变故,为信托终止的条件。如委托人于设立信托时,在信托文件中规定,一旦受益人在信托存续期内发生死亡,下落不明,或其他情形(如犯罪入狱)丧失享受信托受益权的可能而终止信托,则应从其规定;另一种,是限制受益人享有信托受益权的条件,如委托人设立一项信托是为自己的一名儿女为受益人,在其未成年时期提供生活来源,规定其达到成年参加工作时,就不再享有信托利益,信托即告终止。这就是以受益人进入成年至参加工作之日起,为限制享受信托利益终止信托的条件。除此,虽然法律允许受益人享有转让信托受益权的权利,但委托人为防止受益人对该权利的滥用,而在信托文件中作出受益人不得转让其信托受益权的规定,一旦发生转让行为,则信托终止。那么,就应依信托文件的规定而行。

除上述情形外,对受益人放弃信托受益权的行为后果,法律有规定的,应依法而行。我国"信托法"第四十六条第一款规定"受益人可以放弃信托受益权。";第二款规定"全体受益人放弃信托受益权的,信托终止。"。就是说,在一项存有共同受益人的信托中,如果发生全体受益人共同放弃信托受益权的情形,因该信托已无确定的受益人,失去存在的意义,故而终止。

(二)信托的存续违反信托目的

如果一项信托成立生效后,发生了委托人原本不知道或未能料及的事由,使信托轨迹偏离信托目的。该信托的存续势必被破坏,或者实际上已危及信托目的的实现,信托就可终止。

例如,委托人设立的一项信托,其指定的受益人享有全部信托利益。而该受益人债务缠身的情况,委托人于设立信托时并不知晓。本来设立信托是以支持受益人取得某一资质为目的,但受益人却每每将信托利益用于还债,该信托的存续因违背信托目的,委托人应有权予以终止。

另如,委托人以自有房产之增值售卖设立一项信托,但于信托设立后不久,房市价格持续下跌,受托人提出贬值出售,这就使信托的存续有违信托目的,委托人应有权终止该信托。

(三)信托目的已经实现或者不能实现

委托人于设立信托时,在信托文件中所明确规定的信托目的,是受托人实施信托财产管理运用、处分的最终目标。当一项信托所定目标业已实现的时候,该项信托之受托人的任务就已结束,信托即告终止;但如果发生了设立信托时不可预见的事由,致使信托目的不能实现,该项信托也无存续的必要,只好终止。

例如,委托人设立一项信托,以卖出一处面积过大的房产并购置一套面积适用的房产,将所余之现金交付给指定的受益人为目的。当所定之事全部完成后,信托目的即已实现,信托关系就没有必要延续存在了,信托即告终止;另如委托人所设立的一项信托,是以信托利益供给一受益人完成硕士研究生学业为目的,当该受益人取得硕士学位时,此信托目的已经实现,信托就可终止。

信托目的无法实现,大都由客观突发事件的发生而造成。例如委托人以自有房产售出为目的设立的一项信托,而该房产意外遭毁(如火灾、地震等),致使该信托可运作的信托财产不复存在,信托就只好因信托目的无法实现而终止。

(四)信托当事人协商同意

信托成立生效后,由信托当事人之一方提出终止信托的,属于人为终止之私法行为,故只要信托当事人之间经协商达成终止协议的,该项信托就可以终止。信托当事人之任何一方都只有请求终止的请求权,都无权将自己的意志强加于他方,只能通过协商解决,意见不一,争执不下时,可诉诸法院解决。

(五)信托被撤销

委托人所设立的信托,如果损害其债权人的利益时,债权人就有权向法院提出申请撤销该项信托。法院根据债权人的申请,为保护债权人的合法权益,依法作出撤销该项信托的裁定,已经成立的信托便告终止(见我国"信托法"第十二条)。此内容在本书"信托的设立形式,成立与生效"一章之"信托的撤销"中作过析述。

(六)信托被解除

信托被解除,属人为造成的终止信托的行为。信托一经成立,信托当事人各方都无权解除信托,通过各方权利义务的相关制约,保证信托的连续性和稳定性,以实现信托目的。为防止解除信托的随意性泛滥,世界各国和地区对信托被解除的条件,都有类似之立法规定。

1. 自益信托被解除的情形

在自益信托中,委托人即受益人,享有全部信托利益。因无其他受益人之利害关系,故委托人或其继承人可以解除信托。我国"信托法"第五十条作出"委托人是唯一受益人的,委托人或者其继承人可以解除信托。信托文件另有规定的从其规定。"的规定,从法律上明确赋予了委托人或其继承人在自益信托中可以解除信托的权利。在日本"信托法"的第五十七条,韩国"信托法"的第五十六条,我国台湾地区"信托法"的第六十三条第一款中都有相同的规定。

虽然法律允许委托人或其继承人在自益信托中可以解除信托,但该行为并不可随意而为之,应有一定的约束性条件。起码有两点值得提出:

首先,信托文件对解除信托有约束性规定的,应从其规定。

我国"信托法"第五十条对自益信托中之委托人或其继承人作出"可以

解除信托”之规定的同时,还突出了“信托文件另有规定的,从其规定”的原则。日本“信托法”第五十九条也有“信托行为就信托解除有订定时,从其所定”的规定;韩国“信托法”第五十八条之规定也同。这一规定,说明在委托人与受托人签订的信托文件中,所作出的双方之权利与义务的规定贯穿于信托的始终。为实现信托目的和受益人的最大利益,是委托人的所望,是受托人的职责。在信托存续期间,受托人依照信托文件规定的对信托财产的管理方法,特别是有自由裁量权的运作中,一方面,可能与第三方进行交易、签署合同;另一方面,因信托行为信托财产的状态可能会发生变化,如果中途解除信托,就会明显地打乱和干扰受托人的计划,使信托目的无法实现,甚至损害第三方利益引发法律纠纷和信托财产的损失。因此,凡在信托文件中明确规定信托存续期内不可解除信托之规定者,就应从其规定。这一点在经营性信托的实务中最显突出,比如在一项房地产集合资金信托计划中,由委托人作为唯一受益人投资于该信托项目时,就要按照信托文件的规定期限,到期收回本金和收益,中途不可解约。信托市场上的理财型的信托产品,是由有资质条件的机构受托人以私募方式发售,多为自益信托,是由委托人(即受益人)自愿认购的。信托存续期内,原则上是不可解约的。有些信托产品为增加其流动性,合约上允许在一定的封闭期后可以进行转让。有些理财产品,如外汇理财方面(由银行推出的“汇聚宝”等),银行作为受托人,在合约上保留了受托人提前解除合同的权利。

其次,在自益信托中,由委托人或其继承人在信托存续期间提出中途解除信托的,就有可能损害受托人的利益。如果信托文件没有作出有关规定的,而受托人不同意解除该信托的,该如何解决?

我国台湾地区的信托立法中有关这方面的规定,值得借鉴。其“信托法”第六十三条第二款对享有全部信托利益的委托人,或其继承人“于不利于受托人之时期终止信托者,应负损害赔偿责任。”的规定,从法律上保护了受托人正常连续行使管理信托财产的权利。如果确属委托人之不得已事由的,该法也作出“不在此限”的规定。对不得已事由的认定,受托人有疑义的,可以诉诸法院裁定。

2. 他益信托被解除的情形

他益信托,可能包括几种情况:第一种为,受益人享有信托财产和全部信托利益(即全部本息);第二种为,受益人只享有信托利益,不享有信托财产;第三种为,委托人也作为受益人之一,享有部分信托利益;第四种为,有的受托人也为他益信托中共同受益人之一者。

(1)委托人解除信托的情形

对他益信托的解除,我国"信托法"第五十一条第二款规定了在发生下列三种情形之一的,委托人就可以解除信托:

第一种是受益人对委托人有重大侵权行为的情形。如受益人在一项信托中只享有信托利益,不享有信托财产,而采取不当手段侵吞信托财产或有其他行为给委托人造成重大经济损失,或者是受益人只享受信托利益而不尽其应尽义务等均构成对委托人的重大侵权行为。在信托设立后,一旦发生受益人对委托人有重大侵权行为时,委托人就有权解除信托。但侵权行为是否属"重大",尚需司法解释。

第二种是经受益人同意的情形。如果在一项信托中,受益人的行为没有构成对委托人有重大侵权行为,且信托文件中又没有构成对解除信托作出具体规定,而委托人出于自身的原因或需要,欲解除信托时,不管委托人是否享有部分信托利益,也不管受益人为一人还是多人,都要征得受益人的同意。若在共同受益人中尚有受托人为其中之一时,委托人自当征得受托人的同意方可。

第三种是信托文件规定的其他情形。除以上两种情形外,以"信托文件规定的其他情形"作为委托人可解除信托的规定,即以法定形式确立了委托人与受托人所签订之信托文件的有效性,又保持了立法条款的完整性。

委托人于设立信托时,为保留自己的部分权利,在与受托人签订的信托文件中作出自己可解除信托的具体规定,用以控制受益人遵守信托宗旨,正确地对待、使用信托财产。凡在信托文件中对委托人解除信托有明确规定的,自应从其所定。例如信托文件中规定"受益人未按委托人指定的用途,不当使用信托利益,委托人可随时解除信托。",若受益人确有此行为(如对信托利益指定用于助学的,受益人却随意乱用、挥霍),委托人即可单独解除信托;如信托文件规定委托人得与受托人共同解除信托的,也应依其所定。

(2)受益人解除信托的情形

在我国的"信托法"中,未对他益信托的受益人欲解除信托的情形作出具体规定。

在日本和韩国的信托立法中,针对享有全部信托利益的受益人,在不以信托财产就不能清偿其债务的情况下,作出"法院因受益人或利害关系人的请求,可以命令解除信托"(见日本"信托法"第五十八条;韩国"信托法"第五十七条)。对这样的规定,可解析为:其一,受益人处于债务人地位,其偿债时间在信托存续期中,且自有财产不足以清偿其债务;其二,该项信托的受益人享有全部信托利益,届期不以信托财产偿债就不能清了债权债务关系;其三,受益人主动偿债的,或者是债权人追索债务的,因涉及信托财产的归属权问题,必须由受益人或利害关系人向法院提起诉讼请求,依法院判定而行。基于这三点被解除信托后,信托财产归属受益人(见日本"信托法"第六十一条;韩国"信托法"第五十九条)。但是信托行为就信托解除另有规定的(如受益人不可单独解除信托),则不受此限(见日本"信托法"第五十九条;韩国"信托法"第五十八条)。

关于受益人不能清偿到期债务的问题,我国"信托法"第四十七条作出"其信托受益权可以用于清偿到期债务"的规定。此前,对此已作过析述。但如果信托文件中规定了享有全部信托利益(包括信托财产之本息)的受益人可以单独解除信托的,且信托文件又未明定信托财产的归属人的,则于信托终止后,即可按照我国"信托法"第五十四条的规定,受益人或其继承人就成为第一顺序归属人。从而,受益人便可用归属为己的自有财产清偿到期债务。

关于信托的解除与信托的终止问题,我国的"信托法"中是将"信托被解除"作为信托终止的六种情形之一规定的,显得比较系统和完整;日本和韩国的"信托法"中是将信托的解除与信托的终止相区分,分别设置条款的;而我国台湾地区的"信托法"中没有信托被解除的条款,视信托的解除为信托的终止。

在我国台湾地区"信托法"的第六十四条第一款明确规定"信托利益非由委托人全部享有者,除信托行为另有订定外,委托人及受益人得随时共同终止信托。",强调了对他益信托(包括受益人享有全部或部分信托利益)的终止,必须由委托人与受益人共同为之。如果信托文件中有委托人或受益人可单独终止信托,或者是委托人与受托人、或者是受益人与受托人共同终止信托之规定的,则应依其所定。我国"信托法"中"经受益人同意"委托人可解除信托的规定,也可认为是委托人与受益人共同解除信托的情形。同理,受益人经委托人同意而解除信托的,也为其共同为之。如果委托人提出要解除信托,而受益人不同意,根据信托的宗旨,应该保护受益人的权益,信托应连续下去,不宜解除;如果受益人提出解除信托,而委托人不同意时,受益人可放弃信托受益权,置信托于无确定之受益人,只好终止之地;如果委托人欲解除信托,而受托人为共同受益人之一,表示不同意,其他受益人又都一致同意的情况下,其他受益人可同时放弃信托受益权,根据“受托人不得是同一信托的唯一受益人”的规定,该信托也告终止。同样,值得注意到,他益信托中的委托人欲解除信托虽经受益人同意,或受益人欲解除信托虽经委托人同意,但解除信托的时机,均应征得受托人的同意。同时,应视受托人的工作情况给予信托报酬。如果解除的时机给受托人造成损失的,委托人与受益人应承担连带赔偿责任。

二、信托终止的法律后果

信托自成立、生效起的存续期间,因法定终止情事的发生而终止。其中“信托文件规定的终止事由发生”,作为信托终止的重要法定情形,充分体现了信托当事人之间所构成的合约具有私法自治的表征。因此,按照信托当事人的合意所规定的信托终止事由发生而终止信托的,其法律效力当然不庸置疑。其他法定情形,可以说都是围绕信托目的的实现而定。一是,在信托的存续违反信托目的的情形下,信托终止;二是,在信托目的已经实现或者不能实现的情形下,信托终止。同时,应引起注意的是“信托文件规定的终止事由发生”和“信托目的已经实现”的情形,应属于正常和如愿终止。其他情形,基本属于非正常的或人为的提前终止。由于信托终止的情事或原因不同,其终止后的法律后果也就有所差异。在此,作一概析:

(一)信托终止使信托关系走向消灭

信托终止后,所有属于信托的特性与功能开始丧失,由信托成立、生效而生成的信托当事人各方的权利与义务,随之逐被消除,信托利益开始灭失,信托关系归于消灭。

(二)信托的终止,仅于将来(即由终止开始)产生法律效力,不具有溯及既往的效力

由于在信托终止前的信托存续期内,信托关系正常存在。信托当事人依照法律和信托文件的规定行使各自的权利,履行各自的义务。其信托行为所产生的权益,相对于信托终止后的行为而言,已成历史事实,仍然有效。

如在信托终止前受托人处理信托事务与第三方交易所产生的债权、债务关系不因信托的终止而不存在，受益人已取得的信托利益也不因信托终止而被追回。信托终止后，由处置剩余信托财产的归属问题起，始生法律效力。唯独依法归于无效的信托，其终止可以追及该信托从成立之始就不具法律效力。

（三）信托终止后的信托关系暂存期

信托终止后，由确定信托财产的归属起至信托财产转移到权利归属人的手中，其过程所处时间段为信托关系的暂存期。在该期间，视权利归属人为受益人，视信托为存续。

1. 信托终止后无信托暂存期的情形

并非所有发生信托终止的情形，其法律后果就必然构成一个信托关系消灭的滞后期，即信托终止后的信托关系的暂时存续。如以下几种情形，信托的终止之日，即信托关系消灭之时：

（1）信托存续期内或于信托暂存期内，信托财产因不可抗力（如火灾、水灾、地震等）而灭失的，与信托行为无关，并无其他赔偿义务人可追及的，该信托的暂存事实上已无必要，信托关系即归消灭；

（2）一项信托于成立时在信托文件中明确规定，当信托目的业已实现信托终止时，剩余信托财产归于受托人的，即受托人成为该信托终止时的唯一权利归属人。此种情形，则不存在受托人将信托财产向权利归属人转移的过程，受托人即权利归属人，原有的信托关系不复存在而告消灭；

（3）一项信托终止后，无信托财产的权利归属人时，如委托人、受益人均发生死亡且无继承人，或者权利归属人不接受信托财产也不承担相关责任的，因无信托财产的转移对象，信托的暂存也无必要，原信托关系自归消灭。

2. 信托终止后，信托暂存期内的“法定信托”问题

我国“信托法”对信托终止确定信托财产的归属后，明确规定了“在该项信托财产转移给权利归属人的过程中，信托视为存续，权利归属人视为受益人。”这种暂存期的原信托关系的延续，似已承认其法定信托的性质（见我国“信托法”第五十五条）。

在信托暂存期内的信托，即可视其为原信托关系的必要延续，又可视其为信托终止后，新建立的一项以信托财产权利归属人为新受益人的法定信托。该法定信托的建立由信托终止确立信托财产权利归属人之日起，至受

托人将信托财产转移给权利归属人之日止,而告结束。由此可见,该项法定信托的目的在于实现信托财产向权利归属人可靠有效的转移。信托暂存期内的受托人之权限和新受益人的受益权范围,均应有所缩减。但这种缩减从信托立法上没有作出界定,有必要在司法实践中加以诠释。而受托人于该法定信托中并非消极地履行职责,而应以权利归属人为受益人,积极地处理信托事务。对原信托行为于信托财产上所继续产生的收益(如投资分红、租息、银行存款利息等)应主动交付给新受益人,并积极处置到期的债权债务事宜。所谓缩减受托人的权限,可界定在法定信托期内受托人不再发生新的与第三方的交易行为,形成新的债权债务关系。用以防止原受托人利用信托关系的延续为己谋利或产生新的过失,损害权利归属人的权益。

三、信托财产的权利归属及其后果

信托成立生效后,信托财产即归属于受托人控制。在整个信托存续期内,受托人为实现信托目的和受益人的最大利益管理运用、处分信托财产,信托受益权归受益人所有。但信托一经终止,原有的信托关系即面临消灭。受托人仅在信托暂存期内延续控制信托财产的权利,除受托人为共同受益人之一的情形外,不能享受信托利益。因此,信托的终止,首先面临的问题就是确定剩余信托财产的权利归属人,随即进入转移程序。

(一)信托财产的权利归属

信托终止后,如何确定信托财产的权利归属人,一般有两种方式:一是依信托文件所作之规定;二是按法律规定的顺序进行。我国"信托法"第五十四条规定:"信托终止的,信托财产归属于信托文件规定的人;信托文件未作规定的,按下列顺序确定归属:(一)受益人或者其继承人;(二)委托人或者其继承人。"这便是在我国发生信托终止的情形,确立信托财产权利归属人的法律依据。这一规定,指明了信托终止后,由受托人控制的信托财产之属性变化归宿的途径。确立权利归属人的法定顺序,避免在实施剩余信托财产转移前可能产生的不必要的分歧和纠纷。

1. 依信托文件所作之规定确立权利归属人

在信托立法中,将信托终止后信托财产归属于信托文件规定的人放在首位,是出于对委托人意愿的尊重和信托当事人之所定私法自治的原则。因此,如果委托人在设立信托时,就有在信托终止时不愿将剩余信托财产归属于受益人及其继承人,或者自己之继承人的意思表示,并于信托文件中明确指定信托终止后信托财产的权利归属人时,就应该依此之所定,以解争议。

2. 依法定顺序确立权利归属人

委托人于设立信托时,如果在信托文件中对信托终止后信托财产权利归属人没有作出规定的,就应该依照法定顺序确立权利归属人。在我国,须按"信托法"第五十四条之规定进行。

首先,归属受益人或其继承人。之所以如此规定,是由于委托人用自己的财产设立信托,其目的就是让自己指定的受益人取得信托利益。如果委托人不愿意在信托终止后将信托财产归属于受益人的话,理应在信托文件中明确指定其他人为权利归属人。既然委托人在信托文件中对权利归属人没有作出明示,那么,在信托终止后的剩余信托财产归属受益人,应最符合委托人的意愿。受益人去世的,则归属受益人的继承人;

其次,如果一项信托是因受益人去世且无继承人,或者是受益人放弃信托受益权而终止的,即剩余信托财产权利归属人的第一顺序人已不存在,就应该以委托人作为权利归属人。其理由很直观,本来设立信托的财产就是从委托人的固有财产中分离出来的,受托人仅是该项信托财产的名义所有权人,信托终止后,信托财产即随之丧失其独立性,回归于委托人顺理成章。因该财产已成一般性质的财产,故若委托人去世,可由其继承人继承。

关于信托终止,剩余信托财产的权利归属人的法定顺序,在我国台湾地区的"信托法"第六十五条也有"信托关系消灭时,信托财产之归属,除信托行为另有订定外,依下列顺序定之:一,享有全部信托利益之受益人。二,委托人或其继承人。"之类似规定。但与我国"信托法"第五十四条之规定相比,也有所不同,主要在对权利归属第一顺序人的受益人之界定上,台湾地区信托法中强调的是"享有全部信托利益"之受益人;而我国信托法中并未强调"享有全部信托利益",而是笼统的"受益人"之提法。如果是自益信托,其受益人即委托人,当然地享有全部信托利益。信托终止后,受益人为权利归属人无可争辩;如果是他益信托,在受益人为多人时,又存在两种情况:一是共同受益人中没有委托人,也没有受托人作为受益人之成员者;二是,共同受益人中有委托人或受托人,或二者均为受益人之成员者。第一种情况的共同受益人,可以说整体为享有全部信托利益的受益人,只不过权利归属时按信托设立时信托利益享有的比例归属。至于单一受益人享有全部信托利益者作为信托终止后的权利归属人,则更无别论。只是第二种情况,受益人并非全部地享有信托利益,按照我国台湾地区"信托法"的规定,该受益人就不能作为权利归属的第一顺序人了,则委托人或其继承人就成为第一顺序人了。

在日本、韩国的信托立法中对信托终止后信托财产之权利归属人的确定,就更加明确了。首先明确规定在两种情况下权利归属人为受益人:第一种情况,委托人享有全部信托利益者;第二种情况,受益人享有全部信托利益,不用信托财产便不能清偿其债务而被终止信托者。除此,在信托文件没有规定权利归属人的,就规定委托人或其继承人为信托终止后信托财产的法定权利归属人(参见日本"信托法"第六十一条,第六十二条;韩国"信托法"第五十九条,第六十条)。

日本和韩国在其各自的"信托法"中对受益人作为权利归属人的界定都是相同的:第一点,委托人享有全部利益的信托,信托终止后,因受益人即委托人,故信托财产归属于受益人就是归属委托人;第二点,享有全部信托利益的受益人,当不用信托财产便不能清偿其到期债务时,法院经受益人或有利害关系人的申请而作出解除信托决定的。此时,为保护受益人之债权人的利益,将受益人作为法定权利归属人大有必要。

(二)信托财产权利归属的后果

信托终止后,在确定了剩余信托财产权利归属人以后,存在于信托终止前原信托财产上的权利,继而以新确立的权利归属人为对象,对原信托财产之强制执行和受托人对剩余信托财产可留置的权利,形成可行使的法律后果。

1. 对信托财产的强制执行

我国"信托法"第五十六条规定"信托终止后,人民法院依据本法第十七条的规定对原信托财产进行强制执行的,以权利归属人为被执行人。",明确了存在于信托终止前对信托财产的强制执行权,不因信托终止而失效,而是以权利归属人为被执行人,开始或继续执行。

首先,按照我国"信托法"第十七条的规定,为保障信托财产的独立性,原则上是不可对信托财产强制执行的。但是,在发生信托设立前债权人已对该信托财产享有优先受偿的权利,并依法行使该权利的;受托人处理信托事务所发生的债务,债权人要求清偿该债务的;信托财产本身应担负的税款以及法律规定的其他情形之一的情况下,债权人就可以申请人民法院对信托财产强制执行。

其次,债权人享有的对信托财产强制执行的请求权,在信托终止后不应丧失。如果在信托存续期人民法院已经根据债权人的申请作出强制执行的决定已经执行,但尚未执行完毕的,或者是在信托终止时尚未执行的,可以在信托终止的情形下,以新确立的权利归属人为被执行人,继续或者开始执行;如果债权人尚未提出请求,也可以以权利归属人为被执行人,行使强制执行的请求权。

再次,信托终止后之权利归属人所承担的被执行人的责任,只能以其所接受的剩余信托财产的价值为限。因为,接受剩余信托财产的与否,是权利归属人自己的权利,既有接受的权利,也有放弃的权利。任何人也无权将超过剩余信托财产价值的被执行人的责任,强加于权利归属人身上。换句话说,就是权利归属人是以剩余信托财产之价值为限来承担被执行人的责任。

2. 优先受偿权与留置权

我国“信托法”第五十七条规定“信托终止后,受托人依照本法规定行使请求给付报酬、从信托财产中获得补偿的权利时,可以留置信托财产或者对信托财产的权利归属人提出请求。”。根据这条和第三十七条之规定,受托人就管理运用、处分信托财产正常发生的费用,依法应取得的报酬、信托财产上所负之债务、信托财产应缴税款等,有权从信托财产中获得补偿。

在信托存续期间,受托人的补偿权和报酬权具有对信托财产行使的直接针对性。而当信托发生终止的情形,因其原因不一,情事复杂,受托人有可能尚未来得及行使,且剩余信托财产的权利归属人已确定,受托人又有义务将剩余信托财产转移给权利归属人的义务,如果不给予受托人以优先受偿的权利,一则使受托人蒙受损失,显失公平;二则有碍信托制度的发展。因此,从法律上明确规定,受托人有可留置信托财产的权利和请求权利归属人给予补偿的权利。

关于受托人享有的留置权,在此前“受托人”一节中已作过阐述,不再重复。在此,提出两个问题,值得研究。一是,在信托终止后并已确定了剩余信托财产的权利归属人,受托人可否在行使留置权之前先对信托财产作必要的处理?从信托财产中先行支付税款,清偿债务和提取自己应得的报酬?

这个问题，从原则上说应该是允许的。首先，支付信托财产上应承担的税赋，因信托财产仍为受托人持有，受托人应尽纳税人义务；其次，受托人在处理信托事务过程中无过失产生的债务，也应主动偿还，否则债权人也可以申请以权利归属人为被执行人的强制执行；再次，受托人应得的报酬，如果信托文件有明确规定的，应允许其提取，如果没有明确规定的，则应请求权利归属人并通过协商取得报酬。二是，受托人行使留置权时，信托财产有没有范围或性质的限制？从我国"信托法"第五十七条和相关法律的规定，并没有限制可留置财产的范围。有些国家和地区在民法中就有限制性的规定，如我国台湾地区在"民法物权编"第九百二十八条对留置权的适用，仅规定限于动产。

受托人应尽的善良管理人之高度谨慎、注意义务，应贯穿于信托的始终，当然包括信托终止后的信托暂存期。受托人行使留置权只是为了获得自己于处理信托事务上应有的补偿。绝不可利用转移剩余信托财产前尚存的权利，为己谋利。所以这种留置，一般只是受托人暂时扣留，在未获补偿前，拒不转移剩余信托财产的一种行为。而处置剩余信托财产，则应受到限制，应得到权利归属人的许可。当剩余的信托财产为货币状态的，受托人在转移前，实施偿还债务，缴纳税金，扣取先行垫付的费用和应得报酬，在实际操作时，只要有充足可靠的凭据还是可以行的通的；但如果是已登记、注册的信托财产即使是动产，受托人也需通过变现或价值评估取得相应的财产。如股票、债券可按当日交易价售出，文物珍品可通过拍卖变现，这些处置行为当然要取得权利归属人的同意。特别是剩余信托财产为不动产时，如房地产很难进行财产分割和短期内变现，实施起来就更加困难。因此，受托人在行使留置权时，适宜采用暂时扣留信托财产，而请求权利归属人以现金予以补偿的办法。一般来说，受托人通过管理运用、处分信托财产的行为，应使信托财产增值。在正常情况下终止的信托，其剩余信托财产应足以支付受托人应取得的补偿等费用，权利归属人也只能以剩余信托财产之价值为限予以承担。

四、信托终止的清算与认可

我国"信托法"第五十八条规定"信托终止的，受托人应当作出处理信托事务的清算报告。受益人或者信托财产的权利归属人对清算报告无异议的,受托人就清算报告所列事项解除责任。但受托人有不正当行为的除外。”明确了信托终止后,受托人于转移信托财产给权利归属人前的法定程序。

(一)受托人于信托终止后作出“处理信托事务的清算报告”的意义,主要有二。

1. 是受托人之义务所在

受托人履行诚实、信用、谨慎、有效管理信托财产的义务,是贯穿于信托之始终的。在信托存续期间,受托人对于处理信托事务的每一个环节,每一个事务都应依据分别管理、分别记账的原则,详细记录、作账,妥善保管原始凭证,按期作出阶段性计算和分析。在信托终止时,由于平时资料的积累,作出终结式的清算报告,才有根有据,受托人有义务在信托终止后,就处理信托事务的清算报告向受益人或者权利归属人作详细的说明。

2. 证明和检验受托人处理信托事务的水平

信托终止后,受托人可以通过其所作的清算报告,证明自己在信托存续期对信托财产的管理运用、处分是得当的;证明自己的行为是尽职尽责,忠人之事和不为己谋利的。

同时,受托人所作的清算报告应该是经得起检验的。清算报告和处理信托事务的效果,综合反应出受托人的人格和技能水平。受益人或者权利归属人,可以根据信托事务的繁复程度聘请专业人士或机构对清算报告进行审查。因此,受托人所作的清算报告应能经得起人为的和时间的检验。

(二)信托终止的“处理信托事务的清算结果”与受托人职责终止的“处理信托事务的报告”有所区别。

此前,曾对受托人职责终止的,原受托人应作出“处理信托事务的报告”,并向新受托人办理信托财产和信托事务的移交手续等方面的内容作过阐述。从程序上看,与信托终止后受托人所作的工作没有什么原则上的差别。但在背景和要求上仍有所区别:

1. 信托终止的,受托人所作的“处理信托事务的清算报告”,得到受益人或权利归属人的认可后,将剩余信托财产转移给权利归属人后,信托关系消灭;而受托人职责终止的,原受托人所作的“处理信托事务的报告”,经委托人或受益人认可后,将信托财产和信托事务移交给新受托人后,信托关系继续存在。新受托人按照原信托文件的规定继续处理信托事务。

2. 信托终止至信托财产转移给权利归属人前，存在构成一项法定信托的暂存期。受托人以结束性的转移为目的。而受托人职责终止至信托财产及信托事务移交给新受托人前，也有一个过渡期，受托人是以交接为目的。按照我国“信托法”的规定，信托终止后的暂存期内，受托人享有对信托财产的留置权；而受托人职责终止后的过渡期内，受托人没有这项权利，只能向受益人请求给予补偿和报酬的权利。

3. 鉴于以上两点背景情况的区别，受托人职责终止所作的“处理信托事务的报告”属于信托存续期内，于受托人更替情形下的阶段性移交工作的报告；而信托终止后受托人所作“处理信托事务的清算报告”属于一项信托结束，受托人对信托财产和信托事务所作的终结性的清理和清算。至于两种报告的编制标准，如结算的计算公式，表格与文字说明，附件等内容尚待实施中予以统一制定，细化“移交”与“转移”的具体内容。

（三）对清算报告的认可与信托财产的转移。

对受托人所作的“处理信托事务的清算报告”进行认可的程序，是实施信托终止后剩余信托财产有效转移的必要前提。

1. 认可人的确定

根据我国“信托法”第五十八条中的规定，受托人所作的清算报告必须通过受益人或者权利归属人的认可。从字面上讲，受益人或权利归属人其中一方无异议，就算通过认可。但这仅为原则上的概括，因为一项信托终止后所确定的权利归属人，不一定是原信托中的受益人，所以认可人究竟是谁，还要视具体情况而定。

(1)如果信托存续期间的受益人与信托终止后确定的信托财产权利归属人为同一个人时，即得到受益人的认可即可；

(2)如(1)所述之二者并非一人时，则应就清算报告中各自所涉及的内容，分别取得其认可；

(3)对于有设置信托监察人的信托，在我国仅于公益信托中存在，根据我国信托立法的规定，公益信托终止后受托人所作的清算报告须经信托监察人的认可，并报公益事业管理机构批准后，由受托人予以公告(见我国“信托法”第七十一条)。

2. 受托人责任的解除

受托人所作的清算报告得到认可人的认可后，受托人可就清算报告中所列事项解除其责任。

出于对受益人和权利归属人之权益的保护，对受托人之责任的解除，法律也作出有约束性的规定，即“受托人有不正当行为的除外”。就是说，即使是认可人对受托人的清算报告已作出认可，但只要发现受托人有不正当行为的，也不能解除受托人的责任。

首先，受托人所作的清算报告，其所列事项必须完整。如果受托人故意隐瞒自己在信托存续期间所发生的不正当行为留有后患的事项，在清算报告中并未列出，认可人是难以发现的，一旦未列事项引发损害认可人权益的后果，则要追究受托人的法律责任；

其次，清算报告中所列事项从表面上看似很全面，但其中有些事项不属实、数字不真、陈述虚假、用以掩盖受托人自己的不正当行为。认可人被受托人欺骗而对清算报告虽表示没有异议予以认可的，受托人也不能就其所列事项解除责任。

3. 剩余信托财产的转移

受托人所作的清算报告被认可后，应将剩余信托财产按清单清点，逐一转移给权利归属人。如信托财产为登记注册的，受托人还要负责办理变更手续。

剩余信托财产转移至权利归属人后，信托终止至信托财产转移前所构成的一项法定信托之暂存期，宣告结束，信托关系就此而消灭。

第六章

信托的分类与概析

自信托制度在英国诞生以来,历经数个世纪的发展,信托的触角伸向人们可想象的空间。美国信托制度的创新给信托注入了活力,使信托活跃地生存和壮大于市场经济的土壤上,经营性信托大放异彩。大陆法系的国家和地区引入并结合国情运用英美的信托制度,极大地推进了信托的国际化进程。

伴随着信托制度体系的形成和逐渐完善,信托灵活性的展现和信托多样化的拓展,使信托融入新世纪、新经济的潮流之中。信托发展的历史和现实都要求我们认识不同类型的信托。一方面,了解和研究英国信托原理所构建的信托分类理论;另一方面,注意世界范围内动态的信托理论研究和实务成果对信托类型创新的推进。

第一节　信托的分类

信托制度在世界许多国家和地区的建立和运用,显现出其发展过程中的本土化特征。特别是经营性信托制度发展的程度紧扣于其市场经济的脉系之上。但并不见得一国和一个地区,都普遍地建立了所有类型的信托体系,而是借鉴信托制度成熟国家的经验,适度地根据自身的实际情况作出不同类型的信托制度安排。因此,对信托的分类,是一个应该引起学术界、法律界、实务界各方关注的问题。

一、信托分类的意义

对信托的分类,是通过信托活动的持续发展不断的积累和提炼,在理论升华的基础上形成的。科学、完整的信托分类,对研究和开拓信托,具有深

远的历史和现实意义。对此,可以从以下几点加以认识:

(一)信托的分类是随着信托制度的发展历史而演变的。

信托的类型由单一到多样,由一国到多国,到国际通行,由无序到有序的发展历程,是信托发展史中不可缺少的一部分。因此,在了解一国或地区信托制度的发展历史时,往往是和该国或地区的信托类型的发展变化联系在一起的,是不可分割的。

(二)有助于对信托行为的规范化管理。

基于信托原理的支撑所出现的不同类型的信托,虽然在表现形式上可能有诸多的差异,但有一个对信托的规范化的分类标准,就可以将社会上不同信用主体所实施的同质性行为,纳入信托分类项下的规范化管理。

(三)有助于信托法制体系的建立、健全。

对于一个信托制度刚刚起步的国家和地区来说,只靠信托基本法来规范信托行为是远远不够的,必须在信托的发展过程中,逐步完善信托的法制体系建设。由于信托之法律关系的复杂,在不同类型的信托中有不同的表现,有必要对信托行为实施分类管理、分类指导,建立健全信托的特别法和有关配套法规。特别是在经营性信托迅速发展的年代,建立一个科学、完整的信托分类体系更显重要。

(四)有助于国际化交流与合作,有助于推进信托的制度创新、品种创新和监管创新。

通过对信托制度发达国家在信托分类方面的了解和研究,结合我国的国情有针对性地梳理现有的信托类型、特征和具体操作规则为进行国际化的对口交流,有效开展引进、合作创造条件。参照信托分类,分阶段、分层次地、有计划地进行信托的制度创新、品种创新和监管创新。

(五)有助于专业人才的培训工作和信托知识的普及。

现有的有关信托方面的教科书,培训材料以及专著中,对信托的分类其说不一。很有必要对信托的分类进行研究归纳,形成一个比较科学、完整的信托分类体系。按照比较统一的信托分类,编写有关教材、基础知识等,将抽象的信托原理融入具体的信托类型之实务中,这无疑是信托界的专家、学者以及教学工作者的责任。

二、信托分类的方法

由于信托的灵活性和信托关系的复杂性,对信托的分类,从不同的角度出发,就产生了不同的分类方法。在研究各种信托分类方法时,不可割断信托的发展历史。信托的产生与传播是从英国开始的,信托的分类体系和方法在很大程度上是由英国为主体而逐渐形成的。随后,美国开创了商事信托,丰富了信托的功能和信托类型。大陆法系的国家和地区引进信托制度以后,普遍应用于营业性的信托领域之中。因此,信托的分类方法多趋向于以信托业务的实用型为主。在此,从以下两个方面,就信托分类的方法加以归纳:

(一)以信托创设方式的信托分类

以信托的创设方式对信托进行分类,是一个可以被人们普遍接受的方法。英国的信托分类方法,从大的类型划分上就其主干系而言,就以信托的创设方式而分为:明示信托、默示信托、法定信托和其他类型的信托。这一分类方法也已成为英美法系国家和地区作为信托分类的指导。对这一分类方法,现归纳出"创设方式信托分类表"加以概括(见表2-6-1)。

表2-6-1　创设方式信托分类表

创设方式	法律基础	信托分类	信托目的	备注
意定	私法自治	明示信托	私益	通常情况
默示	判例、法院施加	默示信托	私益	
法定	法律强制	法定信托	私益	

1. 关于明示信托

明示信托是指委托人以明确的意愿,将其一定的自有财产通过明示的方式纳入信托而设立的信托。通常情况下,明示信托主要是由委托人为其个人利益而设立的信托,并不包括以公益为目的而设立的信托。现以分类依据的不同,作一分类的汇总(见表2-6-2)。

表 2-6-2　明示信托分类汇总表

分类依据	信托类型	特点	备注
信托设立的明示方式	契约信托或合同信托	信托依契约或合同而设立	
	遗嘱信托	信托依遗嘱而设立	
	宣言信托	委托人宣布自为受托人	仅英美法系承认
委托人施加给受托人的义务	简式信托	委托人只对受托人施加简单义务(消极性质),受托人的其他义务由法律确定	
	特定信托	委托人于信托文件中明确规定了信托目的和受托人的责任	
委托人行使权利的程度	已生效信托	财产已转移、受益人权益已定	
	待生效信托	财产已转移、受益人权益待定	
信托财产的转移	完全设定信托	财产已依法转移至受托人	
	不完全设定信托	财产未能转移至受托人	
委托人对受益人信托利益的分配	固定利益信托	委托人授权给受托人按照固定受益权向受益人分配	
	自由裁定信托	委托人赋予受托人对受益人信托利益的分配享有自由裁定权	

这一简要汇总,是以英国为代表的英美法系国家和地区对明示信托的主要分类情况。

2. 关于默示信托

默示信托是相对于明示信托而言。这是在英国信托原理于信托实践中由判例所形成的一种由法院施加的信托。它不需要委托人明示地设立信托,而是其实情有信托行为的归宿隐含其中,所以也称隐含信托。概括地说,就是在财产的法定所有权与衡平法所有权不属同一人时,由衡平法院施加的一种信托。

默示信托又可分为归复信托和推定信托两种:

(1)归复信托又称结果信托,是通过判例而归纳出几种情况,将委托人没有明示设立信托的受益权由法院施加,归复于委托人。例如,委托人将财产转移给受托人而信托成立生效后,委托人只是部分地处理了信托财产的受益权,对于未处理的受益权部分,即以归复信托回归给委托人。这即在一些特殊情况下，委托人没有明示地设立信托，而是由法院施加的一种信托；

（2）推定信托，也是通过判例而形成的。衡平法认为一个人不合良心的主动地像受托人那样干预信托事务而为己谋利；或者明知是信托财产而接受受托人转移来的财产；或者接受财产而未支付对价；或者明知受托人违反信托却予以协助；或者以受信人的地位取得未获授权的利益等，法院就可以施加一项信托，以其作为推定受托人而承担责任。

在英美法系的国家和地区都有推定信托的分类，但在认识上还存有差异。美国的大部分地区、澳大利亚以及新西兰将推定信托看成是一种救济性制度，强调只有在法定救济不当时，法院才运用救济性推定信托。其出发点，是返还不当之所得财产，不一定要产生推定受托人以信托方式持有财产；而英国的判例则认为推定信托是一种实体制度。

3. 关于法定信托

法定信托是指依照法律的规定而成立的信托。例如，在信托发生终止的情形时，于终止后剩余信托财产权利归属人确定前的信托暂存期内，视权利归属人为受益人的信托存续。该存续期内的信托，就是依据法律规定而成立的信托，即为法定信托。英美法系的制定法明确规定了在某些情况下必须以信托方式持有财产的信托，就构成法定信托。例如英国“1925 年财产法”第十九条就规定了当土地的法定所有权转让给一未成年人时，土地的法定所有权应纳入一项法定信托。该项信托以那名未成年人为受益人，直至其到成年人时而止。又如“1986 年破产法”中的规定，破产人的财产应由破产受托人持有。以此实现有效地管理破产人的财产，维护其债权人的索偿权，这即构成一项法定信托。

（二）其他信托分类方法的归纳

按照明示信托、默示信托、法定信托的大类分类，在信托理论中是被共识的。但在信托制度的实际应用中，由于法制体系的背景不同，特别是在大陆法系的国家和地区民事信托的实践并不普遍，主要是以营业性信托（商事信托）拓展信托类型。因此，对默示信托的认知度和实际应用都存在许多问题，基本未采纳默示信托。而明示信托与默示信托为对应性存在，故在大陆法系中就未强调明示信托的分类，往往在对信托的分类中归纳为意定信托和法定信托两大类。其中意定信托则包括契约信托（或合同信托）和遗嘱信托。在有些分类方法中，将契约信托定为生前信托，以对应遗嘱信托。比较被普遍接受的分类方法，可以将信托分为几大类（见表2－6－3）。

表2－6－3　其他信托分类方法归纳汇总表

分类依据	信托类型		特点	备注
信托所涉领域	民事信托（非营业信托）		非营利性，应用于民事领域	
	商事信托（营业信托）		受托人以经营方式承受信托	
信托受益权的属性	私益信托	自益信托	委托人享有全部信托利益，受益人即委托人	
		他益信托	受益人为第三人	
	公益信托		以公共利益为目的	
信托财产的形成与管理方式	单独信托（或个别信托）		受托人对各委托人之信托财产单独管理、运用	
	集合信托		集合多名委托人之信托的财产，进行集中管理、运用	
信托财产的种类或形态	财产信托		以动产、不动产为信托财产	
	财产权利信托		以债权、股权等财产权利为信托财产	

这种分类方法更适宜信托分类体系的形成。如果以表2－6－3所列之信托类型为母系列，则可以派生出若干子系列，使根、干、枝脉络之区分和内在关系比较明晰。有利于对信托品种的归类和标准化设计，有利于规范化管理和风险控制。

（三）特殊类型的信托

从英美法系到大陆法系国家和地区之信托制度的发展中，出现过一些利用信托原理创设的特殊形态的信托。与一般信托类型相比，其特殊之处主要表现在结构形式的特殊和信托目的的特殊两个方面。对以往有过的特殊类型的信托，在此也难于一一罗列。另外，由于信托特有的灵活性，使得特殊类型的信托还会不断面世。因此，特殊类型信托的存在，一是作为信托分类方法中一个必要的补充部分；二是，给信托品种的创新发展和信托分类方法的研究与拓展留有足够的空间。鉴于此，以下举例予以说明：

1. 保护信托

保护信托之所以是特殊类型的信托，是它具有特殊的双重结构的形式。这种信托是英国首创，并被“1925年受托人法”所肯定。

该类信托是委托人出于对自己之特殊子女给予生存的必要保护而设立的信托。这些子女浪费成性、挥霍无度或者没有管理财产的能力。如果把财产分配给他们,很可能在短期内就会被挥霍一空或被别人侵占,而丧失经济来源。为保障其生存条件,委托人设立一项保护信托,以这些子女为享有终身受益权的受益人。委托人同时在信托文件中明确规定,一旦所设立的受益人发生破产,或企图转让自己的信托利益,或有可能被他人侵占信托利益的情形时,则项下信托即告终止。随之,成立起一项自由载量信托,原受益人(或许还包括靠其生存的家庭成员)则成为该项信托的新受益人。从而使委托人通过这类双重结构的信托,保证了这些子女的基本生活之所需。

2. 养老金信托

这类信托结构形式比较特殊。但随着信托业的发展,养老金信托已在许多国家作为营业信托中的一项重要业务。

多数的养老金信托业务,是以不可撤销的信托而建立。作为信托财产的养老基金,是由雇主和雇员按一定比例分摊缴纳构成。这类信托结构形成的特殊表现在:

(1)雇主是养老金信托的委托人,但信托基金中也有雇员按比例分摊的部分。因此雇员也含有委托人的身份,必然应有参与选择受托人的权利;

(2)养老金计划的成员是养老金信托项下的受益人,包括:现雇员(按分摊比例缴纳的在职雇员)、前雇员(享有养老金待遇的已退休雇员)和曾在雇主企业交纳分摊款而于正常退休年龄前离开企业的前雇员。因此,养老金信托的受益人是一个社会群体,是一种既不同于私益信托,又不同于公益信托,带有准公益信托性质的社会保障型信托;

(3)养老金信托的受益人,不像私益信托的受益人那样,其信托受益权由委托人无偿赋予,而是有偿受让人(已支付了对价)。因此,养老金信托的受益人应得到比私益信托受益人更为有力的法律保护;

(4)养老金信托的信托关系结构比较特殊。首先,养老金信托的受托人通常由雇主指定。但为弱化雇主对受托人的影响,英国“1995 年养老金法”还要求受托人的组成必须有三分之一的成员由雇员指定,其余成员通常是由现职的雇员代表担任。这就形成全体雇员既成为共同委托人之一,又成为受益人,而雇员代表又成为共同受托人的成员的一种特殊关系。

其次,雇主、雇员作为共同委托人与受托人签订养老金信托合同,构成合同关系和授信人与受信人关系。同时,在雇员与雇主之间尚存在着就业关系。这两种雇主与雇员并存的关系也是养老金信托之结构形式的特殊之处。

3. 商业信托

这种信托是出于委托人的特定目的和对受托人管理信托财产方式的特殊要求而设立。属于商事信托中的一种特殊形态的信托。

该信托项下的委托人作为出资人,以财产增值为目的,将自有资金以信托方式转移给受托人,由受托人从事特定的商业经营。这里的委托人即出资人,并不以股东注册公司的方式自己经营,也非委托他人代理或承包经营,而是以信托关系构成的一种商业经营的特殊模式。出资人以受益人的身份获取信托受益权。该受益权多以可转让的证券体现其价值。从受益权属性上看,应为自益信托中的一种特殊形态的信托。

这类信托在美国麻萨诸赛州较为多见,在日本的土地信托中也出现过类似实务。

4. 个人特殊目的信托

委托人不以自益、他益或公共利益为目的,而是以实施个人之特殊目的而设立的信托。这种信托,在英国是依判例而确立的。一项信托的成立,根据三个确定性原则,其受益人及对应的受益权应是确定的。但是,在某些例外情况下,委托人出于实现个人的特殊意愿,如建墓立碑,为自己的宠物保证其生存条件等而设立起来的一项个人特殊目的信托,法院也承认其有效。

(四)我国的信托分类

在我国,真正意义上的信托制度是从"信托法"的颁布实施起建立的。信托进入了一个起步阶段和规范发展的新时期。

本来信托的分类在世界许多早已建立起信托制度的国家和地区,尚未确立一个比较标准和完整的信托分类方法和体系。对于我们这样一个信托制度的建立与实施处在初级阶段的国家来说,自然在信托市场的培育、信托品种的开发等方面都存在着一个借鉴与创新、粗放与细化的过程。因此,对信托的分类及其体系的逐渐完善,也需要根据我国的实际国情有一个循序渐进、研究积累的过程。

虽然,现在还没有一个标准的分类方法,但可以从"信托法"的相关条款中归纳出信托分类的基本要点:

1. 明示信托为我国信托分类中的标准类信托。明示设立,为创设信托的基本方式。"信托法"中排除了口头设立信托的有效性,同时未触及默示信托的存在(根据"信托法"第八条第一款,第十条);

2. 信托的设定主要基于委托人设立信托的意愿。因此,意定信托为我国信托分类的主干(根据"信托法"第二条)。与此同时,在特定情况下,如信托终止时信托财产的归属确定后,在信托财产转移前的信托暂存期内,视信托为存续,权利归属人为新的受益人的有关规定,说明与意定信托相对应的法定信托的存在(根据"信托法"第五十五条);

3. "信托法"中明确规定了设立信托的书面形式,主要是信托合同和遗嘱。因此,在意定信托中应包括合同信托和遗嘱信托两类(根据"信托法"第八条第二款);

4. 按照委托人设立信托的目的,应有私益信托和特定目的信托之分(根据"信托法"第二条)。在私益信托中,委托人为同一信托之唯一受益人的属自益信托;非委托人为唯一受益人的(包括委托人、受托人均可为共同受益人之一的,但受托人不可是同一信托的唯一受益人),均属他益信托(根据"信托法"第四十三条第二款,第三款;第四十五条);

5. 按照"信托法"中关于在我国境内进行的信托活动性质,可以将信托分为三大类,即民事信托、营业信托和公益信托(根据"信托法"第三条)。

以上五点概括了我国"信托法"对信托分类的基本思路。按民事信托、营业信托、公益信托三大类划分,更加直观、清晰便于规范形成体系。根据我国国情,营业信托(经营性信托或商事信托)成为现在和以后重点和大力发展的对象;公益信托是我国政府支持鼓励发展的事业;而民事信托,在我国缺少社会基础,并无践行实例,可能有类似信托的活动藏于民间。但随着民间财富的迅速增长和聚积以及财产形态的多样化变化趋势,必将引发民事活动向多方位的活跃,民事信托将在围绕以财产为中心的民事活动中发挥重要作用。我国"信托法"中将民事信托突出为一大类,正是以法定形式给民事信托的发展留有充足的空间。

民事信托(也即非营业信托或非经营性信托),区别于商事信托(营业信托或经营性信托)。由于民事信托起源于英国民间,受托人是委托人信赖之人,承担受信人的义务,是不收取任何报酬的。随着信托制度在商事领域的应用,商事信托得到广泛的发展,受托人多为经营性的信托机构,因此其从事的业务为有偿服务。民事信托中的委托人为自己或他人的利益而设立信托,其受托人主要以个人(自然人)和不收取信托报酬成为民事信托的特点。但随着社会经济的发展,英国传统式的义务性的民事信托,在持续了一个多世纪以后也开始向有偿服务转变。

民事信托在我国虽处空白状态,但有些民事活动运用信托方式进行更具有优势,应有前景,如监护信托、遗嘱信托、遗产管理信托、失踪人财产和财产权信托等,至于民事信托在我国应如何分类,尚需看经济发展的程度和国家政策的制定。有些问题也需研讨,比如,在民事信托中,如何规范个人受托人的条件?受托人如果由专业信托机构担任,这就涉及信托公司的经营范围问题,民事信托的监管问题以及受托人的报酬问题等。

第二节　营业信托的分类与概析

营业信托与非营业性信托相对应,又称经营性信托或称商事信托,分别与非经营性信托、民事信托相对应。

营业信托的受托人作为营业而承受信托,为商法上的商事行为,适用于信托法、信托业法及其他有关特别法的规定。

营业信托是现代信托发展的主流,且因信托的灵活性,使信托的制度设计安排渗透到各个商事领域。营业信托在经济发达国家得到迅速发展,成为市场经济发展中的不可或缺的部分。

对营业信托的分类,目前在国际上也无标准的分类方法。而且各国和地区的市场经济水平、金融市场环境、信托制度基础与创新等方面还存有差异。因此,营业信托的种类也依其国情而各具特点。在此,仅对几个主要有代表性的信托发达国家的营业信托业务分类作些归纳和概析,同时对我国营业信托的分类作一概括性的分析。

一、主要信托发达国家的营业信托

有代表性的信托发达国家，是英国、美国和日本，这是大家所共识的。

（一）英国的营业信托

英国是信托的发源地，起始于民事信托，经过历史的演变，社会经济发展的需要，信托制度也逐渐广泛运用于商事领域。普遍存在于民事信托中的无偿受托人之义务向有偿受托服务转变，营业信托得到发展。但缘于英国信托制度产生的特定历史背景和发展历程，因此，信托制度的运用保存着这个国家的历史传统。最突出的是，以个人身份承受信托的比重颇大。随着营业信托的开设，个人受托遂向法人受托演变。而法人受托则相对集中于几大商业银行成立的信托公司或信托部。

鉴于英国的个人受托与法人受托并存的情况，因此，对营业信托的分类需要综合考虑，进行归纳（见表2－6－4）。

表2－6－4对英国营业信托分类的归纳，基本上概括了英国现有的信托业务种类。除表中所列文字，尚有几点值得提出：

1. 个人信托业务，仅就营业信托的主要业务进行了归纳。至于民事信托也发生了由无偿受托到有偿受托的变化，执行遗嘱管理等民事行为都能以有偿信托进行。虽如此，因所涉领域不同，法律依据和监督有别，也不能列入营业信托的业务之中。对于委托人为个人，受托人也为个人的民事信托，有些书著和教材将其列入金融信托则欠妥。

2. 不动产信托中的土地信托，是英国的传统信托制度安排，比其他国家和地区开展的既早又普遍。而且土地信托已由土地信托财产之权益的受托持有及管理发展到与社会经济发展紧密相关的受托经营的房地产综合开发业务。因此，不动产信托就不局限于土地信托了。与不动产信托业务相对应的动产信托业务未列入表内，一方面是由于动产信托业务在英国并不突出；另一方面由信托机构设立的发行公司和租赁公司比较普遍。发行公司承销的各种债券、租赁公司的设备租赁等业务虽涉及部分动产经营，但并不属信托业务。

表2-6-4 英国营业信托分类表

分类依据	信托类型		特点与主要业务
委托人身份	个人信托（委托人为个人）	财产管理信托	单一委托人为其财产增值而设立信托
		节税信托	受托人为委托人设计并实施政策允许条件下的税收节约计划
		其他	信托业务顾问，理财信息咨询等
	法人信托（委托人为法人）	年金基金管理信托	信托机构接受企业法人的委托管理年金基金业务
		公司债券信托	信托机构受托管理公司债券，偿债基金的收付，本利支付等
		其他	公司的设立，股份注册、过户；企业的合并、重组；企业股票、债券的推销；企业融资举债的策划等
财产种类或形态	不动产信托	土地信托	土地之财产权的受托持有与管理；受托实施土地的综合开发与经营
		房屋等不动产信托	受托对地上建筑物等不动产的租、售、经营等综合管理与运作
信托资金的形成与运作方式	投资信托		为公司型封闭式信托投资基金。由公开招股的投资信托公司承担受托人，代表投资人持股并进行管理。在股份总额不变的条件下，其债券和股票公开上市交易
	单位信托		为契约型开放式分单位集合资金信托。受托人以出售“分单位信托券”来集合众多投资人的资金，组合投资于多种有价证券

3. 投资信托，是英国首创的营业信托类型，而单位信托为投资信托的一种特殊形式。投资信托是通过公开招股而成立投资信托公司，投资人购入公司股份，拥有该公司的股权而成为股东。投资信托公司作为受托人持有并管理由公开发行的债券和股票所形成的信托基金。投资信托公司所发行的债券、股票往往都以一些优秀企业所发行的债券、股票作担保。而投资者投资购买的是金融信托机构发行的投资信托公司的股权，受托人通过对信托基金的组合运作而使其增值和分散风险。投资信托的股份总额是不变的，股权只是在投资人之间买入或卖出中转移，因而是封闭式的。

单位信托的资金来源是金融信托机构出售计划设定的“分单位信托

券”,由集合众多投资者的资金而构成一定规模的信托基金。其组成的“单位”总额,并不是固定不变的,投资者可以随时买入或卖出信托“单位”,而且信托经理人也可以根据需要买卖信托“单位”,因而是开放式的。

投资信托与单位信托的债权、债务均有同一性质,都是通过有价证券的组合投资方法来分散风险。投资信托也可以投资于单位信托,即购入信托“单位”。

(二)美国的营业信托

美国在传统的英国信托制度的基础上率先将信托引入商事领域,开始构建起更加完整的信托理念和信托制度体系。

美国的营业信托的开创与发展不仅使信托业成为美国金融产业的重要支柱,而且使美国成为信托制度向世界各国传播的基地。

美国的信托,经历了从个人受托到法人受托的转变过程。只有专门的信托机构才能承办以盈利为目的的营业信托。美国法律允许银行兼营信托业务,也允许信托公司兼营银行业务。但信托业务必须是独立的,实行分别管理、分别核算。

在美国的营业信托中,个人信托(委托人为个人)业务与法人信托(委托人为法人)业务,发展迅速而普遍。营业信托根据经济发展和金融市场的变化与需求,不断创新信托业务,特别是有价证券信托更加突出。对美国营业信托的品种,也比较难以一一罗列,在此,仅就其主要营业信托的类型作出归纳(详见表2-6-5),并对有关内容作如下说明:

1. 美国的信托业是从民办信托机构发展起来的,受托人由个人转变为法人,受托承办以盈利为目的的商事信托。

以委托人身份而划分的个人信托,也称私人信托。在信托机构承办的个人信托业务中,有一部分业务涉足于民事领域。如遗嘱信托、遗嘱执行信托、遗产管理信托、为未成年人或禁治产人而设立的财产监护信托、为资助重度身心残废者的生活而设立的特定赠与信托等。这些均为信托机构承办的有偿信托业务。在表2-6-5中并未列入,这是为了突出信托机构所承办的以盈利为目的的营业信托。但这并不排除现代信托的有偿信托服务向民事领域的拓展。值得注意的是:民事信托、商事信托、公益信托的分类方法是世界各国所共识的。如果将信托机构在民事领域开办的有偿信托业务列入营业信托(商事信托),恐有违这一共识,就可能形成概念上的混乱。

表 2-6-5　美国营业信托分类表

分类依据	信托类型			特点与主要业务
委托人身份	个人信托	财产管理信托		个人委托人为其财产的保值、增值而设立。信托财产由信托机构管理、运用。
		财产处置信托		个人委托人以处置其私有财产为目的而设立,信托机构承当合格的管理人或执行人。
		人寿保险信托		人寿保险的投保人作为委托人,委托信托机构对其保险金进行代领、管理和运用。
		其他		税金管理、个人养老金计划、个人或家庭财务计划(或理财计划)的安排、咨询以及私人账户代理等。
	法人信托	抵押公司债券信托		公司债发行企业作为委托人,委托信托机构代债券持有人(受益人)行使抵押权或其他权利。
		商务管理信托		公司股东作为委托人,委托信托机构为其保管股票,并行使表决权。
		其他		证券持有机构委托信托机构作登记人,办理证券所有权变更,利息支付,股息再投资等。
	法人与个人混合信托	雇员收益信托	雇员基金管理信托	雇主与雇员共同出资建立雇员基金,并委托信托机构管理基金计划。主要是养老金信托,年金信托。
			员工持股信托	对员工持有的公司股权,委托给信托机构管理。
			其他	退休储蓄信托,企业利润分享信托等。
财产种类或形态	资金信托			委托人以自有资金设立的信托。
	不动产信托			包括土地信托、地上建筑物等不动产信托。
	动产信托			委托人以各类不动产设立的信托。
	有价证券信托			信托机构受托买卖证券,并可在公司参股。
信托财产的形成与运作方式	货币市场投资信托			以信托投资形式,由信托机构集合客户小额资金,集中投资于大额可转让存单、商业票据、国库券等。
	共同信托基金			信托机构按照自己的经营目标发起设立、管理与该目标有共同投资愿望的投资者之小额信托资产而形成的信托基金。

2. 以委托人之身份划分的个人信托(私人信托)、法人信托(机构信托)、法人与个人混合信托三种类型,以个人信托和法人信托开展的最为普遍。

在表 2-6-5 中所列信托类型,为信托机构承办的主要信托业务,而在“其他”项中也将信托机构可承办的代理业务列入,是由于信托机构在面对客户的金融服务中往往具有综合与交叉的特点。同时,说明美国信托机构承办信托业务的灵活性。

3. 在个人信托业务中的财产管理信托,是由个人委托人以自有财产而设立信托。

其财产种类可能是多样的,委托人设立信托的目的也不尽相同。受托人以信托合同为据,对信托财产实施管理、运用,泛属契约(合同)信托或生前信托。信托财产的种类可能是不动产,也可能是动产,但以资金居多。信托目的可能是置产、售产、财产置换等,以财产的保值、增值为主。在受托人对信托财产的运用过程中信托财产的形态可能会发生变化,比如,从货币转变为不动产、有价证券等,或逆向转变。但形态的变化服从于信托目的,受托人的操作服从于信托合同的授权。通常情况,委托人通过信托机构的专业策划、管理、运作还能实现节约税赋的愿望。

4. 个人信托业务中的财产处置信托与财产管理信托的主要不同是委托人设立信托的目的和受托人的权利义务有所区别。

财产处置信托是根据委托人对自有财产设立信托的明示意图在于处置财产。如售卖信托财产,按指定的受益人及分配比例分配变现资金。其间所进行的资产评估、市场交易、税金缴纳、现金支付等手续与过程均由受托人完成。又如,受托人接受委托人的委托或法院的指令,对委托人的财产进行债权、债务处置,实施保管财产、回收债权、支付债务、缴纳税金、分配净值等。这种财产处置信托的受托人完全按照委托人的指示内容执行,不具更积极的义务;而财产管理信托,由于委托人多以财产的增值为目的,因此赋予受托人一定范围或完全的自由载量权,受托人具有积极性质的义务。

5. 个人信托业务中的人寿保险信托,其委托人是人寿保险的投保人,以人寿保险金债权为信托财产而设立信托。

人寿保险信托的委托人(投保人或被保险人)指定信托机构为受托人,负责保险金的代领并交付给委托人指定的受益人。或者暂不交付,而由受托人对保险金实施有效的管理和运用,使受益人得到更多的收益,而且免受财务操劳之累。

6. 法人信托业务中的抵押公司债券信托,又称发行公司债务信托,是指信托机构接受发券公司的委托,代债券持有人行使抵押权或其他权利的信托业务。

这是美国营业信托中相当普遍的业务。工商企业为经营发展之需,以依法发行公司债券的方式来筹集资金。该工商企业(发券公司)作为委托人,委托信托机构发行是以足够的抵押品为条件的;购券的社会公众(持券人)为债权人和受益人;信托机构代分散的债权人行使抵押权和其他权利。信托机构作为受托人在此项业务中承担的职责:一是,对发券公司的资质有充分的了解,证明其发券的合法性,并对其经营、财务状况、资金用途、还本付息保证等作出说明;二是,以认购或代销的方式发行债券;三是,保管抵押物;四是,监督发券公司是否履约,如有违约则采取必要的措施,以维护债权人权益;五是,按期如约向债权人偿还本金、支付利息。如发券公司经营亏损无法支付本息,则依约处置抵押物。实际上,信托机构既作为发券公司的受托人来发行附担保的公司债权,又作为分散的持券人的受托人行使抵押权和监督等其他权利。

7. 商务管理信托,也称表决权信托。

这种信托业务适用于公司组织形式的企业法人,股东作为委托人,信托机构为受托人,由全体股东或多数股东推举产生。在信托存续期内,股东需将其所持有的全部公司之股票转移过户至受托人之户名下进行保管,由受托人开付收据,实行股东之行政权与享有的股息权相分离的方法,签署双方权利与义务的有关协议。原股东除投票权外,仍享有股东应有的一切权益。受托人的职责主要是股票的妥善保管,代股东有效地行使表决权,将股息收入及时转付给委托人(收据持有人),处理公司事务等。开展这种信托业务,关键是作为受托人的信托机构必须有合格的资质,应有良好的经营管理公司的基础和经验、掌握市场信息、熟悉商情等手段和能力。这样,才能有利于公司的经营管理,提高公司的行政效能,促进公司治理机制的健全。这种信托业务虽具许多好处,但也需防止受托人职权过大,操纵公司。为此,在美国的各州立法中,都对设立商务管理信托作出一些限制性规定。一般是针对刚刚组建的公司、改组、改制的公司、管理基础较弱的公司。有的州还限制设立商务信托的信托存续期年限、控制受托人处理公司事务的权限,如无权决定出售公司股票和公司机构的分并等。

8. 在法人与个人混合信托的业务中,主要是雇员受益信托。

这是一种雇主为雇员提供利益保证的信托,其业务品种多样,最主要的是雇员基金管理信托和员工持股信托。

由雇主、雇员分别按一定比例共同出资建立起雇员基金,其目的是向退休和丧失生活能力的雇员分配,以解除雇员的后顾之忧,促进现职雇员积极努力地工作,坚守岗位。一般情况由雇主和雇员代表,共同选择或采取招标的办法确定雇员基金计划管理者。从美国以往的情况看,信托机构可能承担三种角色:一种是,对雇员基金的运作享有自由载量权,可以独立地作出投资决策;第二种是,与其他管理者共同管理,分担投资责任;第三种是,仅作为代理人,对基金的管理运作按基金管理者的指示执行,或者是为基金管理者提供咨询服务。实质上,第一种角色,应是雇员基金管理信托的单一受托人;第二种角色是和其他管理者共同受托,成为共同受托人之一;第三种角色则是提供代理或咨询服务,不属于信托业务。因此,雇员基金管理信托作为雇员受益信托的一个重点业务,其主要信托业务品种一般为养老金信托或年金信托。

在本章第一节中,曾将养老金信托归入特殊类型的信托,其原因已作过分析。在美国,将雇员受益信托纳入营业信托的业务之中,以法人与个人混合信托归类,使营业信托的分类更加符合现状和有利于业务拓展,是对表2-6-3以"信托所涉领域"进行分类的补充和展开,养老金信托的特色并不因此而减退。

关于员工持股信托,是美国信托业根据"雇员退休收入保险法案"而创设的一种雇员股权受益信托业务。是在雇员未退休前的工作期间,雇主向雇员根据其不同岗位,不同业绩分配部分股票,或者分给现金或予以借款由雇员购买公司股票而持有股权。雇员还可以向本公司的债券和不动产等项目上进行投资。雇员可成立持股会,统一委托给信托机构集中管理账户,并根据协议进行运作,待员工退休时再将本金及收益支付给员工。这种信托是由雇主作为企业法人与雇员共同作为委托人而设立的混合式信托。雇主之意,在于使全体雇员成为企业的主人,使企业的生存与发展与雇员的利益紧密地联系在一起。信托机构接受信托,使雇员权益的保护和有效增值能以实现。

9. 有价证券信托,是在美国开创营业信托并进入繁荣时期后的一个普遍开展的信托业务。

在美国,由于不允许商业银行买卖证券和在公司中参股,而美国在世界上又是证券交易最为发达的国家,因此,商业银行通过成立信托部的办法来规避限制。再加上专业信托公司都承办有价证券信托业务,既为证券持有人和购买人服务,又为证券发行者服务。

以财产种类不同而设立的信托中,有价证券信托成为金融市场上的一个亮点。有价证券逐步取代实物而成为信托的主要标的物。有价证券的发行、管理、买卖等金融信托业务已成为营业信托中的一个主要业务。

在此,值得提出的是商务管理信托。以委托人身份而论,应为法人信托,委托人是公司的股东;而以信托财产的种类而论,应为有价证券信托。信托的标的物为股东所持股票,受托人代表股东行使表决权及协议中规定的其他职能,并在董事会中占有董事地位,从而参与控制企业。从这些情况分析,商务管理信托也可作为有价证券信托的一种特殊形式。

10. 共同信托基金,是美国营业信托中发展速度最快的一项业务。是构成信托业经济增长的重要组成部分。

共同信托基金,是由信托机构发起以信托方式设立的基金。信托机构先设定基金的经营目标,由于投资的多样化,如投资于股票(包括境内外股票)、股票指数基金、市政债券等各类有价证券等。小额资金客户可以选择与经营目标相符的信托基金参与投资,每类信托基金的运作,信托机构都会提出流动性说明和风险提示。将不同收益率、不同风险特征、不同期限等相对应的证券售予投资人持有。信托机构将集中成批量的信托基金,分期分批地投资于已设定的目标项目上。每一批信托资金可以占有共同信托基金的一份,也可是多份。投资者购买信托基金受益证券的数量,按信托单位计算,要由获准的发行规模来确定。当受益证券的价格上涨或其红利和利息增加时,共同信托基金的价值也随之增长,每一单位的信托净值也相应增加。在信托期限内由信托机构按已定目标运作,期满时将本利支付给证券持有人。

(三)日本的营业信托

继美国之后,日本对营业信托的创新与发展都达到了一个新的水平。

日本的营业信托积极地借鉴了英美的经验,紧密地结合国情,在不同历史时期创设了适合本国经济发展和社会需求的营业信托的业务品种,其多样化和灵活性的信托业务在市场经济中不断拓展。

日本的营业信托业务品种虽多,但分类方法比较简单明朗,按大类划分(一级分类),是以信托财产的种类(或性质、形态)为依据,分为金钱信托和非金钱信托两种，再进行二级分类和细分。对其细分之信托业务，只能列示主要品种(详见表2-6-6)。在此，对表中有关重要内容解析如下：

表2-6-6　日本营业信托分类表

<table>
<tr><th colspan="2">一级分类</th><th colspan="2">二级分类</th><th rowspan="2">细分信托业务</th></tr>
<tr><th>分类依据</th><th>类别</th><th>分类依据</th><th>信托类型</th></tr>
<tr><td rowspan="12">信托财产的种类</td><td rowspan="8">金钱信托</td><td rowspan="4">受托人的运作权限</td><td>特定金钱信托</td><td></td></tr>
<tr><td>指定金钱信托</td><td rowspan="2">单独运用;联合运用</td></tr>
<tr><td>无指定金钱信托</td></tr>
<tr><td>金外信托</td><td>员工持股信托;黄金信托</td></tr>
<tr><td rowspan="4">信托金的用向</td><td>贷款信托</td><td>满期获益型;收益分配型</td></tr>
<tr><td>年金信托</td><td>法定退休金信托;福利养老金信托;非法定退休金信托</td></tr>
<tr><td>财产形成信托</td><td>财产形成养老金信托;财产形成住宅信托等</td></tr>
<tr><td>证券投资信托</td><td></td></tr>
<tr><td rowspan="4">非金钱信托</td><td colspan="2">有价证券信托</td><td>股票信托;专项有价证券信托(管理有价证券信托;运用有价证券信托)等</td></tr>
<tr><td colspan="2">金钱债权信托</td><td>住宅贷款债权信托</td></tr>
<tr><td colspan="2">动产信托</td><td></td></tr>
<tr><td colspan="2">不动产信托</td><td>土地信托;房屋信托</td></tr>
</table>

1. 金钱信托

也称货币信托或资金信托，即委托人以金钱(货币，资金)为信托财产而设立的信托。

(1)依受托人的运作权限而分

A. 特定金钱信托

这种信托的特点主要有二：一是，受托人要严格按照委托人的指定要求运作信托金；二是，按委托人的特定要求进行运作所产生的损益属于委托人。这种信托是实效分配式的，受托人(信托机构)对本金和最低收益不提供保证，风险由委托人自负。因此，敢于做特定金钱信托的委托人都具备一定的条件：第一，对自己指定的投资运用目标有可靠的信息，准确的分析和判断；第二，对自己投出的信托金，万一产生失误而蒙受损失，其数额是自身实力所能消化的。委托人之所以选用这种信托，其原因有三：其一，从实现委托人的特定目标看,信托机构因具备专业人才,有足够的能力精心地操作全过程,这是委托人的精力和实际运作能力所不及的;其二,因社会经济活动的复杂性(包括人际关系、机构关系、管理制度约束等),委托人不宜公开身份或公开露面(这就是委托人的隐蔽性),以避免诸多的麻烦以至纠纷,而交给信托机构以受托人的名义运作,能妥善地解决这些问题;其三,以特定金钱信托通过信托机构作有价证券投资的所占比例很高,因为这种方式可大大减少委托人的税赋。

B. 指定金钱信托

其特点:第一,委托人只向受托人(信托机构)指定金钱信托的运用范围,在此范围内受托人可自主运作;第二,保本,按实绩分红。

指定金钱信托按其运作方式又可分为联合运用和单独运用两种。联合运用方式,是受托人将分散的委托人所指定的相同运用范围的信托金集中起来,统一运作(一般要预先公布收益率);单独运用方式,是受托人对每笔信托金都要按委托人指定的范围单独运作,分别管理。这种方式的每笔信托金之数额相对较大,否则难于操作,而且每笔与每笔之间期限不一。而联合运用方式的信托金数额相对较小,要待集中到一定数量再统一运作出去,因此,起始时间要相对集中。

C. 无指定金钱信托

这种信托,委托人对信托金既不作特定要求,也不指定范围,全部交受托人自主运作。其特点是:

第一,信托机构对本金及最低收益(不低于银行同期存款利率)提供保证;

第二,委托人不承担风险,而且可以在最低收益以外获得实绩分红;

第三,信托期限一般大于一年,多数为2~5年或更长;

第四,这种信托应基于受托人的经营业绩,管理能力和坚实的财力。即受托人要达到一定的信用级别,具备较强的抗风险能力。因此,开展这一业务要受到监管部门的严格审查、批准和监管。

日本信托银行将金钱信托称之为“有目的,可选择的储蓄金钱信托”。

D. 金外信托

这类信托,是委托人在设立信托时以金钱作为信托财产,并赋予受托人运作的权限,在信托结束时以金钱外的信托财产现状交付给受益人的信托业务。

由于委托人设立信托时，信托财产的原状为金钱，而信托结束时转变为金钱以外的财产状态，故在日本营业信托的分类中将金外信托作为金钱信托的一种，并将职工持股信托和黄金信托为其主要业务。

其一，职工持股信托

也称职工享股信托。在日本的营业信托的发展中，已从最初以安定劳动职工、激励职工忠于企业为目的的信托逐步形成与财储制度并存的信托。具体方法是，加入持股制度的职工与受托人（信托机构）签约，按月向受托人交储一定数额的购股储存金。该储存金是在群众组织“持股会”的主持下，从会员的月工资中抽出约定的金额，再加上公司发给的专门作享股奖励的补助金，一并转付给受托人。当储存额达到一定购股数目时，从受托人手中领取相应数目的股票，并于在账期向受托人领取代收之股利。

职工一次购入股票的单元数，公司根据职工的月工资水平，一般都有一定限额要求。但由于从每个职工的月收入中所抽取的金额不能满足一个单元数股票所需金额。因此，信托机构往往要与职工个人及其所在公司签订合同，由信托机构一次性完成购买该职工的全单元股票，然后在从该职工的月工资中扣取。信托机构实际上在每月按时按额对公司股票进行投资。而每月购入的股票数的多少，受股价行情高低的影响。其购入的平均单价要比平均股价低。对信托机构来说也不失为一种好的投资方式。

其二，黄金信托

委托人以金钱作信托财产委托信托机构在黄金管理法规允许的条件下进行黄金业务运作，既是储蓄，又是投资行为。信托机构承办的黄金业务一般有黄金的直接买卖和储蓄性（存折证）黄金买卖两种。信托机构在黄金业务中均与专业金店或珠宝首饰商合作。黄金信托具有积累、连续、长期、稳定和代管保存的特点，在黄金市场价格下跌时，信托机构会保留现品，如委托人急需用钱时，可予贷款。

信托机构承办的黄金信托业务一般有两种：第一种是管理信托，信托机构与专业金店立约承受一定数量的黄金委托，一方面保管黄金现品，另一方面通过柜台向投资者分批分单元地出售“黄金信托收益凭证”。购得此凭证者即等于储存了等量的黄金额，凭此证既可以兑成现金，又可以换取黄金现品；第二种是金钱外信托，信托机构从委托人手中积聚到以黄金信托为目的的现金,以此购入黄金现品,并保管。委托人在信托设立时虽有最初约定的单元金额,但在信托期间,有追加或退减部分单元的自由。于信托终结时可以领取相应的黄金现品,也可以兑成现金。

(2)依信托金的用向而分

采取这样的分类,比采用以“信托目的分类”方法要贴切。设立信托应从委托人的意愿出发,而在营业信托发展到一定阶段时,委托人对自己持有的钱财多抱着保值增值的目的,普遍采用有选择地投资于收益与风险相适应的理财产品上。因此,就有相当一部分信托品种是由受托人设计安排好信托金的用向,再募集资金,由信托机构按预定信托计划运作。依信托金的用向而分类的信托业务主要有:贷款信托、年金信托、财产形成信托和证券投资信托。

其中,财产形成信托,是信托机构为协助职工储蓄财产,积存晚年资金和购买住房而设计安排的职工财产形成促进制度。通过财产形成养老金信托,财产形成住宅信托等业务,促进职工积蓄财产,扩大企业内部福利。这类信托是以雇员为委托人又为受益人的自益信托。雇主代扣代交信托金,由信托机构为受托人进行管理运用。其运用的方式一般为指定金钱信托和贷款信托。

关于证券投资信托,是由信托机构以证券投资专家理财的专业技能和经验设计安排的信托业务。以不特定的社会大众为委托人,集合其小额金钱投资于收益稳定,风险较低的有价证券上。

关于年金信托,在日本的营业信托业务又分为法定退休金信托,福利养老金信托和非法定退休金信托三种:

法定退休金信托,也即适格退休养老金信托。是由实行年金制度的企业作为委托人将企业对职工的退休金委托信托机构(受托人)进行管理,运用和支付。加入该信托的退休职工为受益人;福利养老金信托,是根据国家的规定由各企业代替国家收取缴纳金而组成福利养老金基金和持有组织。由该组织为委托人,将基金委托给信托机构进行管理运用和支付。属于指定金钱信托的一个特殊类型;非法定退休金信托作为前两者的补充,这是信托机构根据养老金数理计算,以支付养老金为目标相互扶助型个人养老金信托。这种业务主要通过金钱信托和贷款信托两种形式来实现。在养老金信托中还有根据国民养老基金制度,为个体经营者而设计安排的国民养老基金信托。

贷款信托,是金钱信托中以“信托金的用向”而划分的最主要的信托业务,在日本的营业信托中占有很大比重。

贷款信托,先由委托人将资金交付信托机构,由信托机构开具“信托受益凭证”。受益凭证标明投托日期、本金额、期满日等。信托受益凭证是无记名式,后逐渐发展到记名式(或称之为信托存折)。信托机构一般每月分两次(间隔10至15天)为客户办理手续,然后将集中起来的资金贷给长期借款者(预先已通过贷款审查的项目方)使用。从委托人交付信托金之日到实际投放日之间的期间(一般不超过一周)其利息按联合运用指定金钱信托的预定分红利率记付,称预付收益利润。贷款信托有如下特点:第一,保本,利率不固定,但高于银行同期存款利率和通账率;第二,只允许自益信托,不允许他益信托;第三,期限长,一般为2~5年,5年者占80%以上;第四,不得提前解约,不提前支取。如果委托人急需资金,可以通过几种办法解决:一种办法是,委托人请求信托机构收购“信托受益凭证”,但必须在信托契约执行1年后方可,且要扣除相应的“折扣额”;第二种办法是,委托人将“信托受益凭证”自行转让给他人,在原信托机构办理转让手续,需交纳手续费,同时还要交纳有价证券交易税,在转让合同上加贴印花税;第三种办法是,委托人以自己的“信托受益凭证”作担保,申请贷款。

贷款信托又可分为期满后获益型(也称收益届期型)和收益分配型两种。

收益分配型,是按契约的规定每半年或1年支付一次利息;期满后获益型,是信托到期日时一次性支付本利。由于在未期满时已产生的运营收益不被领取可加以再运用,就使得这种期满获益型的贷款信托之收益率较高。

2. 非金钱信托

这类信托是指委托人以其自有合法的金钱以外的财产和财产权利,委托给信托机构加以管理运用的信托。主要包括有价证券信托、金钱债权信托、动产信托、不动产信托和抵押公司债信托等。在此,就有代表性的有价证券信托,金钱债权信托中的住宅贷款债权信托和不动产信托中的土地信托作一概析:

(1)有价证券信托

以有价证券作为信托财产,委托给信托机构进行管理运用的信托称为有价证券信托。有价证券包括股票、国债券、公司债券等。在有价证券信托业务中,以股票信托和国债券信托居多。以信托机构对有价证券的管理运用方式而分成管理有价证券信托和运用有价证券信托两种。

管理有价证券信托,是以管理为目的的信托业务。委托人将有价证券交付给信托机构后,办理收管保护手续,依据签订的保管协议对有价证券的实物进行保管。以受托人的名义对有价证券的利息,红利作代办代收,股份增资的股金代缴,并行使股东大会上的表决权等;运用有价证券信托,是除管理以外,还要运用有价证券使之殖利。在委托人与受托人(信托机构)签订的合同中,委托人既享有利息、红利,又能按信托机构对该证券的运用结果获一定比例的收益。例如将有价证券出租、抵押所取得的收益。在运用有价证券信托中的委托人可以是个人,也可以是法人。实践中,以法人者居多,信托机构将受托的有价证券赁贷出去,收取赁贷费。这种运作方法仅限于对国债券、地方债券、金融债券或有一流信誉的基建投资事业债券或财团公司所发行的债券的运用上。股票则受限制、不可受理。赁借有价证券的对象为证券公司、金融公司、不动产公司以及规模较大的生产企业或零售企业。

(2)住宅(房)贷款债权信托

住宅贷款债权信托,是在发展资产金融(使资产流动化的金融)的创新中开发出来的一种新类型的信托业务。

住宅贷款债权信托是以众多的住房贷款户为债务人,以商业银行作为债权人和委托人将其所持有的住房贷款债权,信托给信托机构(债权转移到信托机构名下)。信托机构作为受托人将该信托财产证券比,以信托受益权销售给广大的投资者,并将销售金交付银行再运用的一种信托业务。其特点有三:第一,银行住房贷款所形成的债权,通过信托机构实现流动化;第二,信托机构销售的是信托受益权(投资者持有的受益权证);第三,信托受益权销售金由信托机构集中交付委托人(银行)作为住房贷款的再运用。

由上述可见,住宅贷款债权信托是将贷款债权作为一种财产,由银行(债权人)作为委托人,信托给信托机构后(将债权作为信托财产转移至信托机构名下)由信托机构(受托人)按照委托人的意愿管理运作。通过向投资者发售信托受益权的方式为委托人融资,使委托人获得新的资金,再发放住房贷款,从而使住房贷款债权这个金融资产得以流动起来。

住宅贷款债权信托不同于金钱信托和贷款信托。首先,住宅贷款债权信托中的委托人同时是受益人,但不是唯一的受益人,而是所谓的第一受益权人,投资者是第二受益权人。信托财产不是金钱也不是不动产,而是一种债权;另外,投资者取得的凭证,不是存单也不是债券,而是受益权证;其次,信托机构通过发售信托受益权所获得的资金并不自己运用,而是交付银行(委托人)循环使用。在此类信托业务中,信托机构虽不承担风险,但其在发售信托受益权前对风险的计量、利率的确定、销售中的管理,销售后的服务和对投资者本利的给付等一系列的运营中发挥着特殊的作用。

住宅贷款债权信托按其对投资者资金偿还方式的不同,分为回购式与卖出式两种类型。回购式住宅贷款债权信托,是指在信托期满时,银行向信托机构支付债权回购费,信托机构再向投资者赎回受益权,即按信托受益权证支付到期本息,收回受益权证。卖出式住宅贷款债权信托,是指由银行直接使用债务人的还贷资金向投资者支付,一旦发生风险则由担保公司向委托人支付担保金(均按信托合同通过受托人向投资者支付信托受益权之本息)。

(3)土地信托

土地信托是以土地作为信托财产转移给信托机构后,在信托的土地上建立一个房产项目,进行全面、系统的操作、运营和管理的实业型不动产信托。

日本的土地信托是在国家为提高土地使用率,促进经济发展的热潮中兴起的。通过土地信托政府将民间活力引入公共事业。日本的法律从允许私有土地进行信托发展到允许国有土地和地方政府的土地作为信托财产。开办土地信托业务的好处至少有四个方面:一是,避免国有土地出售影响周边土地的价格;二是,利用信托机构融资和运营、管理的专业技能节省政府人力和财力的投入;三是,便于综合利用闲散土地,使分散的多个土地持有者可以联合共同委托给信托机构更有效地利用土地,降低开发成本;四是,土地持有者可以通过土地信托减少税赋(所得税和财产继承税,如土地买卖的土地税为5%,而通过信托,税率可降至0.6%)。

土地信托依其目的之别又可分为出租型土地信托和销售型土地信托两种。出租型土地信托的目的是将建成的不动产出租,以取得收益;销售型土地信托的目的是将建成的不动产销售出去,以取得收益。已发生的土地信托业务,以出租型为多。

土地信托的业务程序和受托人职责可归纳为以下几点:

第一,为有土地信托意愿的客户提供咨询;

第二,实地调查。包括土地状况,周边环境、政策法规、市场需求等;

第三,在实地调查的基础上,提出能充分体现土地持有者意愿的土地使用计划、方案;

第四,缔结基本协议,对项目进展方式、日程等基本事项,信托双方达成一致意见。此协议并非信托合同,有随时终止合作的可能;

第五,计划立案。进行项目基本方案的立案,包括研究设计方案、建筑费用预算、收支计划、筹资方案、税务对策、制定项目进度日程表等;

第六,签订土地信托合同。进行土地所有权转移登记,信托登记和授予土地所有权人土地信托受益权证书;

第七,开工。选定设计单位,审定设计图纸,向主管行政部门申报,办理审批手续;选定建筑商,签订承包合同;确定资金拆借条件,建立专门信托账户;

第八,在建设期间,进行出租型土地信托项下的有关招租工作,管理施工工程,开拓租房客户,预约签署租赁合同,制定管理原则、方式、细则,与物业管理公司签订管理合同;销售型土地信托则需先制定预销售计划,并实施销售;

第九,运营、管理。出租土地信托,需向租户收取保证金、租金、共益费等,处理租户提出的事宜;指导、监督管理公司,明确管理方法;决定中长期修缮计划;向受益人报告结算情况;计算、支付分红金,按规定取得信托报酬;

第十,信托合同的结转。将土地、建筑物等信托财产交付给受益人;制作清算、承接报告文件;清算承接借款,清算共益费、火灾保险费、管理费等;撤销信托不动产转移登记和信托登记等。

二、我国的营业信托

随着我国市场经济的稳步发展,宏观经济形势和金融市场的看好,自信托回归本业以来,信托市场的潜在需求逐渐加大,营业信托正处在一个有序的规范发展阶段,信托业务在创新中扩张。与此同时,监管力度也随之加大,信托业务的品种设计和推出也受到制约。因此,我国的营业信托的分类达到比较科学和完善的程度,还有一个渐进的过程,信托业务还有一个相当广阔的发展空间。在此,作者主要依据现行的法律法规所规范的营业信托的范围,结合信托市场推出的信托业务品种,同时思考今后的发展趋势,提出我国营业信托的基本分类及其主要内容。

(一)开办营业信托的法律法规依据

在我国境内从事营业信托活动,主要的法律法规依据为:《中华人民共和国信托法》、《信托公司管理办法》和《信托公司集合资金信托计划管理办法》。

1. 在我国的"信托法"中明确规定了营业信托为信托当事人在我国境内进行信托活动中的一个主要信托类型。而且明确规定了信托当事人中的受托人采取信托机构形式从事信托活动的,其组织和管理由国务院制定具体办法(见"信托法"第三条,第四条)。

2. 中国银行业监督管理委员会于2007年1月23日公布的《信托公司管理办法》,自2007年3月1日起实施。原来由中国人民银行于2002年6月5日颁布的《信托投资公司管理办法》不再适用。

(1)由于我国尚未制定"信托业法",所以就以《信托公司管理办法》来重点规范主要经营信托业务的金融机构(信托公司)的信托行为(见《信托公司管理办法》第二条第一款)。

(2)所谓"信托业务",是指信托公司以营业和收取报酬为目的,以受托人身份承诺信托和处理信托事务的经营行为(见《信托公司管理办法》第二条第二款);对信托公司及其业务活动,由中国银行业监督管理委员会实施监督管理(见《信托公司管理办法》第五条),同时明确规定未经银监会批准,任何单位和个人不得经营信托业务,任何经营单位不得在其名称中使用"信托公司"字样(见《信托公司管理办法》第七条)。

3. 中国银行业监督管理委员会于2007年1月23日公布的《信托公司集合资金信托计划管理办法》,自2007年3月1日起施行。原来由中国人民银行于2002年6月26日颁布的《信托投资公司资金信托管理暂行办法》不再适用。

这一管理办法,规范了信托公司的营业信托中的核心信托业务集合资金信托的经营行为。明确规定在我国境内设立集合资金信托计划,由信托公司担任受托人的,需依照这一管理办法进行(见《信托公司集合资金信托计划管理办法》第一条,第二条)。

(二)营业信托的分类方法

对于营业信托的分类方法,在《信托公司管理办法》中作出了有关规定,归纳一下，有以下两个方面：

1. 根据《信托公司管理办法》对信托公司经营范围的规定，信托公司所经营的信托业务包括：资金信托、动产信托、不动产信托、有价证券信托、其他财产或财产权信托。这表明，这些营业信托的类型划分应是以信托财产的种类（性质或形态）而确立的（见《信托公司管理办法》第十六条）。

2. 在《信托公司管理办法》中的第十八条“信托公司可以根据市场需要，按照信托目的，信托财产的种类或者对信托财产的管理方式的不同设置信托业务品种”的规定，概括了对营业信托的分类方法。该规定虽然将营业信托的分类方法归纳为三种，但从第十六条的规定看出，以信托财产的种类不同进行分类的方法，应作为分类的主体或主线。同时应注意到营业信托的业务品种设置，要看市场的需求情况而定。按我国国情而论，民间财富的积累主要是货币，委托人多以货币的保值、增值为其信托目的。资金信托，特别是集合资金信托业务就当然地成为营业信托中的主导业务。

（三）营业信托的分类

关于我国在营业信托方面的分类，虽有基本的分类方法，但这仅仅是一个框架式结构的形成原则。具体的分类还要看市场的现状和需求，同时也要借鉴国外信托发达国家的信托分类的经验和发展趋势，给我国营业信托的创新发展留有足够的空间。在此，提出本作者对我国营业信托的分类表（详见表2－6－7），为抛砖引玉之意。

表2－6－7　我国营业信托分类表

<table>
<tr><th>主类</th><th colspan="2">附类</th><th>细类</th></tr>
<tr><td rowspan="6">资金信托</td><td rowspan="2">委托人数量与管理方式</td><td>单一（独）资金信托</td><td rowspan="2">特定资金信托、指定资金信托、组合运用资金信托。</td></tr>
<tr><td>集合资金信托</td></tr>
<tr><td rowspan="4">资金用向</td><td>贷款信托</td><td>特定贷款信托、指定贷款信托。</td></tr>
<tr><td>投资信托</td><td>债权投资信托、股权投资信托、权益投资信托、证券投资信托、产业投资信托、房地产投资信托基金等。</td></tr>
<tr><td>年金信托</td><td>社保基金信托、企业年金信托等。</td></tr>
<tr><td>融资租赁信托</td><td></td></tr>
</table>

续表

主类	附类	细类
财产及财产权信托	动产信托	设备租赁信托、贵金属管理信托等。
	不动产信托	房产处置与管理信托、房产租售一体型信托等。
	有价证券信托	
	债权信托	人寿保险信托、附担保公司债信托、住房贷款债权信托等。
	知识产权信托	专利信托(管理;产业化)、著作权信托等。
特定目的信托	资产证券化信托	银行信贷资产证券化信托(基础资产、不良资产、住房抵押贷款等)。
	表决权信托	
	员工持股信托	
	其他	国有资产管理信托、企业重整信托、企业清算信托、管理层收购信托等。

对表2-6-7的编制,有如下几点说明:

1. 关于主类、附类、细类的划分这种划分,是为对我国营业信托的分类框架更加明晰地附和我国"信托法"、"信托公司管理办法"和"信托公司集合资金信托计划管理办法"等法律、行政法规的相关规定。其中"主类"是以信托财产的种类(包括资金、资金以外的财产及财产权)和信托的特定目的而区分;"附类"是附属于"主类"的基本或有代表性的信托业务类型;"细类"则是"附类"项下更加具体的信托业务品种。但尽管是"细类",也仍然可以再进一步细化。这样就更能附和"信托公司可以根据市场需要,按照信托目的,信托财产的种类或者对信托财产管理方式的不同设置信托业务品种"(见"信托公司管理办法"第十八条)的规定了。

2. 在依信托财产种类的划分中,突出资金信托是世界各国在营业信托的分类中普遍采取的方法,也更加符合我国自信托业恢复以来的市场需求。而且是"信托法"颁布后首先被行政法规规范的信托业务。

将资金信托以两种方法划分附属于主类的信托类型中,一种是以委托人的数量与管理方式而划分出单一资金信托和集合资金信托;另一种是以信托资金的用向而划分出贷款信托、投资信托、年金信托和融资租赁信托。

(1)单一与集合两类资金信托,都可以依受托人的权限分为特定资金信托、指定资金信托和组合运用资金信托。其中,特定资金信托之信托资金的运作方式是由委托人限定的;指定资金信托之信托资金的运作仅由委托人指定一定的范围,给予受托人一定的自由裁量权;值得注意的是,在这一划分中没有提出无指定资金信托,这主要是为防止信托公司变相开办除同业拆入业务以外的其他负债业务,而有悖于"信托公司管理办法"中第二十一条的规定,以避免信托资金被挪用的风险发生。根据"信托公司集合资金信托计划管理办法"第二十五条关于"信托资金可以进行组合运用"的相关规定,划分出"组合运用资金信托"业务,即符合规定又有利于资金信托业务的拓展。

(2)在依信托资金的用向而划分出的"附类"中,贷款信托:也可分为特定贷款信托和指定贷款信托。还可以依贷款对象的不同进一步细化分类,如房地产贷款信托,基础设施建设贷款信托等。投资信托:也可以根据委托人数量与管理方式分为单一资金和集合资金两种投资信托。同样也可分为特定投资信托、指定投资信托和组合运用投资信托。根据"信托公司集合资金信托计划管理办法"第二十六条"信托公司可以运用债权、股权、物权及其他可行方式运用信托资金。"的规定,在"细类"中划分出债权投资信托、股权投资信托、权益投资信托、证券投资信托、产业投资信托、房地产投资信托基金等。

关于年金信托,属于一种特殊的资金信托业务。涉及养老金的安全问题,其信托业务的开办需按相关法规的规定进行,如注册资本的规定和主管部门的批准等。因此,这类信托业务作为资金信托的一个特殊业务。

关于融资租赁信托,是信托公司作为受托人接受委托人的资金(可以是集合资金,也可以是单一资金),用以购买设备,租赁给承租人使用。在信托存续期内主要由租金形成信托利益,承租人按信托文件的约定分期偿还本金和支付租息。信托终止,设备所有权才由受托人名下转移给承租人。该类业务属于融资融物于一体的信托业务,不同于贷款信托和投资信托,因此作为资金信托的另一种类型予以区分。

3. 将资金形态以外的财产与财产权作为信托财产而设立的信托,划为一类信托业务,其所涉范围颇广。可以概括为以物权、股权、债权均可设立信托。在这一分类中突出了动产信托、不动产信托和有价证券信托,附和我国"信托公司管理办法"第十六条的规定。将债权信托和知识产权信托作为另两种财产权信托来划分,附和我国市场经济发展的需要。

4. 关于“特定目的信托”的划分,是依为实现委托人之特定目的而设立的信托业务。其中,资产证券化信托业务是以实现委托人所持资产之流动性为特定目的而设计安排的新型信托业务。需依相关法规的有关规定,如注册资本和审批程序进行,获准后方可开办;员工持股信托,表决权信托都因委托人设立信托之目的的特定性而列于特定目的的信托,应更为贴切;其他类之中的国有资产管理信托,是以国有资产管理机关或国有资产管理公司为委托人,以解决国有资产产权和经营效率问题为特定信托目的而设立的信托。委托人是以国有股权委托给受托人进行管理运用或处分,委托人为受益人;企业重整信托,是以解决某些企业发生支付危机、避免破产为特定目的。由企业之债权人或企业为委托人,将企业的全部资产委托给信托机构进行重整、管理、运营的一种信托业务;企业清算信托,是以保护破产、关闭、被撤销之企业债权人和投资人的利益为特定目的,由债权人或法院指定信托机构担任清算人的一种信托业务;管理层收购信托,是为实现目标公司管理层收购公司股权的特定目的而设立的信托。以信托安排向管理层提供收购资金,从而解决管理层向银行贷款或发行企业债券融资难的问题,规避专门设立收购主体的要求,简化收购方案。这些类型的信托业务,涉及国有资产的管理、处分上的政策问题,特别是有可能引发国有资产流失风险产生的业务更需遵照相关法律法规和得到主管部门的批准后方可进行。将上述信托业务列入“特定目的”之信托类,给营业信托的拓展留有空间。

(四)主要信托类型的概析

在表2-6-7中所列各个类型的信托业务,前面都已作过必要的说明。在此,不再一一赘述,仅就其中几个类型的信托业务,即集合资金信托、房地产投资信托基金、企业年金信托、知识产权信托中的专利信托、资产证券化信托作一概析:

1. 集合资金信托

集合资金信托,是指由信托机构担任受托人,按照委托人的意愿,为受益人的利益,将两个以上(含两个)委托人交付的资金进行集中管理运用或处分的资金信托业务。

在我国境内,由信托公司经营集合资金信托业务的,由“信托公司集合资金信托计划管理办法”予以规范。

集合资金信托业务是营业信托中资金信托的一个重点业务,是一种信托类型的统称。而集合资金信托计划则是由信托公司开办的集合资金信托业务中的一个具体项目，应该是一个“计划”对应一个“项目”。

集合资金信托与其他制度设计相比，具有聚集社会闲散资金、实施中长期管理、资金运用范围广、流动性相对较强、风险相对较低、收益相对较高等特点。在一些信托发达国家，受托人可以发行信托受益权证，可以保证投资者的最低收益。

在我国，信托公司开办集合资金信托业务，由于历史原因和社会经济基础、金融环境、信托市场发育水平等情况，特别是信托公司驾驭风险和社会公众承受风险的能力，都存在一定的问题。因此，信托资金的聚集还不能采取公开发行信托受益权证的办法，集合资金的方式仍属于私募性质。

参与集合资金信托计划的委托人为唯一受益人，属自益信托。在“信托公司集合资金信托计划管理办法”中对委托人的数量和条件都有所控制。从数量上讲，主要是限制自然人的人数不得超过50人，机构数量不限。从条件上讲，规定了合格投资者应具备能识别、判断和承担信托计划相应风险的能力。同时应满足投资一个信托计划的最低金额不少于100万元人民币的自然人、法人或者依法成立的其他组织；个人或家庭金融资产总计在其认购时超过100万元人民币，且能提供相关财产证明的自然人；个人收入在最近三年内年收入超过20万元人民币或者夫妻双方合计收入在最近三年内每年收入超过30万元人民币，且能提供相关收入证明的自然人三个条件之一的。这就将参与集合资金信托计划的委托人基本界定在生活富裕阶层和有一定资金实力的机构。

集合资金信托计划的信托期限不少于一年，信托资金必须有明确的投资方向和投资策略，并符合国家的产业政策及有关规定。信托公司对信托资金的运用应依照信托合同的约定进行。在设计安排一项信托计划时，有明确的运用范围和投资比例。在进行证券投资时，应采用资产组合的方式，事先制定好投资比例和策略。信托公司还可以根据市场需要，对信托资金运用于债权、股权和物权上。对信托资金的运作以最大限度地降低风险和受益人的最大收益为原则（以上见“信托公司集合资金信托计划管理办法”第五条，第六条，第二十五条，第二十六条）。

集合资金信托计划的信托受益权按等额份额的信托单位划分。在信托计划存续期间，受益人可以向合格投资者转让其持有的信托单位。但信托受益权进行拆分转让的,受让人不得为自然人;且机构持有的信托受益权,不得向自然人转让或拆分转让(见“信托公司集合资金信托管理办法”第五条,第二十九条)。

对集合资金信托计划的风险管理方法,除了设定合格投资者的条件以外,在设立信托计划前,信托公司还必须就项目的可行性分析、合法性、风险评估、有无关联方交易等事项作出尽职调查报告;在推介信托计划时,不以任何方式承诺信托资金不受损失和承诺最低收益;在对信托资金的管理上,实行保管制,在信托计划存续期间,由经营稳健的商业银行担任保管人,以确保信托财产的安全和独立性;在对信托资金的运作上,不得为他人提供担保,向他人提供贷款不得超过所管理的所有信托计划实收余额的30%等;为保护投资者权益,属于信托公司违背信托文件的规定或处理信托事务不当者,由信托公司以固有财产赔偿,信托公司实行信托赔偿准备金制度(见“信托公司集合资金信托计划管理办法”第十一条,第十九条,第二十一条,第二十二条,第二十七条;“信托公司管理办法”第四十九条)。

2. 房地产投资信托基金

现阶段,我国还没有真正规范意义上的房地产投资信托基金,但它具有很好的发展前景。

房地产投资信托基金(REITs),是指通过公开发行基金单位(受益凭证)募集资金,由受托人管理,专门机构经营,通过多元化的资产组合方式进行房地产投资活动的信托型投资基金。REITs 的收益主要来源于房地产租金收入,投资人(受益人)有稳定的投资收益。

REITs 与证券投资基金相比有共同之处,均属投资基金之类型,但投资对象不同,前者投资于房地产,后者则投资于证券。

REITs 属地产基金的一种特殊类型,地产基金是广义上的包含各种能产生高利润(同时伴随高风险),投资于房地产的实业投资基金。因此,地产基金的投资对象带有浓厚的任意性,其募集资金的方式为私募的,是为少数富有阶层的投资偏好而设计安排的。有非常灵活的投资运作方式,可以对任何有价值的房地产项目投资,可以整体包干投资,也可分段渐进投资,以追逐最大利润为目的,投资者有足够的风险承受能力;REITs 的资金募集方式是公募的,可以公开流通,设计与管理环节都可以被标准化和格式化,资金的运作对象是能产生稳定租金收入的房地产项目,具有收益稳、风险低的特点,是公众可选择可接受的金融投资工具。

REITs实际上是一种证券化的房地产产业投资基金,与房地产证券化相比,被证券化的对象均为房地产。但REITs是发行受益凭证在先,募集资金后再投资于房地产;而房地产证券化,则是委托人以自己拥有的房地产为信托财产设立信托,再由受托人以该房地产为基础发行受益凭证。

由于我国的现行政策法规所限,属于公募性质的房地产投资信托基金的开办以及房地产证券化等涉及发行信托受益凭证的信托业务都还需要有一个渐进的拓展过程。

我国目前涉及房地产的资金信托业务,为信托契约型私募性质的非资产证券化的投资品种。通常是为开发性的房地产项目向开发商提供贷款或进行股权投资,信托期限较短,且流动性低,信托公司既是受托人,又是资金管理人。随着我国加快住房市场化改革的步伐和城市化的进程,房地产仍将处于开发建设的扩展时期,房地产抵押资产证券化将逐步推进。在未来成熟期,房地产投资信托基金必将在政策法规的支撑下走入人们的经济生活中,走上境内外上市融资的舞台。

3. 企业年金信托

构筑起一个完善的养老金制度下的社会保障体系,包括基本养老保险、企业年金(企业补充养老保险)和个人储蓄性养老保险(商业保险),三者可同时并举,相互补充。这已是经济发达国家养老金体系的三个支柱。我国的养老金制度也正在朝这个方向积极探索发展,其中大力发展企业年金更显重要。

企业年金是指在政府强制执行的国家养老金制度之外,企业根据自身经济实力和发展规划,依政策指导,旨在为本企业职工提供相应水平之退休收入保障的补充性养老金制度。

我国于2000年,在完善城镇社会保障体系试点方案中,将企业补充养老保险正式更名为企业年金。2001年,进一步明确了建立企业年金应具备的三个条件:一是依法参加基本养老保险并按时足额缴费;二是生产经营比较稳定,经济效益较好;三是企业内部管理制度健全。大型企业、行业可自办企业年金,鼓励企业委托有关机构经办企业年金。管理和运营企业年金的机构须经国家劳动保障行政部门会同财政部门的认定和批准。

2004年以来,劳动和社会保障部颁布了“企业年金试行办法”,会同银监会、证监会和保监会颁布了“企业年金基金管理试行办法”，确立了我国企业年金制度的法律组织形式采取信托型。随后还制定了“企业年金基金管理机构资格认定暂行办法”。

企业年金基金具有鲜明的独立性，资产的所有权、管理权、经营权、监管权等均是相对公开和独立的。从法律层面上讲，存有两层法律关系：第一层，企业作为委托人，享受企业年金待遇的职工为受益人，与受托人依“信托法”建立信托关系；第二层，受托人依据“合同法”分别与基金托管机构、个人账户管理机构、投资管理机构建立委托代理关系。

按照“企业年金试行办法”和“企业年金基金管理试行办法”的规定，企业年金受托人可以是企业成立的企业年金理事会，也可以是符合国家规定的法人受托机构。其中，企业年金理事会作为自然人联合体，除管理本企业的企业年金事务外，不得从事其他任何形式的营业性活动。根据我国“信托法”的规定，受托人可以是自然人和法人，但“信托公司管理办法”明确规定“未经中国银行业监督管理委员会批准，任何单位和个人不得经营信托业务”；“设立信托公司，应当经中国银行业监督管理委员会批准，并领取金融许可证”。对照这些法规的规定，信托型企业年金受托人法人机构应由信托公司承担，是法律意义上的最规范的主体。鉴于此，企业年金信托，应是由信托公司作为受托人，依照信托合同的约定，对计提的企业年金基金实施管理和运用的一种信托业务。

信托公司在企业年金的管理中可以承担受托人，也可以同时承担账户管理人。

作为企业年金信托的受托人，其职责的核心是保证企业年金的独立性和完整性。按照企业年金信托合同，严格履行企业年金计划，有效管理企业年金基金。对企业年金计划的运行和基金管理承担全部责任。虽然，信托公司可以将部分或大部分工作委托给其他专业机构运行，但其仍承担最终责任。

在企业加入年金计划后，信托公司作为受托人应按企业的要求，制定企业年金基金投资方案；还可以协助企业为适应其人力资源发展规划、职工福利、奖励机制等开发与稳定人才之所需制定行之有效的企业年金计划；还可以为企业员工提供有关企业年金管理、运营的咨询服务和投资策略、收益特征、风险防范等方面的基础知识普及教育服务。

关于账户管理人,不一定非由信托公司担任,也可由符合资格要求的其他机构承担。但是,由信托公司同时担任受托人和账户管理人,会避免运作过程中的不协调问题,同时,有利于企业年金计划产品和服务手段的开发。因为,账户管理人和受托人的职能有着内在的联系,如企业年金基金的供款分配与记录、运营记录、核算、收益分配明细账、个人退休待遇计算、审核发放明细等。所以,信托公司应开发和完善自己的账户管理系统,取得账户管理人的资格。

4. 专利信托:主要指专利技术产业化信托

专利技术产业化信托是指以专利技术权作为信托财产,以实现专利技术产业化为信托目的的信托业务。

信托公司作为受托人,在推进专利技术实施产业化的工作中,比其他金融机构更具优势:其一,它可以将专利技术权作为信托财产按照委托人的意愿和信托合同的约定,以自己的名义加以管理运用、处分。恪尽职守,履行诚实、信用、谨慎、有效管理的义务,为受益人利益的最大化而努力;其二,因信托财产的独立性,使专利技术权在形成信托财产时,与委托人的其他财产和财产权,与受托人的自有财产相分离,而受到法律的保护;其三,因对信托财产的管理、运作具有灵活性,使专利技术实现产业化的通道增多;其四,信托的中长期融资功能正适合于实施专利技术产业化的周期较长的需要;其五,信托公司拥有多方面的人才和多方位的沟通能力,便于建立科学的评价和有效的运行机制。

专利技术产业化信托的信托方式,根据委托人的意愿由信托合同予以约定。主要有:

第一,卖出型:也可称全权转让型,即专利技术持有人作为委托人,委托信托公司将其专利技术权一次性售出,专利技术权全部归属于买方;

第二,参股型:即受托人接受委托人的委托,将其专利技术权作为信托财产,以无形资产参股至同行业有实力的研究机构,生产企业或上市公司。所持比例依有关法规,双方以合同约定,信托公司则作为股权代表行使股东权利;

第三,公司型:以专利技术权为信托财产,由信托公司用私募方式依“公司法”组建新的有限责任公司;

第四,其他:信托公司可以单一资金信托,集合资金信托,公益信托等一种或组合方式取得委托人委托信托公司代为确定用途的信托资金，投资于专利技术产业化项目。按合同约定信托公司参与项目的管理，按期回收投资本金，并向受益人分配分红。信托公司也可作为受益人之一，享有信托收益；信托公司还可以将组合方式运用的贷款信托中之部分资金，贷款给专利技术持有人；信托公司也可以选择资质好的高科技风险投资公司共同出资合作或委托其处理部分信托事务；还可接受政府的委托，以财政拨款设立的专利技术发展基金办理投资信托或贷款信托；甚至还可受托向世界知识产权组织申办专利，对专利技术的产品出口、在海外设点建厂、生产销售进行投融资。

信托公司对专利技术产业化项目的投融资，具有高投入、高收益和高风险的特点。为最大限度地减少风险，真正有效地实施专利技术的产业化，第一，要求信托公司应拥有开办此项业务的相应人才，他们应熟知知识产权的相关法律法规以及专利技术实施产业化的程序与相关科技知识。在对专利技术可靠性的认定上，要对专利技术持有者是否将全部，尤其是关键技术的诀窍登记专利进行审查。如未登记，一旦发生不能受被侵权保护的情形，信托公司将可能蒙受重大损失。因此，在信托合同中应有严格的限制性条款和违约责任；第二，实行专利技术产业化信托的公示制度，在政府主管部门登记备案、进行信托公告，并按规定进行信息披露；第三，政府可组织设立专利技术产业化担保基金和给专利技术产业化信托以优惠税收政策予以支持；第四，设立信托保险，信托公司可以投资于专利技术产业化项目所产生的年度投资收益向保险公司投保，由保险公司分担部分信托风险。同时，专利技术权持有人还可以向保险公司申办财产保险。

5. 资产证券化信托

资产证券化，是指将缺乏流动性但能产生稳定现金流的资产，通过一定的结构安排，对资产中的风险与收益进行分离组合，进而转化为可出售和流通的并有固定收入的证券，以发行证券进行融资的技术和过程。

资产证券化不同于传统的融资方式，它是一种以项目收入为导向的结构型融资方式。它以资产为基础，通过提供资产本身信用和衍生信用，以资产破产隔离、信用增级等技术，将资产转换成可以流动的证券，从而提高资产的流动性，使基础资产脱离发行人自身的信用，以较低的成本获取资本，实现资源的优化配置，加快资本的周转、分散和降低风险。

资产证券化的表外操作模式（将资产证券化的资产移出发起人的资产负债表之外）一般更具有规范性、普遍性和长期性，为各类发起人所愿采用。SPV作为资产证券化的证券发行人主体模式又可分为SPC和SPT两种模式。前者是指发起人将拟证券化的资产转让给一个"空壳性"特殊目的公司（SPC），该公司以这些资产为担保发行资产支持证券（ABS，应用领域包括房屋抵押贷款、汽车贷款、设备租赁、助学贷款、信用卡应收账款等）；后者指发起人在拟证券化的资产上设定特殊目的信托（SPT），借助信托财产的独立性原理隔离资产风险，通过结构性安排设计出资产证券化信托产品，销售给合格的投资者。

由于我国现阶段的现行法律法规，对实行SPC模式尚存障碍。相比之下，SPT模式的运用具有比较性优势。"信贷资产证券化试点管理办法"的制定和实施已表明这一优势对启动我国资产证券化业务的积极作用。该办法明确规定了"金融机构作为发起机构，通过设立特定目的信托，以资产支持证券的形式向投资机构转让信贷资产，由受托机构负责管理信托财产，以信托财产所发生的现金流支付资产支持证券收益的结构性融资活动。"这就给出了信贷资产证券化业务的定义，它是一种特定目的信托。信贷资产证券化业务，其被证券化的信贷资产不单指优良资产，也包括不良资产。不良资产支持证券并不必然地意味着高风险，通过受托人严密的尽职调查、资产评估、谨慎的结构性设计安排，也仍然可以构造出信用较高的证券化产品。

按照信托方式实施信贷资产证券化业务，其基本程序为：

第一，银行作为发起人，针对其自身的资产流动性的需求，选择一定规模的拟实施证券化的资产构建资产池；

第二，发起人作为委托人与受托人签定信托合同，将拟证券化的信贷资产设定为信托财产，以合约出售方式转移至受托人。彰显信托财产的独立性，实现破产隔离功能；

第三，信用增级和信用评级。

信用增级有内部和外部两种方式：内部信用增级一般是采用现金流分层实施信用增级的方法，就是把所发行的证券分为不同的级别，各级别还可再分出若干档次。优先级证券将首先得到偿付，这样便将优先级证券的风险移转到次级证券的持有者身上，从而提高优先级证券的信用级别。即通过设定优先、次级等若干类别（级别和档次）的证券结构内部安排方式，达到信用提升的效果。内部信用增级还可以由发起人采用承担更多连带责任的方法(如提供过度担保和追索权)来实现;外部信用增级的主要方式是通过信用增级机构对标的资产进行的第三方担保。

信用评级,是通过公认度高的权威信用评级机构对资产支持证券的各级别、档次的证券进行信用评价。一般,因优先级证券公开招标发行,故重点要对优先级各档的证券进行信用评级。次级证券一般占发行额比重较小,多为定向发行,可不评级。证券发行前的信用评级,以各级别、档次之资产支持证券预期损失均值计算,结合考虑各种风险对信用提升度的要求为依据,反映的是各级别、档次之资产支持证券利息获得及时支付和本金在到期日前足额偿付的能力。证券发行后,在信托存续期内信用评级机构可依受托人的委托,对已发行的证券进行跟踪评级;

第四,受托人委托发行安排人和承销商发行证券;

第五,合格投资者购买证券;

第六,受托人以证券发行收入向银行(发起人)支付信托财产对价;

第七,发起人同时作为贷款服务机构依与受托人签署的服务合同,负责管理资产池,负责回收借款人(债务人)的贷款本金与利息的偿付。资金划入受托人与资金保管机构签署的资金保管合同所指定的专门账户;

第八,受托人负责向证券持有者清偿证券本息,待资产支持证券到期后,向聘用的各类机构支付服务费。

资产证券化业务,并非只局限于信贷资产上,事实上以券商为主导的非信贷资产证券化业务,已有以市政基础设施为主的几类资产的证券化业务得到拓展。

不管是银行,还是券商所进行的资产证券化业务,都是依靠信托的财产风险隔离功能而建立的运营体系。可以说,信托公司在很大程度上起到管道的作用。诸如产品开发设计、发行、交易等方面的工作均待发挥更大的作用。

由信托的特性所决定,资产证券化信托具有良好的发展前景。按照我国“信托法”和“信托公司管理办法”的规定,信托公司本应可以利用财产信托和资金信托进行资产证券化,由委托人(发起人)将其资产委托给信托公司(受托人)发行以发起人为受益人的结构化信托受益合同。发起人可保留一部分权益并将高级或次级受益合同转让给第三方投资者。但是,现行的

"信托公司管理办法"和"信托公司集合资金信托计划管理办法"所规范的信托公司之经营行为,与资产证券化业务的操作还存有法律距离。资产证券化产品属于公募性质,有固定收益率,可在指定平台进行公开交易;而信托公司发行的集合资金信托计划属私募性质,不能承诺最低收益,也无法进行公开交易。因此,以信托公司为主导的资产证券化信托业务,还有待更高层次的专门法予以统一规范。

第三节　公益信托的分类与概析

公益信托起源于英国的慈善信托。由"慈善法"和"信托法"规范的慈善信托,有着相当灵活的应用范围和非常丰富的判例经典。英国的慈善信托之内涵,就是突出了"慈善"的公益信托。

在英美法系信托制度的影响下,大陆法系的国家和地区在其所建立起来的信托制度体系中确立了公益信托发展的法律基础。

在一些有代表性的大陆法系的国家和地区的信托立法中,都对公益信托作出特别规定。例如,韩国和我国台湾地区在其各自的"信托法"中有单独部分对公益信托予以规定(见韩国"信托法"第八章;我国台湾地区"信托法"第八章);日本"信托法"中则从第六十六条至第七十三条共八条,对公益信托专予规定;我国的"信托法"借鉴了这些作法,且结合国情和今后发展的需要专设"公益信托"一章(见我国"信托法"第六章)对公益信托加以规范。

公益信托作为民事、商事、公益三大信托类型之一,它的产生与发展,对于人类文明、社会进步具有特殊积极的意义。

一、关于公益信托的定义

对英国的慈善信托,下一个定义应该说不算什么难题。简练地说,慈善信托就是以慈善为目的而设立的信托。但问题在于,在英国至今尚未提出一个普遍被认同的对"慈善"的定义。主要原因有二:一是,慈善的产生源于教会,其内容涉及面颇广,且向教会捐献财物的情况十分复杂,很难为慈善目的列出明细来。所以对"慈善"下一个定义就很难体现它的灵活性和对不断发展变化之社会与经济环境的适应性;二是,以判例为基础的司法背景,即使有一个对"慈善"的定义,法院在司法实践中依然要借助于大量的判例作出裁决。因此,在制定法给“慈善”予以定义,很可能会剥夺法院以前判例的效力。

但是,尽管没有一个制定法的“慈善”定义,也不能无限地扩大慈善的范围,这会给法院带来不必要诉讼大量增多的麻烦。所以,更现实一点的说法是将法律含义上的“慈善”解释为:以救济贫困、促进教育、倡导宗教和有益于社会为目的的行为。由此,就可以导出法律含义上的慈善信托,应是以救济贫困、促进教育、倡导宗教和有益于社会为目的而设立的信托。

大陆法系的国家和地区以英国的慈善信托为借鉴,将以慈善为目的的信托纳入更加广义的公益信托之中。

日本在其“信托法”中对公益信托的定义是:“以祭祀、宗教、慈善、学术、技艺及其他公益目的的信托,为公益信托。”(见日本“信托法”第六十六条);韩国“信托法”的六十五条也有“以学术、宗教、祭祀、慈善、艺术等公益为目的的信托为公益信托”的定义;我国台湾地区“信托法”中第六十九条也作出“称公益信托者,谓以慈善、文化、学术、技艺、宗教、祭祀或其他以公共利益为目的之信托。”的定义。

日本、韩国和我国台湾地区对公益信托的定义方法是相同的,都是系用概念定位与主要范围列示相结合的方法。概念定位,就是明定公益信托是以公共利益(公益)为目的;主要范围列示,即将公共利益方面的主要范围或内容加以列示。但在列示的顺序上是有区别的。在日本,将祭祀排列于一,宗教排列于二,慈善排列于三;韩国将祭祀排列于三,宗教排列于二,慈善排列于四,而将学术排列于一;我国台湾地区将祭祀排列于六,宗教排列于五,而将慈善排列于一。可见其排列顺序是受其政治、经济、文化、民俗之历史背景和现状以及今后政策导向的影响而定。

我国的信托立法并未对公益信托予以定义,只是采取列示范围的方法加以概括。以六项为主,以一项兜底明定了为其中一项公益利益而设立的信托,属于公益信托。在立法用语上,使用“属于”一词,应解释为范围的归属,并非定义用语。这七项所列为:(一)救济贫困;(二)救助灾民;(三)扶助残疾人;(四)发展教育、科技、文化、艺术、体育事业;(五)发展医疗卫生事业;(六)发展环境保护事业、维护生态环境;(七)发展其他社会公益事业(见我国“信托法”第六十条)。从内容上讲,比较具体,容易理解,而且包括的范围既广泛、不失灵活性又防止无度扩张;从管理上讲,既不涉及祭祀、宗教等方面的具体政策问题，又充分考虑慈善事业等各方面的公益事业发展的需要、附和国计民生，有益各方参与，便于公益事业管理机构的审批和监管。

二、公益信托的特点

掌握公益信托的特点，必须要认清它的基本特征和区分它与私益信托的不同之处。

（一）公益信托的基本特征

公益信托应具备以下三个基本特征：

1. 信托目的的公益性

一项公益信托的设立，其目的必须在实质上有利于社会公众的利益。我国“信托法”第六十条所列（一）至（七），凡以此七项之一公共利益为目的而设立的信托，均属于公益信托。因公益性涉及面甚广，除于前六项具体列示外，还恐有遗漏，特以第（七）项“发展其他社会公益事业”予以概括，这就足以说明公益信托必须具有法律确认的公益目的。

（1）救济贫困

以救济贫困为目的而设立的信托，是世界各国和地区在信托立法中公认的一项重要的公益信托。运用信托制度的优势救济贫困的人群，也是许多国家和地区构筑社会稳定的手段之一。

对贫困的含义和标准，在不同国度、不同地域和不同时期都会有所不同。一般来说，低于最低生活保障线的人都属于贫困者。但也有些国家规定只要是生活陷入了困境、缺乏生存的必需品者都可以列入被救济的对象。以救济这些人为目的而设立的信托都具有公益性属于公益信托。

救济贫困的行为，诸如对贫困者或生活困难的人给予生活费、医疗费、学费等费用或物质上的资助；安养孤苦老人、孤儿弃婴等；为穷人建立救济院、护理所等。

（2）救助灾民

由于自然灾害或者其他灾害的发生，造成灾民流离失所、缺衣无食等困境，为帮助灾民尽快恢复生产和生活，直接或间接向灾民给予资金、物质的支援或者建造避难住所等。以救助灾民为目的而设立的信托，无疑具有鲜明的公益性。

(3)扶助残疾人

残疾人群由于身体障碍、劳动能力有限或丧失，就业、入学、生活一般都存在困难，属于社会成员中公认的弱势群体。以财物设立信托帮助残疾人的行为，其信托目的自然是公益性的。

(4)发展教育、科技、文化、艺术、体育事业

这些事业关系到国家的强盛、社会的进步、精神文明和物质文明的建设，关系到全民健康、全民族的利益、其所涉范围极其广泛。凡是以发展、振兴这些事业为目的而设立的信托，都应是公益信托。例如，出资设立学校、补充教学设备、提供远程教育设施、奖励优秀教师、乡村教师、优秀学生、设立新学科、创新教程和教学方法等；出资、出设备设立、维护科技馆、开发新科技等；出资设立或维护博物馆、民俗馆、美术馆、图书馆、体育馆、支援全民体育运动的相关项目等。其内容丰富，所有这些有益于公共利益的事业，不可能一一列出清单，具体控制还需行业主管部门和公益事业主管机构掌握。

(5)发展医疗卫生事业

资助设立、维护公益性医院、诊所、救护站、疾病防治所；资助新医药开发、医学研究；救助某些疫病的患者等。凡以发展医疗卫生事业为目的而设立的信托，均为公益性的。

(6)发展环境保护事业，维护生态平衡

环境保护和生态平衡已成为当今人类进步、世界和谐、优化环境、造福后代的世界共识的大事。发展环境保护事业，维护生态平衡已是一个国家和地区，乃至世界受益的公益事业。我国"公益事业捐赠法"已经明确，"信托法"又再次确认发展环境保护、维护生态平衡的事业属于公益事业。例如出资出物，用于治理、预防有害物体的排放，保护水源、土壤、大气不受污染；植树造林、防治沙漠化危害；科学处理工业废弃物和生活垃圾；保护和优化野生动物的生存与繁衍环境等以及与环境生态相关的科学研究项目等。凡以如此之多的有助于发展环境保护，维护生态平衡为目的而设立的信托，都具充分的公益性。

(7)发展其他社会公益事业

社会公益事业的范围本来就很广泛，而且还处于社会经济、文化的动态发展中。为了将不可能包揽无遗且不断发展变化的公益事业内容得以充实，凡在列示的前六项内容以外的其他公益事业，均以此项概括之。如戒

烟、戒酒、戒毒;治理赌博;保护和发展宗教等,都被看成是公益事业。

以上所述表明,公益信托之信托目的的公益性是无可置疑的。但有两个问题值得注意,第一个问题是对公益事业提供服务的有关服务者可否收取服务费?如果收取服务费,会不会改变其公益性?这又可能存在着两种情况。

第一种情况是,资助建成的公益事业项目,可否向受益人收取服务费?

例如,英国判例中,一家新建立的非盈利性有限公司,其特定目的是为改进处理尸体的方法,有益于清洁卫生且降低费用,鼓励火葬并提供火葬设备。该公司对所提供的服务收取适当的费用,为了免除地方税负担申请法院宣布其为慈善性的。官司一直打到上议院,最终判决该公司的目的有益于社会,并符合"1601年慈善用益法"序言的精神和意图,因而是慈善性的;另如,资助建成的公益性学校,向学生收取学费,甚至超过成本的费用,只要是其盈余部分没有落入个人腰包,而是用于改进学校的教学设施,如图书馆、运动场、实验室等方面,就不可能改变该学校的公益性。

举一反三,这说明为公益事业之项目提供服务的服务者,不以获取私利为目的,可以收取适当的费用,超出成本的部分又用于该项目的发展上,则应不会改变其公益性。

第二种情况是,以社会公共利益为目的而设立的信托,其受托机构可否实行有偿服务?

在我国的"信托公司管理办法"的第三章"经营范围"共八条(第十六条至第二十二条)中,对信托公司的经营范围单独制定一条(第十七条)规定了"信托公司可以根据《中华人民共和国信托法》等法律法规的有关规定开展公益信托活动"。唯本条未用"业务"一词,而以"活动"为表征,明朗地突出了公益信托的公益性和社会性。说明公益信托在信托公司的经营范围内具有特殊性。既然在经营范围内,就从法规上明定了信托公司所开展的公益信托,可提供有偿服务。但收取服务费用的标准如何确定,原则上应有别于私益信托,以合理收取成本费用为宜。信托公司应将收费标准及计算依据附于公益信托项目材料中,一并报送主管机构审批。当然,对于信托公司为公益事业作贡献,提供无偿服务,甚至以自有财产支持公益事业的发展,应当受到鼓励。

因此,对于信托公司开展公益信托活动所付出的成本费用,以信托财产为限,向信托公司适当支付服务费,并不会影响该项公益信托之信托目的的公益性。

第二个值得注意的问题是对公益信托之信托目的公益性的认定上,该信托目的应是纯粹的。

如果用于设立公益信托的信托财产是未加分割的,而该信托项下又夹杂着非公益性的,其信托目的就不具备纯粹的公益性,那么整个信托就不可能被认定为公益信托。进一步说,一项信托如果有多个目的存在,哪怕其中只有一个目的是非公益性的,其余都是公益性的,这项信托也不能被确认为公益信托。甚至在多项信托目的中,有一项模糊于公益性与非公益性之间,交由受托人自主裁量,那么受托人就存在着将信托财产用于非公益性目的之上的可能性,从而使整个信托失去公益信托的成分而无效。

如果用于设立信托的资金是一信托基金,委托人指示受托人将基金按其所定比例分别用于公益目的和非公益目的,在此情况下只有用于公益目的的那部分基金才能确立为一项公益信托;如果是遗嘱信托的资金,用于公益目的和非公益目的上的比例未作指定,但指定受托人作自主裁定的,由受托人按适合的比例划分,没有裁量权的可按等分原则划分。在这类情况下,也同样只有用在公益目的上的那部分资金才能形成一项公益信托。

2. 信托的无私利性

公益信托的无私利性,也就是它所具有的公共利益对私利的排斥。这是公益信托的第二个特点,这个特点有别于信托目的的公益性。

一项公益信托具有公共利益,必须是使社会公众受益,而且是客观存在,被公众所共认。一般来讲,一项公益信托的设立,应是合法合规的,且存在真实的利益,该利益必须为社会公众所共享,它不以委托人或立遗嘱人的个人看法而定。因此,公益信托的无私利性,包含着该信托利益的合法性、真实性和公共性。再具体一些来认识公益信托的无私利性,提出如下几点:

(1)公共利益与受益人数量的关系

一般来说,一项公益信托的受益人应该是有足够数量的人群,该人群应不是范围狭小,数量偏少的,而应是能构成社会公众的一个比较重要的部分。如何确立一个划分受益人为社会公众相当一部分的标准,还缺乏相应的法律依据。

一项公益信托的公共利益,可能惠及各个阶层的普通群众,如修建一条公路，社会上的所有人，特别是附近区域的人都可以得到便利；设立一项奖励教师的基金，则只有教师阶层获益。如此等等，都能构成社会公众的一部分。

看待公益信托的公共利益问题，虽然要注意应有足够的社会公众的一部分受益，但也不能机械地以人数的多少论短长。例如，一项公益信托，是在某乡村建立一座小学，尽管当时仅有不足十名的适龄儿童入学，但也不会因此而影响该信托的公益地位。

(2)与受益人的关联关系

公益信托的无私利性，很重要的一点是委托人与其所指定的受益人之间存在的关联关系是否有私利关系。如果一项信托的设立是基于私利关系的，就不符合公共利益的要求。有些信托具有公益性，却因委托人与受益人存有私利关系，他们之间的利益关系就构不成公共利益关系。例如，委托人将为数不少的与其有亲属关系的人作为受益人，设立一项教育信托，信托目的虽有益于发展教育，但因其受益人仅限于委托人的亲属，不具有公共利益的要求；又如为某公司建造一个体育场，由该公司员工使用，信托目的虽有助于发展体育事业，但受益人仅局限于该公司的职工，存在特定的私利关系，也难以构成一项公益信托。

(3)不同形式的公益信托有不同的公共利益的要求

前面所述，我国"信托法"第六十条所列示归纳的七项范围，全面概括了不同形式的公益信托。

这几种不同形式的公益信托，公共利益的要求也有所不同。公共利益的要求重点是指，构成一项公益信托应使整个社会公众，或社会公众的一部分、一个阶层受益。但对不同的项目，特别是第(七)项"发展其他社会公益事业"所含情况更加复杂，因此需要有针对性的分析。

一般来讲，救济贫困的信托、救助灾民的信托和扶助残疾人的信托，本身就是实质性的公益信托。公共利益体现在它们的无私利性上，对信托公益地位的判断不存在什么困难。因为这些信托的受益人范围是非常明确的，而只是具体的受益对象不确定。如资助贫困学生就学，帮助残疾人学习技能就业等。只要不是信托特定的或委托人指定的受益人，哪怕受益对象人数有限，它也不失其公益地位。

(4)对公共利益的认识不是静止的

随着社会的进步，人们对公共利益的认识不可能是一成不变的。在人们经济活动的范围不断扩大,财富积累日益增加的同时,承担社会责任的意识也在增强。公益事业的兴起和发展是时代的前进,有关公益事业的理论与实践不断丰富,对公共利益的认识在动态中发展。我国"信托法"第六十条所列示的"发展环境保护事业,维护生态环境"内容,就体现了保持人类与自然的和谐,实现社会可持续发展的科学发展观,是对公共利益内含的深层次的理解和发展。

3. 受益对象的不特定性

受益对象的不特定性,是公益信托的第三个特点,它是指一项公益信托最终受益人,即最终享受信托利益的人不特定。

如果委托人在信托文件中明确指定了受益人,那就不是一项公益信托。公益信托的受益人必须是不特定的,委托人可以在信托文件中规定受益人的条件和范围,也可以规定受益人的人数和享受信托利益的数额,交由受托人选择确定;受托人也可以根据公益事业发展的需要,选定具体的公益项目,以信托方式汇集不同委托人的资金设立公益信托。但不管那种形式,一项公益信托的最终受益人都是在设立信托时不特定的。例如,某委托人出资设立一项公益信托,用于奖励某一地区的优秀护士,旨在支持医疗卫生事业的发展,其受益人的范围是在一定的区域的医疗系统,条件是年度评出的优秀护士。这就是说,受益人的范围和条件在设立信托时,可以确定,但最终受益人是不特定的,最终获得奖励的护士才是这项公益信托的最终受益人。

(二)公益信托与私益信托的区别

公益信托之信托目的公益性,信托的无私利性和受益对象的不确定性是区别于其他类型信托的三个基本特征。相对于私益信托而论,存在的主要区别有:

1. 对确定性的要求有别

这里所说的确定性,是指信托目的和受益人的确定性。公益信托的信托目的可以是明确的,也可以概括的指明信托的公益目的。通常是说明所涉公益事业的范围,同时公益信托的受益人必须是不确定的社会公众;私益信托的信托目的则必须是具体确定的,其受益人也必须是确定的或者是可以确定的,否则信托就不能成立。

2. 信托的存续期限不同

私益信托的存续通常是有期限的,基于公共政策方面的考虑,对私益信托的存续一般要求其不得超过规定的年限。例如,规定一项私益信托的最长存续期为80年,或者是委托人去世后20年;公益信托则不然,为了公共利益的需要,可以永世长存。即使信托目的已经实现,尚有剩余信托财产时,也可以运用近似原则,将该财产用于类似的公益目的。

3. 对受托人的要求不同

私益信托的受托人由委托人指定,有民事行为能力的自然人、法人都可以成为受托人;而公益信托的受托人涉及社会公共利益,因此,对受托人的资格是有所限制的。我国"信托法"规定公益信托之受托人的确定,应当经公益事业管理机构的批准。因此,对其任职资格应是有所控制的。在现行的法规中,由"信托公司管理办法"明定了"信托公司可以根据《中华人民共和国信托法》等法律法规的有关规定开展公益信托活动"。就是说,公益信托的受托人由信托公司担任,是我国现阶段最具法定资格的机构。至于具体的资格条件,则应依监管机构的相应规定。

4. 监督管理的不同

私益信托的受托人,由委托人、受益人等对其管理运用和处分信托财产的行为进行监督;营业信托由政府主管机构负责监管;而公益信托,则需依"信托法"的规定设置信托监察人代表受益人的利益实施对受托人的监督,必要时可提起诉讼或者采取其他法律行为。同时,公益信托的受托人还要依法接受公益事业管理机构的监管。

5. 税收政策不同

为支持、鼓励公益信托,促进公益事业的发展,公益信托通常可以享受税收的优惠政策,而私益信托则无此规定。

在国外,公益信托一般都有一系列的税收减免规定。有些国家,例如在英国,慈善信托一直享有重要的优惠政策。正是由于这一点,一些信托就是为取得税收优惠而设立的。所以,法院在给一项信托授予慈善地位时,则是相当慎重的。

三、公益信托的分类

对公益信托的分类,尚没有一个统一的标准的方法。从英美法系先行运作的具体情况看,存在着一些较为权威的分类方法,后经大陆法系国家和地区结合本土实际,也出现多种分类方法。归纳一下,主要有以下几种:

（一）依公益信托的目的分类

依照公益信托的公益目的进行分类，首先，在信托起源地的英国，存在着一种被公认的权威分类，将慈善信托主要分为四种：即救济贫困的信托、促进教育的信托、倡导宗教的信托和其他有益于社会公共利益为目的的信托；其次，美国基金会就公益目的之所为，将公益信托分为一般目的的公益信托和特定目的的公益信托两大类。一般目的的公益信托，其公益目的比较笼统，只作"用于公益事业"的原则规定，或者仅明确了运用的范围等，具体的运作条件和方式并无特别的限制；特定目的的公益信托，其公益目的则局限于一项或少数特定项目的信托。

按公益目的的不同对公益信托进行分类的方法，在设立公益信托必须得到公益事业主管机构许可的国家和地区中多被采用。所设立的公益信托项目越具体，就越易被认可。否则，公益目的过于抽象，就会给判定其公益性带来困难，或者是公益目的范围广，由于其所涉主管机构增多，致使申办难度加大。

我国对公益信托的分类，基本采取了依公益信托的目的不同进行分类的方法。在"信托法"的第六十条既是对公益信托以范围列示加概念定位的方法来诠释其定义，又是对公益信托以其公益目的之别来分类的方法予以确立。据此，我国的公益信托就可以依其公益目的而分为：救济贫困的信托；救助灾民的信托；扶助残疾人的信托；发展教育的信托；发展科技的信托；发展文化艺术的信托；发展体育事业的信托；发展医疗卫生事业的信托；发展环保事业的信托以及发展其他社会公益事业的信托。

（二）依委托人的身份和资金形成方式而分类

这种分类方法实际上是不同的委托人，以资金设立的公益信托。可分为：

1. 单独资金公益信托

委托人即捐资人为特定的个人，单独出资设立的公益信托，可称个人资金公益信托；

委托人为一个单独的家庭或家族，捐资设立的公益信托，可称之为家庭资金公益信托；

委托人为一个独立的企业、民间组织，单独捐资设立的公益信托，可称之为单一机构资金公益信托。

2. 共同资金公益信托

委托人为两个以上的机构,共同捐资设立的公益信托。可称之为机构联合资金公益信托;

委托人为不特定的社会公众,共同捐资设立的公益信托。可称之为社会公众共同资金公益信托。

(三)依受益对象不同而分类

公益信托可以按照受益对象的不同,分为公众受益信托和公共机构受益信托。

1. 公众受益公益信托

委托人以社会公众为受益人,而将其捐款委托给信托机构,按其指定的公益项目或一定范围内的公益事业,对信托资金进行管理和运用。

这类公众受益信托,也可以由信托机构根据公益事业发展的需要,作为公益信托的发起人,而设立有具体公益项目的,以社会公众为受益对象的资金信托,或者以一定公益事业范围设立公益信托基金。

信托机构还可以接受以公益组织为委托人的委托,以社会公众为受益人而设立的公益信托。

2. 公共机构受益公益信托

这类公益信托,是指受托人接受委托人的委托设立以公共机构为受益对象的公益信托。作为受托人的信托机构,可以接受不同类型委托人(包括公益组织)的委托,依信托协议的规定对信托财产(资金、动产、不动产等)进行管理运用或处分,使作为受益人的公共机构受益。

作为受益人的公共机构应是不以盈利为目的的事业性单位。如学校、医院等。

公共机构本身也可以作为委托人,同时又是受益人,以接受数额较大的捐款设立信托,通过信托机构的运作取得收益。但这种收益应是非私益的,必须用于公益事业上。因此,对公共机构的这种运作方式的全过程,均应纳入严格的监管当中。防止以公益事业为名乱收费、乱集资的现象的滋长。

(四)依受托人对信托财产的管理权限而分类

受托人对公益信托之信托财产的管理权限,主要是依据委托人的意愿

由信托文件予以约定。由此,而有如下之分类:

1. 可动用基本财产的公益信托

这种信托,受托人可以根据信托文件的规定、一次性或分期动用设立公益信托的全部信托财产。该信托适用于资金规模较小,且委托人一般都没有信托无期限存续的意愿。

2. 保持基本财产的公益信托

此类信托,依委托人的授权,受托人只能按信托条款的规定对公益信托的基本财产所生之孳息或利益运用于公益事业中,而保持基本财产的稳定不变。一般用于资金规模较大,信托永久存续的情形。

(五)依受托人对公益事业的管理方式而分类

受托人对公益事业的管理方式主要取决于信托目的和受托人的资质能力。按受托人对一项公益信托之公益事业的管理方式进行分类,可有两个类型:

1. 事业经营型公益信托

受托人接受委托人的委托,将捐款投入一项公益项目的建设,可在信托文件中规定由受托人自始至终负责项目的实施,并于建成后负责经营该项目。或者是受托人接受委托人的委托经营已存在的公共机构。如对学校、图书馆等的建设和经营,并将经营收益主要用于该项公益事业的发展。

2. 奖助型公益信托

这类公益信托的受托人,仅需依信托文件的规定将信托收益按期支付给合乎奖励资格的受益人。